Código Civil

Lefebvre

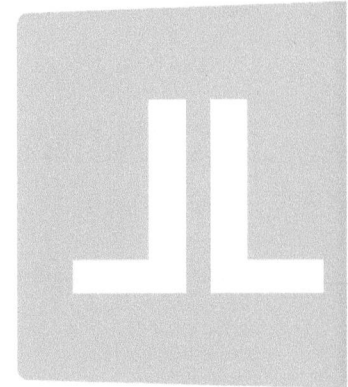

Lefebvre

Decimotercera Edición: Julio de 2025

ISBN: 979-13-87732-04-2
Depósito legal: M-14773-2025
PVP: 10,92 € (IVA incluido)
Imprime: Printing'94

© Lefebvre-El Derecho, S.A.
CIF: A79216651
Monasterios de Suso y Yuso, 34.28049 Madrid. Tfno.: 91 210 80 00
clientes@lefebvre.es
www.efl.es

Accede gratis a este Código Básico en nuestras aplicaciones móviles

1. Apunta y escanea

Abre la cámara de tu smartphone y apúntala al código QR que encontrarás en esta página.

2. Descarga nuestra app (si aún no la tienes)

- Si es la primera vez que escaneas nuestro QR, te llevaremos directamente a la tienda de aplicaciones de tu dispositivo (Google Play o App Store).
- Descarga nuestra app gratuita Códigos Lefebvre con un solo clic.
- Una vez instalada, ábrela y tendrás acceso inmediato al contenido actualizado del Código que acabas de escanear.

3. Para usuarios que ya tienen la app

- Si ya tienes nuestra app instalada pero nunca la has usado, simplemente escanea el código QR desde la pantalla de inicio de sesión.
- ¿Ya has utilizado nuestra app antes? Abre el menú lateral y selecciona "Escanear código QR" para acceder al nuevo Código

Este acceso estará disponible hasta el 1 de septiembre de 2026, fecha en que se publicarán las nuevas ediciones en formato papel.

Todos los ejemplares se entregarán retractilados. No se admitirá ninguna devolución de Códigos sin esta protección.

ÍNDICE

RELACIÓN DE REFORMAS A LA PRESENTE LEY

Ley de 21 de julio de 1904, por la que se reforman los artículos 688 y 732 del Código Civil.

Real Decreto-ley de 13 de enero de 1928, por el que se dispone queden redactados en la forma que se insertan los artículos 954 al 957 del Código Civil.

Ley de 8 de septiembre de 1939 modificando el Título octavo, Libro primero, del Código Civil.

Ley de 26 de octubre de 1939 sobre construcción, gravamen y régimen de viviendas de pisos o partes determinadas.

Ley de 5 de diciembre de 1941, por la que se adicionan al Código Civil nuevos artículos sobre prendas sin desplazamiento o hipoteca mobiliaria.

Ley de 15 de julio de 1954 por la que se reforma el Título Primero del Libro Primero del Código Civil, denominado «De los españoles y extranjeros».

Ley de 16 de diciembre de 1954, sobre Hipoteca Mobiliaria y Prenda sin desplazamiento de posesión.

Ley de 24 de abril de 1958, por la que se modifican determinados artículos del Código Civil.

Ley de 17 de julio de 1958 por la que se declaran preferentes los créditos por descubiertos en la cotización por Seguros Sociales y Mutualismo Laboral.

Ley 49/1960, de 21 de julio, sobre Propiedad Horizontal.

Ley 7/1970, de 4 de julio, de modificacion del capítulo V del título VII del libro I el Código Civil, sobre adopción.

Ley 31/1972, de 22 de julio, sobre modificación de los artículos 320 y 321 del Código Civil y derogación del número 3 del artículo 1.880 y de los artículos 1.901 a 1.909, inclusive, de la Ley de Enjuiciamiento Civil.

Decreto 1836/1974, de 31 de mayo, por el que se sanciona con fuerza de Ley el Texto articulado del Título Preliminar del Código Civil.

Ley 14/1975, de 2 de mayo, sobre reforma de determinados artículos del Código Civil y del Código de Comercio sobre la situación jurídica de la mujer casada y los derechos y deberes de los cónyuges.

Ley 22/1978, de 26 de mayo, sobre despenalización del adulterio y del amancebamiento.

Real Decreto-ley 33/1978, de 16 de noviembre, sobre mayoría de edad.

Ley 50/1980, de 8 de octubre, de Contrato de Seguro.

Ley 11/1981, de 13 de mayo, de modificación del Código Civil, en materia de Filiación, Patria Potestad y Régimen Económico del Matrimonio.

Ley 30/1981, de 7 de julio, por la que se modifica la regulación del Matrimonio en el Código Civil y se determina el procedimiento a seguir en las causas de Nulidad, Separación y Divorcio.

Ley 51/1982, de 13 de julio, de modificación de los artículos 17 al 26 del Código Civil.

Ley 13/1983, de 24 de octubre, de reforma del Código Civil en materia de Tutela.

Ley 6/1984, de 31 de marzo, de modificación de determinados artículos de los Códigos Civil y de Comercio y de las leyes hipotecarias, de Enjuiciamiento Criminal y de Régimen Jurídico de las Sociedades Anónimas, sobre Interdicción.

Ley 24/1984, de 29 de junio, sobre modificación del tipo de interés legal del dinero.

Ley 21/1987, de 11 de noviembre, por la que se modifican determinados artículos del Código Civil y de la Ley de Enjuiciamiento Civil en materia de Adopción.

Ley 36/1988, de 5 de diciembre, de Arbitraje.

Ley 11/1990, de 15 de octubre, sobre reforma del Código Civil, en aplicación del principio de no discriminación por razón de sexo.

Ley 18/1990, de 17 de diciembre, sobre reforma del Código Civil en materia de nacionalidad.

Ley 1/1991, de 7 de enero, de modificación de los Códigos Civil y Penal en materia de Responsabilidad Civil del profesorado.

Ley 30/1991, de 20 de diciembre, de modificación del Código Civil en materia de testamento.

Ley 35/1994, de 23 de diciembre, de modificación del Código Civil en materia de autorización del Matrimonio Civil por los alcaldes.

Ley 29/1995, de 2 de noviembre, por la que se modifica el Código Civil en materia de Recuperación de la Nacionalidad.

Ley Orgánica 1/1996, de 15 de enero, de Protección Jurídica del Menor, de Modificación Parcial del Código Civil y de la Ley de Enjuiciamiento Civil.

Ley 8/1999, de 6 de abril, de Reforma de la Ley 49/1960, de 21 de julio, sobre Propiedad Horizontal.

Ley 18/1999, de 18 de mayo, de modificación del artículo 9, apartado 5, del Código Civil.

Ley 40/1999, de 5 de noviembre, sobre nombre y apellidos y orden de los mismos.

Ley 1/2000, de 7 de enero. Ley de Enjuiciamiento Civil.

Ley 4/2000, de 7 de enero, de modificación de la regulación de la declaración de fallecimiento de los desaparecidos con ocasión de naufragios y siniestros.

Ley 34/2002, de 11 de julio, de servicios de la sociedad de la información y de comercio electrónico.

Ley 36/2002, de 8 de octubre, de modificación del Código Civil en materia de nacionalidad.

Ley Orgánica 9/2002, de 10 de diciembre, de modificación de la Ley Orgánica 10/1995, de 23 de noviembre, del Código Penal, y del Código Civil, sobre sustracción de menores.

Ley 7/2003, de 1 de abril, de la sociedad limitada Nueva Empresa por la que se modifica la Ley 2/1995, de 23 de marzo, de Sociedades de Responsabilidad Limitada.

Ley 22/2003, de 9 de julio, Concursal.

Ley Orgánica 11/2003, de 29 de septiembre, de medidas concretas en materia de seguridad ciudadana, violencia doméstica e integración social de los extranjeros.

Ley 41/2003, de 18 de noviembre, de protección patrimonial de las personas con discapacidad y de modificación del Código Civil, de la Ley de Enjuiciamiento Civil y de la Normativa Tributaria con esta finalidad.

Ley 42/2003, de 21 de noviembre, de modificación del Código Civil y de la Ley de Enjuiciamiento Civil en materia de relaciones familiares de los nietos con los abuelos.

Ley 13/2005, de 1 de julio, por la que se modifica el Código Civil en materia de derecho a contraer matrimonio.

Ley 15/2005, de 8 de julio, por la que se modifican el Código Civil y la Ley de Enjuiciamiento Civil en materia de separación y divorcio.

Ley 54/2007, de 28 de diciembre, de Adopción internacional.

Ley 20/2011, de 21 de julio, del Registro Civil.

Sentencia 185/2012, de 17 de octubre de 2012. Cuestión de inconstitucionalidad 8912-2006. Planteada por la Sección Quinta de la Audiencia Provincial de las Palmas de Gran Canaria en relación con el artículo 92.8 del Código civil, en la redacción dada al mismo por la Ley 15/2005, de 8 de julio.

Ley 12/2015, de 24 de junio, en materia de concesión de la nacionalidad española a los sefardíes originarios de España.

Ley 15/2015, de 2 de julio, de la Jurisdicción Voluntaria.

Ley 19/2015, de 13 de julio, de medidas de reforma administrativa en el ámbito de la Administración de Justicia y del Registro Civil.

Ley 26/2015, de 28 de julio, de modificación del sistema de protección a la infancia y a la adolescencia.

Ley 42/2015, de 5 de octubre, de reforma de la Ley 1/2000, de 7 de enero, de Enjuiciamiento Civil.

Real Decreto-ley 9/2018, de 3 de agosto, de medidas urgentes para el desarrollo del Pacto de Estado contra la violencia de género.

Ley 8/2021, de 2 de junio, por la que se reforma la legislación civil y procesal para el apoyo a las personas con discapacidad en el ejercicio de su capacidad jurídica.

Ley Orgánica 8/2021, de 4 de junio, de protección integral a la infancia y la adolescencia frente a la violencia.

Real Decreto-ley 24/2021, de 2 de noviembre, de transposición de directivas de la Unión Europea en las materias de bonos garantizados, distribución transfronteriza de organismos de inversión colectiva, datos abiertos y reutilización de la información del sector público, ejercicio de derechos de autor y derechos afines aplicables a determinadas transmisiones en línea y a las retransmisiones de programas de radio y televisión, exenciones temporales a determinadas importaciones y suministros, de personas consumidoras y para la promoción de vehículos de transporte por carretera limpios y energéticamente eficientes.

Ley 17/2021, de 15 de diciembre, de modificación del Código Civil, la Ley Hipotecaria y la Ley de Enjuiciamiento Civil, sobre el régimen jurídico de los animales.

Ley 16/2022, de 5 de septiembre, de reforma del texto refundido de la Ley Concursal, aprobado por el Real Decreto Legislativo 1/2020, de 5 de mayo, para la transposición de la Directiva (UE) 2019/1023 del Parlamento Europeo y del Consejo, de 20 de junio de 2019, sobre marcos de reestructuración preventiva, exoneración de deudas e inhabilitaciones, y sobre medidas para aumentar la eficiencia de los procedimientos de reestructuración, insolvencia y exoneración de deudas, y por la que se modifica la Directiva (UE) 2017/1132 del Parlamento Europeo y del Consejo, sobre determinados aspectos del Derecho de sociedades (Directiva sobre reestructuración e insolvencia).

Ley 4/2023, de 28 de febrero, para la igualdad real y efectiva de las personas trans y para la garantía de los derechos de las personas LGTBI.

Ley Orgánica 1/2025, de 2 de enero, de medidas en materia de eficiencia del Servicio Público de Justicia.

INDICE DE PRECEPTOS AFECTADOS POR LAS REFOR-MAS

Art. 172 bis, 172 ter, 173, 173 bis, 174 a 176, 176 bis, 177 y 178 .... Ley 26/2015, de 28 de julio

Art. 179 .... Ley 21/1987, de 11 de noviembre

Art. 180 .... Ley 26/2015, de 28 de julio

Art. 181 .... Ley 15/2015, de 2 de julio

Art. 182 .... Ley de 8 de septiembre de 1939

Art. 183 a 187 .... Ley 15/2015, de 2 de julio

Art. 188 .... Ley de 8 de septiembre de 1939

Art. 189 .... Ley 11/1981, de 13 de mayo

Art. 190 a 192 .... Ley de 8 de septiembre de 1939

Art. 193 .... Ley 4/2000, de 7 de enero

Art. 194 .... Ley 15/2015, de 2 de julio

Art. 195 .... Ley 30/1981, de 7 de julio

Art. 196 .... Ley 15/2015, de 2 de julio

Art. 197 .... Ley de 8 de septiembre de 1939

Art. 198 .... Ley 15/2015, de 2 de julio

Art. 199 a 214 .... Ley 8/2021, de 2 de junio

Art. 237 bis .... Derogado por Ley 8/2021, de 2 de junio

Art. 215 a 238 .... Ley 8/2021, de 2 de junio

Art. 239 bis .... Derogado por Ley 8/2021, de 2 de junio

Art. 239 a 299 .... Ley 8/2021, de 2 de junio

Art. 299 bis .... Derogado por Ley 8/2021, de 2 de junio

Art. 300 .... Ley 8/2021, de 2 de junio

Art. 301 a 304 .... Derogados por Ley 8/2021, de 2 de junio

Art. 305 .... Derogado por Ley 13/1983, de 24 de octubre

Art. 306 .... Derogado por Ley 8/2021, de 2 de junio

Art. 307 a 313 .... Derogados por Ley 13/1983, de 24 de octubre

Art. 314 y 315 .... Derogados por Ley 8/2021, de 2 de junio

Art. 316	**Derogado por Ley 15/2015, de 2 de julio**
Art. 317 a 324	**Derogados por Ley 8/2021, de 2 de junio**
Art. 325 a 332	**Derogados por Ley 20/2011, de 21 de julio**
Art. 333, 333 bis, 334, 346, 348, 355 y 357	**Ley 17/2021, de 15 de diciembre**
Art. 396	**Ley 8/1999, de 6 de abril**
Art. 401	**Ley 49/1960, de 21 de julio**
Art. 404, 430 a 432, 437 y 438	**Ley 17/2021, de 15 de diciembre**
Art. 443	**Ley 8/2021, de 2 de junio**
Art. 460 y 465	**Ley 17/2021, de 15 de diciembre**
Art. 492	**Ley 11/1981, de 13 de mayo**
Art. 499 y 610 a 612	**Ley 17/2021, de 15 de diciembre**
Art. 637	**Ley 13/2005, de 1 de julio**
Art. 644 y 646	**Ley 11/1981, de 13 de mayo**
Art. 648	**Ley 11/1990, de 15 de octubre**
Art. 663 y 665	**Ley 8/2021, de 2 de junio**
Art. 681	**Ley 15/2015, de 2 de julio**
Art. 682	**Ley de 24 de abril de 1958**
Art. 684 y 685	**Ley 30/1991, de 20 de diciembre**
Art. 688	**Ley de 21 de julio de 1904**
Art. 689 a 693	**Ley 15/2015, de 2 de julio**
Art. 694	**Ley 30/1991, de 20 de diciembre**
Art. 695	**Ley 8/2021, de 2 de junio**
Art. 696	**Ley 30/1991, de 20 de diciembre**
Art. 697	**Ley 8/2021, de 2 de junio**
Art. 698 y 699	**Ley 30/1991, de 20 de diciembre**
Art. 701	**Ley de 24 de abril de 1958**
Art. 703 y 704	**Ley 15/2015, de 2 de julio**
Art. 706	**Ley 8/2021, de 2 de junio**
Art. 707	**Ley 30/1991, de 20 de diciembre**
Art. 708 y 709	**Ley 8/2021, de 2 de junio**
Art. 710 y 711	**Ley 30/1991, de 20 de diciembre**
Art. 712 a 714 y 718	**Ley 15/2015, de 2 de julio**
Art. 732	**Ley de 21 de julio de 1904**
Art. 734	**Ley 30/1991, de 20 de diciembre**

Art. 741	Ley 11/1981, de 13 de mayo
Art. 742 y 753	Ley 8/2021, de 2 de junio
Art. 754	Ley 11/1990, de 15 de octubre
Art. 756	Ley 8/2021, de 2 de junio
Art. 758	Ley 22/1978, de 26 de mayo
Art. 761	Ley 11/1981, de 13 de mayo
Art. 772	Ley de 24 de abril de 1958
Art. 776	Derogado por Ley 8/2021, de 2 de junio
Art. 782	Ley 8/2021, de 2 de junio
Art. 807	Ley 11/1981, de 13 de mayo
Art. 808	Ley 8/2021, de 2 de junio
Art. 809	Ley de 24 de abril de 1958
Art. 813	Ley 8/2021, de 2 de junio
Art. 814 y 818	Ley 11/1981, de 13 de mayo
Art. 821	Ley 41/2003, de 18 de noviembre
Art. 822	Ley 8/2021, de 2 de junio
Art. 823	Ley Orgánica 1/1996, de 15 de enero
Art. 831	Ley 41/2003, de 18 de noviembre
Art. 833	Ley 11/1981, de 13 de mayo
Art. 834 y 835	Ley 15/2015, de 2 de julio
Art. 836	Derogado por Ley 11/1981, de 13 de mayo
Art. 837	Ley 15/2005, de 8 de julio
Art. 838 y 839	Ley de 24 de abril de 1958
Art. 840	Ley 15/2005, de 8 de julio
Art. 841 y 842	Ley 11/1981, de 13 de mayo
Art. 843	Ley 15/2015, de 2 de julio
Art. 844 a 847	Ley 11/1981, de 13 de mayo
Art. 852	Ley Orgánica 1/1996, de 15 de enero
Art. 853	Ley 11/1990, de 15 de octubre
Art. 854	Ley 11/1981, de 13 de mayo
Art. 855	Ley Orgánica 1/1996, de 15 de enero
Art. 857	Ley 11/1981, de 13 de mayo
Art. 893	Ley 14/1975, de 2 de mayo

Código Civil, publicado por Real Decreto de 24 de julio de 1889.

Última reforma de la presente disposición realizada por LO 1/2025, de 2 de enero, de medidas en materia de eficiencia del Servicio Público de Justicia
Téngase en cuenta que, desde el 1 de octubre de 2015, todas las referencias a «Secretarios judiciales» deberán entenderse hechas a «Letrados de la Administración de Justicia», conforme a la disp. adic. 1.ª LO 7/2015 de 21 julio
[1]

TÍTULO PRELIMINAR
De las normas jurídicas, su aplicación y eficacia [2]

CAPÍTULO PRIMERO
Fuentes del derecho [3]

1. [4] 1. Las fuentes del ordenamiento jurídico español son la ley, la costumbre y los principios generales del derecho [5].

---

[1] Téngase en cuenta que: - Desde el 14 marzo 2020, fecha de declaración del estado de alarma, se suspenden términos y se suspenden e interrumpen los plazos procesales previstos en ésta ley, conforme a la disp. adic. 2.ª RD 463/2020, de 14 marzo, con la salvedad establecida en su apartado 3.d) (adopción de medidas o disposiciones de protección del menor previstas en el artículo 158). - A partir del 4 junio 2020 se alza la suspensión de los plazos procesales, conforme al art. 8 RD 537/2020 de 22 mayo de 2020

[2] Dada nueva redacción por art. 2 de Decreto 1836/1974 de 31 de mayo de 1974, con vigencia desde 29/07/1974

[3] Añadido por art. 2 de Decreto 1836/1974 de 31 de mayo de 1974, con vigencia desde 29/07/1974

[4] Dada nueva redacción por art. 2 de Decreto 1836/1974 de 31 de mayo de 1974, con vigencia desde 29/07/1974

[5] Véanse arts. 1.1, 9.3, 10, 81 a 96, 149.1 y 161 a 164 CE

2. Carecerán de validez las disposiciones que contradigan otra de rango superior [6].

3. La costumbre sólo regirá en defecto de ley aplicable, siempre que no sea contraria a la moral o al orden público y que resulte probada.

Los usos jurídicos que no sean meramente interpretativos de una declaración de voluntad tendrán la consideración de costumbre [7].

4. Los principios generales del derecho se aplicarán en defecto de ley o costumbre, sin perjuicio de su carácter informador del ordenamiento jurídico [8].

5. Las normas jurídicas contenidas en los tratados internacionales no serán de aplicación directa en España en tanto no hayan pasado a formar parte del ordenamiento interno mediante su publicación íntegra en el Boletín Oficial del Estado [9].

6. La jurisprudencia complementará el ordenamiento jurídico con la doctrina que, de modo reiterado, establezca el Tribunal Supremo al interpretar y aplicar la ley, la costumbre y los principios generales del derecho [10].

7. Los Jueces y Tribunales tienen el deber inexcusable de resolver en todo caso los asuntos de que conozcan, ateniéndose al sistema de fuentes establecido [11].

2. [12] 1. Las leyes entrarán en vigor a los veinte días de su completa publicación en el Boletín Oficial del Estado, si en ellas no se dispone otra cosa [13].

---

[6] Véanse arts. 9.3 CE, 2.2 de la presente Ley, 37.1, 47.2, 128.3 LPAC y 23.3 y 25 LGob

[7] Véanse arts. 485, 570, 571, 587, 1520, 1574, 1579, 1580, 1695 y 1750 de la presente Ley

[8] Véanse arts. 5.1 LOPJ y 38 y 40 LOTC

[9] Véanse arts. 63.2 y 93 a 96 CE, 23 Ley 25/2014 Tratados Internacionales y Ley 5/2002

[10] Véanse arts. 161.1 CE y 38 a 40 LOTC

[11] Véanse arts. 24, 117.3 y 120 CE y 11.3 LOPJ

[12] Dada nueva redacción por art. 2 de Decreto 1836/1974 de 31 de mayo de 1974, con vigencia desde 29/07/1974

[13] Véanse arts. 9.3, 93 y 96 CE, 131 LPAC, RD 489/1997 y RD 181/2008

2. Las leyes sólo se derogan por otras posteriores. La derogación tendrá el alcance que expresamente se disponga y se extenderá siempre a todo aquello que en la ley nueva, sobre la misma materia, sea incompatible con la anterior. Por la simple derogación de una ley no recobran vigencia las que ésta hubiere derogado [14].

3. Las leyes no tendrán efecto retroactivo si no dispusieren lo contrario [15].

CAPÍTULO II
Aplicación de las normas jurídicas [16]

3. [17] 1. Las normas se interpretarán según el sentido propio de sus palabras, en relación con el contexto, los antecedentes históricos y legislativos y la realidad social del tiempo en que han de ser aplicadas atendiendo fundamentalmente al espíritu y finalidad de aquéllas.

2. La equidad habrá de ponderarse en la aplicación de las normas, si bien las resoluciones de los Tribunales sólo podrán descansar de manera exclusiva en ella cuando la ley expresamente lo permita. [18]

4. [19] 1. Procederá la aplicación analógica de las normas cuando éstas no contemplen un supuesto específico, pero regulen otro semejante entre los que se aprecie identidad de razón.

---

[14] Véase art. 1.2 de la presente Ley

[15] Véanse arts. 4.2 de la presente Ley, 9.3 CE y 26 LRJSP

[16] Añadido por art. 2 de Decreto 1836/1974 de 31 de mayo de 1974, con vigencia desde 29/07/1974

[17] Dada nueva redacción por art. 2 de Decreto 1836/1974 de 31 de mayo de 1974, con vigencia desde 29/07/1974

[18] Véanse arts. 13, 1154, 1281 a 1289 y 1690 de la presente Ley, 17.3 LPH, 47.1 LPI y 34 LArb

[19] Dada nueva redacción por art. 2 de Decreto 1836/1974 de 31 de mayo de 1974, con vigencia desde 29/07/1974

2. Las leyes penales, las excepcionales y las de ámbito temporal no se aplicarán a supuestos ni en momentos distintos de los comprendidos expresamente en ellas [20].

3. Las disposiciones de este Código se aplicarán como supletorias en las materias regidas por otras leyes [21].

5. [22] 1. Siempre que no se establezca otra cosa, en los plazos señalados por días, a contar de uno determinado, quedará éste excluido del cómputo, el cual deberá empezar en el día siguiente; y si los plazos estuviesen fijados por meses o años, se computarán de fecha a fecha. Cuando en el mes del vencimiento no hubiera día equivalente al inicial del cómputo, se entenderá que el plazo expira el último del mes [23].

2. En el cómputo civil de los plazos no se excluyen los días inhábiles.

CAPÍTULO III
Eficacia general de las normas jurídicas [24]

6. [25] 1. La ignorancia de las leyes no excusa de su cumplimiento.

El error de derecho producirá únicamente aquellos efectos que las leyes determinen [26].

---

[20] Véanse arts. 2.3 de la presente Ley y 9.3 CE

[21] Véanse arts. 2.1 y 50 CCom, 7.2 y 12 LGT y 25.2 y 26.2 LCSP

[22] Dada nueva redacción por art. 2 de Decreto 1836/1974 de 31 de mayo de 1974, con vigencia desde 29/07/1974

[23] Véanse arts. 132 a 136 LEC, 5.1 y 60 CCom, 41, 42, 90 y 91 LCCH y 5.b y 37 LArb

[24] Añadido por art. 2 de Decreto 1836/1974 de 31 de mayo de 1974, con vigencia desde 29/07/1974

[25] Dada nueva redacción por art. 2 de Decreto 1836/1974 de 31 de mayo de 1974, con vigencia desde 29/07/1974

[26] Véanse arts. 1266 y 1895 a 1901 de la presente Ley

2. La exclusión voluntaria de la ley aplicable y la renuncia a los derechos en ella reconocidos sólo serán válidas cuando no contraríen el interés o el orden público ni perjudiquen a terceros [27].

3. Los actos contrarios a las normas imperativas y a las prohibitivas son nulos de pleno derecho, salvo que en ellas se establezca un efecto distinto para el caso de contravención [28].

4. Los actos realizados al amparo del texto de una norma que persigan un resultado prohibido por el ordenamiento jurídico, o contrario a él, se considerarán ejecutados en fraude de ley y no impedirán la debida aplicación de la norma que se hubiere tratado de eludir [29].

7. [30] 1. Los derechos deberán ejercitarse conforme a las exigencias de la buena fe [31].

2. La ley no ampara el abuso del derecho o el ejercicio antisocial del mismo. Todo acto u omisión que por la intención de su autor, por su objeto o por las circunstancias en que se realice sobrepase manifiestamente los límites normales del ejercicio de un derecho, con daño para tercero, dará lugar a la correspondiente indemnización y a la adopción de las medidas judiciales o administrativas que impidan la persistencia en el abuso [32].

---

[27] Véanse arts. 20 LEC, 1.3 LO 1/1982, 4.4 y 6 LAU y 24.3 y 55 LPI

[28] Véanse arts. 1290 a 1299 y 1300 a 1314 de la presente Ley

[29] Véanse arts. 12.4 de la presente Ley, 11.2 LOPJ, 4 LAU, 8 LAR y 15 y 24 LGT

[30] Dada nueva redacción por art. 2 de Decreto 1836/1974 de 31 de mayo de 1974, con vigencia desde 29/07/1974

[31] Véanse arts. 433 y 1950 de la presente Ley, 10 y 11 LGDCU y 11.1 y 542.2 LOPJ

[32] Véanse arts. 1902 de la presente Ley, 4.6 y 13.3 LAU, 10 y 11 LGDCU, 57 CCom y 247 LEC

CAPÍTULO IV
Normas de derecho internacional privado [33]

8. [34] 1. Las leyes penales, las de policía y las de seguridad pública obligan a todos los que se hallen en territorio español [35].

Apartado 2 (Derogado) [36]

9. [37] 1. La ley personal correspondiente a las personas físicas es la determinada por su nacionalidad. Dicha ley regirá la capacidad y el estado civil, los derechos y deberes de familia y la sucesión por causa de muerte.

El cambio de ley personal no afectará a la mayoría de edad adquirida de conformidad con la ley personal anterior [38].

2. Los efectos del matrimonio se regirán por la ley personal común de los cónyuges al tiempo de contraerlo; en defecto de esta ley, por la ley personal o de la residencia habitual de cualquiera de ellos, elegida por ambos en documento auténtico otorgado antes de la celebración del matrimonio; a falta de esta elección, por la ley de la residencia habitual común inmediatamente posterior a la celebración, y, a falta de dicha residencia, por la del lugar de celebración del matrimonio. [39]

La nulidad, la separación y el divorcio se regirán por la ley que determina el art. 107. [40]

---

[33] Añadido por art. 2 de Decreto 1836/1974 de 31 de mayo de 1974, con vigencia desde 29/07/1974

[34] Dada nueva redacción por art. 2 de Decreto 1836/1974 de 31 de mayo de 1974, con vigencia desde 29/07/1974

[35] Véanse arts. 3 y 36 LEC, 8.1 y 149.1 CE, Rgto. 1348/2000, Rgto. 1206/2001 y Dir. CE 2003/8/CE

[36] Derogado apartado 2 por disposición derogatoria única de Ley 1/2000 de 7 de enero de 2000, con vigencia desde 08/01/2001

[37] Dada nueva redacción por art. 2 de Decreto 1836/1974 de 31 de mayo de 1974, con vigencia desde 29/07/1974

[38] Véase Rgto. 2201/2003

[39] Dada nueva redacción apartado 2 por art. 1 de Ley 11/1990 de 15 de octubre de 1990, con vigencia desde 07/11/1990

[40] Dada nueva redacción apartado 2 párrafo 2 por art. 3 apartado 2 de Ley Orgánica 11/2003 de 29 de septiembre de 2003, con vigencia desde 01/10/2003

3. Los pactos o capitulaciones por los que se estipule, modifique o sustituya el régimen económico del matrimonio serán válidos cuando sean conformes bien a la ley que rija los efectos del matrimonio, bien a la ley de la nacionalidad o de la residencia habitual de cualquiera de las partes al tiempo del otorgamiento. [41]

4. La determinación y el carácter de la filiación por naturaleza se regirán por la ley de la residencia habitual del hijo en el momento del establecimiento de la filiación. A falta de residencia habitual del hijo, o si esta ley no permitiere el establecimiento de la filiación, se aplicará la ley nacional del hijo en ese momento. Si esta ley no permitiere el establecimiento de la filiación o si el hijo careciere de residencia habitual y de nacionalidad, se aplicará la ley sustantiva española. En lo relativo al establecimiento de la filiación por adopción, se estará a lo dispuesto en el apartado 5.

La ley aplicable al contenido de la filiación, por naturaleza o por adopción, y al ejercicio de la responsabilidad parental, se determinará con arreglo al Convenio de La Haya, de 19 de octubre de 1996, relativo a la competencia, la ley aplicable, el reconocimiento, la ejecución y la cooperación en materia de responsabilidad parental y de medidas de protección de los niños. [42] [43]

5. La adopción internacional se regirá por las normas contenidas en la Ley de Adopción Internacional. Igualmente, las adopciones cons- tituidas por autoridades extranjeras surtirán efectos en España con arreglo a las disposiciones de la citada Ley de Adopción Internacio- nal [44]. [45]

---

[41] Dada nueva redacción apartado 3 por art. 1 de Ley 11/1990 de 15 de octubre de 1990, con vigencia desde 07/11/1990

[42] Véanse arts. 108 y 154 de la presente Ley

[43] Dada nueva redacción apartado 4 por art. 2 apartado 1 de Ley 26/2015 de 28 de julio de 2015, con vigencia desde 18/08/2015

[44] Véase Ley 54/2007, de Adopción internacional

[45] Dada nueva redacción apartado 5 por disposición final 1 apartado 1 de Ley 54/2007 de 28 de diciembre de 2007, con vigencia desde 30/12/2007

6. La ley aplicable a la protección de menores se determinará de acuerdo con el Convenio de La Haya, de 19 de octubre de 1996, a que se hace referencia en el apartado 4 de este artículo. [46] [47]

La ley aplicable a las medidas de apoyo para personas con discapacidad será la de su residencia habitual. En el caso de cambio de residencia a otro Estado, se aplicará la ley de la nueva residencia habitual, sin perjuicio del reconocimiento en España de las medidas de apoyo acordadas en otros Estados. Será de aplicación, sin embargo, la ley española para la adopción de medidas de apoyo provisionales o urgentes. [48]

7. La ley aplicable a las obligaciones de alimentos entre parientes se determinará de acuerdo con el Protocolo de La Haya, de 23 de noviembre de 2007, sobre la ley aplicable a las obligaciones alimenticias o texto legal que lo sustituya. [49]

8. La sucesión por causa de muerte se regirá por la Ley nacional del causante en el momento de su fallecimiento, cualesquiera que sean la naturaleza de los bienes y el país donde se encuentren. Sin embargo, las disposiciones hechas en testamento y los pactos sucesorios ordenados conforme a la Ley nacional del testador o del disponente en el momento de su otorgamiento conservarán su validez, aunque sea otra la ley que rija la sucesión, si bien las legítimas se ajustarán, en su caso, a esta última. Los derechos que por ministerio de la ley se atribuyan al cónyuge supérstite se regirán por la misma ley que

[46] Véanse arts. 172 a 174 y 215 a 306 de la presente Ley y 1, 3 y 10.3 LO 1/1996 del Menor

[47] Dada nueva redacción apartado 6 por art. 2 apartado 1 de Ley 26/2015 de 28 de julio de 2015, con vigencia desde 18/08/2015

[48] Dada nueva redacción apartado 6 párrafo 2 por art. 2 apartado 1 de Ley 8/2021 de 2 de junio de 2021, con vigencia desde 03/09/2021

[49] Dada nueva redacción apartado 7 por art. 2 apartado 1 de Ley 26/2015 de 28 de julio de 2015, con vigencia desde 18/08/2015

regule los efectos del matrimonio, a salvo siempre las legítimas de los descendientes [50] . [51]

9. A los efectos de este capítulo, respecto de las situaciones de doble nacionalidad previstas en las leyes españolas se estará a lo que determinen los tratados internacionales, y, si nada estableciesen, será preferida la nacionalidad coincidente con la última residencia habitual y, en su defecto, la última adquirida.

Prevalecerá en todo caso la nacionalidad española del que ostente además otra no prevista en nuestras leyes o en los tratados internacionales. Si ostentare dos o más nacionalidades y ninguna de ellas fuera la española, se estará a lo que establece el apartado siguiente [52] .

10. Se considerará como ley personal de los que carecieren de nacionalidad o la tuvieren indeterminada, la ley del lugar de su residencia habitual [53] .

11. La ley personal correspondiente a las personas jurídicas es la determinada por su nacionalidad, y regirá en todo lo relativo a capacidad, constitución, representación, funcionamiento, transformación, disolución y extinción.

En la fusión de sociedades de distinta nacionalidad se tendrán en cuenta las respectivas leyes personales [54] .

10. [55] 1. La posesión, la propiedad y los demás derechos sobre bienes inmuebles, así como su publicidad, se regirán por la ley del lugar donde se hallen.

La misma ley será aplicable a los bienes muebles.

A los efectos de la constitución o cesión de derechos sobre bienes en tránsito, éstos se considerarán situados en el lugar de su expedición,

---

[50] Véase Rgto. UE 650/2012 del Parlamento Europeo y del Consejo, de 4 de julio de 2012, relativo a la competencia, la ley aplicable, el reconocimiento y la ejecución de las resoluciones, a la aceptación y la ejecución de los documentos públicos en materia de sucesiones mortis causa y a la creación de un certificado sucesorio europeo

[51] Dada nueva redacción apartado 8 por art. 1 de Ley 11/1990 de 15 de octubre de 1990, con vigencia desde 07/11/1990

[52] Véanse arts. 24.1 de la presente Ley y 11.3 CE

[53] Téngase en cuenta Ley 5/1984, de asilo y RD 511/1985

[54] Véase art. 28 de la presente Ley

[55] Dada nueva redacción por art. 2 de Decreto 1836/1974 de 31 de mayo de 1974, con vigencia desde 29/07/1974

salvo que el remitente y el destinatario hayan convenido, expresa o tácitamente, que se consideren situados en el lugar de su destino.

2. Los buques, las aeronaves y los medios de transporte por ferrocarril, así como todos los derechos que se constituyan sobre ellos, quedarán sometidos a la ley del lugar de su abanderamiento, matrícula o registro. Los automóviles y otros medios de transporte por carretera quedarán sometidos a la ley del lugar donde se hallen.

3. La emisión de los títulos-valores se atenderá a la ley del lugar en que se produzca [56].

4. Los derechos de propiedad intelectual e industrial se protegerán dentro del territorio español de acuerdo con la ley española, sin perjuicio de lo establecido por los convenios y tratados internacionales en los que España sea parte [57].

5. Se aplicará a las obligaciones contractuales la ley a que las partes se hayan sometido expresamente, siempre que tenga alguna conexión con el negocio de que se trate; en su defecto, la ley nacional común a las partes; a falta de ella, la de la residencia habitual común y, en último término, la ley del lugar de celebración del contrato.

No obstante lo dispuesto en el párrafo anterior, a falta de sometimiento expreso, se aplicará a los contratos relativos a bienes inmuebles la ley del lugar donde estén sitos, y a las compraventas de muebles corporales realizadas en establecimientos mercantiles, la ley del lugar en que éstos radiquen [58].

6. A las obligaciones derivadas del contrato de trabajo, en defecto de sometimiento expreso de las partes y sin perjuicio de lo dispuesto en el ap. 1 art. 8 , les será de aplicación la ley del lugar donde se presten los servicios [59].

7. Las donaciones se regirán, en todo caso, por la ley nacional del donante.

8. En los contratos celebrados entre personas que se encuentren en España, las personas físicas que gocen de capacidad de conformidad con la ley española solo podrán invocar su discapacidad resultante de la ley de otro país si, en el momento de la celebración del contrato, la

[56] Véanse arts. 98 a 105 y 162 a 167 LCCH
[57] Véanse arts. 160 a 164 LPI
[58] Véanse arts. 1, 10 y 11 CCom
[59] Véase art. 1.4 ET

otra parte hubiera conocido tal discapacidad o la hubiera ignorado en virtud de negligencia por su parte.[60]

9. Las obligaciones no contractuales se regirán por la ley del lugar donde hubiere ocurrido el hecho de que deriven.

La gestión de negocios se regulará por la ley del lugar donde el gestor realice la principal actividad.

En el enriquecimiento sin causa se aplicará la ley en virtud de la cual se produjo la transferencia del valor patrimonial en favor del enriquecido.

10. La ley reguladora de una obligación se extiende a los requisitos del cumplimiento y a las consecuencias del incumplimiento, así como a su extinción. Sin embargo, se aplicará la ley del lugar de cumplimiento a las modalidades de la ejecución que requieran intervención judicial o administrativa.

11. A la representación legal se aplicará la ley reguladora de la relación jurídica de la que nacen las facultades del representante, y a la voluntaria, de no mediar sometimiento expreso, la ley del país en donde se ejerciten las facultades conferidas.

11. [61] 1. Las formas y solemnidades de los contratos, testamentos y demás actos jurídicos se regirán por la ley del país en que se otorguen. No obstante, serán también válidos los celebrados con las formas y solemnidades exigidas por la ley aplicable a su contenido, así como los celebrados conforme a la ley personal del disponente o la común de los otorgantes. Igualmente serán válidos los actos y contratos relativos a bienes inmuebles otorgados con arreglo a las formas y solemnidades del lugar en que éstos radiquen.

Si tales actos fueren otorgados a bordo de buques o aeronaves durante su navegación, se entenderán celebrados en el país de su abanderamiento, matrícula o registro. Los navíos y las aeronaves militares se consideran como parte del territorio del Estado al que pertenezcan [62] .

---

[60] Dada nueva redacción apartado 8 por art. 2 apartado 2 de Ley 8/2021 de 2 de junio de 2021, con vigencia desde 03/09/2021

[61] Dada nueva redacción por art. 2 de Decreto 1836/1974 de 31 de mayo de 1974, con vigencia desde 29/07/1974

[62] Véanse arts. 323 y ss LEC

2. Si la ley reguladora del contenido de los actos y contratos exigiere para su validez una determinada forma o solemnidad, será siempre aplicada, incluso en el caso de otorgarse aquéllos en el extranjero [63].

3. Será de aplicación la ley española a los contratos, testamentos y demás actos jurídicos autorizados por funcionarios diplomáticos o consulares de España en el extranjero.

12. [64] 1. La calificación para determinar la norma de conflicto aplicable se hará siempre con arreglo a la ley española [65].

2. La remisión al derecho extranjero se entenderá hecha a su ley material, sin tener en cuenta el reenvío que sus normas de conflicto puedan hacer a otra ley que no sea la española [66].

3. En ningún caso tendrá aplicación la ley extranjera cuando resulte contraria al orden público [67].

4. Se considerará como fraude de ley la utilización de una norma de conflicto con el fin de eludir una ley imperativa española [68].

5. Cuando una norma de conflicto remita a la legislación de un Estado en el que coexistan diferentes sistemas legislativos, la determinación del que sea aplicable entre ellos se hará conforme a la legislación de dicho Estado.

6. Los Tribunales y autoridades aplicarán de oficio las normas de conflicto del derecho español.

Apartado 6 párrafo 2 (Derogado) [69]

---

[63] Téngase en cuenta el RD 1497/2011, de 24 de octubre

[64] Dada nueva redacción por Decreto 1836/1974 de 31 de mayo de 1974, con vigencia desde 29/07/1974

[65] Véanse arts. 217 y 281.2 LEC

[66] Véanse art. 98 y 162 LCCH

[67] Véase art. 8.1 de la presente Ley

[68] Véase art. 6.4 de la presente Ley

[69] Derogado apartado 6 párrafo 2 por disposición derogatoria única de Ley 1/2000 de 7 de enero de 2000, con vigencia desde 08/01/2001

CAPÍTULO V
Ámbito de aplicación de los regímenes jurídicos civiles coexistentes en el territorio nacional [70]

13. [71] 1. Las disposiciones de este título preliminar, en cuanto determinan los efectos de las leyes y las reglas generales para su aplicación, así como las del Título IV del Libro I, con excepción de las normas de este último relativas al régimen económico matrimonial, tendrán aplicación general y directa en toda España [72].

2. En lo demás y con pleno respeto a los derechos especiales o forales de las provincias o territorios en que están vigentes, regirá el Código Civil como derecho supletorio, en defecto del que lo sea en cada una de aquéllas, según sus normas especiales [73].

14. [74] 1. La sujeción al derecho civil común o al especial o foral se determina por la vecindad civil.

2. Tienen vecindad civil en territorio de derecho común, o en uno de los de derecho especial o foral, los nacidos de padres que tengan tal vecindad.

Por la adopción, el adoptado no emancipado adquiere la vecindad civil de los adoptantes.

3. Si al nacer el hijo, o al ser adoptado, los padres tuvieren distinta vecindad civil, el hijo tendrá la que corresponda a aquél de los dos respecto del cual la filiación haya sido determinada antes; en su defecto, tendrá la del lugar del nacimiento, y, en último término, la vecindad de derecho común.

Sin embargo, los padres, o el que de ellos ejerza o le haya sido atribuida la patria potestad, podrán atribuir al hijo la vecindad civil de cualquiera de ellos en tanto no transcurran los seis meses siguientes al nacimiento o a la adopción.

---

[70] Añadido por art. 2 de Decreto 1836/1974 de 31 de mayo de 1974, con vigencia desde 29/07/1974

[71] Dada nueva redacción por art. 2 de Decreto 1836/1974 de 31 de mayo de 1974, con vigencia desde 29/07/1974

[72] Véase art. 4.2 de la presente Ley

[73] Véase art. 2 D 1836/1974 Texto Refundido del TP de la presente Ley

[74] Dada nueva redacción por art. 2 de Ley 11/1990 de 15 de octubre de 1990, con vigencia desde 07/11/1990

La privación o suspensión en el ejercicio de la patria potestad, o el cambio de vecindad de los padres, no afectarán a la vecindad civil de los hijos.

En todo caso el hijo desde que cumpla catorce años y hasta que transcurra un año después de su emancipación podrá optar bien por la vecindad civil del lugar de su nacimiento, bien por la última vecindad de cualquiera de sus padres. Si no estuviera emancipado, habrá de ser asistido en la opción por el representante legal.

4. El matrimonio no altera la vecindad civil. No obstante, cualquiera de los cónyuges no separados, ya sea legalmente o de hecho, podrá, en todo momento, optar por la vecindad civil del otro.

5. La vecindad civil se adquiere:

1º) Por residencia continuada durante dos años, siempre que el interesado manifieste ser esa su voluntad.

2º) Por residencia continuada de diez años, sin declaración en contrario durante este plazo.

Ambas declaraciones se harán constar en el Registro Civil y no necesitan ser reiteradas [75].

6. En caso de duda prevalecerá la vecindad civil que corresponda al lugar de nacimiento [76].

15. [77] 1. El extranjero que adquiera la nacionalidad española deberá optar, al inscribir la adquisición de la nacionalidad, por cualquiera de las vecindades siguientes:

a) La correspondiente al lugar de residencia.

b) La del lugar de nacimiento.

c) La última vecindad de cualquiera de sus progenitores o adoptantes.

d) La del cónyuge.

Esta declaración de opción se formulará, según los casos, por el propio optante, solo o con los apoyos que la persona con discapacidad, en su caso, precise, o por su representante legal. Cuando la adquisición de la nacionalidad se haga por declaración o a petición del represen-

---

[75] Véanse arts. 64, 65, 68 LRC y 225 a 229, 231, 236 y 237 RRC

[76] Véase art. 17 de la presente Ley

[77] Dada nueva redacción por art. único de Ley 18/1990 de 17 de diciembre de 1990, con vigencia desde 07/01/1991

tante legal, la autorización necesaria deberá determinar la vecindad civil por la que se ha de optar [78] . [79]

2. El extranjero que adquiera la nacionalidad por carta de naturaleza tendrá la vecindad civil que el Real Decreto de concesión determine, teniendo en cuenta la opción de aquél, de acuerdo con lo que dispone el apartado anterior u otras circunstancias que concurran en el peticionario.

3. La recuperación de la nacionalidad española lleva consigo la de aquella vecindad civil que ostentara el interesado al tiempo de su pérdida.

4. La dependencia personal respecto a una comarca o localidad con especialidad civil propia o distinta, dentro de la legislación especial o foral del territorio correspondiente, se regirá por las disposiciones de este artículo y las del anterior.

16. [80] 1. Los conflictos de leyes que puedan surgir por la coexistencia de distintas legislaciones civiles en el territorio nacional se resolverán según las normas contenidas en el cap. IV con las siguientes particularidades:

1ª) Será ley personal la determinada por la vecindad civil.

2ª) No será aplicable lo dispuesto en los apartados 1, 2 y 3 art. 12 sobre calificación, remisión y orden público.

2. El derecho de viudedad regulado en la Compilación aragonesa corresponde a los cónyuges sometidos al régimen económico matrimonial de dicha Compilación, aunque después cambie su vecindad civil, con exclusión en este caso de la legítima que establezca la ley sucesoria.

El derecho expectante de viudedad no podrá oponerse al adquirente a título oneroso y de buena fe de los bienes que no radiquen en territorio donde se reconozca tal derecho, si el contrato se hubiera celebrado fuera de dicho territorio, sin haber hecho constar el régimen económico matrimonial del transmitente.

---

[78] Véanse arts. 20, 21 y 26 de la presente Ley, 220 RRC e Inst. DGRN 20 marzo 1991 sobre nacionalidad

[79] Dada nueva redacción apartado 1 párrafo 2 por art. 2 apartado 3 de Ley 8/2021 de 2 de junio de 2021, con vigencia desde 03/09/2021

[80] Dada nueva redacción por art. 2 de Ley 11/1990 de 15 de octubre de 1990, con vigencia desde 07/11/1990

El usufructo viudal corresponde también al cónyuge supérstite cuando el premuerto tuviese vecindad civil aragonesa en el momento de su muerte.

3. Los efectos del matrimonio entre españoles se regularán por la ley española que resulte aplicable según los criterios del art. 9 y, en su defecto, por el Código Civil.

En este último caso se aplicará el régimen de separación de bienes del Código Civil si conforme a una y otra ley personal de los contrayentes hubiera de regir un sistema de separación.

LIBRO PRIMERO
DE LAS PERSONAS

TÍTULO PRIMERO
De los españoles y extranjeros

17. [81] 1. Son españoles de origen [82] :

a) Los nacidos de padre o madre españoles [83] .

b) Los nacidos en España de padres extranjeros si, al menos, uno de ellos, hubiera nacido también en España. Se exceptúan los hijos de funcionario diplomático o consular acreditado en España.

c) Los nacidos en España de padres extranjeros, si ambos carecieren de nacionalidad o si la legislación de ninguno de ellos atribuye al hijo una nacionalidad [84] .

d) Los nacidos en España cuya filiación no resulte determinada. A estos efectos, se presumen nacidos en territorio español los menores de edad cuyo primer lugar conocido de estancia sea territorio español [85] .

---

[81] Dada nueva redacción por art. único de Ley 18/1990 de 17 de diciembre de 1990, con vigencia desde 07/01/1991

[82] Véanse arts. 17,19, 20, 23 y 24 de la presente Ley, 11.2 CE y Dir 2003/9/CE asilo

[83] Véase art. 154 de la presente Ley

[84] Véase art. 9.10 de la presente Ley

[85] Véanse arts. 9.6, 7, 112, 113, 115, 120 y 135 de la presente Ley y 68 LRC

2. La filiación o el nacimiento en España, cuya determinación se produzca después de los dieciocho años de edad, no son por sí solos causa de adquisición de la nacionalidad española. El interesado tiene entonces derecho a optar por la nacionalidad española de origen en el plazo de dos años a contar desde aquella determinación [86].

18. [87] La posesión y utilización continuada de la nacionalidad española durante diez años, con buena fe y basada en un título inscrito en el Registro Civil, es causa de consolidación de la nacionalidad, aunque se anule el título que la originó [88].

19. [89] 1. El extranjero menor de dieciocho años adoptado por un español adquiere, desde la adopción, la nacionalidad española de origen [90].
2. Si el adoptado es mayor de dieciocho años podrá optar por la nacionalidad española de origen en el plazo de dos años a partir de la constitución de la adopción [91].
3. Sin perjuicio de lo dispuesto en el apartado 1, si de acuerdo con el sistema jurídico del país de origen el menor adoptado mantiene su nacionalidad, ésta será reconocida también en España [92]

20. [93] 1. Tienen derecho a optar por la nacionalidad española:
a) Las personas que estén o hayan estado sujetas a la patria potestad de un español.

---

[86] Véanse arts. 115 a 119 y 120 a 126 de la presente Ley

[87] Dada nueva redacción por art. único de Ley 18/1990 de 17 de diciembre de 1990, con vigencia desde 07/01/1991

[88] Véanse arts. 17, 25.2, 430, 433, 434, 435 y 464 de la presente Ley

[89] Dada nueva redacción por art. único de Ley 18/1990 de 17 de diciembre de 1990, con vigencia desde 07/01/1991

[90] Véanse arts. 108 y 175 a 180 de la presente Ley y 11.1 CE

[91] Véanse arts. 15, 17 y 20 de la presente Ley y 30.3 Ley 54/2007 adopción internacional

[92] Añadido apartado 3 por art. 2 apartado 2 de Ley 26/2015 de 28 de julio de 2015, con vigencia desde 18/08/2015

[93] Dada nueva redacción por art. único de Ley 36/2002 de 8 de octubre de 2002, con vigencia desde 09/01/2003

b) Aquellas cuyo padre o madre hubiera sido originariamente español y nacido en España.

c) Las que se hallen comprendidas en el segundo apartado de los arts. 17 y 19 [94].

2. La declaración de opción se formulará:

a) Por el representante legal del optante menor de catorce años. En caso de discrepancia entre los representantes legales del menor de catorce años sobre la tramitación de la declaración de opción, se tramitará el expediente de jurisdicción voluntaria previsto al efecto.

b) Por el propio interesado, asistido por su representante legal, cuando aquél sea mayor de catorce años.

c) Por el interesado, por sí solo, si está emancipado o es mayor de dieciocho años. La opción caducará a los veinte años de edad, pero si el optante no estuviera emancipado según su ley personal al llegar a los dieciocho años, el plazo para optar se prolongará hasta que transcurran dos años desde la emancipación.

d) Por el interesado con discapacidad con los apoyos y ajustes de procedimiento que, en su caso, precise.

e) Por el interesado, por sí solo, dentro de los dos años siguientes a la extinción de las medidas de apoyo que le hubieran impedido ejercitarla con anterioridad [95]. [96]

3. No obstante lo dispuesto en el apartado anterior, el ejercicio del derecho de opción previsto en el apartado 1.b) de este artículo no estará sujeto a límite alguno de edad.

21. [97] 1. La nacionalidad española se adquiere por carta de naturaleza, otorgada discrecionalmente mediante Real Decreto, cuando en el interesado concurran circunstancias excepcionales [98].

---

[94] Véanse arts. 22.2, 154, 162, 314, 319 y 323 de la presente Ley y 11.1 CE

[95] Véanse arts. 46 y 63 a 67 LRC, 226 a 231 RRC y Ley 40/2006 Estatuto de la ciudadanía española en el exterior

[96] Dada nueva redacción apartado 2 por art. 2 apartado 4 de Ley 8/2021 de 2 de junio de 2021, con vigencia desde 03/09/2021

[97] Dada nueva redacción por art. único de Ley 18/1990 de 17 de diciembre de 1990, con vigencia desde 07/01/1991

[98] Véanse arts. 63 LRC, 220 a 224 y 341 a 369 RRC y RD 1792/2008, de 3 de noviembre, sobre concesión de la nacionalidad española a los voluntarios integrantes de las Brigadas Internacionales

2. La nacionalidad española también se adquiere por residencia en España, en las condiciones que señala el artículo siguiente y mediante la concesión otorgada por el Ministro de Justicia, que podrá denegarla por motivos razonados de orden público o interés nacional [99].

3. En uno y otro caso la solicitud podrá formularla:

a) El interesado emancipado o mayor de dieciocho años [100].

b) El mayor de catorce años asistido por su representante legal.

c) El representante legal del menor de catorce años. En caso de discrepancia entre los representantes legales sobre la solicitud de nacionalidad por residencia, se tramitará el expediente de jurisdicción voluntaria previsto al efecto. [101]

d) El interesado con discapacidad con los apoyos y ajustes de procedimiento que, en su caso, precise. [102]

En este caso y en el anterior, el representante legal sólo podrá formular la solicitud si previamente ha obtenido autorización conforme a lo previsto en la letra a) apartado 2 del artículo anterior.

4. Las concesiones por carta de naturaleza o por residencia caducan a los ciento ochenta días siguientes a su notificación, si en este plazo no comparece el interesado ante funcionario competente para cumplir los requisitos del art. 23 .

22. [103] 1. Para la concesión de la nacionalidad por residencia se requiere que ésta haya durado diez años. Serán suficientes cinco años para los que hayan obtenido la condición de refugiado y dos años cuando se trate de nacionales de origen de países iberoamericanos, Andorra, Filipinas, Guinea Ecuatorial o Portugal o de sefardíes [104].

2. Bastará el tiempo de residencia de un año para:

---

[99] Véanse arts. 29 y ss LO 4/2000 sobre derechos y libertades de los extranjeros en España y su integración social

[100] Véase art. 23 de la presente Ley

[101] Dada nueva redacción apartado 3 letra c por art. 2 apartado 5 de Ley 8/2021 de 2 de junio de 2021, con vigencia desde 03/09/2021

[102] Dada nueva redacción apartado 3 letra d por art. 2 apartado 5 de Ley 8/2021 de 2 de junio de 2021, con vigencia desde 03/09/2021

[103] Dada nueva redacción por art. único de Ley 36/2002 de 8 de octubre de 2002, con vigencia desde 09/01/2003

[104] Véanse arts. 220 a 224 RRC, Rgto. 343/2003, RD 865/2001 del Estatuto del Apátrida y RD 1244/2002

a) El que haya nacido en territorio español.

b) El que no haya ejercitado oportunamente la facultad de optar [105].

c) El que haya estado sujeto legalmente a la tutela, curatela con facultades de representación plena, guarda o acogimiento de un ciudadano o institución españoles durante dos años consecutivos, incluso si continuare en esta situación en el momento de la solicitud. [106]

d) El que al tiempo de la solicitud llevare un año casado con español o española y no estuviere separado legalmente o de hecho [107].

e) El viudo o viuda de española o español, si a la muerte del cónyuge no existiera separación legal o de hecho.

f) El nacido fuera de España de padre o madre, abuelo o abuela, que originariamente hubieran sido españoles.

3. En todos los casos, la residencia habrá de ser legal, continuada e inmediatamente anterior a la petición.

A los efectos de lo previsto en el párrafo d) del apartado anterior, se entenderá que tiene residencia legal en España el cónyuge que conviva con funcionario diplomático o consular español acreditado en el extranjero.

4. El interesado deberá justificar, en el expediente regulado por la legislación del Registro Civil, buena conducta cívica y suficiente grado de integración en la sociedad española.

5. La concesión o denegación de la nacionalidad por residencia deja a salvo la vía judicial contencioso-administrativa.

23. [108] Son requisitos comunes para la validez de la adquisición de la nacionalidad española por opción, carta de naturaleza o residencia [109]:

---

[105] Véanse arts. 20 y 23 de la presente Ley

[106] Dada nueva redacción apartado 2 letra c por art. 2 apartado 6 de Ley 8/2021 de 2 de junio de 2021, con vigencia desde 03/09/2021

[107] Véase art. 14.4 de la presente Ley

[108] Dada nueva redacción por disposición final 1 de Ley 12/2015 de 24 de junio de 2015, con vigencia desde 01/10/2015

[109] Véase art. 18 Ley 52/2007 por la que se reconocen y amplían derechos y se establecen medidas en favor de quienes padecieron persecución o violencia durante la guerra civil y la dictadura

a) Que el mayor de catorce años y capaz para prestar una declaración por sí jure o prometa fidelidad al Rey y obediencia a la Constitución y a las leyes.

b) Que la misma persona declare que renuncia a su anterior nacionalidad. Quedan a salvo de este requisito los naturales de países mencionados en el apartado 1 del art. 24 y los sefardíes originarios de España [110].

c) Que la adquisición se inscriba en el Registro Civil español [111].

24. [112] 1. Pierden la nacionalidad española los emancipados que, residiendo habitualmente en el extranjero, adquieran voluntariamente otra nacionalidad o utilicen exclusivamente la nacionalidad extranjera que tuvieran atribuida antes de la emancipación. La pérdida se producirá una vez que transcurran tres años, a contar, respectivamente, desde la adquisición de la nacionalidad extranjera o desde la emancipación. No obstante, los interesados podrán evitar la pérdida si dentro del plazo indicado declaran su voluntad de conservar la nacionalidad española al encargado del Registro Civil.

La adquisición de la nacionalidad de países iberoamericanos, Andorra, Filipinas, Guinea Ecuatorial o Portugal no es bastante para producir, conforme a este apartado, la pérdida de la nacionalidad española de origen [113].

2. En todo caso, pierden la nacionalidad española los españoles emancipados que renuncien expresamente a ella, si tienen otra nacionalidad y residen habitualmente en el extranjero [114].

3. Los que habiendo nacido y residiendo en el extranjero ostenten la nacionalidad española por ser hijos de padre o madre españoles, también nacidos en el extranjero, cuando las leyes del país donde residan les atribuyan la nacionalidad del mismo, perderán, en todo caso, la nacionalidad española si no declaran su voluntad de conservarla ante

---

[110] Véase Ley 12/2015, de 24 de junio, en materia de concesión de la nacionalidad española a los sefardíes originarios de España

[111] Véanse arts. 63 LRC y 220 a 224, 226, 227 y 230 RRC

[112] Dada nueva redacción por art. único de Ley 36/2002 de 8 de octubre de 2002, con vigencia desde 09/01/2003

[113] Véanse arts. 11.1 CE, 64 y 67 LRC y 226, 232 y 233 RRC

[114] Véanse arts. 11.3 CE y 9.9 de la presente Ley

el encargado del Registro Civil en el plazo de tres años, a contar desde su mayoría de edad o emancipación.

4. No se pierde la nacionalidad española, en virtud de lo dispuesto en este precepto, si España se hallare en guerra.

25. [115] 1. Los españoles que no lo sean de origen perderán la nacionalidad [116]:

a) Cuando durante un período de tres años utilicen exclusivamente la nacionalidad a la que hubieran declarado renunciar al adquirir la nacionalidad española.

b) Cuando entren voluntariamente al servicio de las armas o ejerzan cargo político en un Estado extranjero contra la prohibición expresa del Gobierno.

2. La sentencia firme que declare que el interesado ha incurrido en falsedad, ocultación o fraude en la adquisición de la nacionalidad española produce la nulidad de tal adquisición, si bien no se derivarán de ella efectos perjudiciales para terceros de buena fe. La acción de nulidad deberá ejercitarse por el Ministerio Fiscal de oficio o en virtud de denuncia, dentro del plazo de quince años.

26. [117] 1. Quien haya perdido la nacionalidad española podrá recuperarla cumpliendo los siguientes requisitos:

a) Ser residente legal en España. Este requisito no será de aplicación a los emigrantes ni a los hijos de emigrantes. En los demás casos podrá ser dispensado por el Ministro de Justicia cuando concurran circunstancias excepcionales [118].

b) Declarar ante el encargado del Registro Civil su voluntad de recuperar la nacionalidad española.

c) Inscribir la recuperación en el Registro Civil.

---

[115] Dada nueva redacción por art. único de Ley 36/2002 de 8 de octubre de 2002, con vigencia desde 09/01/2003

[116] Véanse arts. 11.2 CE, 67 LRC, 232 y 233 RRC y 32, 33, 265, 543, 581 a 607 y 616 CP

[117] Dada nueva redacción por art. único de Ley 36/2002 de 8 de octubre de 2002, con vigencia desde 09/01/2003

[118] Véanse arts. 222 a 236 RRC

2. No podrán recuperar o adquirir, en su caso, la nacionalidad española sin previa habilitación concedida discrecionalmente por el Gobierno, los que se encuentren incursos en cualquiera de los supuestos previstos en el artículo anterior [119].

27. [120] Los extranjeros gozan en España de los mismos derechos civiles que los españoles, salvo lo dispuesto en las leyes especiales y en los Tratados [121].

28. Las corporaciones, fundaciones y asociaciones, reconocidas por la ley y domiciliadas en España, gozarán de la nacionalidad española, siempre que tengan el concepto de personas jurídicas con arreglo a las disposiciones del presente Código [122].

Las asociaciones domiciliadas en el extranjero tendrán en España la consideración y los derechos que determinen los tratados o leyes especiales [123].

---

[119] Véanse arts. 30.1 CE, 24 LO 13/1991 del Servicio Militar y 14 y 15 Ley 6/1996 del Voluntariado

[120] Dada nueva redacción por art. 1 de Ley de 15 de julio de 1954, con vigencia desde 05/08/1954

[121] Véanse arts. 13.1 CE, LO 4/2000 sobre derechos y libertades de los extranjeros en España y su integración social y RD 766/1992 sobre entrada y permanencia en España de Nacionales de Estados miembros de las Comunidades Europeas

[122] Véase art. 9.11 de la presente Ley

[123] Véanse arts. 8 y 9 RDLeg. 1/2010, de 2 de julio, por el que se aprueba el texto refundido de la Ley de Sociedades de Capital y 4, 6 y 7 Ley 50/2002, de Fundaciones

TÍTULO II
Del nacimiento y la extinción de la personalidad civil

CAPÍTULO PRIMERO
De las personas naturales

29. El nacimiento determina la personalidad; pero el concebido se tiene por nacido para todos los efectos que le sean favorables, siempre que nazca con las condiciones que expresa el artículo siguiente [124].

30. [125] La personalidad se adquiere en el momento del nacimiento con vida, una vez producido el entero desprendimiento del seno materno [126].

31. La prioridad del nacimiento, en el caso de partos dobles, da al primer nacido los derechos que la ley reconozca al primogénito [127].

32. La personalidad civil se extingue por la muerte de las personas [128].
Párrafo 2 (Derogado) [129]

33. Si se duda, entre dos o más personas llamadas a sucederse, quién de ellas ha muerto primero, el que sostenga la muerte anterior de una o de otra, debe probarla; a falta de prueba, se presumen muertas

---

[124] Véanse arts. 108, 627, 745.1 y 959 a 967 de la presente Ley, 14 a 38 CE, 53 y 54 LRC y Ley 35/2007 sobre deducción por nacimiento o adopción en el IRPF

[125] Dada nueva redacción por disposición final 3 de Ley 20/2011 de 21 de julio de 2011, con vigencia desde 23/07/2011

[126] Véanse arts. 745.1 y 960 de la presente Ley, 44 LRC, 165 y 771 RRC y Ley 3/2007 sobre rectificación registral de la mención relativa al sexo de las personas

[127] Véase art. 170.1 RRC

[128] Véanse arts. 193 a 197 de la presente Ley, 81 a 87 LRC y 273 a 282 RRC

[129] Suprimido párrafo 2 por art. 2 de Ley 13/1983 de 24 de octubre de 1983, con vigencia desde 15/11/1983

al mismo tiempo y no tiene lugar la transmisión de derechos de uno a otro [130].

34. Respecto a la presunción de muerte del ausente y sus efectos, se estará a lo dispuesto en el Título VIII de este Libro [131].

CAPÍTULO II
De las personas jurídicas

35. Son personas jurídicas [132]:

1º) Las corporaciones, asociaciones y fundaciones de interés público reconocidas por la ley.

Su personalidad empieza desde el instante mismo en que, con arreglo a derecho, hubiesen quedado válidamente constituidas [133].

2º) Las asociaciones de interés particular, sean civiles, mercantiles o industriales, a las que la ley conceda personalidad propia, independiente de la de cada uno de los asociados [134].

36. Las asociaciones a que se refiere el número 2º del artículo anterior se regirán por las disposiciones relativas al contrato de sociedad, según la naturaleza de éste [135].

37. La capacidad civil de las corporaciones se regulará por las leyes que las hayan creado o reconocido; la de las asociaciones por sus estatutos, y la de las fundaciones por las reglas de su institución,

---

[130] Véase art. 327 de la presente Ley

[131] Véanse arts. 181 a 198 de la presente Ley

[132] Véanse arts. 6, 7, 22 y 28 de la presente Ley, 36 CE y LO 1/2002 Asociación

[133] Véanse arts. 34 CE, 41 LOFAGE y 2, 4, 36 y 37 Ley 50/2002 Fundaciones

[134] Véanse arts. 1669 de la presente Ley, 17, 24, 116, 118 y 119 CCom, 20 RDLeg. 1/2010, de 2 de julio, por el que se aprueba el texto refundido de la Ley de Sociedades de Capital y 2.2 y 42 LOFAGE

[135] Véanse arts. 1665 y 1669 de la presente Ley y 116 a 243 CCom

debidamente aprobadas por disposición administrativa, cuando este requisito fuere necesario [136].

38. Las personas jurídicas pueden adquirir y poseer bienes de todas clases, así como contraer obligaciones y ejercitar acciones civiles o criminales, conforme a las leyes y reglas de su constitución [137].

La Iglesia se regirá en este punto por lo concordado entre ambas potestades, y los establecimientos de instrucción y beneficencia por lo que dispongan las leyes especiales [138].

39. Si por haber expirado el plazo durante el cual funcionaban legalmente, o por haber realizado el fin para el cual se constituyeron, o por ser ya imposible aplicar a éste la actividad y los medios de que disponían, dejasen de funcionar las corporaciones, asociaciones y fundaciones, se dará a sus bienes la aplicación que las leyes, o los estatutos, o las cláusulas fundacionales, les hubiesen en esta previsión asignado. Si nada se hubiere establecido previamente, se aplicarán esos bienes a la realización de fines análogos, en interés de la región, provincia o Municipio que principalmente debieran recoger los beneficios de las instituciones extinguidas [139].

TÍTULO III
Del domicilio

40. Para el ejercicio de los derechos y el cumplimiento de las obligaciones civiles, el domicilio de las personas naturales es el lugar

---

[136] Véanse arts. 4, 11 y 14 a 22 Ley 50/2002 Fundaciones y 11 Ley Asociaciones

[137] Véanse arts. 242, 251, 254, 515, 744, 745.2, 746, 748, 956 a 958, 993, 994 y 1812 de la presente Ley y 73 LOPJ

[138] Véanse arts. 20 a 22, 24 y 26 Ley 50/2002 Fundaciones, Instrumento de Ratificación del Acuerdo entre el Estado Español y la Santa Sede, sobre asuntos jurídicos de 3 enero 1979 y Leyes 24/1992, 25/1992 y 26/1992 sobre Acuerdo de Cooperación del Estado con la Federación de Entidades Religiosas Evangélicas, Israelitas e Islámicas de España

[139] Véanse arts. 515 y 1666 de la presente Ley, 221 a 223 y 227 CCom y 7.1, 17 y 18 LO 1/2002 Asociaciones

de su residencia habitual, y en su caso, el que determine la Ley de Enjuiciamiento Civil.

El domicilio de los diplomáticos residentes por razón de su cargo en el extranjero, que gocen del derecho de extraterritorialidad, será el último que hubieren tenido en territorio español [140].

41. Cuando ni la ley que las haya creado o reconocido, ni los estatutos o las reglas de fundación fijaren el domicilio de las personas jurídicas, se entenderá que lo tienen en el lugar en que se halle establecida su representación legal, o donde ejerzan las principales funciones de su instituto [141].

TÍTULO IV
Del matrimonio

CAPÍTULO PRIMERO
De la promesa de matrimonio [142]

42. [143] La promesa de matrimonio no produce obligación de contraerlo ni de cumplir lo que se hubiere estipulado para el supuesto de su no celebración.

No se admitirá a trámite la demanda en que se pretenda su cumplimiento [144].

---

[140] Véanse arts. 70 de la presente Ley, 50, 51 y 155 LEC, 18 y 19 CE y 9 RDLeg. 1/2010, de 2 de julio, por el que se aprueba el texto refundido de la Ley de Sociedades de Capital

[141] Véanse arts. 28 de la presente Ley, 50, 51 y 155 LEC, 9 RDLeg. 1/2010, de 2 de julio, por el que se aprueba el texto refundido de la Ley de Sociedades de Capital, 6 Ley 50/2002 Fundaciones y 3 Ley 27/1999 Cooperativas

[142] Dada nueva redacción por art. 1 de Ley 30/1981 de 7 de julio de 1981, con vigencia desde 09/08/1981

[143] Dada nueva redacción por art. 1 de Ley 30/1981 de 7 de julio de 1981, con vigencia desde 09/08/1981

[144] Véanse arts. 45 y 1334 de la presente Ley

43. [145] El incumplimiento sin causa de la promesa cierta de matrimonio hecha por persona mayor de edad o por menor emancipado sólo producirá la obligación de resarcir a la otra parte de los gastos hechos y las obligaciones contraídas en consideración al matrimonio prometido.

Esta acción caducará al año contado desde el día de la negativa a la celebración del matrimonio [146].

CAPÍTULO II
De los requisitos del matrimonio [147]

44. [148] Toda persona tiene derecho a contraer matrimonio conforme a las disposiciones de este Código.

El matrimonio tendrá los mismos requisitos y efectos cuando ambos contrayentes sean del mismo o de diferente sexo. [149]

45. [150] No hay matrimonio sin consentimiento matrimonial [151].

La condición, término o modo del consentimiento se tendrá por no puesta [152].

---

[145] Dada nueva redacción por art. 1 de Ley 30/1981 de 7 de julio de 1981, con vigencia desde 09/08/1981

[146] Véanse arts. 42, 45, 1101, 1107, 1334 y 1342 de la presente Ley

[147] Dada nueva redacción por art. 1 de Ley 30/1981 de 7 de julio de 1981, con vigencia desde 09/08/1981

[148] Dada nueva redacción por disposición final 1 apartado 1 de Ley 4/2023 de 28 de febrero de 2023, con vigencia desde 02/03/2023

[149] Véanse arts. 793 de la presente Ley, 14 y 32.1 CE y LO 3/2007 sobre igualdad efectiva de mujeres y hombres

[150] Dada nueva redacción por art. 1 de Ley 30/1981 de 7 de julio de 1981, con vigencia desde 09/08/1981

[151] Véanse arts. 58, 73, 74, 1261 y 1262 de la persente Ley

[152] Véanse arts. 1116 y 1255 de la presente Ley

46. [153] No pueden contraer matrimonio [154] :

1º) Los menores de edad no emancipados [155] .

2º) Los que estén ligados con vínculo matrimonial [156] .

47. [157] Tampoco pueden contraer matrimonio entre sí:

1º) Los parientes en línea recta por consanguinidad o adopción.

2º) Los colaterales por consanguinidad hasta el tercer grado.

3º) Los condenados por haber tenido participación en la muerte dolosa del cónyuge o persona con la que hubiera estado unida por análoga relación de afectividad a la conyugal [158] . [159]

48. [160] El Juez podrá dispensar, con justa causa y a instancia de parte, mediante resolución previa dictada en expediente de jurisdicción voluntaria, los impedimentos de muerte dolosa del cónyuge o persona con la que hubiera estado unida por análoga relación de afectividad a la conyugal y de parentesco de grado tercero entre colaterales. La dispensa ulterior convalida, desde su celebración, el matrimonio cuya nulidad no haya sido instada judicialmente por alguna de las partes [161] .

---

[153] Dada nueva redacción por art. 1 de Ley 30/1981 de 7 de julio de 1981, con vigencia desde 09/08/1981

[154] Véanse arts. 73.2 de la presente Ley y 32.2 CE

[155] Véanse arts. 48.2 y 314 a 316 de la presente Ley

[156] Véanse arts. 88.2 de la presente Ley y 217 a 219 CP

[157] Dada nueva redacción por art. 1 de Ley 30/1981 de 7 de julio de 1981, con vigencia desde 09/08/1981

[158] Véanse arts. 48, 73.2, 178 y 914 de la presente Ley y 247 RRC

[159] Dada nueva redacción apartado 3 por disposición final 1 apartado 1 de Ley 15/2015 de 2 de julio de 2015, con vigencia desde 23/07/2015

[160] Dada nueva redacción por disposición final 1 apartado 2 de Ley 15/2015 de 2 de julio de 2015, con vigencia desde 23/07/2015

[161] Véanse arts. 46, 47 y 73.2 de la presente Ley, 74 LRC, 260 a 262 RRC y 81 Ley 15/2015, de Jurisdicción Voluntaria

CAPÍTULO III
De la forma de celebración del matrimonio [162]

SECCIÓN PRIMERA
Disposiciones generales [163]

49. [164] Cualquier español podrá contraer matrimonio dentro o fuera de España:

1.º En la forma regulada en este Código.

2.º En la forma religiosa legalmente prevista.

También podrá contraer matrimonio fuera de España con arreglo a la forma establecida por la ley del lugar de celebración. [165]

50. [166] Si ambos contrayentes son extranjeros, podrá celebrarse el matrimonio en España con arreglo a la forma prescrita para los españoles o cumpliendo la establecida por la ley personal de cualquiera de ellos [167].

---

[162] Dada nueva redacción por art. 1 de Ley 30/1981 de 7 de julio de 1981, con vigencia desde 09/08/1981

[163] Dada nueva redacción por art. 1 de Ley 30/1981 de 7 de julio de 1981, con vigencia desde 09/08/1981

[164] Dada nueva redacción por disposición final 1 apartado 3 de Ley 15/2015 de 2 de julio de 2015, con vigencia desde 30/04/2021

[165] Véanse arts. 11, 51 a 60 de la presente Ley, 32 CE e Instrumento de ratificación del Acuerdo entre el Estado Español y la Santa Sede, sobre Asuntos Jurídicos de 3 de enero de 1979

[166] Dada nueva redacción por art. 1 de Ley 30/1981 de 7 de julio de 1981, con vigencia desde 09/08/1981

[167] Véanse arts. 9.1 de la presente Ley, 69 a 80 LRC y 238 a 259 y 267 a 272 RRC

SECCIÓN SEGUNDA
De la celebración del matrimonio [168]

51. [169] 1. La competencia para constatar mediante acta o expediente el cumplimiento de los requisitos de capacidad de ambos contrayentes y la inexistencia de impedimentos o su dispensa, o cualquier género de obstáculos para contraer matrimonio corresponderá al Secretario judicial, Notario o Encargado del Registro Civil del lugar del domicilio de uno de los contrayentes o al funcionario diplomático o consular Encargado del Registro Civil si residiesen en el extranjero.

2. Será competente para celebrar el matrimonio:

1.º El Alcalde del municipio donde se celebre el matrimonio o concejal en quien éste delegue. [170]

2.º El Secretario judicial o Notario libremente elegido por ambos contrayentes que sea competente en el lugar de celebración.

3.º El funcionario diplomático o consular Encargado del Registro Civil en el extranjero.

52. [171] Podrán celebrar el matrimonio del que se halle en peligro de muerte:

1.º El Alcalde o Concejal en quien delegue, letrado o letrada de la Administración de Justicia, notario o notaria, o personal funcionario a que se refiere el artículo 51. [172]

2.º El Oficial o Jefe superior inmediato respecto de los militares en campaña.

3.º El Capitán o Comandante respecto de los matrimonios que se celebren a bordo de nave o aeronave.

---

[168] Dada nueva redacción por disposición final 1 apartado 4 de Ley 15/2015 de 2 de julio de 2015, con vigencia desde 23/07/2015

[169] Dada nueva redacción por disposición final 1 apartado 5 de Ley 15/2015 de 2 de julio de 2015, con vigencia desde 30/04/2021

[170] Dada nueva redacción apartado 2 número 1 por disposición final 2 apartado 1 de Ley Orgánica 1/2025 de 2 de enero de 2025, con vigencia desde 03/04/2025

[171] Dada nueva redacción por disposición final 1 apartado 6 de Ley 15/2015 de 2 de julio de 2015, con vigencia desde 30/04/2021

[172] Dada nueva redacción apartado 1 por disposición final 2 apartado 2 de Ley Orgánica 1/2025 de 2 de enero de 2025, con vigencia desde 03/04/2025

El matrimonio en peligro de muerte no requerirá para su celebración la previa tramitación del acta o expediente matrimonial, pero sí la presencia, en su celebración, de dos testigos mayores de edad y, cuando el peligro de muerte derive de enfermedad o estado físico de alguno de los contrayentes, dictamen médico sobre su capacidad para la prestación del consentimiento y la gravedad de la situación, salvo imposibilidad acreditada, sin perjuicio de lo establecido en el artículo 65.

53. [173] La validez del matrimonio no quedará afectada por la incompetencia o falta de nombramiento del Alcalde, Concejal/a, letrado o letrada de la Administración de Justicia, notario o notaria, o personal funcionario ante quien se celebre, siempre que al menos uno de los cónyuges hubiera procedido de buena fe y aquellos ejercieran sus funciones públicamente.

54. [174] Cuando concurra causa grave suficientemente probada, el Ministro de Justicia podrá autorizar el matrimonio secreto. En este caso, el expediente se tramitará reservadamente, sin la publicación de edictos o proclamas [175].

55. [176] Uno de los contrayentes podrá contraer matrimonio por apoderado, a quien tendrá que haber concedido poder especial en forma auténtica, siendo siempre necesaria la asistencia personal del otro contrayente.

En el poder se determinará la persona con quien ha de celebrarse el matrimonio, con expresión de las circunstancias personales precisas para establecer su identidad, debiendo apreciar su validez el Secretario judicial, Notario, Encargado del Registro Civil o funcionario que tramite el acta o expediente matrimonial previo al matrimonio.

---

[173] Dada nueva redacción por disposición final 2 apartado 3 de Ley Orgánica 1/2025 de 2 de enero de 2025, con vigencia desde 03/04/2025

[174] Dada nueva redacción por art. 1 de Ley 30/1981 de 7 de julio de 1981, con vigencia desde 09/08/1981

[175] Véanse arts. 64 de la presente Ley, 72, 78 y 79 LRC y 260, 261 y 267 a 270 RRC

[176] Dada nueva redacción por disposición final 1 apartado 8 de Ley 15/2015 de 2 de julio de 2015, con vigencia desde 30/04/2021

El poder se extinguirá por la revocación del poderdante, por la renuncia del apoderado o por la muerte de cualquiera de ellos. En caso de revocación por el poderdante bastará su manifestación en forma auténtica antes de la celebración del matrimonio. La revocación se notificará de inmediato al Secretario judicial, Notario, Encargado del Registro Civil o funcionario que tramite el acta o expediente previo al matrimonio, y si ya estuviera finalizado a quien vaya a celebrarlo. [177]

56. [178] Quienes deseen contraer matrimonio acreditarán previamente en acta o expediente tramitado conforme a la legislación del Registro Civil, que reúnen los requisitos de capacidad o la inexistencia de impedimentos o su dispensa, de acuerdo con lo previsto en este Código.

El Letrado de la Administración de Justicia, Notario, Encargado del Registro Civil o funcionario que tramite el acta o expediente, cuando sea necesario, podrá recabar de las Administraciones o entidades de iniciativa social de promoción y protección de los derechos de las personas con discapacidad, la provisión de apoyos humanos, técnicos y materiales que faciliten la emisión, interpretación y recepción del consentimiento del o los contrayentes. Solo en el caso excepcional de que alguno de los contrayentes presentare una condición de salud que, de modo evidente, categórico y sustancial, pueda impedirle prestar el consentimiento matrimonial pese a las medidas de apoyo, se recabará dictamen médico sobre su aptitud para prestar el consentimiento.

57. [179] El matrimonio tramitado por el letrado o letrada de la Administración de Justicia o por personal funcionario consular o diplomático podrá celebrarse ante el mismo u otro distinto, o ante Alcalde o Concejal en quien este delegue, a elección de los contrayentes. Si se hubiere tramitado por el Encargado o Encargada del Registro Civil, el matrimonio deberá celebrarse ante el Alcalde o Concejal en quien éste delegue, que designen los contrayentes.

---

[177] Véanse arts. 1280.5, 1710.2, 1712.3 y 1732 a 1739 de la presente Ley y 253 y 258.2 RRC

[178] Dada nueva redacción por disposición final 1 apartado 9 de Ley 15/2015 de 2 de julio de 2015, con vigencia desde 30/04/2021

[179] Dada nueva redacción por disposición final 2 apartado 4 de Ley Orgánica 1/2025 de 2 de enero de 2025, con vigencia desde 03/04/2025

Finalmente, si fuera el notario o la notaria quien hubiera extendido el acta matrimonial, los contrayentes podrán otorgar el consentimiento, a su elección, ante el mismo notario o notaria u otro distinto del que hubiera tramitado el acta previa, Alcalde o Concejal en quien este delegue.

58. [180] El Alcalde, Concejal, letrado o letrada de la Administración de Justicia, notario o notaria, o personal funcionario, después de leídos los artículos 66, 67 y 68, preguntará a cada uno de los contrayentes si consiente en contraer matrimonio con el otro y si efectivamente lo contrae en dicho acto y, respondiendo ambos afirmativamente, declarará que los mismos quedan unidos en matrimonio y extenderá el acta o autorizará la escritura correspondiente [181].

SECCIÓN TERCERA
De la celebración en forma religiosa [182]

59. [183] El consentimiento matrimonial podrá prestarse en la forma prevista por una confesión religiosa inscrita, en los términos acordados con el Estado o, en su defecto, autorizados por la legislación de éste [184].

---

[180] Dada nueva redacción por disposición final 2 apartado 5 de Ley Orgánica 1/2025 de 2 de enero de 2025, con vigencia desde 03/04/2025

[181] Véanse arts. 45, 61 y 62 de la presente Ley, 70 y 73 LRC y 225 RRC

[182] Dada nueva redacción por art. 1 de Ley 30/1981 de 7 de julio de 1981, con vigencia desde 09/08/1981

[183] Dada nueva redacción por art. 1 de Ley 30/1981 de 7 de julio de 1981, con vigencia desde 09/08/1981

[184] Véanse arts. 49.2 de la presente Ley, LO 7/1980 de Libertad Religiosa, RD 142/1981 Organización y Funcionamiento del Registro de Entidades Religiosas e Instrumento de ratificación del Acuerdo entre el Estado Español y la Santa Sede, sobre Asuntos Jurídicos de 3 de enero de 1979

60. [185] 1. El matrimonio celebrado según las normas del Derecho canónico o en cualquiera de otras formas religiosas previstas en los acuerdos de cooperación entre el Estado y las confesiones religiosas produce efectos civiles.

2. Igualmente, se reconocen efectos civiles al matrimonio celebrado en la forma religiosa prevista por las iglesias, confesiones, comunidades religiosas o federaciones de las mismas que, inscritas en el Registro de Entidades Religiosas, hayan obtenido el reconocimiento de notorio arraigo en España.

En este supuesto, el reconocimiento de efectos civiles requerirá el cumplimiento de los siguientes requisitos:

a) La tramitación de un acta o expediente previo de capacidad matrimonial con arreglo a la normativa del Registro Civil.

b) La libre manifestación del consentimiento ante un ministro de culto debidamente acreditado y dos testigos mayores de edad.

La condición de ministro de culto será acreditada mediante certificación expedida por la iglesia, confesión o comunidad religiosa que haya obtenido el reconocimiento de notorio arraigo en España, con la conformidad de la federación que, en su caso, hubiere solicitado dicho reconocimiento.

3. Para el pleno reconocimiento de los efectos civiles del matrimonio celebrado en forma religiosa se estará a lo dispuesto en el Capítulo siguiente [186].

---

[185] Dada nueva redacción por disposición final 1 apartado 12 de Ley 15/2015 de 2 de julio de 2015, con vigencia desde 23/07/2015

[186] Véanse arts. 14 y 16 RRC, 70 LRC, 1055 a 1165 CCan 1983, art. 7 Ley 24/1992, art. 7 Ley 25/1992 y art. 7 Ley 26/1992

CAPÍTULO IV
De la inscripción del matrimonio en el Registro Civil [187]

61. [188] El matrimonio produce efectos civiles desde su celebración.

Para el pleno reconocimiento de los mismos será necesaria su inscripción en el Registro Civil.

El matrimonio no inscrito no perjudicará los derechos adquiridos de buena fe por terceras personas [189].

62. [190] La celebración del matrimonio se hará constar mediante acta o escritura pública que será firmada por aquél ante quien se celebre, los contrayentes y dos testigos.

Extendida el acta o autorizada la escritura pública, se remitirá por el autorizante copia acreditativa de la celebración del matrimonio al Registro Civil competente, para su inscripción, previa calificación por el Encargado del mismo. [191]

63. [192] La inscripción del matrimonio celebrado en España en forma religiosa se practicará con la simple presentación de la certificación de la iglesia, o confesión, comunidad religiosa o federación respectiva, que habrá de expresar las circunstancias exigidas por la legislación del Registro Civil.

---

[187] Añadido por art. 1 de Ley 30/1981 de 7 julio de 1981, con vigencia desde 09/08/1981

[188] Dada nueva redacción por art. 1 de Ley 30/1981 de 7 de julio de 1981, con vigencia desde 09/08/1981

[189] Véanse arts. 69, 70, 71 y 73 LRC, 255 a 259 RRC e Instrumento de ratificación del Acuerdo entre el Estado Español y la Santa Sede, sobre Asuntos Jurídicos de 3 de enero de 1979

[190] Dada nueva redacción por disposición final 1 apartado 13 de Ley 15/2015 de 2 de julio de 2015, con vigencia desde 30/04/2021

[191] Véase art. 255 RRC

[192] Dada nueva redacción por disposición final 1 apartado 14 de Ley 15/2015 de 2 de julio de 2015, con vigencia desde 23/07/2015

Se denegará la práctica del asiento cuando de los documentos presentados o de los asientos del Registro conste que el matrimonio no reúne los requisitos que para su validez se exigen en este Título [193] .

64. [194] Para el reconocimiento del matrimonio secreto basta su inscripción en el libro especial del Registro Civil central, pero no perjudicará los derechos adquiridos de buena fe por terceras personas sino desde su publicación en el Registro Civil ordinario [195] .

65. [196] En los casos en que el matrimonio se hubiere celebrado sin haberse tramitado el correspondiente expediente o acta previa, si éste fuera necesario, el Secretario judicial, Notario, o el funcionario diplomático o consular Encargado del Registro Civil que lo haya celebrado, antes de realizar las actuaciones que procedan para su inscripción, deberá comprobar si concurren los requisitos legales para su validez, mediante la tramitación del acta o expediente al que se refiere este artículo.

Si la celebración del matrimonio hubiera sido realizada ante autoridad o persona competente distinta de las indicadas en el párrafo anterior, el acta de aquélla se remitirá al Encargado del Registro Civil del lugar de celebración para que proceda a la comprobación de los requisitos de validez, mediante el expediente correspondiente. Efectuada esa comprobación, el Encargado del Registro Civil procederá a su inscripción.

---

[193] Véanse arts. 329 de la presente Ley, 70 y 71 LRC, 256 RRC e Instrumento de ratificación del Acuerdo entre el Estado Español y la Santa Sede, sobre Asuntos Jurídicos de 3 de enero de 1979

[194] Dada nueva redacción por art. 1 de Ley 30/1981 de 7 de julio de 1981, con vigencia desde 09/08/1981

[195] Véanse arts. 54 de la presente Ley, 70.2, 78 y 79 LRC y 256, 260, 267 a 270 RRC

[196] Dada nueva redacción por disposición final 1 apartado 15 de Ley 15/2015 de 2 de julio de 2015, con vigencia desde 30/04/2021

CAPÍTULO V
De los derechos y deberes de los cónyuges [197]

66. [198] Los cónyuges son iguales en derechos y deberes [199].

67. [200] Los cónyuges deben respetarse y ayudarse mutuamente y actuar en interés de la familia [201].

68. [202] Los cónyuges están obligados a vivir juntos, guardarse fidelidad y socorrerse mutuamente. Deberán, además, compartir las responsabilidades domésticas y el cuidado y atención de ascendientes y descendientes y otras personas dependientes a su cargo [203].

69. [204] Se presume, salvo prueba en contrario, que los cónyuges viven juntos [205].

70. [206] Los cónyuges fijarán de común acuerdo el domicilio conyugal y, en caso de discrepancia, resolverá el Juez, teniendo en cuenta el interés de la familia [207].

---

[197] Añadido por art. 1 de Ley 30/1981 de 7 de julio de 1981, con vigencia desde 09/08/1981

[198] Dada nueva redacción por art. único de Ley 13/2005 de 1 de julio de 2005, con vigencia desde 03/07/2005

[199] Véanse arts. 44, 70, 110, 154, 1319, 1328 y 1375 de la presente Ley y 14 y 32 CE

[200] Dada nueva redacción por art. único de Ley 13/2005 de 1 de julio de 2005, con vigencia desde 03/07/2005

[201] Véanse arts. 68, 90.2, 143.1 y 154.2 de la presente Ley y 39 CE

[202] Dada nueva redacción por art. 1 de Ley 15/2005 de 8 de julio de 2005, con vigencia desde 10/07/2005

[203] Véanse arts. 70, 97.6, 98, 102.1, 105, 143 y 144 de la presente Ley

[204] Dada nueva redacción por art. 1 de Ley 30/1981 de 7 de julio de 1981, con vigencia desde 09/08/1981

[205] Véanse arts. 81 a 83, 86, 87, 102.1, 105 y 156.5 de la presente Ley y 769 LEC

[206] Dada nueva redacción por art. 1 de Ley 30/1981 de 7 de julio de 1981, con vigencia desde 09/08/1981

[207] Véanse arts. 40, 96 y 103.2 de la presente Ley y 769 LEC

71. [208] Ninguno de los cónyuges puede atribuirse la representación del otro sin que le hubiere sido conferida [209].

72. [210] (Derogado)

CAPÍTULO VI
De la nulidad del matrimonio [211]

73. [212] Es nulo cualquiera que sea la forma de su celebración:

1º) El matrimonio celebrado sin consentimiento matrimonial [213].

2º) El matrimonio celebrado entre las personas a que se refieren los arts. 46 y 47, salvo los casos de dispensa conforme al art. 48 [214].

3º) El que se contraiga sin la intervención del Alcalde o Concejal, letrado o letrada de la Administración de Justicia, notario o notaria, o personal funcionario ante quien deba celebrarse, o sin la de los testigos [215]. [216]

4º) El celebrado por error en la identidad de la persona del otro contrayente o en aquellas cualidades personales que, por su entidad, hubieren sido determinantes de la prestación del consentimiento [217].

---

[208] Dada nueva redacción por art. 1 de Ley 30/1981 de 7 de julio de 1981, con vigencia desde 09/08/1981

[209] Véanse arts. 102.2, 1259, 1376 a 1378 y 1382 de la presente Ley

[210] Suprimido por art. 1 de Ley 30/1981 de 7 de julio de 1981, con vigencia desde 09/08/1981

[211] Añadido por art. 1 de Ley 30/1981 de 7 de julio de 1981, con vigencia desde 09/08/1981

[212] Dada nueva redacción por art. único de Ley 35/1994 de 23 de diciembre de 1994, con vigencia desde 01/03/1995

[213] Véanse arts. 45, 59 y 1261 de la presente Ley y 770.2 LEC

[214] Véanse arts. 75 de la presente Ley y 770.2 LEC

[215] Véanse arts. 49, 51, 52, 53 y 78 de la presente Ley

[216] Dada nueva redacción apartado 3 por disposición final 2 apartado 6 de Ley Orgánica 1/2025 de 2 de enero de 2025, con vigencia desde 03/04/2025

[217] Véanse arts. 76 de la presente Ley y 770.2 LEC

5º) El contraído por coacción o miedo grave [218] .

74. [219] La acción para pedir la nulidad del matrimonio corresponde a los cónyuges, al Ministerio Fiscal y a cualquier persona que tenga interés directo y legítimo en ella, salvo lo dispuesto en los artículos siguientes [220] .

75. [221] Si la causa de nulidad fuere la falta de edad, mientras el contrayente sea menor sólo podrá ejercitar la acción cualquiera de sus padres, tutores o guardadores y, en todo caso, el Ministerio Fiscal.

Al llegar a la mayoría de edad sólo podrá ejercitar la acción el contrayente menor, salvo que los cónyuges hubieren vivido juntos durante un año después de alcanzada aquélla [222] .

76. [223] En los casos de error, coacción o miedo grave solamente podrá ejercitar la acción de nulidad el cónyuge que hubiera sufrido el vicio.

Caduca la acción y se convalida el matrimonio si los cónyuges hubieran vivido juntos durante un año después de desvanecido el error o de haber cesado la fuerza o la causa del miedo [224] .

77. [225] (Derogado)

---

[218] Véanse arts. 45 y 76 de la presente Ley

[219] Dada nueva redacción por art. 1 de Ley 30/1981 de 7 de julio de 1981, con vigencia desde 09/08/1981

[220] Véanse arts. 1300 a 1302 de la presente Ley y 748.3, 749, 753 y 769 LEC

[221] Dada nueva redacción por art. 1 de Ley 30/1981 de 7 de julio de 1981, con vigencia desde 09/08/1981

[222] Véanse arts. 46, 73.2, 162, 267 y 315 de la presente Ley

[223] Dada nueva redacción por art. 1 de Ley 30/1981 de 7 de julio de 1981, con vigencia desde 09/08/1981

[224] Véanse arts. 69 y 1302 de la presente Ley

[225] Suprimido por art. 1 de Ley 30/1981 de 7 de julio de 1981, con vigencia desde 09/08/1981

78. [226] El Juez no acordará la nulidad de un matrimonio por defecto de forma, si al menos uno de los cónyuges lo contrajo de buena fe, salvo lo dispuesto en el número 3 del art. 73 [227].

79. [228] La declaración de nulidad del matrimonio no invalidará los efectos ya producidos respecto de los hijos y del contrayente o contrayentes de buena fe.

La buena fe se presume [229].

80. [230] Las resoluciones dictadas por los Tribunales eclesiásticos sobre nulidad de matrimonio canónico o las decisiones pontificias sobre matrimonio rato y no consumado tendrán eficacia en el orden civil, a solicitud de cualquiera de las partes, si se declaran ajustados al Derecho del Estado en resolución dictada por el Juez civil competente conforme a las condiciones a las que se refiere el art.954 LEC [231].

CAPÍTULO VII
De la separación [232]

81. [233] Se decretará judicialmente la separación cuando existan hijos menores no emancipados o hijos mayores respecto de los que

---

[226] Dada nueva redacción por art. 1 de Ley 30/1981 de 7 de julio de 1981, con vigencia desde 09/08/1981

[227] Véase art. 53 de la presente Ley

[228] Dada nueva redacción por art. 1 de Ley 30/1981 de 7 de julio de 1981, con vigencia desde 09/08/1981

[229] Véanse arts. 6.3, 95, 98 y 1300 de la presente Ley, 525.1 LEC, 76 LRC y 263 y 264 RRC

[230] Dada nueva redacción por art. 1 de Ley 30/1981 de 7 de julio de 1981, con vigencia desde 09/08/1981

[231] Véanse arts. 263 a 265 RRC y 748.5, 753, 769 y 778 LEC

[232] Añadido por art. 1 de Ley 30/1981 de 7 de julio de 1981, con vigencia desde 09/08/1981

[233] Dada nueva redacción por art. 1 de Ley 15/2005 de 8 de julio de 2005, con vigencia desde 10/07/2005

se hayan establecido judicialmente medidas de apoyo atribuidas a sus progenitores, cualquiera que sea la forma de celebración del matrimonio: [234]

1º) A petición de ambos cónyuges o de uno con el consentimiento del otro, una vez transcurridos tres meses desde la celebración del matrimonio. A la demanda se acompañará una propuesta de convenio regulador redactada conforme al art. 90 de este Código [235].

2º) A petición de uno solo de los cónyuges, una vez transcurridos tres meses desde la celebración del matrimonio. No será preciso el transcurso de este plazo para la interposición de la demanda cuando se acredite la existencia de un riesgo para la vida, la integridad física, la libertad, la integridad moral o libertad e indemnidad sexual del cónyuge demandante o de los hijos de ambos o de cualquiera de los miembros del matrimonio.

A la demanda se acompañará propuesta fundada de las medidas que hayan de regular los efectos derivados de la separación [236].

82. [237] 1. Los cónyuges podrán acordar su separación de mutuo acuerdo transcurridos tres meses desde la celebración del matrimonio mediante la formulación de un convenio regulador ante el letrado de la Administración de Justicia o en escritura pública ante Notario, en el que, junto a la voluntad inequívoca de separarse, determinarán las medidas que hayan de regular los efectos derivados de la separación en los términos establecidos en el artículo 90. Los funcionarios diplomáticos o consulares, en ejercicio de las funciones notariales que tienen atribuidas, no podrán autorizar la escritura pública de separación.

Los cónyuges deberán intervenir en el otorgamiento de modo personal, sin perjuicio de que deban estar asistidos por letrado en ejercicio, prestando su consentimiento ante el letrado de la Administración de Justicia o notario. Igualmente los hijos mayores o menores emancipados deberán otorgar el consentimiento ante el letrado de la

---

[234] Dada nueva redacción párrafo 1 por art. 2 apartado 7 de Ley 8/2021 de 2 de junio de 2021, con vigencia desde 03/09/2021

[235] Véanse arts. 51 a 60 de la presente Ley y 750 y 777 LEC

[236] Véanse arts. 103 de la presente Ley, 21 y 208 RRC y LO 1/2004 Medidas de Protección Integral contra la Violencia de Género

[237] Dada nueva redacción por art. 2 apartado 8 de Ley 8/2021 de 2 de junio de 2021, con vigencia desde 03/09/2021

Administración de Justicia o Notario respecto de las medidas que les afecten por carecer de ingresos propios y convivir en el domicilio familiar.

2. No será de aplicación lo dispuesto en este artículo cuando existan hijos en la situación a la que se refiere el artículo anterior.

83. [238] La sentencia o decreto de separación o el otorgamiento de la escritura pública del convenio regulador que la determine producen la suspensión de la vida común de los casados y cesa la posibilidad de vincular bienes del otro cónyuge en el ejercicio de la potestad doméstica.

Los efectos de la separación matrimonial se producirán desde la firmeza de la sentencia o decreto que así la declare o desde la manifestación del consentimiento de ambos cónyuges otorgado en escritura pública conforme a lo dispuesto en el art. 82. Se remitirá testimonio de la sentencia o decreto, o copia de la escritura pública al Registro Civil para su inscripción, sin que, hasta que esta tenga lugar, se produzcan plenos efectos frente a terceros de buena fe [239].

84. [240] La reconciliación pone término al procedimiento de separación y deja sin efecto ulterior lo resuelto en él, pero ambos cónyuges separadamente deberán ponerlo en conocimiento del Juez que entienda o haya entendido en el litigio. Ello no obstante, mediante resolución judicial, serán mantenidas o modificadas las medidas adoptadas en relación a los hijos, cuando exista causa que lo justifique.

Cuando la separación hubiere tenido lugar sin intervención judicial, en la forma prevista en el art. 82, la reconciliación deberá formalizase en escritura pública o acta de manifestaciones.

La reconciliación deberá inscribirse, para su eficacia frente a terceros, en el Registro Civil correspondiente [241].

---

[238] Dada nueva redacción por disposición final 1 apartado 19 de Ley 15/2015 de 2 de julio de 2015, con vigencia desde 23/07/2015

[239] Véanse arts. 68, 69, 82, 102.2, 177 y 1319 de la presente Ley, 525.1 LEC, 76 LRC y 263 y 264 RRC

[240] Dada nueva redacción por disposición final 1 apartado 20 de Ley 15/2015 de 2 de julio de 2015, con vigencia desde 23/07/2015

[241] Véanse arts. 82, 88, 835 y 1443 de la presente Ley

CAPÍTULO VIII
De la disolución del matrimonio [242]

85. [243] El matrimonio se disuelve, sea cual fuere la forma y el tiempo de su celebración, por la muerte o la declaración de fallecimiento de uno de los cónyuges y por el divorcio [244].

86. [245] Se decretará judicialmente el divorcio, cualquiera que sea la forma de celebración del matrimonio, a petición de uno solo de los cónyuges, de ambos o de uno con el consentimiento del otro, cuando concurran los requisitos y circunstancias exigidos en el art. 81 [246].

87. [247] Los cónyuges también podrán acordar su divorcio de mutuo acuerdo mediante la formulación de un convenio regulador ante el Secretario judicial o en escritura pública ante Notario, en la forma y con el contenido regulado en el artículo82, debiendo concurrir los mismos requisitos y circunstancias exigidas en él. Los funcionarios diplomáticos o consulares, en ejercicio de las funciones notariales que tienen atribuidas, no podrán autorizar la escritura pública de divorcio.

88. [248] La acción de divorcio se extingue por la muerte de cualquiera de los cónyuges y por su reconciliación, que deberá ser expresa cuando se produzca después de interpuesta la demanda.

---

[242] Añadido por art. 1 de Ley 30/1981 de 7 de julio de 1981, con vigencia desde 09/08/1981

[243] Dada nueva redacción por art. 1 de Ley 30/1981 de 7 de julio de 1981, con vigencia desde 09/08/1981

[244] Véanse arts. 193 a 197 de la presente Ley, 32.2 CE y 2031 a 2047 LEC

[245] Dada nueva redacción por art. 1 de Ley 15/2005 de 8 de julio de 2005, con vigencia desde 10/07/2005

[246] Véanse arts. 81 y 90 de la presente Ley y 748.3, 753 y 769 a 778 LEC

[247] Añadido por disposición final 1 apartado 21 de Ley 15/2015 de 2 de julio de 2015, con vigencia desde 23/07/2015

[248] Dada nueva redacción por art. 1 de Ley 30/1981 de 7 de julio de 1981, con vigencia desde 09/08/1981

La reconciliación posterior al divorcio no produce efectos legales, si bien los divorciados podrán contraer entre sí nuevo matrimonio [249].

89. [250] Los efectos de la disolución del matrimonio por divorcio se producirán desde la firmeza de la sentencia o decreto que así lo declare o desde la manifestación del consentimiento de ambos cónyuges otorgado en escritura pública conforme a lo dispuesto en el art. 87. No perjudicará a terceros de buena fe sino a partir de su respectiva inscripción en el Registro Civil [251].

CAPÍTULO IX
De los efectos comunes a la nulidad, separación y divorcio [252]

90. [253] 1. El convenio regulador a que se refieren los arts. 81, 82, 83, 86 y 87 deberá contener, al menos y siempre que fueran aplicables, los siguientes extremos:

a) El cuidado de los hijos sujetos a la patria potestad de ambos, el ejercicio de ésta y, en su caso, el régimen de comunicación y estancia de los hijos con el progenitor que no viva habitualmente con ellos [254].

b) Si se considera necesario, el régimen de visitas y comunicación de los nietos con sus abuelos, teniendo en cuenta, siempre, el interés de aquéllos.

b) bis El destino de los animales de compañía, en caso de que existan, teniendo en cuenta el interés de los miembros de la familia y el bienestar del animal; el reparto de los tiempos de convivencia y

---

[249] Véanse arts. 84, 85, 87 y 144.3 de la presente Ley

[250] Dada nueva redacción por disposición final 1 apartado 22 de Ley 15/2015 de 2 de julio de 2015, con vigencia desde 23/07/2015

[251] Véanse arts. 76 LRC, 260 a 265 RRC y 755 LEC

[252] Añadido por art. 1 de Ley 30/1981 de 7 de julio de 1981, con vigencia desde 09/08/1981

[253] Dada nueva redacción por disposición final 1 apartado 23 de Ley 15/2015 de 2 de julio de 2015, con vigencia desde 23/07/2015

[254] Véanse arts. 92 a 94, 103, 159 y 170 de la presente Ley, 32.2 CE y 769.3 y 770.6 LEC

cuidado si fuere necesario, así como las cargas asociadas al cuidado del animal. [255]

c) La atribución del uso de la vivienda y ajuar familiar [256].

d) La contribución a las cargas del matrimonio y alimentos, así como sus bases de actualización y garantías en su caso [257].

e) La liquidación, cuando proceda, del régimen económico del matrimonio [258].

f) La pensión que conforme al art. 97 correspondiere satisfacer, en su caso, a uno de los cónyuges [259].

2. Los acuerdos de los cónyuges adoptados para regular las consecuencias de la nulidad, separación y divorcio presentados ante el órgano judicial serán aprobados por el juez salvo si son dañosos para los hijos o gravemente perjudiciales para uno de los cónyuges.

Si fueran gravemente perjudiciales para el bienestar de los animales de compañía, la autoridad judicial ordenará las medidas a adoptar, sin perjuicio del convenio aprobado.

Si las partes proponen un régimen de visitas y comunicación de los nietos con los abuelos, el juez podrá aprobarlo previa audiencia de los abuelos en la que estos presten su consentimiento. La denegación de los acuerdos habrá de hacerse mediante resolución motivada y en este caso los cónyuges deberán someter, a la consideración del juez, nueva propuesta para su aprobación, si procede.

Cuando los cónyuges formalizasen los acuerdos ante el letrado de la Administración de Justicia o notario y éstos considerasen que, a su juicio, alguno de ellos pudiera ser dañoso o gravemente perjudicial para uno de los cónyuges o para los hijos mayores o menores emancipados afectados, o gravemente perjudiciales para el bienestar de los animales de compañía, lo advertirán a los otorgantes y darán por terminado el expediente. En este caso, los cónyuges sólo podrán acudir ante el juez para la aprobación de la propuesta de convenio regulador.

---

[255] Añadida apartado 1 letra b bis por art. 1 apartado 1 de Ley 17/2021 de 15 de diciembre de 2021, con vigencia desde 05/01/2022

[256] Véanse arts. 96, 103.2, 1320 y 1321 de la presente Ley y 770 LEC

[257] Véanse arts. 97, 142, 146 y 1318 de la presente Ley y 806 a 810 LEC

[258] Véanse arts. 95, 103 y 1396 a 1410 de la presente Ley

[259] Véanse arts. 97 a 101 de la presente Ley

Desde la aprobación del convenio regulador o el otorgamiento de la escritura pública, podrán hacerse efectivos los acuerdos por la vía de apremio. [260]

3. Las medidas que el juez adopte en defecto de acuerdo o las convenidas por los cónyuges judicialmente, podrán ser modificadas judicialmente o por nuevo convenio aprobado por el juez, cuando así lo aconsejen las nuevas necesidades de los hijos o el cambio de las circunstancias de los cónyuges.

Asimismo, podrá modificarse el convenio o solicitarse modificación de las medidas sobre los animales de compañía si se hubieran alterado gravemente sus circunstancias.

Las medidas que hubieran sido convenidas ante el letrado de la Administración de Justicia o en escritura pública podrán ser modificadas por un nuevo acuerdo, sujeto a los mismos requisitos exigidos en este Código. [261]

4. El juez o las partes podrán establecer las garantías reales o personales que requiera el cumplimiento del convenio. [262]

91. *[263]* [264]

En las sentencias de nulidad, separación o divorcio, o en ejecución de las mismas, la autoridad judicial, en defecto de acuerdo de los cónyuges o en caso de no aprobación del mismo, determinará conforme a lo establecido en los artículos siguientes las medidas que hayan de sustituir a las ya adoptadas con anterioridad en relación con los hijos, la vivienda familiar, el destino de los animales de compañía, las cargas del matrimonio, liquidación del régimen económico y las cautelas o garantías respectivas, estableciendo las que procedan si para alguno de estos conceptos no se hubiera adoptado ninguna. Estas medidas podrán ser modificadas cuando se alteren sustancialmente las circunstancias.

---

[260] Dada nueva redacción apartado 2 por art. 1 apartado 1 de Ley 17/2021 de 15 de diciembre de 2021, con vigencia desde 05/01/2022

[261] Dada nueva redacción apartado 3 por art. 1 apartado 1 de Ley 17/2021 de 15 de diciembre de 2021, con vigencia desde 05/01/2022

[262] Dada nueva redacción apartado 4 por art. 1 apartado 1 de Ley 17/2021 de 15 de diciembre de 2021, con vigencia desde 05/01/2022

[263] Dada nueva redacción por art. 1 apartado 2 de Ley 17/2021 de 15 de diciembre de 2021, con vigencia desde 05/01/2022

[264] Véanse arts. 90, 92 a 101 y 106 de la presente Ley y 525.1 LEC

Cuando al tiempo de la nulidad, separación o divorcio existieran hijos comunes mayores de dieciséis años que se hallasen en situación de necesitar medidas de apoyo por razón de su discapacidad, la sentencia correspondiente, previa audiencia del menor, resolverá también sobre el establecimiento y modo de ejercicio de éstas, las cuáles, en su caso, entrarán en vigor cuando el hijo alcance los dieciocho años de edad. En estos casos la legitimación para instarlas, las especialidades de prueba y el contenido de la sentencia se regirán por lo dispuesto en la Ley de Enjuiciamiento Civil acerca de la provisión judicial de medidas de apoyo a las personas con discapacidad.

92. [265] 1. La separación, la nulidad y el divorcio no eximen a los padres de sus obligaciones para con los hijos [266].

2. El Juez, cuando deba adoptar cualquier medida sobre la custodia, el cuidado y la educación de los hijos menores, velará por el cumplimiento de su derecho a ser oídos y emitirá una resolución motivada en el interés superior del menor sobre esta cuestión.

3. En la sentencia se acordará la privación de la patria potestad cuando en el proceso se revele causa para ello [267].

4. Los padres podrán acordar en el convenio regulador o el Juez podrá decidir, en beneficio de los hijos, que la patria potestad sea ejercida total o parcialmente por uno de los cónyuges.

5. Se acordará el ejercicio compartido de la guarda y custodia de los hijos cuando así lo soliciten los padres en la propuesta de convenio regulador o cuando ambos lleguen a este acuerdo en el transcurso del procedimiento.

6. En todo caso, antes de acordar el régimen de guarda y custodia, el Juez deberá recabar informe del Ministerio Fiscal, oír a los menores que tengan suficiente juicio cuando se estime necesario de oficio o a petición del Fiscal, las partes o miembros del Equipo Técnico Judicial, o del propio menor, y valorar las alegaciones de las partes, la prueba practicada, y la relación que los padres mantengan entre sí y con sus hijos para determinar su idoneidad con el régimen de guarda.

---

[265] Dada nueva redacción por disposición final 2 apartado 1 de Ley Orgánica 8/2021 de 4 de junio de 2021, con vigencia desde 25/06/2021

[266] Véase art. 154 de la presente Ley

[267] Véanse arts. 170 de la presente Ley y 771 LEC

7. No procederá la guarda conjunta cuando cualquiera de los progenitores esté incurso en un proceso penal iniciado por intentar atentar contra la vida, la integridad física, la libertad, la integridad moral o la libertad e indemnidad sexual del otro cónyuge o de los hijos que convivan con ambos. Tampoco procederá cuando el juez advierta, de las alegaciones de las partes y las pruebas practicadas, la existencia de indicios fundados de violencia doméstica o de género. Se apreciará también a estos efectos la existencia de malos tratos a animales, o la amenaza de causarlos, como medio para controlar o victimizar a cualquiera de estas personas. [268]

8. Excepcionalmente, aun cuando no se den los supuestos del apartado cinco de este artículo, el Juez, a instancia de una de las partes, con informe del Ministerio Fiscal, podrá acordar la guarda y custodia compartida fundamentándola en que solo de esta forma se protege adecuadamente el interés superior del menor.

9. El Juez, antes de adoptar alguna de las decisiones a que se refieren los apartados anteriores, de oficio o a instancia de parte, del Fiscal o miembros del Equipo Técnico Judicial, o del propio menor, podrá recabar dictamen de especialistas debidamente cualificados, relativo a la idoneidad del modo de ejercicio de la patria potestad y del régimen de custodia de las personas menores de edad para asegurar su interés superior [269].

10. El Juez adoptará, al acordar fundadamente el régimen de guarda y custodia, así como el de estancia, relación y comunicación, las cautelas necesarias, procedentes y adecuadas para el eficaz cumplimiento de los regímenes establecidos, procurando no separar a los hermanos.

93. [270] El Juez, en todo caso, determinará la contribución de cada progenitor para satisfacer los alimentos y adoptará las medidas convenientes para asegurar la efectividad y acomodación de las prestaciones a las circunstancias económicas y necesidades de los hijos en cada momento.

---

[268] Dada nueva redacción apartado 7 por disposición final 1 apartado 1 de Ley 16/2022 de 5 de septiembre de 2022, con vigencia desde 26/09/2022

[269] Véanse arts. 90, 93, 94, 103, 106 y 170 de la presente Ley y 180, 263 y 264 RRC

[270] Dada nueva redacción por art. 1 de Ley 30/1981 de 7 de julio de 1981, con vigencia desde 09/08/1981

Si convivieran en el domicilio familiar hijos mayores de edad o emancipados que carecieran de ingresos propios, el Juez, en la misma resolución, fijará los alimentos que sean debidos conforme a los arts. 142 y ss. de este Código [271] . [272]

94. [273] La autoridad judicial determinará el tiempo, modo y lugar en que el progenitor que no tenga consigo a los hijos menores podrá ejercitar el derecho de visitarlos, comunicar con ellos y tenerlos en su compañía.

Respecto de los hijos con discapacidad mayores de edad o emancipados que precisen apoyo para tomar la decisión, el progenitor que no los tenga en su compañía podrá solicitar, en el mismo procedimiento de nulidad, separación o divorcio, que se establezca el modo en que se ejercitará el derecho previsto en el párrafo anterior.

La autoridad judicial adoptará la resolución prevista en los párrafos anteriores, previa audiencia del hijo y del Ministerio Fiscal. Así mismo, la autoridad judicial podrá limitar o suspender los derechos previstos en los párrafos anteriores si se dieran circunstancias relevantes que así lo aconsejen o se incumplieran grave o reiteradamente los deberes impuestos por la resolución judicial.

No procederá el establecimiento de un régimen de visita o estancia, y si existiera se suspenderá, respecto del progenitor que esté incurso en un proceso penal iniciado por atentar contra la vida, la integridad física, la libertad, la integridad moral o la libertad e indemnidad sexual del otro cónyuge o sus hijos. Tampoco procederá cuando la autoridad judicial advierta, de las alegaciones de las partes y las pruebas practicadas, la existencia de indicios fundados de violencia doméstica o de género. No obstante, la autoridad judicial podrá establecer un régimen de visita, comunicación o estancia en resolución motivada en el interés superior del menor o en la voluntad, deseos y preferencias del mayor con discapacidad necesitado de apoyos y previa evaluación de la situación de la relación paternofilial.

---

[271] Véanse arts. 90.c, 111, 142 a 171, 1318, 1319 y 1348 de la presente Ley y 776 LEC

[272] Añadido párrafo 2 por art. 3 de Ley 11/1990 de 15 de octubre de 1990, con vigencia desde 07/11/1990

[273] Dada nueva redacción por art. 2 apartado 10 de Ley 8/2021 de 2 de junio de 2021, con vigencia desde 03/09/2021

No procederá en ningún caso el establecimiento de un régimen de visitas respecto del progenitor en situación de prisión, provisional o por sentencia firme, acordada en procedimiento penal por los delitos previstos en el párrafo anterior.

Igualmente, la autoridad judicial podrá reconocer el derecho de comunicación y visita previsto en el apartado segundo del artículo 160, previa audiencia de los progenitores y de quien lo hubiera solicitado por su condición de hermano, abuelo, pariente o allegado del menor o del mayor con discapacidad que precise apoyo para tomar la decisión, que deberán prestar su consentimiento. La autoridad judicial resolverá teniendo siempre presente el interés del menor o la voluntad, deseos y preferencias del mayor con discapacidad [274].

94 bis. [275] La autoridad judicial confiará para su cuidado a los animales de compañía a uno o ambos cónyuges, y determinará, en su caso, la forma en la que el cónyuge al que no se le hayan confiado podrá tenerlos en su compañía, así como el reparto de las cargas asociadas al cuidado del animal, todo ello atendiendo al interés de los miembros de la familia y al bienestar del animal, con independencia de la titularidad dominical de este y de a quién le haya sido confiado para su cuidado. Esta circunstancia se hará constar en el correspondiente registro de identificación de animales.

95. [276] La sentencia firme, el decreto firme o la escritura pública que formalicen el convenio regulador, en su caso, producirán, respecto de los bienes del matrimonio, la disolución o extinción del régimen económico matrimonial y aprobará su liquidación si hubiera mutuo acuerdo entre los cónyuges al respecto [277]. [278]

---

[274] Véanse arts. 90.a y b, 103.1, 160 y 161 de la presente Ley y 776.3 LEC

[275] Añadido por art. 1 apartado 4 de Ley 17/2021 de 15 de diciembre de 2021, con vigencia desde 05/01/2022

[276] Dada nueva redacción por art. 1 de Ley 30/1981 de 7 de julio de 1981, con vigencia desde 09/08/1981

[277] Véanse arts. 1343.2 y 1392 de la presente Ley y 776.3 LEC

[278] Dada nueva redacción párrafo 1 por disposición final 1 apartado 24 de Ley 15/2015 de 2 de julio de 2015, con vigencia desde 23/07/2015

Si la sentencia de nulidad declara la mala fe de uno solo de los cónyuges, el que hubiere obrado de buena fe podrá optar por aplicar en la liquidación del régimen económico matrimonial las disposiciones relativas al régimen de participación y el de mala fe no tendrá derecho a participar en las ganancias obtenidas por su consorte [279] .

96. [280] 1. En defecto de acuerdo de los cónyuges aprobado por la autoridad judicial, el uso de la vivienda familiar y de los objetos de uso ordinario de ella corresponderá a los hijos comunes menores de edad y al cónyuge en cuya compañía queden, hasta que todos aquellos alcancen la mayoría de edad. Si entre los hijos menores hubiera alguno en una situación de discapacidad que hiciera conveniente la continuación en el uso de la vivienda familiar después de su mayoría de edad, la autoridad judicial determinará el plazo de duración de ese derecho, en función de las circunstancias concurrentes [281] .

A los efectos del párrafo anterior, los hijos comunes mayores de edad que al tiempo de la nulidad, separación o divorcio estuvieran en una situación de discapacidad que hiciera conveniente la continuación en el uso de la vivienda familiar, se equiparan a los hijos menores que se hallen en similar situación.

Extinguido el uso previsto en el párrafo primero, las necesidades de vivienda de los que carezcan de independencia económica se atenderán según lo previsto en el Título VI de este Libro, relativo a los alimentos entre parientes.

Cuando algunos de los hijos queden en la compañía de uno de los cónyuges y los restantes en la del otro, la autoridad judicial resolverá lo procedente.

2. No habiendo hijos, podrá acordarse que el uso de tales bienes corresponda al cónyuge no titular por el tiempo que prudencialmente se fije siempre que, atendidas las circunstancias, lo hicieran aconsejable y su interés fuera el más necesitado de protección.

3. Para disponer de todo o parte de la vivienda y bienes indicados cuyo uso haya sido atribuido conforme a los párrafos anteriores, se

---

[279] Véanse arts. 78, 79, 98, 1395 y 1902 de la presente Ley y 263 RRC
[280] Dada nueva redacción por art. 2 apartado 11 de Ley 8/2021 de 2 de junio de 2021, con vigencia desde 03/09/2021
[281] Véanse arts. 90, 96.1, 103.2, 1320 y 1322 de la presente Ley, 704 LEC y 15 LAU

requerirá el consentimiento de ambos cónyuges o, en su defecto, autorización judicial. Esta restricción en la facultad dispositiva sobre la vivienda familiar se hará constar en el Registro de la Propiedad. La manifestación errónea o falsa del disponente sobre el uso de la vivienda no perjudicará al adquirente de buena fe [282].

97. [283] El cónyuge al que la separación o el divorcio produzca un desequilibrio económico en relación con la posición del otro, que implique un empeoramiento en su situación anterior en el matrimonio, tendrá derecho a una compensación que podrá consistir en una pensión temporal o por tiempo indefinido, o en una prestación única, según se determine en el convenio regulador o en la sentencia [284].

A falta de acuerdo de los cónyuges, el Juez, en sentencia, determinará su importe teniendo en cuenta las siguientes circunstancias:

1ª) Los acuerdos a que hubieran llegado los cónyuges.

2ª) La edad y el estado de salud.

3ª) La cualificación profesional y las probabilidades de acceso a un empleo.

4ª) La dedicación pasada y futura a la familia [285].

5ª) La colaboración con su trabajo en las actividades mercantiles, industriales o profesionales del otro cónyuge [286].

6ª) La duración del matrimonio y de la convivencia conyugal.

7ª) La pérdida eventual de un derecho de pensión.

8ª) El caudal y los medios económicos y las necesidades de uno y otro cónyuge [287].

9ª) Cualquier otra circunstancia relevante.

En la resolución judicial o en el convenio regulador formalizado ante el Secretario judicial o el Notario se fijarán la periodicidad, la

---

[282] Véanse arts. 12 y 14 LAU

[283] Dada nueva redacción por art. 1 de Ley 15/2005 de 8 de julio de 2005, con vigencia desde 10/07/2005

[284] Véanse arts. 90, 99 a 101 y 142 de la presente Ley y 776 LEC

[285] Véase art. 1438 de la presente Ley

[286] Véanse arts. 1344 y 1392 a 1410 de la presente Ley

[287] Véanse arts. 145.3 y 146 de la presente Ley

forma de pago, las bases para actualizar la pensión, la duración o el momento de cese y las garantías para su efectividad. [288]

98. [289] El cónyuge de buena fe cuyo matrimonio haya sido declarado nulo tendrá derecho a una indemnización si ha existido convivencia conyugal, atendidas las circunstancias previstas en el art. 97 [290].

99. [291] En cualquier momento podrá convenirse la sustitución de la pensión fijada judicialmente o por convenio regulador formalizado conforme al art. 97 por la constitución de una renta vitalicia, el usufructo de determinados bienes o la entrega de un capital en bienes o en dinero [292].

100. [293] Fijada la pensión y las bases de su actualización en la sentencia de separación o de divorcio, sólo podrá ser modificada por alteraciones en la fortuna de uno u otro cónyuge que así lo aconsejen.

La pensión y las bases de actualización fijadas en el convenio regulador formalizado ante el Secretario judicial o Notario podrán modificarse mediante nuevo convenio, sujeto a los mismos requisitos exigidos en este Código [294].

---

[288] Dada nueva redacción párrafo 3 por disposición final 1 apartado 25 de Ley 15/2015 de 2 de julio de 2015, con vigencia desde 23/07/2015

[289] Dada nueva redacción por art. 1 de Ley 30/1981 de 7 de julio de 1981, con vigencia desde 09/08/1981

[290] Véanse arts. 78, 79, 95 y 1395 de la presente Ley y 263 RRC

[291] Dada nueva redacción por disposición final 1 apartado 26 de Ley 15/2015 de 2 de julio de 2015, con vigencia desde 23/07/2015

[292] Véanse arts. 467 a 522 y 1802 a 1808 de la presente Ley

[293] Dada nueva redacción por disposición final 1 apartado 27 de Ley 15/2015 de 2 de julio de 2015, con vigencia desde 23/07/2015

[294] Véanse arts. 90.3, 97, 146 y 147 de la presente Ley

101. [295] El derecho a la pensión se extingue por el cese de la causa que lo motivó, por contraer el acreedor nuevo matrimonio o por vivir maritalmente con otra persona.

El derecho a la pensión no se extingue por el solo hecho de la muerte del deudor. No obstante, los herederos de éste podrán solicitar del Juez la reducción o supresión de aquélla, si el caudal hereditario no pudiera satisfacer las necesidades de la deuda o afectara a sus derechos en la legítima [296] .

CAPÍTULO X
De las medidas provisionales por demanda de nulidad, separación y divorcio [297]

102. [298] Admitida la demanda de nulidad, separación o divorcio, se producen, por ministerio de la ley, los efectos siguientes:

1º) Los cónyuges podrán vivir separados y cesa la presunción de convivencia conyugal [299] .

2º) Quedan revocados los consentimientos y poderes que cualquiera de los cónyuges hubiera otorgado al otro [300] .

Asimismo, salvo pacto en contrario, cesa la posibilidad de vincular los bienes privativos del otro cónyuge en el ejercicio de la potestad doméstica.

A estos efectos, cualquiera de las partes podrá instar la oportuna anotación en el Registro Civil y, en su caso, en los de la Propiedad y Mercantil [301] .

---

[295] Dada nueva redacción por art. 1 de Ley 30/1981 de 7 de julio de 1981, con vigencia desde 09/08/1981

[296] Véanse arts. 97, 150, 806 a 822, 834, 835 y 945 de la presente Ley

[297] Añadido por art. 1 de Ley 30/1981 de 7 de julio de 1981, con vigencia desde 09/08/1981

[298] Dada nueva redacción por art. 1 de Ley 30/1981 de 7 de julio de 1981, con vigencia desde 09/08/1981

[299] Véanse arts. 69 y 83 de la presente Ley

[300] Véanse arts. 71, 89 y 106 de la presente Ley

[301] Véanse arts.76 LRC, 263 a 265 RRC y 42 LH

103. [302] Admitida la demanda, el Juez, a falta de acuerdo de ambos cónyuges aprobado judicialmente, adoptará, con audiencia de éstos, las medidas siguientes [303] :

1.ª Determinar, en interés de los hijos, con cuál de los cónyuges han de quedar los sujetos a la patria potestad de ambos y tomar las disposiciones apropiadas de acuerdo con lo establecido en este Código y, en particular, la forma en que el cónyuge que no ejerza la guarda y custodia de los hijos podrá cumplir el deber de velar por éstos y el tiempo, modo y lugar en que podrá comunicar con ellos y tenerlos en su compañía. [304]

Excepcionalmente, los hijos podrán ser encomendados a los abuelos, parientes u otras personas que así lo consintieren y, de no haberlos, a una institución idónea, confiriéndoseles las funciones tutelares que ejercerán bajo la autoridad del juez. [305]

Cuando exista riesgo de sustracción del menor por alguno de los cónyuges o por terceras personas podrán adoptarse las medidas necesarias y, en particular, las siguientes:

a) Prohibición de salida del territorio nacional, salvo autorización judicial previa.

b) Prohibición de expedición del pasaporte al menor o retirada del mismo si ya se hubiere expedido.

c) Sometimiento a autorización judicial previa de cualquier cambio de domicilio del menor [306] . [307]

1.ª bis Determinar, atendiendo al interés de los miembros de la familia y al bienestar del animal, si los animales de compañía se confían a uno o a ambos cónyuges, la forma en que el cónyuge al que no se hayan confiado podrá tenerlos en su compañía, así como también las

---

[302] Dada nueva redacción por art. 1 de Ley 30/1981 de 7 de julio de 1981, con vigencia desde 09/08/1981

[303] Véanse arts. 770.6 y 771 LEC

[304] Dada nueva redacción apartado 1 párrafo 1 por art. 1 apartado 10 de Ley 15/2005 de 8 de julio de 2005, con vigencia desde 10/07/2005

[305] Dada nueva redacción apartado 1 párrafo 2 por art. 1 apartado 4 de Ley 42/2003 de 21 de noviembre de 2003, con vigencia desde 23/11/2003

[306] Véase art. 90 a y b de la presente Ley

[307] Añadido apartado 1 párrafo final por art. 5 de Ley Orgánica 9/2002 de 10 de diciembre de 2002, con vigencia desde 12/12/2002

medidas cautelares convenientes para conservar el derecho de cada uno. [308]

2.ª Determinar, teniendo en cuenta el interés familiar más necesitado de protección, cuál de los cónyuges ha de continuar en el uso de la vivienda familiar y asimismo, previo inventario, los bienes y objetos del ajuar que continúan en ésta y los que se ha de llevar el otro cónyuge, así como también las medidas cautelares convenientes para conservar el derecho de cada uno [309].

3.ª Fijar la contribución de cada cónyuge a las cargas del matrimonio, incluidas si procede las «litis expensas», establecer las bases para la actualización de cantidades y disponer las garantías, depósitos, retenciones u otras medidas cautelares convenientes, a fin de asegurar la efectividad de lo que por estos conceptos un cónyuge haya de abonar al otro.

Se considerará contribución a dichas cargas el trabajo que uno de los cónyuges dedicará a la atención de los hijos comunes sujetos a patria potestad [310].

4.ª Señalar, atendidas las circunstancias, los bienes gananciales o comunes que, previo inventario se hayan de entregar a uno u otro cónyuge y las reglas que deban observar en la administración y disposición, así como en la obligatoria rendición de cuentas sobre los bienes comunes o parte de ellos que reciban y los que adquieran en lo sucesivo [311].

5.ª Determinar, en su caso, el régimen de administración y disposición de aquellos bienes privativos que por capitulaciones o escritura pública estuvieran especialmente afectados a las cargas del matrimonio.

---

[308] Añadido apartado 1 bis por art. 1 apartado 5 de Ley 17/2021 de 15 de diciembre de 2021, con vigencia desde 05/01/2022
[309] Véanse arts. 90, 96 y 1320 de la presente Ley y 704, 771.2 y 774.4 LEC
[310] Véanse arts. 67, 97.4, 1318 y 1438 de la presente Ley y 776 LEC
[311] Véase art. 90.e de la presente Ley

104. [312] El cónyuge que se proponga demandar la nulidad, separación o divorcio de su matrimonio puede solicitar los efectos y medidas a que se refieren los dos artículos anteriores.

Estos efectos y medidas sólo subsistirán si, dentro de los treinta días siguientes a contar desde que fueron inicialmente adoptados, se presenta la demanda ante el Juez o Tribunal competente [313].

105. [314] No incumple el deber de convivencia el cónyuge que sale del domicilio conyugal por una causa razonable y en el plazo de treinta días presenta la demanda o solicitud a que se refieren los artículos anteriores [315].

106. [316] Los efectos y medidas previstos en este capítulo terminan, en todo caso, cuando sean sustituidos por los de la sentencia estimatoria o se ponga fin al procedimiento de otro modo.

La revocación de consentimientos y poderes se entiende definitiva [317].

---

[312] Dada nueva redacción por art. 1 de Ley 30/1981 de 7 de julio de 1981, con vigencia desde 09/08/1981

[313] Véanse arts. 104 de la presente Ley y 771 a 775 LEC

[314] Dada nueva redacción por art. 1 de Ley 30/1981 de 7 de julio de 1981, con vigencia desde 09/08/1981

[315] Véanse arts. 68, 69 y 87 de la presente Ley

[316] Dada nueva redacción por art. 1 de Ley 30/1981 de 7 de julio de 1981, con vigencia desde 09/08/1981

[317] Véanse arts. 771, 774.5 y 775 LEC, 76 LRC y 263 RRC

CAPÍTULO XI
Ley aplicable a la nulidad, la separación y el divorcio [318]

107. [319] 1. La nulidad del matrimonio y sus efectos se determinarán de conformidad con la ley aplicable a su celebración.

2. La separación y el divorcio legal se regirán por las normas de la Unión Europea o españolas de Derecho internacional privado. [320]

TÍTULO V
De la paternidad y filiación

CAPÍTULO PRIMERO
De la filiación y sus efectos [321]

108. [322] La filiación puede tener lugar por naturaleza y por adopción. La filiación por naturaleza puede ser matrimonial y no matrimonial. Es matrimonial cuando los progenitores están casados entre sí. [323]

La filiación matrimonial y la no matrimonial, así como la adoptiva, surten los mismos efectos, conforme a las disposiciones de este Código. [324]

---

[318] Dada nueva redacción por art. 3 apartado 1 de Ley Orgánica 11/2003 de 29 de septiembre de 2003, con vigencia desde 01/10/2003

[319] Dada nueva redacción por art. 3 de Ley Orgánica 11/2003 de 29 de septiembre de 2003, con vigencia desde 01/10/2003

[320] Dada nueva redacción apartado 2 por disposición final 1 apartado 28 de Ley 15/2015 de 2 de julio de 2015, con vigencia desde 23/07/2015

[321] Dada nueva redacción por art. 1 de Ley 11/1981 de 13 de mayo de 1981, con vigencia desde 08/06/1981

[322] Dada nueva redacción por disposición final 1 apartado 2 de Ley 4/2023 de 28 de febrero de 2023, con vigencia desde 02/03/2023

[323] Véanse arts. 115, 120, 172, 178 y 931 de la presente Ley, 52 LRC y art. 3 LO 1/1996 de Protección Jurídica del Menor

[324] Véanse arts. 14 y 39.2 CE

109. [325] La filiación determina los apellidos con arreglo a lo dispuesto en la ley.

Si la filiación está determinada por ambas líneas, los progenitores de común acuerdo podrán decidir el orden de transmisión de su respectivo primer apellido, antes de la inscripción registral. Si no se ejercita esta opción, regirá lo dispuesto en la ley.

El orden de apellidos inscrito para el mayor de los hijos regirá en las inscripciones de nacimiento posteriores de sus hermanos del mismo vínculo.

El hijo, al alcanzar la mayoría de edad, podrá solicitar que se altere el orden de los apellidos.

110. [326] Aunque no ostenten la patria potestad, ambos progenitores están obligados a velar por los hijos menores y a prestarles alimentos. [327]

111. [328] Quedará excluido de la patria potestad y demás funciones tuitivas y no ostentará derechos por ministerio de la ley respecto del hijo o de sus descendientes, o en sus herencias, el progenitor:

1º) Cuando haya sido condenado a causa de las relaciones a que obedezca la generación, según sentencia penal firme [329].

2º) Cuando la filiación haya sido judicialmente determinada contra su oposición.

En ambos supuestos el hijo no ostentará el apellido del progenitor en cuestión más que si lo solicita él mismo o su representante legal.

Dejarán de producir efecto estas restricciones por determinación del representante legal del hijo aprobada judicialmente, o por voluntad del propio hijo una vez alcanzada la plena capacidad.

[325] Dada nueva redacción por disposición final 1 apartado 3 de Ley 4/2023 de 28 de febrero de 2023, con vigencia desde 02/03/2023

[326] Dada nueva redacción por disposición final 1 apartado 4 de Ley 4/2023 de 28 de febrero de 2023, con vigencia desde 02/03/2023

[327] Véanse arts. 90.c, 93, 111, 154.1, 1362.1 y 1438 de la presente Ley y 39.3 CE

[328] Dada nueva redacción por art. 1 de Ley 11/1981 de 13 de mayo de 1981, con vigencia desde 08/06/1981

[329] Véase art. 170 de la presente Ley

Quedarán siempre a salvo las obligaciones de velar por los hijos y prestarles alimentos [330].

CAPÍTULO II
De la determinación y prueba de la filiación

SECCIÓN PRIMERA
Disposiciones generales

112. [331] [332]

La filiación produce sus efectos desde que tiene lugar. Su determinación legal tiene efectos retroactivos siempre que la retroactividad sea compatible con la naturaleza de aquéllos y la Ley no dispusiere lo contrario.

En todo caso conservarán su validez los actos otorgados en nombre del hijo menor por su representante legal o, en el caso de los mayores con discapacidad que tuvieran previstas medidas de apoyo, los realizados conforme a estas, antes de que la filiación hubiera sido determinada. [333]

113. [334] La filiación se acredita por la inscripción en el Registro Civil, por el documento o sentencia que la determina legalmente, por la presunción de paternidad matrimonial y, a falta de los medios anteriores, por la posesión de estado. Para la admisión de pruebas distintas a la inscripción se estará a lo dispuesto en la Ley de Registro Civil [335].

---

[330] Véanse arts. 113, 115 y 120 de la presente Ley

[331] Dada nueva redacción por art. 1 de Ley 11/1981 de 13 de mayo de 1981, con vigencia desde 08/06/1981

[332] Véase art. 180.4 de la presente Ley

[333] Dada nueva redacción párrafo 2 por art. 2 apartado 12 de Ley 8/2021 de 2 de junio de 2021, con vigencia desde 03/09/2021

[334] Dada nueva redacción por art. 1 de Ley 11/1981 de 13 de mayo de 1981, con vigencia desde 08/06/1981

[335] Véanse arts. 327 de la presente Ley, 767.3 LEC, 2 y 14 LRC y 165 a 191 RRC

No será eficaz la determinación de una filiación en tanto resulte acreditada otra contradictoria [336] .

114. [337] Los asientos de filiación podrán ser rectificados conforme a la Ley de Registro Civil, sin perjuicio de lo especialmente dispuesto en el presente título sobre acciones de impugnación.

Podrán también rectificarse en cualquier momento los asientos que resulten contradictorios con los hechos que una sentencia penal declare probados [338] .

SECCIÓN SEGUNDA
De la determinación de la filiación matrimonial

115. [339] La filiación matrimonial materna y paterna quedará determinada legalmente:

1º) Por la inscripción del nacimiento junto con la del matrimonio de los padres.

2º) Por sentencia firme [340] .

116. [341] Se presumen hijos del marido los nacidos después de la celebración del matrimonio y antes de los trescientos días siguientes a su disolución o a la separación legal o de hecho de los cónyuges [342] .

---

[336] Véanse arts. 115, 134, 135, 139 y 327 de la presente Ley y 50 LRC

[337] Dada nueva redacción por art. 1 de Ley 11/1981 de 13 de mayo de 1981, con vigencia desde 08/06/1981

[338] Véanse arts. 136, 325 y 327 de la presente Ley, 92 a 97 LRC y 293 a 310 y 341 RRC

[339] Dada nueva redacción por art. 1 de Ley 11/1981 de 13 de mayo de 1981, con vigencia desde 08/06/1981

[340] Véanse arts. 61, 113, 327 y 180.4 de la presente Ley, 183 y 184 RRC y 764 LEC

[341] Dada nueva redacción por art. 1 de Ley 11/1981 de 13 de mayo de 1981, con vigencia desde 08/06/1981

[342] Véanse arts. 83, 1250 y 1251 de la presente Ley, 48 LRC, 183 y 184 RRC y 8 y 9 Ley 14/2006 sobre técnicas de reproducción humana asistida

117. [343] Nacido el hijo dentro de los ciento ochenta días siguientes a la celebración del matrimonio, podrá el marido destruir la presunción mediante declaración auténtica en contrario formalizada dentro de los seis meses siguientes al conocimiento del parto. Se exceptúan los casos en que hubiere reconocido la paternidad expresa o tácitamente o hubiese conocido el embarazo de la mujer con anterioridad a la celebración del matrimonio, salvo que, en este último supuesto, la declaración auténtica se hubiera formalizado, con el consentimiento de ambos, antes del matrimonio o después del mismo, dentro de los seis meses siguientes al nacimiento del hijo [344].

118. [345] Aun faltando la presunción de paternidad del marido por causa de la separación legal o de hecho de los cónyuges, podrá inscribirse la filiación como matrimonial si concurre el consentimiento de ambos [346].

119. [347] La filiación adquiere el carácter de matrimonial desde la fecha del matrimonio de los progenitores cuando éste tenga lugar con posterioridad al nacimiento del hijo siempre que el hecho de la filiación quede determinado legalmente conforme a lo dispuesto en la sección siguiente.

Lo establecido en el párrafo anterior aprovechará, en su caso, a los descendientes del hijo fallecido [348].

---

[343] Dada nueva redacción por art. 1 de Ley 11/1981 de 13 de mayo de 1981, con vigencia desde 08/06/1981

[344] Véanse arts. 138 de la presente Ley y 183, 184 y 314 RRC

[345] Dada nueva redacción por art. 1 de Ley 11/1981 de 13 de mayo de 1981, con vigencia desde 08/06/1981

[346] Véanse arts. 116 de la presente Ley y 7 Ley 14/2006 sobre técnicas de reproducción humana asistida

[347] Dada nueva redacción por art. 1 de Ley 11/1981 de 13 de mayo de 1981, con vigencia desde 08/06/1981

[348] Véanse arts. 115 de la presente Ley y 7 Ley 14/2006 sobre técnicas de reproducción humana asistida

SECCIÓN TERCERA
De la determinación de la filiación no matrimonial

120. [349] La filiación no matrimonial quedará determinada legalmente:

1.º En el momento de la inscripción del nacimiento, por la declaración conforme realizada por el padre o progenitor no gestante en el correspondiente formulario oficial a que se refiere la legislación del Registro Civil. [350]

2.º Por el reconocimiento ante el Encargado del Registro Civil, en testamento o en otro documento público. [351]

3.º Por resolución recaída en expediente tramitado con arreglo a la legislación del Registro Civil. [352]

4.º Por sentencia firme.

5.º Respecto de la madre o progenitor gestante, cuando se haga constar su filiación en la inscripción de nacimiento practicada dentro de plazo, de acuerdo con lo dispuesto en la Ley del Registro Civil. [353]

121. [354] El reconocimiento otorgado por menores no emancipados necesitará para su validez aprobación judicial con audiencia del Ministerio Fiscal.

Para la validez del reconocimiento otorgado por personas mayores de edad respecto de las que hayan establecido medidas de apoyo se estará a lo que resulte de la resolución judicial o escritura pública que las haya establecido. Si nada se hubiese dispuesto y no hubiera medidas voluntarias de apoyo, se instruirá la correspondiente revisión de las medidas de apoyo judicialmente adoptadas para completarlas a este fin.

---

[349] Dada nueva redacción por disposición final 1 apartado 5 de Ley 4/2023 de 28 de febrero de 2023, con vigencia desde 02/03/2023

[350] Véase el art. 44 Ley 20/2011 de 21 julio

[351] Véanse arts. 121 a 124, 126, 138 y 714 de la presente Ley, 49 LRC y 185 a 190 RRC

[352] Véanse arts. 47 a 49 y 97 LRC y 165 a 170, 181, 182, 185 a 190 y 341 RRC

[353] Véanse arts. 47 LRC y 181 y 182 RRC

[354] Dada nueva redacción por art. 2 apartado 13 de Ley 8/2021 de 2 de junio de 2021, con vigencia desde 03/09/2021

122. [355] Cuando un progenitor hiciere el reconocimiento separadamente, no podrá manifestar en él la identidad del otro a no ser que esté ya determinada legalmente [356] .

123. [357] El reconocimiento de un hijo mayor de edad no producirá efectos sin su consentimiento expreso o tácito [358] .

El consentimiento para la eficacia del reconocimiento de la persona mayor de edad con discapacidad se prestará por esta, de manera expresa o tácita, con los apoyos que requiera para ello. En caso de que exista resolución judicial o escritura pública que haya establecido medidas de apoyo, se estará a lo allí dispuesto.

124. [359] [360]

La eficacia del reconocimiento de la persona menor de edad requerirá el consentimiento expreso de su representante legal o la aprobación judicial con audiencia del Ministerio Fiscal y del progenitor legalmente conocido.

No será necesario el consentimiento o la aprobación si el reconocimiento se hubiere efectuado en testamento o dentro del plazo establecido para practicar la inscripción del nacimiento. La inscripción de la filiación del padre o progenitor no gestante así practicada podrá suspenderse a simple petición de la madre o progenitor gestante durante el año siguiente al nacimiento. Si el padre o progenitor no gestante solicitara la confirmación de la inscripción, será necesaria la aprobación judicial con audiencia del Ministerio Fiscal.

---

[355] Dada nueva redacción por art. 1 de Ley 11/1981 de 13 de mayo de 1981, con vigencia desde 08/06/1981

[356] Véanse arts. 47 LRC y 181 y 183 RRC

[357] Dada nueva redacción por art. 2 apartado 14 de Ley 8/2021 de 2 de junio de 2021, con vigencia desde 03/09/2021

[358] Véanse arts. 49 LRC, 187 RRC y137 y 315 de la presente Ley

[359] Dada nueva redacción por disposición final 1 apartado 6 de Ley 4/2023 de 28 de febrero de 2023, con vigencia desde 02/03/2023

[360] Véanse arts. 120.1, 137, 138, 140 y 741 de la presente Ley, 766 LEC, 49 LRC y 188 RRC

125. [361] [362]

Cuando los progenitores del menor fueren hermanos o consanguíneos en línea recta, legalmente determinada la filiación respecto de uno, solo podrá quedar determinada legalmente respecto del otro previa autorización judicial, que se otorgará con audiencia del Ministerio Fiscal, cuando convenga al interés del menor.

El menor podrá, alcanzada la mayoría de edad, invalidar mediante declaración auténtica esta última determinación si no la hubiere consentido.

126. [363] El reconocimiento del ya fallecido sólo surtirá efecto si lo consintieren sus descendientes por sí o por sus representantes legales [364].

CAPÍTULO III
De las acciones de filiación

SECCIÓN PRIMERA
Disposiciones generales (Derogada) [365]

127 a 130. [366] (Derogados)

---

[361] Dada nueva redacción por art. 2 apartado 16 de Ley 8/2021 de 2 de junio de 2021, con vigencia desde 03/09/2021

[362] Véase art. 776 LEC

[363] Dada nueva redacción por art. 1 de Ley 11/1981 de 13 de mayo de 1981, con vigencia desde 08/06/1981

[364] Véase art. 176.3 de la presente Ley

[365] Derogada por disposición derogatoria única de Ley 1/2000 de 7 de enero de 2000, con vigencia desde 08/01/2001

[366] Derogado por disposición derogatoria única de Ley 1/2000 de 7 de enero de 2000, con vigencia desde 08/01/2001

SECCIÓN SEGUNDA
De la reclamación

131. [367] Cualquier persona con interés legítimo tiene acción para que se declare la filiación manifestada por la constante posesión de estado.

Se exceptúa el supuesto en que la filiación que se reclame contradiga otra legalmente determinada [368].

132. [369] A falta de la correspondiente posesión de estado, la acción de reclamación de la filiación matrimonial, que es imprescriptible, corresponde a cualquiera de los dos progenitores o al hijo.

Si el hijo falleciere antes de transcurrir cuatro años desde que alcanzase plena capacidad, o durante el año siguiente al descubrimiento de las pruebas en que se haya de fundar la demanda, su acción corresponde a sus herederos por el tiempo que faltare para completar dichos plazos. [370]

133. [371] 1. La acción de reclamación de filiación no matrimonial, cuando falte la respectiva posesión de estado, corresponderá al hijo durante toda su vida.

Si el hijo falleciere antes de transcurrir cuatro años desde que alcanzare la mayoría de edad o desde que se eliminaren las medidas de apoyo que tuviera previstas a tales efectos, o durante el año siguiente al descubrimiento de las pruebas en que se funde la demanda, su

---

[367] Dada nueva redacción por art. 1 de Ley 11/1981 de 13 de mayo de 1981, con vigencia desde 08/06/1981

[368] Veanse arts. 113.2, 134 y 180.4 de la presente Ley y 50 LRC

[369] Dada nueva redacción por disposición final 1 apartado 7 de Ley 4/2023 de 28 de febrero de 2023, con vigencia desde 02/03/2023

[370] Véanse arts. 133 y 134 de la presente Ley y 765.2 LEC

[371] Dada nueva redacción por art. 2 apartado 3 de Ley 26/2015 de 28 de julio de 2015, con vigencia desde 18/08/2015

acción corresponderá a sus herederos por el tiempo que faltare para completar dichos plazos [372] . [373]

2. Igualmente podrán ejercitar la presente acción de filiación los progenitores en el plazo de un año contado desde que hubieran tenido conocimiento de los hechos en que hayan de basar su reclamación.

Esta acción no será transmisible a los herederos quienes solo podrán continuar la acción que el progenitor hubiere iniciado en vida.

134. [374] El ejercicio de la acción de reclamación, conforme a los artículos anteriores, por el hijo o el progenitor, permitirá en todo caso la impugnación de la filiación contradictoria [375] .

Párrafo 2 (Derogado) [376]

135. [377] (Derogado)

SECCIÓN TERCERA
De la impugnación

136. [378] 1. El marido podrá ejercitar la acción de impugnación de la paternidad en el plazo de un año contado desde la inscripción de la filiación en el Registro Civil. Sin embargo, el plazo no correrá mientras el marido ignore el nacimiento. Fallecido el marido sin conocer el nacimiento, el año se contará desde que lo conozca el heredero.

---

[372] Véanse arts. 765.2 LEC y 7 Ley 14/2006 sobre técnicas de reproducción humana asistida

[373] Dada nueva redacción apartado 1 por art. 2 apartado 17 de Ley 8/2021 de 2 de junio de 2021, con vigencia desde 03/09/2021

[374] Dada nueva redacción por art. 1 de Ley 11/1981 de 13 de mayo de 1981, con vigencia desde 08/06/1981

[375] Véanse arts. 113 y 131 de la presente Ley y 7 Ley 14/2006 sobre técnicas de reproducción humana asistida

[376] Derogado párrafo 2 por disposición derogatoria única de Ley 1/2000 de 7 de enero de 2000, con vigencia desde 08/01/2001

[377] Derogado por disposición derogatoria única de Ley 1/2000 de 7 de enero de 2000, con vigencia desde 08/01/2001

[378] Dada nueva redacción por art. 2 apartado 4 de Ley 26/2015 de 28 de julio de 2015, con vigencia desde 18/08/2015

2. Si el marido, pese a conocer el hecho del nacimiento de quien ha sido inscrito como hijo suyo, desconociera su falta de paternidad biológica, el cómputo del plazo de un año comenzará a contar desde que tuviera tal conocimiento.

3. Si el marido falleciere antes de transcurrir el plazo señalado en los párrafos anteriores, la acción corresponderá a cada heredero por el tiempo que faltare para completar dicho plazo. [379]

137. [380] 1. La filiación del padre o progenitor no gestante podrá ser impugnada por el hijo durante el año siguiente a la inscripción de la filiación. Si fuere menor o persona con discapacidad con medidas de apoyo, para impugnarla, el plazo del año se contará desde la mayoría de edad o desde la extinción de las medidas de apoyo.

El ejercicio de la acción, en interés del hijo que sea menor, corresponderá, asimismo, durante el año siguiente a la inscripción de la filiación, a la madre o progenitor gestante que ostente la patria potestad, a su representante legal o al Ministerio Fiscal.

Si se tratare de persona con discapacidad con medidas de apoyo, esta, quien preste el apoyo y se encuentre expresamente facultado para ello o, en su defecto, el Ministerio Fiscal, podrán, asimismo, ejercitar la acción de impugnación durante el año siguiente a la inscripción de la filiación.

2. Si el hijo, pese a haber transcurrido más de un año desde la inscripción en el registro, desde su mayoría de edad o desde la extinción de la medida de apoyo, desconociera la falta de paternidad biológica de quien aparece inscrito como su padre o progenitor no gestante, el cómputo del plazo de un año comenzará a contar desde que tuviera tal conocimiento.

3. Cuando el hijo falleciere antes de transcurrir los plazos establecidos en los párrafos anteriores, su acción corresponderá a sus herederos por el tiempo que faltare para completar dichos plazos.

---

[379] Véanse arts. 116 de la presente Ley, 41 y 42 LRC, 165 RRC y 9.1 Ley 14/2006 sobre técnicas de reproducción humana asistida

[380] Dada nueva redacción por disposición final 1 apartado 8 de Ley 4/2023 de 28 de febrero de 2023, con vigencia desde 02/03/2023

4. Si falta en las relaciones familiares la posesión de estado de filiación matrimonial, la demanda podrá ser interpuesta en cualquier tiempo por el hijo o sus herederos. [381]

138. [382] El reconocimiento y demás actos jurídicos que determinen conforme a la ley una filiación matrimonial o no matrimonial podrán ser impugnados por vicio de consentimiento según lo dispuesto en el artículo 141. La impugnación de la paternidad por otras causas se atenderá a las normas contenidas en esta sección. [383]

139. [384] La madre o progenitor que conste como gestante podrá ejercitar la acción de impugnación de la filiación justificando la suposición del parto o no ser cierta la identidad del hijo. [385]

140. [386] Cuando falte en las relaciones familiares la posesión de estado, la filiación paterna o materna no matrimonial podrá ser impugnada por aquéllos a quienes perjudique.

Cuando exista posesión de estado, la acción de impugnación corresponderá a quien aparece como hijo o progenitor y a quienes por la filiación puedan resultar afectados en su calidad de herederos forzosos. La acción caducará pasados cuatro años desde que el hijo, una vez inscrita la filiación, goce de la posesión de estado correspondiente.

---

[381] Véanse arts. 116 de la presente Ley y 765 LEC

[382] Dada nueva redacción por art. 2 apartado 6 de Ley 26/2015 de 28 de julio de 2015, con vigencia desde 18/08/2015

[383] Véanse arts. 108, 117 a 119, 141 y 1265 a 1270 de la presente Ley

[384] Dada nueva redacción por disposición final 1 apartado 9 de Ley 4/2023 de 28 de febrero de 2023, con vigencia desde 02/03/2023

[385] Véanse arts. 115.1, 120.4 y 135 de la presente Ley, 41 a 44 y 47 LRC, 181 y 182 RRC y 9.1 Ley 14/2006 sobre técnicas de reproducción humana asistida

[386] Dada nueva redacción por art. 1 de Ley 11/1981 de 13 de mayo de 1981, con vigencia desde 08/06/1981

Los hijos tendrán en todo caso acción durante un año después de alcanzar la mayoría de edad o de recobrar capacidad suficiente a tales efectos. [387] [388]

141. [389] La acción de impugnación del reconocimiento realizado mediante error, violencia o intimidación corresponde a quien lo hubiere otorgado. La acción caducará al año del reconocimiento o desde que cesó el vicio de consentimiento, y podrá ser ejercitada o continuada por los herederos de aquél, si hubiere fallecido antes de transcurrir el año [390].

TÍTULO VI
De los alimentos entre parientes

142. [391] Se entiende por alimentos todo lo que es indispensable para el sustento, habitación, vestido y asistencia médica.

Los alimentos comprenden también la educación e instrucción del alimentista mientras sea menor de edad y aún después cuando no haya terminado su formación por causa que no le sea imputable.

Entre los alimentos se incluirán los gastos de embarazo y parto, en cuanto no estén cubiertos de otro modo [392].

143. [393] Están obligados recíprocamente a darse alimentos en toda la extensión que señala el artículo precedente:

[387] Véanse arts. 131 a 133 de la presente Ley y 767 y 768 LEC

[388] Dada nueva redacción párrafo 3 por art. 2 apartado 7 de Ley 26/2015 de 28 de julio de 2015, con vigencia desde 18/08/2015

[389] Dada nueva redacción por art. 1 de Ley 11/1981 de 13 de mayo de 1981, con vigencia desde 08/06/1981

[390] Véanse arts. 765.2 LEC, 117 a 119, 121 a 124, 138 y 1265 a 1268 de la presente Ley

[391] Dada nueva redacción por art. 4 de Ley 11/1981 de 13 de mayo de 1981, con vigencia desde 08/06/1981

[392] Véanse arts. 39.3 CE y 110, 111, 154, 879, 1041, 1042 y 1362 de la presente Ley

[393] Dada nueva redacción por art. 4 de Ley 11/1981 de 13 de mayo de 1981, con vigencia desde 08/06/1981

1º) Los cónyuges.

2º) Los ascendientes y descendientes.

Los hermanos sólo se deben los auxilios necesarios para la vida, cuando los necesiten por cualquier causa que no sea imputable al alimentista, y se extenderán en su caso a los que precisen para su educación [394].

144. [395] La reclamación de alimentos cuando proceda y sean dos o más los obligados a prestarlos se hará por el orden siguiente:

1º) Al cónyuge.

2º) A los descendientes de grado más próximo.

3º) A los ascendientes, también de grado más próximo.

4º) A los hermanos, pero estando obligados en último lugar los que sólo sean uterinos o consanguíneos.

Entre los descendientes y ascendientes se regulará la gradación por el orden en que sean llamados a la sucesión legítima de la persona que tenga derecho a los alimentos [396].

145. Cuando recaiga sobre dos o más personas la obligación de dar alimentos, se repartirá entre ellas el pago de la pensión en cantidad proporcional a su caudal respectivo.

Sin embargo, en caso de urgente necesidad y por circunstancias especiales, podrá el Juez obligar a una sola de ellas a que los preste provisionalmente, sin perjuicio de su derecho a reclamar de los demás obligados la parte que les corresponda.

Cuando dos o más alimentistas reclamaren a la vez alimentos de una misma persona obligada legalmente a darlos, y ésta no tuviere fortuna bastante para atender a todos, se guardará el orden establecido en el artículo anterior, a no ser que los alimentistas concurrentes fuesen el cónyuge y un hijo sujeto a la patria potestad, en cuyo caso éste será preferido a aquél.

---

[394] Véanse arts. 68, 90.c, 93, 110, 111, 154, 1362 y 1438 de la presente Ley y 8 y 26 Ley 10/1998 de uniones estables de parejas

[395] Dada nueva redacción por art. 4 de Ley 11/1981 de 13 de mayo de 1981, con vigencia desde 08/06/1981

[396] Véanse arts. 250.1 LEC, 930 a 942 de la presente Ley

146. [397] La cuantía de los alimentos será proporcionada al caudal o medios de quien los da y a las necesidades de quien los recibe.

147. Los alimentos, en los casos a que se refiere el artículo anterior, se reducirán o aumentarán proporcionalmente según el aumento o disminución que sufran las necesidades del alimentista y la fortuna del que hubiere de satisfacerlos.

148. La obligación de dar alimentos será exigible desde que los necesitare, para subsistir, la persona que tenga derecho a percibirlos; pero no se abonarán sino desde la fecha en que se interponga la demanda.

Se verificará el pago por meses anticipados, y, cuando fallezca el alimentista, sus herederos no estarán obligados a devolver lo que éste hubiese recibido anticipadamente.

El Juez, a petición del alimentista o del Ministerio Fiscal, ordenará con urgencia las medidas cautelares oportunas para asegurar los anticipos que haga una Entidad pública u otra persona y proveer a las futuras necesidades [398] . [399]

149. [400] El obligado a prestar alimentos podrá, a su elección, satisfacerlos, o pagando la pensión que se fije, o recibiendo y manteniendo en su propia casa al que tiene derecho a ellos.

Esta elección no será posible en cuanto contradiga la situación de convivencia determinada para el alimentista por las normas aplicables o por resolución judicial. También podrá ser rechazada cuando concurra justa causa o perjudique el interés del alimentista menor de edad [401] .

---

[397] Dada nueva redacción por art. 4 de Ley 11/1981 de 13 de mayo de 1981, con vigencia desde 08/06/1981

[398] Véanse arts. 525.1, 608, 768, 773 y 774 LEC y 880, 1098, 1158, 1159, 1209, 1210 y 1894 de la presente Ley

[399] Añadido párrafo 3 por art. 5 de Ley 11/1981 de 13 de mayo de 1981, con vigencia desde 08/06/1981

[400] Dada nueva redacción por disposición final 3 de Ley Orgánica 1/1996 de 15 de enero de 1996, con vigencia desde 16/02/1996

[401] Véanse arts. 93, 94, 102.1, 103.3, 111, 118, 156, 159 y 170 de la presente Ley

150. La obligación de suministrar alimentos cesa con la muerte del obligado, aunque los prestase en cumplimiento de una sentencia firme.

151. No es renunciable ni transmisible a un tercero el derecho a los alimentos. Tampoco pueden compensarse con lo que el alimentista deba al que ha de prestarlos.

Pero podrán compensarse y renunciarse las pensiones alimenticias atrasadas, y transmitirse a título oneroso o gratuito el derecho a demandarlas [402].

152. Cesará también la obligación de dar alimentos:

1°) Por muerte del alimentista.

2°) Cuando la fortuna del obligado a darlos se hubiere reducido hasta el punto de no poder satisfacerlos sin desatender sus propias necesidades y las de su familia.

3°) Cuando el alimentista pueda ejercer un oficio, profesión o industria, o haya adquirido un destino o mejorado de fortuna, de suerte que no le sea necesaria la pensión alimenticia para su subsistencia.

4°) Cuando el alimentista, sea o no heredero forzoso, hubiese cometido alguna falta de las que dan lugar a la desheredación.

5°) Cuando el alimentista sea descendiente del obligado a dar alimentos, y la necesidad de aquél provenga de mala conducta o de falta de aplicación al trabajo, mientras subsista esta causa [403].

153. Las disposiciones que preceden son aplicables a los demás casos en que por este Código, por testamento o por pacto se tenga derecho a alimentos, salvo lo pactado, lo ordenado por el testador o lo dispuesto por la ley para el caso especial de que se trate.

---

[402] Véanse arts. 6.2, 1195, 1200, 1814 y 1966.1 de la presente Ley
[403] Véanse arts. 146, 147, 852 a 855 de la presente Ley

TÍTULO VII
De las relaciones paterno-filiales

CAPÍTULO PRIMERO
Disposiciones generales

154. [404] [405]

Los hijos e hijas no emancipados están bajo la patria potestad de los progenitores.

La patria potestad, como responsabilidad parental, se ejercerá siempre en interés de los hijos e hijas, de acuerdo con su personalidad, y con respeto a sus derechos, su integridad física y mental.

Esta función comprende los siguientes deberes y facultades:

1º) Velar por ellos, tenerlos en su compañía, alimentarlos, educarlos y procurarles una formación integral.

2º) Representarlos y administrar sus bienes.

3º) Decidir el lugar de residencia habitual de la persona menor de edad, que solo podrá ser modificado con el consentimiento de ambos progenitores o, en su defecto, por autorización judicial.

Si los hijos o hijas tuvieren suficiente madurez deberán ser oídos siempre antes de adoptar decisiones que les afecten sea en procedimiento contencioso o de mutuo acuerdo. En todo caso, se garantizará que puedan ser oídas en condiciones idóneas, en términos que les sean accesibles, comprensibles y adaptados a su edad, madurez y circunstancias, recabando el auxilio de especialistas cuando ello fuera necesario.

Los progenitores podrán, en el ejercicio de su función, recabar el auxilio de la autoridad.

155. [406] Los hijos deben:

---

[404] Dada nueva redacción por disposición final 2 apartado 2 de Ley Orgánica 8/2021 de 4 de junio de 2021, con vigencia desde 25/06/2021

[405] Véanse arts. 3 y 61.3 LO 5/2000 reguladora de la responsabilidad penal de los menores, 39.3 CE, 92 y 143.2 de la presente Ley y 226 CP

[406] Dada nueva redacción por art. 2 de Ley 11/1981 de 13 de mayo de 1981, con vigencia desde 08/06/1981

1º) Obedecer a sus padres mientras permanezcan bajo su potestad, y respetarles siempre.

2º) Contribuir equitativamente, según sus posibilidades, al levantamiento de las cargas de la familia mientras convivan con ella [407].

156. [408] La patria potestad se ejercerá conjuntamente por ambos progenitores o por uno solo con el consentimiento expreso o tácito del otro. Serán válidos los actos que realice uno de ellos conforme al uso social y a las circunstancias o en situaciones de urgente necesidad.

Dictada una sentencia condenatoria y mientras no se extinga la responsabilidad penal o iniciado un procedimiento penal contra uno de los progenitores por atentar contra la vida, la integridad física, la libertad, la integridad moral o la libertad e indemnidad sexual de los hijos o hijas comunes menores de edad, o por atentar contra el otro progenitor, bastará el consentimiento de este para la atención y asistencia psicológica de los hijos e hijas menores de edad, debiendo el primero ser informado previamente. Lo anterior será igualmente aplicable, aunque no se haya interpuesto denuncia previa, cuando la mujer esté recibiendo asistencia en un servicio especializado de violencia de género, siempre que medie informe emitido por dicho servicio que acredite dicha situación. Si la asistencia hubiera de prestarse a los hijos e hijas mayores de dieciséis años se precisará en todo caso el consentimiento expreso de estos.

En caso de desacuerdo en el ejercicio de la patria potestad, cualquiera de los dos podrá acudir a la autoridad judicial, quien, después de oír a ambos y al hijo si tuviera suficiente madurez y, en todo caso, si fuera mayor de doce años, atribuirá la facultad de decidir a uno de los dos progenitores. Si los desacuerdos fueran reiterados o concurriera cualquier otra causa que entorpezca gravemente el ejercicio de la patria potestad, podrá atribuirla total o parcialmente a uno de los progenitores o distribuir entre ellos sus funciones. Esta medida tendrá vigencia durante el plazo que se fije, que no podrá nunca exceder de dos años. En los supuestos de los párrafos anteriores, respecto de terceros de buena fe, se presumirá que cada uno de los progenitores actúa

[407] Véanse arts. 149, 164, 165.2 y 268.1 de la presente Ley y 2 LO 1/1996 de Protección Jurídica del Menor

[408] Dada nueva redacción por art. 2 apartado 19 de Ley 8/2021 de 2 de junio de 2021, con vigencia desde 03/09/2021

en el ejercicio ordinario de la patria potestad con el consentimiento del otro.

En defecto o por ausencia o imposibilidad de uno de los progenitores, la patria potestad será ejercida exclusivamente por el otro.

Si los progenitores viven separados, la patria potestad se ejercerá por aquel con quien el hijo conviva. Sin embargo, la autoridad judicial, a solicitud fundada del otro progenitor, podrá, en interés del hijo, atribuir al solicitante la patria potestad para que la ejerza conjuntamente con el otro progenitor o distribuir entre ambos las funciones inherentes a su ejercicio.

157. [409] El menor no emancipado ejercerá la patria potestad sobre sus hijos con la asistencia de sus padres y, a falta de ambos, de su tutor; en casos de desacuerdo o imposibilidad, con la del Juez.

158. [410] El Juez, de oficio o a instancia del propio hijo, de cualquier pariente o del Ministerio Fiscal, dictará:

1º) Las medidas convenientes para asegurar la prestación de alimentos y proveer a las futuras necesidades del hijo, en caso de incumplimiento de este deber, por sus padres.

2º) Las disposiciones apropiadas a fin de evitar a los hijos perturbaciones dañosas en los caso de cambio de titular de la potestad de guarda.

3º) Las medidas necesarias para evitar la sustracción de los hijos menores por alguno de los progenitores o por terceras personas y, en particular, las siguientes:

a) Prohibición de salida del territorio nacional, salvo autorización judicial previa.

b) Prohibición de expedición del pasaporte al menor o retirada del mismo si ya se hubiere expedido.

c) Sometimiento a autorización judicial previa de cualquier cambio de domicilio del menor.

4º) La medida de prohibición a los progenitores, tutores, a otros parientes o a terceras personas de aproximarse al menor y acercarse a

[409] Dada nueva redacción por art. 2 de Ley 11/1981 de 13 de mayo de 1981, con vigencia desde 08/06/1981

[410] Dada nueva redacción por disposición final 2 apartado 3 de Ley Orgánica 8/2021 de 4 de junio de 2021, con vigencia desde 25/06/2021

su domicilio o centro educativo y a otros lugares que frecuente, con respecto al principio de proporcionalidad.

5º) La medida de prohibición de comunicación con el menor, que impedirá a los progenitores, tutores, a otros parientes o a terceras personas establecer contacto escrito, verbal o visual por cualquier medio de comunicación o medio informático o telemático, con respeto al principio de proporcionalidad.

6º) La suspensión cautelar en el ejercicio de la patria potestad y/o en el ejercicio de la guarda y custodia, la suspensión cautelar del régimen de visitas y comunicaciones establecidos en resolución judicial o convenio judicialmente aprobado y, en general, las demás disposiciones que considere oportunas, a fin de apartar al menor de un peligro o de evitarle perjuicios en su entorno familiar o frente a terceras personas.

En caso de posible desamparo del menor, el Juzgado comunicará las medidas a la Entidad Pública. Todas estas medidas podrán adoptarse dentro de cualquier proceso judicial o penal o bien en un expediente de jurisdicción voluntaria, en que la autoridad judicial habrá de garantizar la audiencia de la persona menor de edad, pudiendo el Tribunal ser auxiliado por personas externas para garantizar que pueda ejercitarse este derecho por sí misma [411].

159. [412] Si los padres viven separados y no decidieren de común acuerdo, el Juez decidirá, siempre en beneficio de los hijos, al cuidado de qué progenitor quedarán los hijos menores de edad. El Juez oirá, antes de tomar esta medida, a los hijos que tuvieran suficiente juicio y, en todo caso, a los que fueran mayores de doce años.

160. [413] 1. Los hijos menores tienen derecho a relacionarse con sus progenitores aunque éstos no ejerzan la patria potestad, salvo que se disponga otra cosa por resolución judicial o por la Entidad Pública en los casos establecidos en el artículo 161. En caso de privación de

[411] Véanse arts. 167 y 172 de la presente Ley, 3 y 9 LO 1/1996 de Protección Jurídica del Menor, LO 1/2004 de Medidas de Protección Integral contra la Violencia de Género y 87 y 88 Ley 15/2015, de Jurisdicción Voluntaria

[412] Dada nueva redacción por art. 4 de Ley 11/1990 de 15 de octubre de 1990, con vigencia desde 07/11/1990

[413] Dada nueva redacción por art. 2 apartado 10 de Ley 26/2015 de 28 de julio de 2015, con vigencia desde 18/08/2015

libertad de los progenitores, y siempre que el interés superior del menor recomiende visitas a aquellos, la Administración deberá facilitar el traslado acompañado del menor al centro penitenciario, ya sea por un familiar designado por la administración competente o por un profesional que velarán por la preparación del menor a dicha visita. Asimismo la visita a un centro penitenciario se deberá realizar fuera de horario escolar y en un entorno adecuado para el menor.

Los menores adoptados por otra persona, solo podrán relacionarse con su familia de origen en los términos previstos en el artículo 178.4.

2. No podrán impedirse sin justa causa las relaciones personales del menor con sus hermanos, abuelos y otros parientes y allegados.

En caso de oposición, el Juez, a petición del menor, hermanos, abuelos, parientes o allegados, resolverá atendidas las circunstancias. Especialmente deberá asegurar que las medidas que se puedan fijar para favorecer las relaciones entre hermanos, y entre abuelos y nietos, no faculten la infracción de las resoluciones judiciales que restrinjan o suspendan las relaciones de los menores con alguno de sus progenitores. [414]

161. [415] La Entidad Pública a la que, en el respectivo territorio, esté encomendada la protección de menores regulará las visitas y comunicaciones que correspondan a los progenitores, abuelos, hermanos y demás parientes y allegados respecto a los menores en situación de desamparo, pudiendo acordar motivadamente, en interés del menor, la suspensión temporal de las mismas previa audiencia de los afectados y del menor si tuviere suficiente madurez y, en todo caso, si fuera mayor de doce años, con inmediata notificación al Ministerio Fiscal. A tal efecto, el Director del centro de acogimiento residencial o la familia acogedora u otros agentes o profesionales implicados informarán a la Entidad Pública de cualquier indicio de los efectos nocivos de estas visitas sobre el menor.

---

[414] Véanse arts. 94, 178 a 180 de la presente Ley, 250.1, 771.2 y 774.4 LEC y 66 LO 1/2004 de Medidas de Protección Integral contra la Violencia de Género

[415] Dada nueva redacción por art. 2 apartado 11 de Ley 26/2015 de 28 de julio de 2015, con vigencia desde 18/08/2015

El menor, los afectados y el Ministerio Fiscal podrán oponerse a dichas resoluciones administrativas conforme a la Ley de Enjuiciamiento Civil

CAPÍTULO II
De la representación legal de los hijos

162. [416] Los padres que ostenten la patria potestad tienen la representación legal de sus hijos menores no emancipados.

Se exceptúan:

1.º Los actos relativos a los derechos de la personalidad que el hijo, de acuerdo con su madurez, pueda ejercitar por sí mismo.

No obstante, los responsables parentales intervendrán en estos casos en virtud de sus deberes de cuidado y asistencia.

2.º Aquellos en que exista conflicto de intereses entre los padres y el hijo.

3.º Los relativos a bienes que estén excluidos de la administración de los padres.

Para celebrar contratos que obliguen al hijo a realizar prestaciones personales se requiere el previo consentimiento de éste si tuviere suficiente juicio, sin perjuicio de lo establecido en el artículo 158. [417]

163. [418] Siempre que en algún asunto los progenitores tengan un interés opuesto al de sus hijos no emancipados, se nombrará a éstos un defensor que los represente en juicio y fuera de él. Se procederá también a este nombramiento cuando los progenitores tengan un interés opuesto al del hijo menor emancipado cuya capacidad deban completar.

---

[416] Dada nueva redacción por art. 2 apartado 12 de Ley 26/2015 de 28 de julio de 2015, con vigencia desde 18/08/2015

[417] Véanse arts. 3 a 9 y 61 LO 1/1996 de Protección Jurídica del Menor, 6 y 7 ET, LO 1/2002 Asociación y arts. 159, 163 y 164 de la presente Ley

[418] Dada nueva redacción por disposición final 1 apartado 10 de Ley 4/2023 de 28 de febrero de 2023, con vigencia desde 02/03/2023

Si el conflicto de intereses existiera solo con uno de los progenitores, corresponde al otro por Ley y sin necesidad de especial nombramiento representar al menor o completar su capacidad.

CAPÍTULO III
De los bienes de los hijos y de su administración

164. [419] Los padres administrarán los bienes de los hijos con la misma diligencia que los suyos propios, cumpliendo las obligaciones generales de todo administrador y las especiales establecidas en la Ley Hipotecaria.

Se exceptúan de la administración paterna:

1º) Los bienes adquiridos por título gratuito cuando el disponente lo hubiere ordenado de manera expresa. Se cumplirá estrictamente la voluntad de éste sobre la administración de estos bienes y destino de sus frutos.

2º) Los adquiridos por sucesión en que uno o ambos de los que ejerzan la patria potestad hubieran sido justamente desheredados o no hubieran podido heredar por causa de indignidad, que serán administrados por la persona designada por el causante y, en su defecto y sucesivamente, por el otro progenitor o por un administrador judicial especialmente nombrado. [420]

3º) Los que el hijo mayor de dieciséis años hubiera adquirido con su trabajo o industria. Los actos de administración ordinaria serán realizados por el hijo, que necesitará el consentimiento de los padres para los que excedan de ella. [421]

---

[419] Dada nueva redacción por art. 4 de Ley 21/1987 de 11 de noviembre de 1987, con vigencia desde 07/12/1987

[420] Dada nueva redacción número 2 por art. único de Ley 13/2005 de 1 de julio de 2005, con vigencia desde 03/07/2005

[421] Véanse arts. 154.2, 156, 167, 168, 756, 852, 854 y 1810 de la presente Ley, 168.3, 190 y 191 LH, 266 y 267 RH, 6 y 7 ET

165. [422] Pertenecen siempre al hijo no emancipado los frutos de sus bienes, así como todo lo que adquiera con su trabajo o industria.

No obstante, los padres podrán destinar los del menor que viva con ambos o con uno solo de ellos, en la parte que le corresponda, al levantamiento de las cargas familiares, y no estarán obligados a rendir cuentas de lo que hubiesen consumido en tales atenciones.

Con este fin se entregarán a los padres, en la medida adecuada, los frutos de los bienes que ellos no administren. Se exceptúan los frutos de los bienes a que se refieren los números 1 y 2 artículo anterior y los de aquellos donados o dejados a los hijos especialmente para su educación o carrera, pero si los padres carecieren de medios podrán pedir al Juez que se les entregue la parte que en equidad proceda.

166. [423] Los padres no podrán renunciar a los derechos de que los hijos sean titulares ni enajenar o gravar sus bienes inmuebles, establecimientos mercantiles o industriales, objetos preciosos y valores mobiliarios, salvo el derecho de suscripción preferente de acciones, sino por causas justificadas de utilidad o necesidad y previa la autorización del Juez del domicilio, con audiencia del Ministerio Fiscal.

Los padres deberán recabar autorización judicial para repudiar la herencia o legado deferidos al hijo. Si el Juez denegase la autorización, la herencia sólo podrá ser aceptada a beneficio de inventario. [424]

No será necesaria autorización judicial si el menor hubiese cumplido dieciséis años y consintiere en documento público, ni para la enajenación de valores mobiliarios siempre que su importe se reinvierta en bienes o valores seguros [425] .

---

[422] Dada nueva redacción por art. 4 de Ley 21/1987 de 11 de noviembre de 1987, con vigencia desde 07/12/1987

[423] Dada nueva redacción por art. 2 de Ley 11/1981 de 13 de mayo de 1981, con vigencia desde 08/06/1981

[424] Dada nueva redacción párrafo 2 por disposición final 18 de Ley Orgánica 1/1996 de 15 de enero de 1996, con vigencia desde 16/02/1996

[425] Véanse arts. 988, 1010 y 1810 de la presente Ley, 2.5, 168.3, 190 y 191 LH, 178 RH, 294 y 304 RDLeg. 1/2010, de 2 de julio, por el que se aprueba el texto refundido de la Ley de Sociedades de Capital

167. [426] Cuando la administración de los progenitores ponga en peligro el patrimonio del hijo, el Juez, a petición del propio hijo, del Ministerio Fiscal o de cualquier pariente del menor, podrá adoptar las medidas que estime necesarias para la seguridad y recaudo de los bienes, exigir caución o fianza para la continuación en la administración o incluso nombrar un Administrador.

168. [427] Al término de la patria potestad podrán los hijos exigir a los padres la rendición de cuentas de la administración que ejercieron sobre sus bienes hasta entonces. La acción para exigir el cumplimiento de esta obligación prescribirá a los tres años.

En caso de pérdida o deterioro de los bienes por dolo o culpa grave, responderán los padres de los daños y perjuicios sufridos [428].

CAPÍTULO IV
De la extinción de la patria potestad

169. [429] La patria potestad se acaba:

1º) Por la muerte o la declaración de fallecimiento de los padres o del hijo [430].

2º) Por la emancipación [431].

3º) Por la adopción del hijo [432].

---

[426] Dada nueva redacción por disposición final 1 apartado 31 de Ley 15/2015 de 2 de julio de 2015, con vigencia desde 23/07/2015

[427] Dada nueva redacción por art. 2 de Real Decreto-Ley 33/1978 de 16 de noviembre de 1978, con vigencia desde 17/11/1978

[428] Véanse arts. 164, 279 a 281 y 1972 de la presente Ley

[429] Dada nueva redacción por art. 2 de Ley 11/1981 de 13 de mayo de 1981, con vigencia desde 08/06/1981

[430] Véanse arts. 193 a 197 de la presente Ley

[431] Véanse arts. 314 a 324 de la presente Ley

[432] Véanse arts. 172 a 180 de la presente Ley y 46 LRC

170. [433] Cualquiera de los progenitores podrá ser privado total o parcialmente de su potestad por sentencia fundada en el incumplimiento de los deberes inherentes a la misma o dictada en causa criminal o matrimonial.

Los Tribunales podrán, en beneficio e interés del hijo, acordar la recuperación de la patria potestad cuando hubiere cesado la causa que motivó la privación. [434]

171. [435] (Derogado)

CAPÍTULO V
De la adopción y otras formas de protección de menores

SECCIÓN PRIMERA
De la guarda y acogimiento de menores

172. [436] 1. Cuando la Entidad Pública a la que, en el respectivo territorio, esté encomendada la protección de los menores constate que un menor se encuentra en situación de desamparo, tiene por ministerio de la ley la tutela del mismo y deberá adoptar las medidas de protección necesarias para su guarda, poniéndolo en conocimiento del Ministerio Fiscal y, en su caso, del Juez que acordó la tutela ordinaria. La resolución administrativa que declare la situación de desamparo y las medidas adoptadas se notificará en legal forma a los progenitores, tutores o guardadores y al menor afectado si tuviere suficiente madurez y, en todo caso, si fuere mayor de doce años, de forma inmediata sin que sobrepase el plazo máximo de cuarenta y ocho horas. La infor-

---

[433] Dada nueva redacción por disposición final 1 apartado 11 de Ley 4/2023 de 28 de febrero de 2023, con vigencia desde 02/03/2023

[434] Véanse arts. 92.3, 111.1 y 277.1 de la presente Ley, 180 RRC y 189.6 CP

[435] Derogado por art. 2 apartado 20 de Ley 8/2021 de 2 de junio de 2021, con vigencia desde 03/09/2021

[436] Dada nueva redacción por art. 2 apartado 13 de Ley 26/2015 de 28 de julio de 2015, con vigencia desde 18/08/2015

mación será clara, comprensible y en formato accesible, incluyendo las causas que dieron lugar a la intervención de la Administración y los efectos de la decisión adoptada, y en el caso del menor, adaptada a su grado de madurez. Siempre que sea posible, y especialmente en el caso del menor, esta información se facilitará de forma presencial. [437]

Se considera como situación de desamparo la que se produce de hecho a causa del incumplimiento o del imposible o inadecuado ejercicio de los deberes de protección establecidos por las leyes para la guarda de los menores, cuando éstos queden privados de la necesaria asistencia moral o material.

La asunción de la tutela atribuida a la Entidad Pública lleva consigo la suspensión de la patria potestad o de la tutela ordinaria. No obstante, serán válidos los actos de contenido patrimonial que realicen los progenitores o tutores en representación del menor y que sean en interés de éste. [438]

La Entidad Pública y el Ministerio Fiscal podrán promover, si procediere, la privación de la patria potestad y la remoción de la tutela.

2. Durante el plazo de dos años desde la notificación de la resolución administrativa por la que se declare la situación de desamparo, los progenitores que continúen ostentando la patria potestad pero la tengan suspendida conforme a lo previsto en el apartado 1, o los tutores que, conforme al mismo apartado, tengan suspendida la tutela, podrán solicitar a la Entidad Pública que cese la suspensión y quede revocada la declaración de situación de desamparo del menor, si, por cambio de las circunstancias que la motivaron, entienden que se encuentran en condiciones de asumir nuevamente la patria potestad o la tutela.

Igualmente, durante el mismo plazo podrán oponerse a las decisiones que se adopten respecto a la protección del menor.

Pasado dicho plazo decaerá el derecho de los progenitores o tutores a solicitar u oponerse a las decisiones o medidas que se adopten para la protección del menor. No obstante, podrán facilitar información a la Entidad Pública y al Ministerio Fiscal sobre cualquier cambio de las circunstancias que dieron lugar a la declaración de situación de desamparo.

---

[437] Véanse arts. 13.1, 16, 18 y 19 LO 1/1996 de Protección Jurídica del Menor

[438] Véanse arts. 173.4 de la presente Ley, 39.2 CE y 763 LEC

En todo caso, transcurridos los dos años, únicamente el Ministerio Fiscal estará legitimado para oponerse a la resolución de la Entidad Pública.

Durante ese plazo de dos años, la Entidad Pública, ponderando la situación y poniéndola en conocimiento del Ministerio Fiscal, podrá adoptar cualquier medida de protección, incluida la propuesta de adopción, cuando exista un pronóstico fundado de imposibilidad definitiva de retorno a la familia de origen.

3. La Entidad Pública, de oficio o a instancia del Ministerio Fiscal o de persona o entidad interesada, podrá revocar la declaración de situación de desamparo y decidir el retorno del menor con su familia, siempre que se entienda que es lo más adecuado para su interés. Dicha decisión se notificará al Ministerio Fiscal. [439]

4. En cumplimiento de la obligación de prestar la atención inmediata, la Entidad Pública podrá asumir la guarda provisional de un menor mediante resolución administrativa, y lo comunicará al Ministerio Fiscal, procediendo simultáneamente a practicar las diligencias precisas para identificar al menor, investigar sus circunstancias y constatar, en su caso, la situación real de desamparo.

Tales diligencias se realizarán en el plazo más breve posible, durante el cual deberá procederse, en su caso, a la declaración de la situación de desamparo y consecuente asunción de la tutela o a la promoción de la medida de protección procedente. Si existieran personas que, por sus relaciones con el menor o por otras circunstancias, pudieran asumir la tutela en interés de éste, se promoverá el nombramiento de tutor conforme a las reglas ordinarias.

Cuando hubiera transcurrido el plazo señalado y no se hubiera formalizado la tutela o adoptado otra resolución, el Ministerio Fiscal promoverá las acciones procedentes para asegurar la adopción de la medida de protección más adecuada del menor por parte de la Entidad Pública.

5. La Entidad Pública cesará en la tutela que ostente sobre los menores declarados en situación de desamparo cuando conste, mediante los correspondientes informes, la desaparición de las causas que motivaron su asunción, por alguno de los supuestos previstos en los artículos 276 y 277.1, y cuando compruebe fehacientemente alguna de las siguientes circunstancias:

---

[439] Véanse arts. 173.4 y 247 de la presente Ley

a) Que el menor se ha trasladado voluntariamente a otro país.

b) Que el menor se encuentra en el territorio de otra comunidad autónoma, en cuyo caso se procederá al traslado del expediente de protección y cuya Entidad Pública hubiere dictado resolución sobre declaración de situación de desamparo y asumido su tutela o medida de protección correspondiente, o entendiere que ya no es necesario adoptar medidas de protección a tenor de la situación del menor.

c) Que hayan transcurrido doce meses desde que el menor abandonó voluntariamente el centro de protección, encontrándose en paradero desconocido.

La guarda provisional cesará por las mismas causas que la tutela. [440]

172 bis. [441] 1. Cuando los progenitores o tutores, por circunstancias graves y transitorias debidamente acreditadas, no puedan cuidar al menor, podrán solicitar de la Entidad Pública que ésta asuma su guarda durante el tiempo necesario, que no podrá sobrepasar dos años como plazo máximo de cuidado temporal del menor, salvo que el interés superior del menor aconseje, excepcionalmente, la prórroga de las medidas. Transcurrido el plazo o la prórroga, en su caso, el menor deberá regresar con sus progenitores o tutores o, si no se dan las circunstancias adecuadas para ello, ser declarado en situación legal de desamparo.

La entrega voluntaria de la guarda se hará por escrito dejando constancia de que los progenitores o tutores han sido informados de las responsabilidades que siguen manteniendo respecto del menor, así como de la forma en que dicha guarda va a ejercerse por la Entidad Pública garantizándose, en particular a los menores con discapacidad, la continuidad de los apoyos especializados que vinieran recibiendo o la adopción de otros más adecuados a sus necesidades.

La resolución administrativa sobre las asunción de la guarda por la Entidad Pública, así como sobre cualquier variación posterior de su

---

[440] Dada nueva redacción apartado 5 por disposición final 2 apartado 4 de Ley Orgánica 8/2021 de 4 de junio de 2021, con vigencia desde 25/06/2021

[441] Añadido por art. 2 apartado 14 de Ley 26/2015 de 28 de julio de 2015, con vigencia desde 18/08/2015

forma de ejercicio, será fundamentada y comunicada a los progenitores o tutores y al Ministerio Fiscal. [442]

2. Asimismo, la Entidad Pública asumirá la guarda cuando así lo acuerde el Juez en los casos en que legalmente proceda, adoptando la medida de protección correspondiente.

172 ter. [443] 1. La guarda se realizará mediante el acogimiento familiar y, no siendo éste posible o conveniente para el interés del menor, mediante el acogimiento residencial. El acogimiento familiar se realizará por la persona o personas que determine la Entidad Pública. El acogimiento residencial se ejercerá por el Director o responsable del centro donde esté acogido el menor, conforme a los términos establecidos en la legislación de protección de menores. [444]

No podrán ser acogedores los que no puedan ser tutores de acuerdo con lo previsto en la ley.

La resolución de la Entidad Pública en la que se formalice por escrito la medida de guarda se notificará a los progenitores o tutores que no estuvieran privados de la patria potestad o tutela, así como al Ministerio Fiscal.

2. Se buscará siempre el interés del menor y se priorizará, cuando no sea contrario a ese interés, su reintegración en la propia familia y que la guarda de los hermanos se confíe a una misma institución o persona para que permanezcan unidos. La situación del menor en relación con su familia de origen, tanto en lo que se refiere a su guarda como al régimen de visitas y otras formas de comunicación, será revisada, al menos cada seis meses. [445]

3. La Entidad Pública podrá acordar, en relación con el menor en acogida familiar o residencial, cuando sea conveniente a su interés, estancias, salidas de fines de semana o de vacaciones con familias o con instituciones dedicadas a estas funciones. A tal efecto sólo se seleccionará a personas o instituciones adecuadas a las necesidades del menor. Dichas medidas deberán ser acordadas una vez haya sido oído

---

[442] Véanse arts. 779 y 780 LEC

[443] Añadido por art. 2 apartado 15 de Ley 26/2015 de 28 de julio de 2015, con vigencia desde 18/08/2015

[444] Véanse arts. 173, 173 bis, 174, 239 y 242 de la presente Ley y arts. 20, 20 bis, 21 y 21 bis Ley Orgánica 1/1996, de 15 de enero, de Protección Jurídica del Menor

[445] Véanse arts. 2, 3, 4, 9 y 11 LO 1/1996 de Protección Jurídica del Menor

el menor si tuviere suficiente madurez y, en todo caso, si fuera mayor de doce años.

La delegación de guarda para estancias, salidas de fin de semana o vacaciones contendrá los términos de la misma y la información que fuera necesaria para asegurar el bienestar del menor, en especial de todas las medidas restrictivas que haya establecido la Entidad Pública o el Juez. Dicha medida será comunicada a los progenitores o tutores, siempre que no hayan sido privados del ejercicio de la patria potestad o removidos del ejercicio de la tutela, así como a los acogedores. Se preservarán los datos de estos guardadores cuando resulte conveniente para el interés del menor o concurra justa causa.

4. En los casos de declaración de situación de desamparo o de asunción de la guarda por resolución administrativa o judicial, podrá establecerse por la Entidad Pública la cantidad que deben abonar los progenitores o tutores para contribuir, en concepto de alimentos y en función de sus posibilidades, a los gastos derivados del cuidado y atención del menor, así como los derivados de la responsabilidad civil que pudiera imputarse a los menores por actos realizados por los mismos

173. [446] 1. El acogimiento familiar produce la plena participación del menor en la vida de familia e impone a quien lo recibe las obligaciones de velar por él, tenerlo en su compañía, alimentarlo, educarlo y procurarle una formación integral en un entorno afectivo. En el caso de menor con discapacidad, deberá continuar con los apoyos especializados que viniera recibiendo o adoptar otros más adecuados a sus necesidades. [447]

2. El acogimiento requerirá el consentimiento de los acogedores y del menor acogido si tuviera suficiente madurez y, en todo caso, si fuera mayor de doce años.

3. Si surgieren problemas graves de convivencia entre el menor y la persona o personas a quien hubiere sido confiado la guarda en acogimiento familiar, aquél, el acogedor, el Ministerio Fiscal, los progenitores o tutor que no estuvieran privados de la patria potestad o de

---

[446] Dada nueva redacción por art. 2 apartado 16 de Ley 26/2015 de 28 de julio de 2015, con vigencia desde 18/08/2015

[447] Véanse arts. 154 y 161 de la presente Ley y arts. 20 y 20 bis LO 1/1996 de Protección Jurídica del Menor

la tutela o cualquier persona interesada podrán solicitar a la Entidad Pública la remoción de la guarda.

4. El acogimiento familiar del menor cesará:

a) Por resolución judicial.

b) Por resolución de la Entidad Pública, de oficio o a propuesta del Ministerio Fiscal, de los progenitores, tutores, acogedores o del propio menor si tuviera suficiente madurez, cuando se considere necesario para salvaguardar el interés del mismo, oídos los acogedores, el menor, sus progenitores o tutor.

c) Por la muerte o declaración de fallecimiento del acogedor o acogedores del menor.

d) Por la mayoría de edad del menor.

5. Todas las actuaciones de formalización y cesación del acogimiento se practicarán con la obligada reserva

173 bis. [448] 1. El acogimiento familiar podrá tener lugar en la propia familia extensa del menor o en familia ajena, pudiendo en este último caso ser especializado.

2. El acogimiento familiar podrá adoptar las siguientes modalidades atendiendo a su duración y objetivos:

a) Acogimiento familiar de urgencia, principalmente para menores de seis años, que tendrá una duración no superior a seis meses, en tanto se decide la medida de protección familiar que corresponda.

b) Acogimiento familiar temporal, que tendrá carácter transitorio, bien porque de la situación del menor se prevea la reintegración de éste en su propia familia, o bien en tanto se adopte una medida de protección que revista un carácter más estable como el acogimiento familiar permanente o la adopción. Este acogimiento tendrá una duración máxima de dos años, salvo que el interés superior del menor aconseje la prórroga de la medida por la previsible e inmediata reintegración familiar, o la adopción de otra medida de protección definitiva.

c) Acogimiento familiar permanente, que se constituirá bien al finalizar el plazo de dos años de acogimiento temporal por no ser posible la reintegración familiar, o bien directamente en casos de menores con necesidades especiales o cuando las circunstancias del menor y su familia así lo aconsejen. La Entidad Pública podrá solicitar del Juez

---

[448] Dada nueva redacción por art. 2 apartado 17 de Ley 26/2015 de 28 de julio de 2015, con vigencia desde 18/08/2015

que atribuya a los acogedores permanentes aquellas facultades de la tutela que faciliten el desempeño de sus responsabilidades, atendiendo, en todo caso, al interés superior del menor.

174. [449] 1. Incumbe al Ministerio Fiscal la superior vigilancia de la tutela, acogimiento o guarda de los menores a que se refiere esta sección. [450]

2. A tal fin, la Entidad Pública le dará noticia inmediata de los nuevos ingresos de menores y le remitirá copia de las resoluciones administrativas de formalización de la constitución, variación y cesación de las tutelas, guardas y acogimientos. Igualmente le dará cuenta de cualquier novedad de interés en las circunstancias del menor.

El Ministerio Fiscal habrá de comprobar, al menos semestralmente, la situación del menor y promoverá ante la Entidad Pública o el Juez, según proceda, las medidas de protección que estime necesarias.

3. La vigilancia del Ministerio Fiscal no eximirá a la Entidad Pública de su responsabilidad para con el menor y de su obligación de poner en conocimiento del Ministerio Fiscal las anomalías que observe.

4. Para el cumplimiento de la función de la superior vigilancia de la tutela, acogimiento o guarda de los menores, cuando sea necesario, podrá el Ministerio Fiscal recabar la elaboración de informes por parte de los servicios correspondientes de las Administraciones Públicas competentes.

A estos efectos, los servicios correspondientes de las Administraciones Públicas competentes atenderán las solicitudes de información remitidas por el Ministerio Fiscal en el curso de las investigaciones tendentes a determinar la situación de riesgo o desamparo en la que pudiera encontrarse un menor

---

[449] Dada nueva redacción por art. 2 apartado 18 de Ley 26/2015 de 28 de julio de 2015, con vigencia desde 18/08/2015

[450] Véase art. 23 LO 1/1996 de Protección Jurídica del Menor

SECCIÓN SEGUNDA
De la adopción

175. [451] 1. La adopción requiere que el adoptante sea mayor de veinticinco años. Si son dos los adoptantes bastará con que uno de ellos haya alcanzado dicha edad. En todo caso, la diferencia de edad entre adoptante y adoptando será de, al menos, dieciséis años y no podrá ser superior a cuarenta y cinco años, salvo en los casos previstos en el artículo 176.2. Cuando fueran dos los adoptantes, será suficiente con que uno de ellos no tenga esa diferencia máxima de edad con el adoptando. Si los futuros adoptantes están en disposición de adoptar grupos de hermanos o menores con necesidades especiales, la diferencia máxima de edad podrá ser superior.

No pueden ser adoptantes los que no puedan ser tutores de acuerdo con lo previsto en este código.

2. Únicamente podrán ser adoptados los menores no emancipados. Por excepción, será posible la adopción de un mayor de edad o de un menor emancipado cuando, inmediatamente antes de la emancipación, hubiere existido una situación de acogimiento con los futuros adoptantes o de convivencia estable con ellos de, al menos, un año. [452]

3. No puede adoptarse:

1.º A un descendiente.

2.º A un pariente en segundo grado de la línea colateral por consanguinidad o afinidad.

3.º A un pupilo por su tutor hasta que haya sido aprobada definitivamente la cuenta general justificada de la tutela.

4. Nadie podrá ser adoptado por más de una persona, salvo que la adopción se realice conjunta o sucesivamente por ambos cónyuges o por una pareja unida por análoga relación de afectividad a la conyugal. El matrimonio celebrado con posterioridad a la adopción permitirá al cónyuge la adopción de los hijos de su consorte. Esta previsión será también de aplicación a las parejas que se constituyan con posterioridad. En caso de muerte del adoptante, o cuando el adoptante sufra la

---

[451] Dada nueva redacción por art. 2 apartado 19 de Ley 26/2015 de 28 de julio de 2015, con vigencia desde 18/08/2015

[452] Véanse arts. 314 y 315 de la presente Ley y 24 LO 1/1996 de Protección Jurídica del Menor

exclusión prevista en el artículo 179, será posible una nueva adopción del adoptado.

5. En caso de que el adoptando se encontrara en acogimiento permanente o guarda con fines de adopción de dos cónyuges o de una pareja unida por análoga relación de afectividad a la conyugal, la separación o divorcio legal o ruptura de la relación de los mismos que conste fehacientemente con anterioridad a la propuesta de adopción no impedirá que pueda promoverse la adopción conjunta siempre y cuando se acredite la convivencia efectiva del adoptando con ambos cónyuges o con la pareja unida por análoga relación de naturaleza análoga a la conyugal durante al menos dos años anteriores a la propuesta de adopción.

176. [453] 1. La adopción se constituirá por resolución judicial, que tendrá en cuenta siempre el interés del adoptando y la idoneidad del adoptante o adoptantes para el ejercicio de la patria potestad. [454]

2. Para iniciar el expediente de adopción será necesaria la propuesta previa de la Entidad Pública a favor del adoptante o adoptantes que dicha Entidad Pública haya declarado idóneos para el ejercicio de la patria potestad. La declaración de idoneidad deberá ser previa a la propuesta.

No obstante, no se requerirá tal propuesta cuando en el adoptando concurra alguna de las circunstancias siguientes:

1.ª Ser huérfano y pariente del adoptante en tercer grado por consanguinidad o afinidad.

2.ª Ser hijo del cónyuge o de la persona unida al adoptante por análoga relación de afectividad a la conyugal.

3.ª Llevar más de un año en guarda con fines de adopción o haber estado bajo tutela del adoptante por el mismo tiempo.

4.ª Ser mayor de edad o menor emancipado.

3. Se entiende por idoneidad la capacidad, aptitud y motivación adecuadas para ejercer la responsabilidad parental, atendiendo a las necesidades de los menores a adoptar, y para asumir las peculiaridades, consecuencias y responsabilidades que conlleva la adopción.

---

[453] Dada nueva redacción por art. 2 apartado 20 de Ley 26/2015 de 28 de julio de 2015, con vigencia desde 18/08/2015

[454] Véanse arts. 2 y 3 LO 1/1996 de Protección Jurídica del Menor

La declaración de idoneidad por la Entidad Pública requerirá una valoración psicosocial sobre la situación personal, familiar, relacional y social de los adoptantes, así como su capacidad para establecer vínculos estables y seguros, sus habilidades educativas y su aptitud para atender a un menor en función de sus singulares circunstancias. Dicha declaración de idoneidad se formalizará mediante la correspondiente resolución.

No podrán ser declarados idóneos para la adopción quienes se encuentren privados de la patria potestad o tengan suspendido su ejercicio, ni quienes tengan confiada la guarda de su hijo a la Entidad Pública.

Las personas que se ofrezcan para la adopción deberán asistir a las sesiones informativas y de preparación organizadas por la Entidad Pública o por Entidad colaboradora autorizada.

4. Cuando concurra alguna de las circunstancias 1.ª, 2.ª o 3.ª previstas en el apartado 2 podrá constituirse la adopción, aunque el adoptante hubiere fallecido, si éste hubiese prestado ya ante el Juez su consentimiento o el mismo hubiera sido otorgado mediante documento público o en testamento. Los efectos de la resolución judicial en este caso se retrotraerán a la fecha de prestación de tal consentimiento.

176 bis. [455] 1. La Entidad Pública podrá delegar la guarda de un menor declarado en situación de desamparo en las personas que, reuniendo los requisitos de capacidad para adoptar previstos en el artículo 175 y habiendo prestado su consentimiento, hayan sido preparadas, declaradas idóneas y asignadas para su adopción. A tal efecto, la Entidad Pública, con anterioridad a la presentación de la propuesta de adopción, delegará la guarda con fines de adopción hasta que se dicte la resolución judicial de adopción, mediante resolución administrativa debidamente motivada, previa audiencia de los afectados y del menor si tuviere suficiente madurez y, en todo caso, si fuere mayor de doce años, que se notificará a los progenitores o tutores no privados de la patria potestad o tutela.

Los guardadores con fines de adopción tendrán los mismos derechos y obligaciones que los acogedores familiares.

---

[455] Añadido por art. 2 apartado 21 de Ley 26/2015 de 28 de julio de 2015, con vigencia desde 18/08/2015

2. Salvo que convenga otra cosa al interés del menor, la Entidad Pública procederá a suspender el régimen de visitas y relaciones con la familia de origen cuando se inicie el período de convivencia preadoptiva a que se refiere el apartado anterior, excepto en los casos previstos en el artículo 178.4.

3. La propuesta de adopción al Juez tendrá que realizarse en el plazo más breve posible y, en todo caso, antes de transcurridos tres meses desde el día en el que se hubiera acordado la delegación de guarda con fines de adopción. No obstante, cuando la Entidad Pública considere necesario, en función de la edad y circunstancias del menor, establecer un período de adaptación del menor a la familia, dicho plazo de tres meses podrá prorrogarse hasta un máximo de un año.

En el supuesto de que el Juez no considerase procedente esa adopción, la Entidad Pública deberá determinar la medida protectora más adecuada para el menor.

177. [456] 1. Habrán de consentir la adopción, en presencia del Juez, el adoptante o adoptantes y el adoptando mayor de doce años. [457]

2. Deberán asentir a la adopción:

1.º El cónyuge o persona unida al adoptante por análoga relación de afectividad a la conyugal salvo que medie separación o divorcio legal o ruptura de la pareja que conste fehacientemente, excepto en los supuestos en los que la adopción se vaya a formalizar de forma conjunta.

2.º Los progenitores del adoptando que no se hallare emancipado, a menos que estuvieran privados de la patria potestad por sentencia firme o incursos en causa legal para tal privación. Esta situación solo podrá apreciarse en el procedimiento judicial contradictorio que se tramitará conforme a la Ley de Enjuiciamiento Civil.

No será necesario el asentimiento cuando los que deban prestarlo se encuentren imposibilitados para ello, imposibilidad que se apreciará motivadamente en la resolución judicial que constituya la adopción.

---

[456] Dada nueva redacción por art. 2 apartado 22 de Ley 26/2015 de 28 de julio de 2015, con vigencia desde 18/08/2015

[457] Véanse art. 15 LO 1/1996 de Protección Jurídica del Menor, arts. 1261 a 1270 de la presente Ley y art. 20 Ley 54/2007 de Adopción Internacional

Tampoco será necesario el asentimiento de los progenitores que tuvieren suspendida la patria potestad cuando hubieran transcurrido dos años desde la notificación de la declaración de situación de desamparo, en los términos previstos en el artículo 172.2, sin oposición a la misma o cuando, interpuesta en plazo, hubiera sido desestimada.

El asentimiento de la madre no podrá prestarse hasta que hayan transcurrido seis semanas desde el parto.

En las adopciones que exijan propuesta previa no se admitirá que el asentimiento de los progenitores se refiera a adoptantes determinados.

3. Deberán ser oídos por el Juez:

1.º Los progenitores que no hayan sido privados de la patria potestad, cuando su asentimiento no fuera necesario para la adopción.

2.º El tutor y, en su caso, la familia acogedora, y el guardador o guardadores.

3.º El adoptando menor de doce años de acuerdo con su edad y madurez.

4. Los consentimientos y asentimientos deberán otorgarse libremente, en la forma legal requerida y por escrito, previa información de sus consecuencias

178. [458] 1. La adopción produce la extinción de los vínculos jurídicos entre el adoptado y su familia de origen. [459]

2. Por excepción subsistirán los vínculos jurídicos con la familia del progenitor que, según el caso, corresponda:

a) Cuando el adoptado sea hijo del cónyuge o de la persona unida al adoptante por análoga relación de afectividad a la conyugal, aunque el consorte o la pareja hubiera fallecido.

b) Cuando sólo uno de los progenitores haya sido legalmente determinado, siempre que tal efecto hubiera sido solicitado por el adoptante, el adoptado mayor de doce años y el progenitor cuyo vínculo haya de persistir.

3. Lo establecido en los apartados anteriores se entiende sin perjuicio de lo dispuesto sobre impedimentos matrimoniales.

---

[458] Dada nueva redacción por art. 2 apartado 23 de Ley 26/2015 de 28 de julio de 2015, con vigencia desde 18/08/2015

[459] Véanse arts. 154 y 169 de la presente Ley, 753 y 781 LEC y 3 y 9 LO 1/1996 de Protección Jurídica del Menor

4. Cuando el interés del menor así lo aconseje, en razón de su situación familiar, edad o cualquier otra circunstancia significativa valorada por la Entidad Pública, podrá acordarse el mantenimiento de alguna forma de relación o contacto a través de visitas o comunicaciones entre el menor, los miembros de la familia de origen que se considere y la adoptiva, favoreciéndose especialmente, cuando ello sea posible, la relación entre los hermanos biológicos.

En estos casos el Juez, al constituir la adopción, podrá acordar el mantenimiento de dicha relación, determinando su periodicidad, duración y condiciones, a propuesta de la Entidad Pública o del Ministerio Fiscal y con el consentimiento de la familia adoptiva y del adoptando si tuviera suficiente madurez y siempre si fuere mayor de doce años. En todo caso, será oído el adoptando menor de doce años de acuerdo a su edad y madurez. Si fuere necesario, dicha relación se llevará a cabo con la intermediación de la Entidad Pública o entidades acreditadas a tal fin. El Juez podrá acordar, también, su modificación o finalización en atención al interés superior del menor. La Entidad Pública remitirá al Juez informes periódicos sobre el desarrollo de las visitas y comunicaciones, así como propuestas de mantenimiento o modificación de las mismas durante los dos primeros años, y, transcurridos estos a petición del Juez.

Están legitimados para solicitar la suspensión o supresión de dichas visitas o comunicaciones la Entidad Pública, la familia adoptiva, la familia de origen y el menor si tuviere suficiente madurez y, en todo caso, si fuere mayor de doce años.

En la declaración de idoneidad deberá hacerse constar si las personas que se ofrecen a la adopción aceptarían adoptar a un menor que fuese a mantener la relación con la familia de origen

179. [460] 1. El Juez, a petición del Ministerio Fiscal, del adoptado o de su representante legal, acordará que el adoptante que hubiere incurrido en causa de privación de la patria potestad, quede excluido de las funciones tuitivas y de los derechos que por ley le correspondan respecto del adoptado o sus descendientes, o en sus herencias.

2. Una vez alcanzada la plena capacidad, la exclusión sólo podrá ser pedida por el adoptado, dentro de los dos años siguientes.

---

[460] Dada nueva redacción por art. 2 de Ley 21/1987 de 11 de noviembre de 1987, con vigencia desde 07/12/1987

3. Dejarán de producir efecto estas restricciones por determinación del propio hijo una vez alcanzada la plena capacidad.

180. [461] 1. La adopción es irrevocable.

2. El Juez acordará la extinción de la adopción a petición de cualquiera de los progenitores que, sin culpa suya, no hubieren intervenido en el expediente en los términos expresados en el artículo 177. Será también necesario que la demanda se interponga dentro de los dos años siguientes a la adopción y que la extinción solicitada no perjudique gravemente al menor.

Si el adoptado fuere mayor de edad, la extinción de la adopción requerirá su consentimiento expreso. [462]

3. La extinción de la adopción no es causa de pérdida de la nacionalidad ni de la vecindad civil adquiridas, ni alcanza a los efectos patrimoniales anteriormente producidos.

4. La determinación de la filiación que por naturaleza corresponda al adoptado no afecta a la adopción.

5. Las Entidades Públicas asegurarán la conservación de la información de que dispongan relativa a los orígenes del menor, en particular la información respecto a la identidad de sus progenitores, así como la historia médica del menor y de su familia, y se conservarán durante al menos cincuenta años con posterioridad al momento en que la adopción se haya hecho definitiva. La conservación se llevará a cabo a los solos efectos de que la persona adoptada pueda ejercitar el derecho al que se refiere el apartado siguiente. [463]

6. Las personas adoptadas, alcanzada la mayoría de edad o durante su minoría de edad a través de sus representantes legales, tendrán derecho a conocer los datos sobre sus orígenes biológicos. Las Entidades Públicas, previa notificación a las personas afectadas, prestarán a través de sus servicios especializados el asesoramiento y la ayuda que precisen para hacer efectivo este derecho.

---

[461] Dada nueva redacción por art. 2 de Ley 21/1987 de 11 de noviembre de 1987, con vigencia desde 07/12/1987

[462] Dada nueva redacción apartado 2 por art. 2 apartado 24 de Ley 26/2015 de 28 de julio de 2015, con vigencia desde 18/08/2015

[463] Dada nueva redacción apartado 5 por art. 2 apartado 24 de Ley 26/2015 de 28 de julio de 2015, con vigencia desde 18/08/2015

A estos efectos, cualquier entidad privada o pública tendrá obligación de facilitar a las Entidades Públicas y al Ministerio Fiscal, cuando les sean requeridos, los informes y antecedentes necesarios sobre el menor y su familia de origen. [464]

TÍTULO VIII
De la ausencia

CAPÍTULO PRIMERO
Declaración de la ausencia y sus efectos

181. [465] En todo caso, desaparecida una persona de su domicilio o del lugar de su última residencia, sin haberse tenido en ella más noticias, podrá el Secretario judicial, a instancia de parte interesada o del Ministerio Fiscal, nombrar un defensor que ampare y represente al desaparecido en juicio o en los negocios que no admitan demora sin perjuicio grave. Se exceptúan los casos en que aquél estuviese legítimamente representado voluntariamente conforme al art. 183 [466] .

El cónyuge presente mayor de edad no separado legalmente será el representante y defensor nato del desaparecido; y por su falta, el pariente más próximo hasta el cuarto grado, también mayor de edad. En defecto de parientes, no presencia de los mismos o urgencia notoria, el Secretario judicial nombrará persona solvente y de buenos antecedentes, previa audiencia del Ministerio Fiscal.

También podrá adoptar, según su prudente arbitrio, las medidas necesarias a la conservación del patrimonio [467] .

---

[464] Añadido apartado 6 por art. 2 apartado 24 de Ley 26/2015 de 28 de julio de 2015, con vigencia desde 18/08/2015

[465] Dada nueva redacción por disposición final 1 apartado 35 de Ley 15/2015 de 2 de julio de 2015, con vigencia desde 23/07/2015

[466] Véanse arts. 199 a 302 de la presente Ley y 783.4 LEC

[467] Véanse arts. 63 a 67 Ley 15/2015, de Jurisdicción Voluntaria, 89.2 LRC, 290 RRC y 89.1 RH

182. [468] Tiene la obligación de promover e instar la declaración de ausencia legal, sin orden de preferencia:

1º) El cónyuge del ausente no separado legalmente.

2º) Los parientes consanguíneos hasta el cuarto grado.

3º) El Ministerio fiscal de oficio o a virtud de denuncia.

Podrá, también, pedir dicha declaración cualquier persona que racionalmente estime tener sobre los bienes del desaparecido algún derecho ejercitable en vida del mismo o dependiente de su muerte [469].

183. [470] Se considerará en situación de ausencia legal al desaparecido de su domicilio o de su última residencia:

1º) Pasado un año desde las últimas noticias o a falta de éstas desde su desaparición, si no hubiese dejado apoderado con facultades de administración de todos sus bienes.

2º) Pasados tres años, si hubiese dejado encomendada por apoderamiento la administración de todos sus bienes.

La muerte o renuncia justificada del mandatario, o la caducidad del mandato, determina la ausencia legal, si al producirse aquéllas se ignorase el paradero del desaparecido y hubiere transcurrido un año desde que se tuvieron las últimas noticias, y, en su defecto, desde su desaparición. Inscrita en el Registro Civil la declaración de ausencia, quedan extinguidos de derecho todos los mandatos generales o especiales otorgados por el ausente [471]. [472]

184. [473] Salvo motivo grave apreciado por el Secretario judicial, corresponde la representación del declarado ausente, la pesquisa de su

---

[468] Dada nueva redacción por art. 1 de Ley de 8 de septiembre de 1939, con vigencia desde 21/10/1939

[469] Véanse arts. 68 y 70 Ley 15/2015, de Jurisdicción Voluntaria

[470] Dada nueva redacción por art. 1 de Ley de 8 de septiembre de 1939, con vigencia desde 21/10/1939

[471] Véanse arts. 2.4 LH, 89 RH, 1.6, 88 y 89 LRC y 70 Ley 15/2015, de Jurisdicción Voluntaria

[472] Dada nueva redacción párrafo 2 por disposición final 1 apartado 36 de Ley 15/2015 de 2 de julio de 2015, con vigencia desde 23/07/2015

[473] Dada nueva redacción por disposición final 1 apartado 37 de Ley 15/2015 de 2 de julio de 2015, con vigencia desde 23/07/2015

persona, la protección y administración de sus bienes y el cumplimiento de sus obligaciones:

1º) Al cónyuge presente mayor de edad no separado legalmente o de hecho.

2º) Al hijo mayor de edad; si hubiese varios, serán preferidos los que convivían con el ausente y el mayor al menor.

3º) Al ascendiente más próximo de menos edad de una u otra línea.

4º) A los hermanos mayores de edad que hayan convivido familiarmente con el ausente, con preferencia del mayor sobre el menor.

En defecto de las personas expresadas, corresponde en toda su extensión a la persona solvente de buenos antecedentes que el Secretario judicial, oído el Ministerio fiscal, designe a su prudente arbitrio [474].

185. [475] El representante del declarado ausente quedará atenido a las obligaciones siguientes:

1ª) Inventariar los bienes muebles y describir los inmuebles de su representado.

2ª) Prestar la garantía que el Secretario judicial prudencialmente fije. Quedan exceptuados los comprendidos en los números 1º, 2º y 3º del artículo precedente.

3ª) Conservar y defender el patrimonio del ausente y obtener de sus bienes los rendimientos normales de que fueren susceptibles.

4ª) Ajustarse a las normas que en orden a la posesión y administración de los bienes del ausente se establecen en la Ley Procesal Civil.

Serán aplicables a los representantes dativos del ausente, en cuanto se adapten a su especial representación, los preceptos que regulan el ejercicio de la tutela y las causas de inhabilidad, remoción y excusa de los tutores.

186. [476] Los representantes legítimos del declarado ausente comprendidos en los números 1º, 2º y 3º del art. 184 disfrutarán de la posesión temporal del patrimonio del ausente y harán suyos los productos

---

[474] Véanse arts. 69, 70 y 71 Ley 15/2015 de Jurisdicción Voluntaria y 89 LRC

[475] Dada nueva redacción por disposición final 1 apartado 38 de Ley 15/2015 de 2 de julio de 2015, con vigencia desde 23/07/2015

[476] Dada nueva redacción por disposición final 1 apartado 39 de Ley 15/2015 de 2 de julio de 2015, con vigencia desde 23/07/2015

líquidos en la cuantía que el Secretario judicial señale, habida consideración al importe de los frutos, rentas y aprovechamientos, número de hijos del ausente y obligaciones alimenticias para con los mismos, cuidados y actuaciones que la representación requiera, afecciones que graven al patrimonio y demás circunstancias de la propia índole.

Los representantes legítimos comprendidos en el número 4º del expresado artículo disfrutarán, también, de la posesión temporal y harán suyos los frutos, rentas y aprovechamientos en la cuantía que el Secretario judicial señale, sin que en ningún caso puedan retener más de los dos tercios de los productos líquidos, reservándose el tercio restante para el ausente, o, en su caso, para sus herederos o causahabientes.

Los poseedores temporales de los bienes del ausente no podrán venderlos, gravarlos, hipotecarlos o darlos en prenda, sino en caso de necesidad o utilidad evidente, reconocida y declarada por el Secretario judicial, quien, al autorizar dichos actos, determinará el empleo de la cantidad obtenida.

187. [477] Si durante el disfrute de la posesión temporal o del ejercicio de la representación dativa alguno probase su derecho preferente a dicha posesión, será excluido el poseedor actual, pero aquél no tendrá derecho a los productos sino a partir del día de la presentación de la demanda.

Si apareciese el ausente, deberá restituírsele su patrimonio, pero no los productos percibidos, salvo mala fe interviniente, en cuyo caso la restitución comprenderá también los frutos percibidos y los debidos percibir a contar del día en que aquélla se produjo, según la declaración del Secretario judicial.

188. [478] Si en el transcurso de la posesión temporal o del ejercicio de la representación dativa se probase la muerte del declarado ausente, se abrirá la sucesión en beneficio de los que en el momento del fallecimiento fuesen sus sucesores voluntarios o legítimos, debiendo el poseedor temporal hacerles entrega del patrimonio del difunto,

---

[477] Dada nueva redacción por disposición final 1 apartado 40 de Ley 15/2015 de 2 de julio de 2015, con vigencia desde 23/07/2015

[478] Dada nueva redacción por art. 1 de Ley de 8 de septiembre de 1939, con vigencia desde 21/10/1939

pero reteniendo, como suyos, los productos recibidos en la cuantía señalada.

Si se presentase un tercero acreditando por documento fehaciente haber adquirido, por compra u otro título, bienes del ausente, cesará la representación respecto de dichos bienes, que quedarán a disposición de sus legítimos titulares [479].

189. [480] El cónyuge del ausente tendrá derecho a la separación de bienes.

190. [481] Para reclamar un derecho en nombre de la persona constituida en ausencia, es preciso probar que esta persona existía en el tiempo en que era necesaria su existencia para adquirirlo.

191. [482] Sin perjuicio de lo dispuesto en el artículo anterior, abierta una sucesión a la que estuviere llamado un ausente, acrecerá la parte de éste a sus coherederos, al no haber persona con derecho propio para reclamarla. Los unos y los otros, en su caso, deberán hacer, con intervención del Ministerio fiscal, inventario de dichos bienes, los cuales reservarán hasta la declaración del fallecimiento [483].

192. [484] Lo dispuesto en el artículo anterior se entiende sin perjuicio de las acciones de petición de herencia u otros derechos que competan al ausente, sus representantes o causahabientes. Estos derechos no se extinguirán sino por el transcurso del tiempo fijado para la prescripción. En la inscripción que se haga en el Registro de los bienes inmuebles que acrezcan a los coherederos, se expresará la

---

[479] Véanse arts. 2044 LEC 1881, 32 y 34 LH y 464 de la presente Ley

[480] Dada nueva redacción por art. 4 de Ley 11/1981 de 13 de mayo de 1981, con vigencia desde 08/06/1981

[481] Dada nueva redacción por art. 1 de Ley de 8 de septiembre de 1939, con vigencia desde 21/10/1939

[482] Dada nueva redacción por art. 1 de Ley de 8 de septiembre de 1939, con vigencia desde 21/10/1939

[483] Véanse arts. 922 y 981 a 987 de la presente Ley y 89.2 RH

[484] Dada nueva redacción por art. 1 de Ley de 8 de septiembre de 1939, con vigencia desde 21/10/1939

circunstancia de quedar sujetos a lo que dispone este artículo y el anterior.

CAPÍTULO II
De la declaración de fallecimiento

193. [485] Procede la declaración de fallecimiento:

1º) Transcurridos diez años desde las últimas noticias habidas del ausente, o, a falta de éstas, desde su desaparición.

2º) Pasados cinco años desde las últimas noticias o, en defecto de éstas, desde su desaparición, si al expirar dicho plazo hubiere cumplido el ausente setenta y cinco años.

Los plazos expresados se computarán desde la expiración del año natural en que se tuvieron las últimas noticias, o, en su defecto, del en que ocurrió la desaparición.

3º) Cumplido un año, contado de fecha a fecha, de un riesgo inminente de muerte por causa de violencia contra la vida, en que una persona se hubiese encontrado sin haberse tenido, con posterioridad a la violencia, noticias suyas. En caso de siniestro este plazo será de tres meses. [486]

Se presume la violencia si en una subversión de orden político o social hubiese desaparecido una persona sin volverse a tener noticias suyas durante el tiempo expresado, siempre que hayan pasado seis meses desde la cesación de la subversión [487].

194. [488] Procede también la declaración de fallecimiento:

1º) De los que perteneciendo a un contingente armado o unidos a él en calidad de funcionarios auxiliares voluntarios, o en funciones

---

[485] Dada nueva redacción por art. 1 de Ley de 8 de septiembre de 1939, con vigencia desde 21/10/1939

[486] Dada nueva redacción apartado 3 párrafo 1 por art. 1 de Ley 4/2000 de 7 de enero de 2000, con vigencia desde 11/01/2000

[487] Véanse arts. 1.6 y 81 a 87 LRC, 179 y 273 a 282 RRC, 2.4 LH y 74 y 76 Ley 15/2015, de Jurisdicción Voluntaria

[488] Dada nueva redacción por art. 1 de Ley de 8 de septiembre de 1939, con vigencia desde 21/10/1939

informativas, hayan tomado parte en operaciones de campaña y desaparecido en ellas luego que hayan transcurrido dos años, contados desde la fecha del tratado de paz, y en caso de no haberse concertado, desde la declaración oficial del fin de la guerra.

2º) De los que resulte acreditado que se encontraban a bordo de una nave cuyo naufragio o desaparición por inmersión en el mar se haya comprobado, o a bordo de una aeronave cuyo siniestro se haya verificado y haya evidencias racionales de ausencia de supervivientes. [489]

3º) De los que no se tuvieren noticias después de que resulte acreditado que se encontraban a bordo de una nave cuyo naufragio o desaparición por inmersión en el mar se haya comprobado o a bordo de una aeronave cuyo siniestro se haya verificado, o, en caso de haberse encontrado restos humanos en tales supuestos, y no hubieren podido ser identificados, luego que hayan transcurrido ocho días. [490]

4º) De los que se encuentren a bordo de una nave que se presuma naufragada o desaparecida por inmersión en el mar, por no llegar a su destino, o si careciendo de punto fijo de arribo, no retornase y haya evidencias racionales de ausencia de supervivientes, luego que en cualquiera de los casos haya transcurrido un mes contado desde las últimas noticias recibidas o, por falta de éstas, desde la fecha de salida de la nave del puerto inicial del viaje. [491]

5º) De los que se encuentren a bordo de una aeronave que se presuma siniestrada al realizar el viaje sobre mares, zonas desérticas o inhabitadas, por no llegar a su destino, o si careciendo de punto fijo de arribo, no retornase, y haya evidencias racionales de ausencia de supervivientes, luego que en cualquiera de los casos haya transcurrido un mes contado desde las últimas noticias de las personas o de la aeronave y, en su defecto, desde la fecha de inicio del viaje. Si éste se

---

[489] Dada nueva redacción apartado 2 por disposición final 1 apartado 41 de Ley 15/2015 de 2 de julio de 2015, con vigencia desde 23/07/2015

[490] Dada nueva redacción apartado 3 por disposición final 1 apartado 41 de Ley 15/2015 de 2 de julio de 2015, con vigencia desde 23/07/2015

[491] Añadido apartado 4 por disposición final 1 apartado 41 de Ley 15/2015 de 2 de julio de 2015, con vigencia desde 23/07/2015

hiciere por etapas, el plazo indicado se computará desde el punto de despegue del que se recibieron las últimas noticias [492] . [493]

195. [494] Por la declaración de fallecimiento cesa la situación de ausencia legal, pero mientras dicha declaración no se produzca, se presume que el ausente ha vivido hasta el momento en que deba reputársele fallecido, salvo investigaciones en contrario.

Toda declaración de fallecimiento expresará la fecha a partir de la cual se entienda sucedida la muerte, con arreglo a lo preceptuado en los dos artículos precedentes, salvo prueba en contrario.

Párrafo 3 (Derogado) [495]

196. [496] Firme la declaración de fallecimiento del ausente, se abrirá la sucesión en los bienes del mismo, procediéndose a su adjudicación conforme a lo dispuesto legalmente.

Los herederos no podrán disponer a título gratuito hasta cinco años después de la declaración del fallecimiento.

Hasta que transcurra este mismo plazo no serán entregados los legados, si los hubiese, ni tendrán derecho a exigirlos los legatarios, salvo las mandas piadosas en sufragio del alma del testador o los legados en favor de Instituciones de beneficencia.

Será obligación ineludible de los sucesores, aunque por tratarse de uno solo no fuese necesaria partición, la de formar notarialmente un inventario detallado de los bienes muebles y una descripción de los inmuebles [497] .

---

[492] Véanse arts. 68 y 74 Ley 15/2015, de Jurisdicción Voluntaria, 81 a 87 LRC y 154.4, 179 y 273 a 282 RRC

[493] Añadido apartado 5 por disposición final 1 apartado 41 de Ley 15/2015 de 2 de julio de 2015, con vigencia desde 23/07/2015

[494] Dada nueva redacción por art. 1 de Ley de 8 de septiembre de 1939, con vigencia desde 21/10/1939

[495] Suprimido párrafo 3 por art. 2 de Ley 30/1981 de 7 de julio de 1981, con vigencia desde 09/08/1981

[496] Dada nueva redacción por disposición final 1 apartado 42 de Ley 15/2015 de 2 de julio de 2015, con vigencia desde 23/07/2015

[497] Véanse arts. 85, 188, 191, 747, 788 y 991 de la presente Ley, 26.1 y 87 LH, 89.2 RH, 790 a 805 LEC y 74 Ley 15/2015, de Jurisdicción Voluntaria

197. [498] Si después de la declaración de fallecimiento se presentase el ausente o se probase su existencia, recobrará sus bienes en el estado en que se encuentren y tendrá derecho al precio de los que se hubieran vendido, o a los bienes que con este precio se hayan adquirido, pero no podrá reclamar de sus sucesores rentas, frutos ni productos obtenidos con los bienes de su sucesión, sino desde el día de su presencia o de la declaración de no haber muerto [499].

CAPÍTULO III
De la inscripción en el Registro Civil [500]

198. [501] En el Registro Civil se harán constar las declaraciones de desaparición, ausencia legal y de fallecimiento, así como las representaciones legítimas y dativas acordadas, y su extinción.

Asimismo se anotarán los inventarios de bienes muebles y descripción de inmuebles que en este Título se ordenan; los decretos de concesión y las escrituras de transmisiones y gravámenes que efectúen los representantes legítimos o dativos de los ausentes; y la escritura de descripción o inventario de los bienes, así como de las escrituras de partición y adjudicación realizadas a virtud de la declaración de fallecimiento o de las actas de protocolización de los cuadernos particionales en sus respectivos casos [502].

---

[498] Dada nueva redacción por art. 1 de Ley de 8 de septiembre de 1939, con vigencia desde 21/10/1939

[499] Véanse arts. 451 a 466 de la presente Ley, 75 Ley 15/2015, de Jurisdicción Voluntaria, 34 LH y 179 RRC

[500] Dada nueva redacción por disposición final 1 apartado 43 de Ley 15/2015 de 2 de julio de 2015, con vigencia desde 23/07/2015

[501] Dada nueva redacción por disposición final 1 apartado 44 de Ley 15/2015 de 2 de julio de 2015, con vigencia desde 23/07/2015

[502] Véanse arts. 77 Ley 15/2015, de Jurisdicción Voluntaria, 88 LRC, 42.5 LH y 206 RH

TÍTULO IX
De la tutela y de la guarda de los menores [503]

CAPÍTULO PRIMERO
De la tutela [504]

SECCIÓN PRIMERA
Disposiciones generales [505]

199. [506] Quedan sujetos a tutela:

1.º Los menores no emancipados en situación de desamparo.

2.º Los menores no emancipados no sujetos a patria potestad [507] .

200. [508] Las funciones tutelares constituyen un deber, se ejercerán en beneficio del tutelado y estarán bajo la salvaguarda de la autoridad judicial.

Las medidas y disposiciones previstas en el artículo 158 podrán ser acordadas también por la autoridad judicial en todos los supuestos de tutela de menores, en cuanto lo requiera el interés de estos.

Si se tratara de menores que estén bajo la tutela de una entidad pública, estas medidas solo podrán ser acordadas por la autoridad judicial de oficio o a instancia de dicha entidad, del Ministerio Fiscal o del propio menor. La entidad pública será parte en el procedimiento

---

[503] Dada nueva redacción por art. 2 apartado 21 de Ley 8/2021 de 2 de junio de 2021, con vigencia desde 03/09/2021

[504] Añadido por art. 2 apartado 21 de Ley 8/2021 de 2 de junio de 2021, con vigencia desde 03/09/2021

[505] Añadida por art. 2 apartado 21 de Ley 8/2021 de 2 de junio de 2021, con vigencia desde 03/09/2021

[506] Dada nueva redacción por art. 2 apartado 21 de Ley 8/2021 de 2 de junio de 2021, con vigencia desde 03/09/2021

[507] Véanse arts. 154, 169, 170, 171, 231, 235, 236, 239 de la presente Ley y 2, 3 y 11 a 23 LO 1/1996 de Protección Jurídica del Menor

[508] Dada nueva redacción por art. 2 apartado 21 de Ley 8/2021 de 2 de junio de 2021, con vigencia desde 03/09/2021

y las medidas acordadas serán comunicadas a esta, que dará traslado de dicha comunicación al director del centro residencial o a la familia acogedora.

201. [509] Los progenitores podrán en testamento o documento público notarial designar tutor, establecer órganos de fiscalización de la tutela, así como designar las personas que hayan de integrarlos u ordenar cualquier otra disposición sobre la persona o bienes de sus hijos menores [510].

202. [511] Las designaciones a que se refiere el artículo anterior vincularán a la autoridad judicial al constituir la tutela, salvo que el interés superior del menor exija otra cosa, en cuyo caso dictará resolución motivada.

203. [512] Cuando existieren disposiciones de los progenitores hechas en testamento o documento público notarial de los progenitores, se aplicarán unas y otras conjuntamente, en cuanto fueran compatibles. De no serlo, se adoptarán por la autoridad judicial, en decisión motivada, las que considere más convenientes para el interés superior del menor.

204. [513] Serán ineficaces las disposiciones hechas en testamento o documento público notarial sobre la tutela si, en el momento de adoptarlas, el disponente hubiese sido privado de la patria potestad.

---

[509] Dada nueva redacción por art. 2 apartado 21 de Ley 8/2021 de 2 de junio de 2021, con vigencia desde 03/09/2021

[510] Véanse arts. 202, 203, 213, 218.3, 219 y 229 de la presente Ley y 757 LEC

[511] Añadido por art. 2 apartado 21 de Ley 8/2021 de 2 de junio de 2021, con vigencia desde 03/09/2021

[512] Añadido por art. 2 apartado 21 de Ley 8/2021 de 2 de junio de 2021, con vigencia desde 03/09/2021

[513] Añadido por art. 2 apartado 21 de Ley 8/2021 de 2 de junio de 2021, con vigencia desde 03/09/2021

205. [514] El que disponga de bienes a título gratuito en favor de un menor podrá establecer las reglas de administración y disposición de los mismos y designar la persona o personas que hayan de ejercitarlas. Las funciones no conferidas al administrador corresponden al tutor.

206. [515] Estarán obligados a promover la constitución de la tutela, desde el momento en que conocieran el hecho que la motivare, los parientes llamados a ella y la persona física o jurídica bajo cuya guarda se encuentre el menor y, si no lo hicieren, serán responsables solidarios de la indemnización de los daños y perjuicios causados.

207. [516] Cualquier persona podrá poner en conocimiento del Ministerio Fiscal o de la autoridad judicial el hecho determinante de la tutela, a fin de que se dé inicio al expediente a que se refiere el artículo siguiente [517].

208. [518] La autoridad judicial constituirá la tutela mediante un expediente de jurisdicción voluntaria, siguiendo los trámites previstos legalmente [519].

---

[514] Añadido por art. 2 apartado 21 de Ley 8/2021 de 2 de junio de 2021, con vigencia desde 03/09/2021

[515] Añadido por art. 2 apartado 21 de Ley 8/2021 de 2 de junio de 2021, con vigencia desde 03/09/2021

[516] Añadido por art. 2 apartado 21 de Ley 8/2021 de 2 de junio de 2021, con vigencia desde 03/09/2021

[517] Véanse arts. 172 y 204 de la presente Ley, 6.2, 12, 18, 19, 19 bis LO 1/1996 de Protección Jurídica del Menor y 757.3 LEC

[518] Añadido por art. 2 apartado 21 de Ley 8/2021 de 2 de junio de 2021, con vigencia desde 03/09/2021

[519] Véanse arts. 1 Ley 15/2015, de Jurisdicción Voluntaria, 3 LO 1/1996 de Protección Jurídica del Menor y 176 y 214 de la presente Ley

209. [520] La tutela se ejercerá bajo la vigilancia del Ministerio Fiscal, que actuará de oficio o a instancia de la persona menor de edad o de cualquier interesado.

En cualquier momento podrá exigir del tutor que le informe sobre la situación del menor y del estado de la administración de la tutela [521].

210. [522] La autoridad judicial podrá establecer, en la resolución por la que se constituya la tutela o en otra posterior, las medidas de vigilancia y control que estime adecuadas, en beneficio del tutelado. Asimismo, en cualquier momento podrá exigir del tutor que informe sobre la situación del menor y del estado de la administración [523].

SECCIÓN SEGUNDA
De la delación de la tutela y del nombramiento del tutor [524]

211. [525] Podrán ser tutores todas las personas físicas que, a juicio de la autoridad judicial, cumplan las condiciones de aptitud suficientes para el adecuado desempeño de su función y en ellas no concurra alguna de las causas de inhabilidad establecidas en los artículos siguientes.

---

[520] Añadido por art. 2 apartado 21 de Ley 8/2021 de 2 de junio de 2021, con vigencia desde 03/09/2021

[521] Véanse arts. 174, 210 y 245 de la presente Ley, 51 Ley 15/2015, de Jurisdicción Voluntaria, 749 LEC y 12, 19 bis y 23 LO 1/1996 de Protección Jurídica del Menor

[522] Añadido por art. 2 apartado 21 de Ley 8/2021 de 2 de junio de 2021, con vigencia desde 03/09/2021

[523] Véanse arts. 158, 174, 200, 209, 225, 237, 271, 284 de la presente Ley, 167 y 192 LH y 268 y 269 RH

[524] Añadida por art. 2 apartado 21 de Ley 8/2021 de 2 de junio de 2021, con vigencia desde 03/09/2021

[525] Añadido por art. 2 apartado 21 de Ley 8/2021 de 2 de junio de 2021, con vigencia desde 03/09/2021

212. [526] Podrán ser tutores las fundaciones y demás personas jurídicas sin ánimo de lucro, públicas o privadas, entre cuyos fines figure la protección y asistencia de menores.

213. [527] Para el nombramiento de tutor se preferirá:

1.º A la persona o personas designadas por los progenitores en testamento o documento público notarial.

2.º Al ascendiente o hermano que designe la autoridad judicial.

Excepcionalmente, en resolución motivada, se podrá alterar el orden del párrafo anterior o prescindir de todas las personas en él mencionadas, si el interés superior del menor así lo exigiere. Se considera beneficiosa para el menor la integración en la vida de familia del tutor [528].

214. [529] En defecto de las personas mencionadas en el artículo anterior, la autoridad judicial designará tutor a quien, por sus relaciones con el tutelado y en el interés superior de este, considere más idóneo.

215. [530] Si hubiere que designar tutor para varios hermanos, se procurará que el nombramiento recaiga en una misma persona.

216. [531] No podrán ser tutores:

1.º Los que por resolución judicial estuvieran privados o suspendidos en el ejercicio de la patria potestad o, total o parcialmente, de los derechos de guarda y protección.

---

[526] Añadido por art. 2 apartado 21 de Ley 8/2021 de 2 de junio de 2021, con vigencia desde 03/09/2021

[527] Añadido por art. 2 apartado 21 de Ley 8/2021 de 2 de junio de 2021, con vigencia desde 03/09/2021

[528] Véanse arts. 43 a 51 Ley 15/2015, de Jurisdicción Voluntaria y 171, 203, 204, 217 y 300 de la presente Ley

[529] Añadido por art. 2 apartado 21 de Ley 8/2021 de 2 de junio de 2021, con vigencia desde 03/09/2021

[530] Dada nueva redacción por art. 2 apartado 21 de Ley 8/2021 de 2 de junio de 2021, con vigencia desde 03/09/2021

[531] Dada nueva redacción por art. 2 apartado 21 de Ley 8/2021 de 2 de junio de 2021, con vigencia desde 03/09/2021

2.º Los que hubieren sido legalmente removidos de una tutela, curatela o guarda anterior [532] .

217. [533] La autoridad judicial no podrá nombrar a las personas siguientes:

1.º A quien haya sido excluido por los progenitores del tutelado.

2.º A quien haya sido condenado en sentencia firme por cualquier delito que haga suponer fundadamente que no desempeñará bien la tutela.

3.º Al administrador que hubiese sido sustituido en sus facultades de administración durante la tramitación del procedimiento concursal.

4.º A quien le sea imputable la declaración como culpable de un concurso, salvo que la tutela lo sea solo de la persona.

5.º A quien tenga conflicto de intereses con la persona sujeta a tutela [534] .

218. [535] La tutela se ejercerá por un solo tutor salvo:

1.º Cuando, por concurrir circunstancias especiales en la persona del tutelado o en su patrimonio, convenga separar como cargos distintos el de tutor de la persona y el de los bienes, cada uno de los cuales actuará independientemente en el ámbito de su competencia, si bien las decisiones que conciernan a ambos deberán tomarlas conjuntamente.

2.º Si se designa a alguna persona tutor de los hijos de su hermano y se considera conveniente que ejerza también la tutela el cónyuge del tutor o la persona que se halle en análoga relación de afectividad.

---

[532] Véanse arts. 14.3, 92, 111, 154, 156, 157, 158, 160, 162, 164, 168, 169, 170, 172, 172 ter, 173, 176, 176 bis, 177, 179, 204, 222, 231, 237, 275, 278 y 756 de la presente Ley y 32 CP

[533] Dada nueva redacción por art. 2 apartado 21 de Ley 8/2021 de 2 de junio de 2021, con vigencia desde 03/09/2021

[534] Véanse arts. 235, 275.3.3º y 4º de la presente Ley

[535] Dada nueva redacción por art. 2 apartado 21 de Ley 8/2021 de 2 de junio de 2021, con vigencia desde 03/09/2021

3.º Cuando los progenitores del tutelado hayan designado en testamento o documento público notarial más de un tutor para que ejerzan la tutela conjuntamente [536].

219. [537] En el caso del numeral 3.º del artículo anterior, si los progenitores lo hubieren dispuesto de modo expreso, se podrá resolver, al efectuar el nombramiento de tutores, que estos puedan ejercitar las facultades de la tutela con carácter solidario.

De no mediar tal clase de nombramiento y, sin perjuicio de lo dispuesto en el numeral 1.º del artículo anterior, las facultades de la tutela encomendadas a varios tutores habrán de ser ejercitadas por estos conjuntamente, pero valdrá lo que se haga con el acuerdo del mayor número. A falta de tal acuerdo, la autoridad judicial, después de oír a los tutores y al tutelado si tuviere suficiente madurez, resolverá sin ulterior recurso lo que estime conveniente. Para el caso de que los desacuerdos fueran reiterados y entorpeciesen gravemente el ejercicio de la tutela, podrá la autoridad judicial reorganizar su funcionamiento e incluso nombrar nuevo tutor [538].

220. [539] Si los tutores tuvieren sus facultades atribuidas conjuntamente y hubiere incompatibilidad u oposición de intereses en alguno de ellos para un acto o contrato, podrá este ser realizado por el otro tutor o, de ser varios, por los demás en forma conjunta.

221. [540] En los casos de que por cualquier causa cese alguno de los tutores, la tutela subsistirá con los restantes a no ser que al hacer el nombramiento se hubiera dispuesto otra cosa de modo expreso.

---

[536] Véanse arts. 154, 201, 203 y 219 de la presente Ley

[537] Dada nueva redacción por art. 2 apartado 21 de Ley 8/2021 de 2 de junio de 2021, con vigencia desde 03/09/2021

[538] Véanse arts. 156, 159 y 895 a 898 de la presente Ley

[539] Dada nueva redacción por art. 2 apartado 21 de Ley 8/2021 de 2 de junio de 2021, con vigencia desde 03/09/2021

[540] Dada nueva redacción por art. 2 apartado 21 de Ley 8/2021 de 2 de junio de 2021, con vigencia desde 03/09/2021

222. [541] La tutela de los menores que se encuentren en situación de desamparo corresponderá por ministerio de la ley a la entidad pública a la que en el respectivo territorio esté encomendada la protección de menores.

No obstante, se procederá al nombramiento de tutor conforme a las reglas ordinarias cuando existan personas físicas que, por sus relaciones con el menor o por otras circunstancias, puedan asumir la tutela en interés de este.

En el supuesto del párrafo anterior, previamente a la designación judicial de tutor, o en la misma resolución, deberá acordarse la suspensión o la privación de la patria potestad o la remoción del tutor, en su caso.

Estarán legitimados para ejercer las acciones de privación de patria potestad, promover la remoción del tutor y solicitar el nombramiento de tutor de los menores en situación de desamparo, el Ministerio Fiscal, la entidad pública y los llamados al ejercicio de la tutela [542].

223. [543] Las causas y procedimientos de remoción y excusa de la tutela serán los mismos que los establecidos para la curatela.

La autoridad judicial podrá decretar la remoción a solicitud de la persona menor de edad si tuviere suficiente madurez. En todo caso será tenida en cuenta su opinión y se le dará audiencia si fuere mayor de doce años.

Declarada la remoción, se procederá al nombramiento de nuevo tutor en la forma establecida en este Código.

---

[541] Dada nueva redacción por art. 2 apartado 21 de Ley 8/2021 de 2 de junio de 2021, con vigencia desde 03/09/2021

[542] Véanse arts. 49 Ley 15/2015, de Jurisdicción Voluntaria y 9 LO 1/1996 de Protección Jurídica del Menor

[543] Dada nueva redacción por art. 2 apartado 21 de Ley 8/2021 de 2 de junio de 2021, con vigencia desde 03/09/2021

SECCIÓN TERCERA
Del ejercicio de la tutela [544]

224. [545] Serán aplicables a la tutela, con carácter supletorio, las normas de la curatela.

225. [546] El tutor es el representante del menor, salvo para aquellos actos que este pueda realizar por si solo o para los que únicamente precise asistencia [547].

226. [548] Se prohíbe al tutor:
1.º Recibir liberalidades del tutelado o de sus causahabientes, mientras no se haya aprobado definitivamente su gestión.
2.º Representar al tutelado cuando en el mismo acto intervenga en nombre propio o de un tercero y existiera conflicto de intereses.
3.º Adquirir por título oneroso bienes del tutelado o transmitirle por su parte bienes por igual título [549].

227. [550] Los tutores ejercerán su cargo en interés del menor, de acuerdo con su personalidad y con respeto a sus derechos.
Cuando sea necesario para el ejercicio de la tutela podrán recabar el auxilio de la autoridad.

---

[544] Añadida por art. 2 apartado 21 de Ley 8/2021 de 2 de junio de 2021, con vigencia desde 03/09/2021

[545] Dada nueva redacción por art. 2 apartado 21 de Ley 8/2021 de 2 de junio de 2021, con vigencia desde 03/09/2021

[546] Dada nueva redacción por art. 2 apartado 21 de Ley 8/2021 de 2 de junio de 2021, con vigencia desde 03/09/2021

[547] Véanse arts. 3 y 4 LO 1/1996 de Protección Jurídica del menor, 3 LO 1/1982 de Protección Civil del Derecho al Honor, a la Intimidad Personal y Familiar y a la Propia Imagen, 7.2 LEC y 278 y 285 de la presente Ley

[548] Dada nueva redacción por art. 2 apartado 21 de Ley 8/2021 de 2 de junio de 2021, con vigencia desde 03/09/2021

[549] Véanse arts. 225, 232 y 1459.1 de la presente Ley y 440 CP

[550] Dada nueva redacción por art. 2 apartado 21 de Ley 8/2021 de 2 de junio de 2021, con vigencia desde 03/09/2021

228. [551] El tutor está obligado a velar por el tutelado y, en particular:

1.º A velar por él y a procurarle alimentos.

2.º A educar al menor y procurarle una formación integral.

3.º A promover su mejor inserción en la sociedad.

4.º A administrar el patrimonio del menor con la diligencia debida.

5.º A informar a la autoridad judicial anualmente sobre la situación del menor y a rendirle cuenta anual de su administración.

6.º A oír al menor antes de adoptar decisiones que le afecten [552].

229. [553] El tutor tiene derecho a una retribución, siempre que el patrimonio del menor lo permita, así como al reembolso de los gastos justificados, cantidades que serán satisfechas con cargo a dicho patrimonio.

Salvo que los progenitores hubieran establecido otra cosa, y sin perjuicio de que dichas previsiones puedan modificarse por la autoridad judicial si lo estimase conveniente para el interés del menor, corresponde a la autoridad judicial fijar su importe y el modo de percibirla, para lo cual tendrá en cuenta el trabajo a realizar y el valor y la rentabilidad de los bienes.

Podrá también establecerse que el tutor haga suyos los frutos de los bienes del tutelado a cambio de prestarle los alimentos, si así lo hubieren dispuesto los progenitores. La autoridad judicial podrá dejar sin efecto esta previsión o establecerla aun cuando nada hubiesen dispuesto los progenitores, si lo estimase conveniente para el interés del menor.

230. [554] La persona que en el ejercicio de una función tutelar sufra daños y perjuicios, sin culpa por su parte, tendrá derecho a la

---

[551] Dada nueva redacción por art. 2 apartado 21 de Ley 8/2021 de 2 de junio de 2021, con vigencia desde 03/09/2021

[552] Véanse arts. 57.2, 96.3.4º, 173.2, 189.6, 203, 223, 224, 225 bis.2.1º, 607 bis.8º CP, 4.5, 5.2 y 6.3 LO 1/1996 de Protección Jurídica del Menor, 7.2 Ley 41/2003 de Protección patrimonial de Personas con discapacidad y 154 de la presente Ley

[553] Dada nueva redacción por art. 2 apartado 21 de Ley 8/2021 de 2 de junio de 2021, con vigencia desde 03/09/2021

[554] Dada nueva redacción por art. 2 apartado 21 de Ley 8/2021 de 2 de junio de 2021, con vigencia desde 03/09/2021

indemnización de estos con cargo a los bienes del tutelado, de no poder obtener por otro medio su resarcimiento.

SECCIÓN CUARTA
De la extinción de la tutela y de la rendición final de cuentas [555]

231. [556] La tutela se extingue:

1.º Por la mayoría de edad, emancipación o concesión del beneficio de la mayoría de edad al menor.

2.º Por la adopción del menor.

3.º Por muerte o declaración de fallecimiento del menor.

4.º Cuando, habiéndose originado por privación o suspensión de la patria potestad, el titular de esta la recupere, o cuando desaparezca la causa que impedía al titular de la patria potestad ejercitarla de hecho [557].

232. [558] El tutor, sin perjuicio de la obligación de rendición anual de cuentas, al cesar en sus funciones deberá rendir ante la autoridad judicial la cuenta general justificada de su administración en el plazo de tres meses, prorrogables por el tiempo que fuere necesario si concurre justa causa.

La acción para exigir la rendición de esta cuenta prescribe a los cinco años, contados desde la terminación del plazo establecido para efectuarla [559].

Antes de resolver sobre la aprobación de la cuenta, la autoridad judicial oirá también, en su caso, al nuevo tutor y a la persona que hubiera estado sometida a tutela o a sus herederos.

---

[555] Añadida por art. 2 apartado 21 de Ley 8/2021 de 2 de junio de 2021, con vigencia desde 03/09/2021

[556] Dada nueva redacción por art. 2 apartado 21 de Ley 8/2021 de 2 de junio de 2021, con vigencia desde 03/09/2021

[557] Véanse arts. 169, 170, 173.4, 179 y 180 de la presente Ley y 761 LEC

[558] Dada nueva redacción por art. 2 apartado 21 de Ley 8/2021 de 2 de junio de 2021, con vigencia desde 03/09/2021

[559] Véanse arts. 290.4 RRC y 165, 168, 233 y 228.5 de la presente Ley

La aprobación judicial de las cuentas no impedirá el ejercicio de las acciones que recíprocamente puedan asistir al tutor y al menor o a sus causahabientes por razón de la tutela.

233. [560] Los gastos necesarios de la rendición de cuentas serán a cargo del patrimonio de quien estuvo sometido a tutela.

El saldo de la cuenta general devengará el interés legal, a favor o en contra del tutor. Si el saldo es a favor del tutor, el interés legal se devengará desde el requerimiento para el pago, previa restitución de los bienes a su titular. Si es en contra del tutor, devengará el interés legal una vez transcurridos los tres meses siguientes a la aprobación de la cuenta.

234. [561] El tutor responderá de los daños que hubiese causado al menor por su culpa o negligencia.

La acción para reclamar esta responsabilidad prescribe a los tres años contados desde la rendición final de cuentas.

CAPÍTULO II
Del defensor judicial del menor [562]

235. [563] Se nombrará un defensor judicial del menor en los casos siguientes:

1.º Cuando en algún asunto exista conflicto de intereses entre los menores y sus representantes legales, salvo en los casos en que la ley prevea otra forma de salvarlo.

2.º Cuando, por cualquier causa, el tutor no desempeñare sus funciones, hasta que cese la causa determinante o se designe otra persona.

---

[560] Dada nueva redacción por art. 2 apartado 21 de Ley 8/2021 de 2 de junio de 2021, con vigencia desde 03/09/2021

[561] Dada nueva redacción por art. 2 apartado 21 de Ley 8/2021 de 2 de junio de 2021, con vigencia desde 03/09/2021

[562] Añadido por art. 2 apartado 21 de Ley 8/2021 de 2 de junio de 2021, con vigencia desde 03/09/2021

[563] Dada nueva redacción por art. 2 apartado 21 de Ley 8/2021 de 2 de junio de 2021, con vigencia desde 03/09/2021

3.º Cuando el menor emancipado requiera el complemento de capacidad previsto en los artículos 247 y 248 y a quienes corresponda prestarlo no puedan hacerlo o exista con ellos conflicto de intereses [564].

236. [565] Serán aplicables al defensor judicial del menor las normas del defensor judicial de las personas con discapacidad. El defensor judicial del menor ejercerá su cargo en interés del menor, de acuerdo con su personalidad y con respeto a sus derechos.

CAPÍTULO III
De la guarda de hecho del menor [566]

237. [567] 1. Cuando la autoridad judicial tenga conocimiento de la existencia de un guardador de hecho podrá requerirle para que informe de la situación de la persona y los bienes del menor y de su actuación en relación con los mismos, pudiendo establecer las medidas de control y vigilancia que considere oportunas.

Cautelarmente, mientras se mantenga la situación de guarda de hecho y hasta que se constituya la medida de protección adecuada, si procediera, se podrán otorgar judicialmente facultades tutelares a los guardadores. Igualmente se podrá constituir un acogimiento temporal, siendo acogedores los guardadores.

2. Procederá la declaración de situación de desamparo de los menores cuando, además de esta circunstancia, se den los presupuestos objetivos de falta de asistencia contemplados en el artículo 172.

---

[564] Véanse arts. 7.2 y 8.1 LEC, 27 Ley 15/2015, de Jurisdicción Voluntaria y 163, 181, 217, 226, 235 y 1060 de la presente Ley

[565] Dada nueva redacción por art. 2 apartado 21 de Ley 8/2021 de 2 de junio de 2021, con vigencia desde 03/09/2021

[566] Añadido por art. 2 apartado 21 de Ley 8/2021 de 2 de junio de 2021, con vigencia desde 03/09/2021

[567] Dada nueva redacción por art. 2 apartado 21 de Ley 8/2021 de 2 de junio de 2021, con vigencia desde 03/09/2021

En los demás casos, el guardador de hecho podrá promover la privación o suspensión de la patria potestad, remoción de la tutela o el nombramiento de tutor [568].

238. [569] Serán aplicables a la guarda de hecho del menor, con carácter supletorio, las normas de la guarda de hecho de las personas con discapacidad.

TÍTULO X
De la mayor edad y de la emancipación [570]

239. [571] La emancipación tiene lugar:
1.º Por la mayor edad.
2.º Por concesión de los que ejerzan la patria potestad.
3.º Por concesión judicial [572].

240. [573] La mayor edad empieza a los dieciocho años cumplidos.
Para el cómputo de los años de la mayoría de edad se incluirá completo el día del nacimiento [574].

---

[568] Véanse arts. 172 a 174 y 210 de la presente Ley

[569] Dada nueva redacción por art. 2 apartado 21 de Ley 8/2021 de 2 de junio de 2021, con vigencia desde 03/09/2021

[570] Dada nueva redacción por art. 2 apartado 22 de Ley 8/2021 de 2 de junio de 2021, con vigencia desde 03/09/2021

[571] Dada nueva redacción por art. 2 apartado 22 de Ley 8/2021 de 2 de junio de 2021, con vigencia desde 03/09/2021

[572] Véanse arts. 51.9 RH, 53 a 55 Ley 15/2015, de Jurisdicción Voluntaria y 46.1, 169.2, 240 a 245 de la presente Ley

[573] Dada nueva redacción por art. 2 apartado 22 de Ley 8/2021 de 2 de junio de 2021, con vigencia desde 03/09/2021

[574] Véanse arts. 12 y disp. adic. 2ª CE y 239.1, 245, 246 de la presente Ley

241. [575] Para que tenga lugar la emancipación por concesión de quienes ejerzan la patria potestad, se requiere que el menor tenga dieciséis años cumplidos y que la consienta. Esta emancipación se otorgará por escritura pública o por comparecencia ante el encargado del Registro Civil [576].

242. [577] La concesión de la emancipación habrá de inscribirse en el Registro Civil, no produciendo entre tanto efectos contra terceros.

Concedida la emancipación no podrá ser revocada [578].

243. [579] Se reputará para todos los efectos como emancipado al hijo mayor de dieciséis años que, con el consentimiento de los progenitores, viviere independientemente de estos. Los progenitores podrán revocar este consentimiento.

244. [580] La autoridad judicial podrá conceder la emancipación de los hijos mayores de dieciséis años si estos la pidieren y previa audiencia de los progenitores:

1.º Cuando quien ejerce la patria potestad contrajere nupcias o conviviere maritalmente con persona distinta del otro progenitor.

2.º Cuando los progenitores vivieren separados.

3.º Cuando concurra cualquier causa que entorpezca gravemente el ejercicio de la patria potestad.

---

[575] Dada nueva redacción por art. 2 apartado 22 de Ley 8/2021 de 2 de junio de 2021, con vigencia desde 03/09/2021

[576] Véanse arts. 176 RRC y 154, 239.3 y 242 de la presente Ley

[577] Dada nueva redacción por art. 2 apartado 22 de Ley 8/2021 de 2 de junio de 2021, con vigencia desde 03/09/2021

[578] Véanse arts. 4.6 y 70 LRC y 176 RRC

[579] Dada nueva redacción por art. 2 apartado 22 de Ley 8/2021 de 2 de junio de 2021, con vigencia desde 03/09/2021

[580] Dada nueva redacción por art. 2 apartado 22 de Ley 8/2021 de 2 de junio de 2021, con vigencia desde 03/09/2021

245. [581] También podrá la autoridad judicial, previo informe del Ministerio Fiscal, conceder el beneficio de la mayor edad al sujeto a tutela mayor de dieciséis años que lo solicitare.

246. [582] El mayor de edad puede realizar todos los actos de la vida civil, salvo las excepciones establecidas en casos especiales por este Código [583].

247. [584] La emancipación habilita al menor para regir su persona y bienes como si fuera mayor; pero hasta que llegue a la mayor edad no podrá el emancipado tomar dinero a préstamo, gravar o enajenar bienes inmuebles y establecimientos mercantiles o industriales u objetos de extraordinario valor sin consentimiento de sus progenitores y, a falta de ambos, sin el de su defensor judicial.

El menor emancipado podrá por sí solo comparecer en juicio.

Lo dispuesto en este artículo es aplicable también al menor que hubiere obtenido judicialmente el beneficio de la mayor edad [585].

248. [586] Para que el casado menor de edad pueda enajenar o gravar bienes inmuebles, establecimientos mercantiles u objetos de extraordinario valor que sean comunes, basta, si es mayor el otro cónyuge, el consentimiento de los dos; si también es menor, se necesitará además el de los progenitores o defensor judicial de uno y otro.

---

[581] Dada nueva redacción por art. 2 apartado 22 de Ley 8/2021 de 2 de junio de 2021, con vigencia desde 03/09/2021

[582] Dada nueva redacción por art. 2 apartado 22 de Ley 8/2021 de 2 de junio de 2021, con vigencia desde 03/09/2021

[583] Véanse arts. 15 LO 1/1996 de Protección Jurídica del Menor, 44 LGT 58/2003 y 240 y 247 de la presente Ley

[584] Dada nueva redacción por art. 2 apartado 22 de Ley 8/2021 de 2 de junio de 2021, con vigencia desde 03/09/2021

[585] Véanse arts. 2.2 LO 1/1996 de Protección Jurídica del Menor, 178.3 RH y 162, 163 y 245 de la presente Ley

[586] Dada nueva redacción por art. 2 apartado 22 de Ley 8/2021 de 2 de junio de 2021, con vigencia desde 03/09/2021

TÍTULO XI
De las medidas de apoyo a las personas con discapacidad para el ejercicio de su capacidad jurídica [587]

CAPÍTULO PRIMERO
Disposiciones generales [588]

249. [589] Las medidas de apoyo a las personas mayores de edad o menores emancipadas que las precisen para el adecuado ejercicio de su capacidad jurídica tendrán por finalidad permitir el desarrollo pleno de su personalidad y su desenvolvimiento jurídico en condiciones de igualdad. Estas medidas de apoyo deberán estar inspiradas en el respeto a la dignidad de la persona y en la tutela de sus derechos fundamentales. Las de origen legal o judicial solo procederán en defecto o insuficiencia de la voluntad de la persona de que se trate. Todas ellas deberán ajustarse a los principios de necesidad y proporcionalidad.

Las personas que presten apoyo deberán actuar atendiendo a la voluntad, deseos y preferencias de quien lo requiera. Igualmente procurarán que la persona con discapacidad pueda desarrollar su propio proceso de toma de decisiones, informándola, ayudándola en su comprensión y razonamiento y facilitando que pueda expresar sus preferencias. Asimismo, fomentarán que la persona con discapacidad pueda ejercer su capacidad jurídica con menos apoyo en el futuro.

En casos excepcionales, cuando, pese a haberse hecho un esfuerzo considerable, no sea posible determinar la voluntad, deseos y preferencias de la persona, las medidas de apoyo podrán incluir funciones representativas. En este caso, en el ejercicio de esas funciones se deberá tener en cuenta la trayectoria vital de la persona con discapacidad, sus creencias y valores, así como los factores que ella hubiera tomado en consideración, con el fin de tomar la decisión que habría adoptado la persona en caso de no requerir representación.

---

[587] Dada nueva redacción por art. 2 apartado 23 de Ley 8/2021 de 2 de junio de 2021, con vigencia desde 03/09/2021

[588] Añadido por art. 2 apartado 23 de Ley 8/2021 de 2 de junio de 2021, con vigencia desde 03/09/2021

[589] Dada nueva redacción por art. 2 apartado 23 de Ley 8/2021 de 2 de junio de 2021, con vigencia desde 03/09/2021

La autoridad judicial podrá dictar las salvaguardas que considere oportunas a fin de asegurar que el ejercicio de las medidas de apoyo se ajuste a los criterios resultantes de este precepto y, en particular, atienda a la voluntad, deseos y preferencias de la persona que las requiera.

250. [590] Las medidas de apoyo para el ejercicio de la capacidad jurídica de las personas que lo precisen son, además de las de naturaleza voluntaria, la guarda de hecho, la curatela y el defensor judicial.

La función de las medidas de apoyo consistirá en asistir a la persona con discapacidad en el ejercicio de su capacidad jurídica en los ámbitos en los que sea preciso, respetando su voluntad, deseos y preferencias.

Las medidas de apoyo de naturaleza voluntaria son las establecidas por la persona con discapacidad, en las que designa quién debe prestarle apoyo y con qué alcance. Cualquier medida de apoyo voluntaria podrá ir acompañada de las salvaguardas necesarias para garantizar en todo momento y ante cualquier circunstancia el respeto a la voluntad, deseos y preferencias de la persona.

La guarda de hecho es una medida informal de apoyo que puede existir cuando no haya medidas voluntarias o judiciales que se estén aplicando eficazmente.

La curatela es una medida formal de apoyo que se aplicará a quienes precisen el apoyo de modo continuado. Su extensión vendrá determinada en la correspondiente resolución judicial en armonía con la situación y circunstancias de la persona con discapacidad y con sus necesidades de apoyo.

El nombramiento de defensor judicial como medida formal de apoyo procederá cuando la necesidad de apoyo se precise de forma ocasional, aunque sea recurrente.

Al determinar las medidas de apoyo se procurará evitar situaciones en las que se puedan producir conflictos de intereses o influencia indebida.

---

[590] Dada nueva redacción por art. 2 apartado 23 de Ley 8/2021 de 2 de junio de 2021, con vigencia desde 03/09/2021

No podrán ejercer ninguna de las medidas de apoyo quienes, en virtud de una relación contractual, presten servicios asistenciales, residenciales o de naturaleza análoga a la persona que precisa el apoyo.

251. [591] Se prohíbe a quien desempeñe alguna medida de apoyo:

1.º Recibir liberalidades de la persona que precisa el apoyo o de sus causahabientes, mientras que no se haya aprobado definitivamente su gestión, salvo que se trate de regalos de costumbre o bienes de escaso valor.

2.º Prestar medidas de apoyo cuando en el mismo acto intervenga en nombre propio o de un tercero y existiera conflicto de intereses.

3.º Adquirir por título oneroso bienes de la persona que precisa el apoyo o transmitirle por su parte bienes por igual título.

En las medidas de apoyo voluntarias estas prohibiciones no resultarán de aplicación cuando el otorgante las haya excluido expresamente en el documento de constitución de dichas medidas.

252. [592] El que disponga de bienes a título gratuito en favor de una persona necesitada de apoyo podrá establecer las reglas de administración y disposición de aquellos, así como designar la persona o personas a las que se encomienden dichas facultades. Las facultades no conferidas al administrador corresponderán al favorecido por la disposición de los bienes, que las ejercitará, en su caso, con el apoyo que proceda.

Igualmente podrán establecer los órganos de control o supervisión que se estimen convenientes para el ejercicio de las facultades conferidas.

253. [593] Cuando una persona se encuentre en una situación que exija apoyo para el ejercicio de su capacidad jurídica de modo urgente y carezca de un guardador de hecho, el apoyo se prestará de

---

[591] Dada nueva redacción por art. 2 apartado 23 de Ley 8/2021 de 2 de junio de 2021, con vigencia desde 03/09/2021

[592] Dada nueva redacción por art. 2 apartado 23 de Ley 8/2021 de 2 de junio de 2021, con vigencia desde 03/09/2021

[593] Dada nueva redacción por art. 2 apartado 23 de Ley 8/2021 de 2 de junio de 2021, con vigencia desde 03/09/2021

modo provisional por la entidad pública que en el respectivo territorio tenga encomendada esta función. La entidad dará conocimiento de la situación al Ministerio Fiscal en el plazo de veinticuatro horas.

CAPÍTULO II
De las medidas voluntarias de apoyo [594]

SECCIÓN PRIMERA
Disposiciones generales [595]

254. [596] Cuando se prevea razonablemente en los dos años anteriores a la mayoría de edad que un menor sujeto a patria potestad o a tutela pueda, después de alcanzada aquella, precisar de apoyo en el ejercicio de su capacidad jurídica, la autoridad judicial podrá acordar, a petición del menor, de los progenitores, del tutor o del Ministerio Fiscal, si lo estima necesario, la procedencia de la adopción de la medida de apoyo que corresponda para cuando concluya la minoría de edad. Estas medidas se adoptarán si el mayor de dieciséis años no ha hecho sus propias previsiones para cuando alcance la mayoría de edad. En otro caso se dará participación al menor en el proceso, atendiendo a su voluntad, deseos y preferencias.

255. [597] Cualquier persona mayor de edad o menor emancipada en previsión o apreciación de la concurrencia de circunstancias que puedan dificultarle el ejercicio de su capacidad jurídica en igualdad de condiciones con las demás, podrá prever o acordar en escritura pública medidas de apoyo relativas a su persona o bienes.

---

[594] Añadido por art. 2 apartado 23 de Ley 8/2021 de 2 de junio de 2021, con vigencia desde 03/09/2021

[595] Añadida por art. 2 apartado 23 de Ley 8/2021 de 2 de junio de 2021, con vigencia desde 03/09/2021

[596] Dada nueva redacción por art. 2 apartado 23 de Ley 8/2021 de 2 de junio de 2021, con vigencia desde 03/09/2021

[597] Dada nueva redacción por art. 2 apartado 23 de Ley 8/2021 de 2 de junio de 2021, con vigencia desde 03/09/2021

Podrá también establecer el régimen de actuación, el alcance de las facultades de la persona o personas que le hayan de prestar apoyo, o la forma de ejercicio del apoyo, el cual se prestará conforme a lo dispuesto en el artículo 249.

Asimismo, podrá prever las medidas u órganos de control que estime oportuno, las salvaguardas necesarias para evitar abusos, conflicto de intereses o influencia indebida y los mecanismos y plazos de revisión de las medidas de apoyo, con el fin de garantizar el respeto de su voluntad, deseos y preferencias.

El Notario autorizante comunicará de oficio y sin dilación el documento público que contenga las medidas de apoyo al Registro Civil para su constancia en el registro individual del otorgante.

Solo en defecto o por insuficiencia de estas medidas de naturaleza voluntaria, y a falta de guarda de hecho que suponga apoyo suficiente, podrá la autoridad judicial adoptar otras supletorias o complementarias.

SECCIÓN SEGUNDA
De los poderes y mandatos preventivos [598]

256. [599] El poderdante podrá incluir una cláusula que estipule que el poder subsista si en el futuro precisa apoyo en el ejercicio de su capacidad.

257. [600] El poderdante podrá otorgar poder solo para el supuesto de que en el futuro precise apoyo en el ejercicio de su capacidad. En este caso, para acreditar que se ha producido la situación de necesidad de apoyo se estará a las previsiones del poderdante. Para garantizar el cumplimiento de estas previsiones se otorgará, si fuera preciso, acta

---

[598] Añadida por art. 2 apartado 23 de Ley 8/2021 de 2 de junio de 2021, con vigencia desde 03/09/2021

[599] Dada nueva redacción por art. 2 apartado 23 de Ley 8/2021 de 2 de junio de 2021, con vigencia desde 03/09/2021

[600] Dada nueva redacción por art. 2 apartado 23 de Ley 8/2021 de 2 de junio de 2021, con vigencia desde 03/09/2021

notarial que, además del juicio del Notario, incorpore un informe pericial en el mismo sentido.

258. [601] Los poderes a que se refieren los artículos anteriores mantendrán su vigencia pese a la constitución de otras medidas de apoyo en favor del poderdante, tanto si estas han sido establecidas judicialmente como si han sido previstas por el propio interesado.

Cuando se hubieren otorgado a favor del cónyuge o de la pareja de hecho del poderdante, el cese de la convivencia producirá su extinción automática, salvo que medie voluntad contraria del otorgante o que el cese venga determinado por el internamiento de este.

El poderdante podrá establecer, además de las facultades que otorgue, las medidas u órganos de control que estime oportuno, condiciones e instrucciones para el ejercicio de las facultades, salvaguardas para evitar abusos, conflicto de intereses o influencia indebida y los mecanismos y plazos de revisión de las medidas de apoyo, con el fin de garantizar el respeto de su voluntad, deseos y preferencias. Podrá también prever formas específicas de extinción del poder.

Cualquier persona legitimada para instar el procedimiento de provisión de apoyos y el curador, si lo hubiere, podrán solicitar judicialmente la extinción de los poderes preventivos, si en el apoderado concurre alguna de las causas previstas para la remoción del curador, salvo que el poderdante hubiera previsto otra cosa.

259. [602] Cuando el poder contenga cláusula de subsistencia para el caso de que el poderdante precise apoyo en el ejercicio de su capacidad o se conceda solo para ese supuesto y, en ambos casos, comprenda todos los negocios del otorgante, el apoderado, sobrevenida la situación de necesidad de apoyo, quedará sujeto a las reglas aplicables a la curatela en todo aquello no previsto en el poder, salvo que el poderdante haya determinado otra cosa.

---

[601] Dada nueva redacción por art. 2 apartado 23 de Ley 8/2021 de 2 de junio de 2021, con vigencia desde 03/09/2021

[602] Dada nueva redacción por art. 2 apartado 23 de Ley 8/2021 de 2 de junio de 2021, con vigencia desde 03/09/2021

260. [603] Los poderes preventivos a que se refieren los artículos anteriores habrán de otorgarse en escritura pública.

El Notario autorizante los comunicará de oficio y sin dilación al Registro Civil para su constancia en el registro individual del poderdante.

261. [604] El ejercicio de las facultades representativas será personal, sin perjuicio de la posibilidad de encomendar la realización de uno o varios actos concretos a terceras personas. Aquellas facultades que tengan por objeto la protección de la persona no serán delegables.

262. [605] Lo dispuesto en este capítulo se aplicará igualmente al caso de mandato sin poder.

CAPÍTULO III
De la guarda de hecho de las personas con discapacidad [606]

263. [607] Quien viniere ejerciendo adecuadamente la guarda de hecho de una persona con discapacidad continuará en el desempeño de su función incluso si existen medidas de apoyo de naturaleza voluntaria o judicial, siempre que estas no se estén aplicando eficazmente.

264. [608] Cuando, excepcionalmente, se requiera la actuación representativa del guardador de hecho, este habrá de obtener la autorización para realizarla a través del correspondiente expediente de

---

[603] Dada nueva redacción por art. 2 apartado 23 de Ley 8/2021 de 2 de junio de 2021, con vigencia desde 03/09/2021

[604] Dada nueva redacción por art. 2 apartado 23 de Ley 8/2021 de 2 de junio de 2021, con vigencia desde 03/09/2021

[605] Dada nueva redacción por art. 2 apartado 23 de Ley 8/2021 de 2 de junio de 2021, con vigencia desde 03/09/2021

[606] Añadido por art. 2 apartado 23 de Ley 8/2021 de 2 de junio de 2021, con vigencia desde 03/09/2021

[607] Dada nueva redacción por art. 2 apartado 23 de Ley 8/2021 de 2 de junio de 2021, con vigencia desde 03/09/2021

[608] Dada nueva redacción por art. 2 apartado 23 de Ley 8/2021 de 2 de junio de 2021, con vigencia desde 03/09/2021

jurisdicción voluntaria, en el que se oirá a la persona con discapacidad. La autorización judicial para actuar como representante se podrá conceder, previa comprobación de su necesidad, en los términos y con los requisitos adecuados a las circunstancias del caso. La autorización podrá comprender uno o varios actos necesarios para el desarrollo de la función de apoyo y deberá ser ejercitada de conformidad con la voluntad, deseos y preferencias de la persona con discapacidad.

En todo caso, quien ejerza la guarda de hecho deberá recabar autorización judicial conforme a lo indicado en el párrafo anterior para prestar consentimiento en los actos enumerados en el artículo 287.

No será necesaria autorización judicial cuando el guardador solicite una prestación económica a favor de la persona con discapacidad, siempre que esta no suponga un cambio significativo en la forma de vida de la persona, o realice actos jurídicos sobre bienes de esta que tengan escasa relevancia económica y carezcan de especial significado personal o familiar.

La autoridad judicial podrá acordar el nombramiento de un defensor judicial para aquellos asuntos que por su naturaleza lo exijan.

265. [609] A través de un expediente de jurisdicción voluntaria, la autoridad judicial podrá requerir al guardador en cualquier momento, de oficio, a solicitud del Ministerio Fiscal o a instancia de cualquier interesado, para que informe de su actuación, y establecer las salvaguardias que estime necesarias.

Asimismo, podrá exigir que el guardador rinda cuentas de su actuación en cualquier momento.

266. [610] El guardador tiene derecho al reembolso de los gastos justificados y a la indemnización por los daños derivados de la guarda, a cargo de los bienes de la persona a la que presta apoyo.

---

[609] Dada nueva redacción por art. 2 apartado 23 de Ley 8/2021 de 2 de junio de 2021, con vigencia desde 03/09/2021

[610] Dada nueva redacción por art. 2 apartado 23 de Ley 8/2021 de 2 de junio de 2021, con vigencia desde 03/09/2021

267. [611] La guarda de hecho se extingue:

1.º Cuando la persona a quien se preste apoyo solicite que este se organice de otro modo.

2.º Cuando desaparezcan las causas que la motivaron.

3.º Cuando el guardador desista de su actuación, en cuyo caso deberá ponerlo previamente en conocimiento de la entidad pública que en el respectivo territorio tenga encomendada las funciones de promoción de la autonomía y asistencia a las personas con discapacidad.

4.º Cuando, a solicitud del Ministerio Fiscal o de quien se interese por ejercer el apoyo de la persona bajo guarda, la autoridad judicial lo considere conveniente.

CAPÍTULO IV
De la curatela [612]

SECCIÓN PRIMERA
Disposiciones generales [613]

268. [614] Las medidas tomadas por la autoridad judicial en el procedimiento de provisión de apoyos serán proporcionadas a las necesidades de la persona que las precise, respetarán siempre la máxima autonomía de esta en el ejercicio de su capacidad jurídica y atenderán en todo caso a su voluntad, deseos y preferencias.

Las medidas de apoyo adoptadas judicialmente serán revisadas periódicamente en un plazo máximo de tres años. No obstante, la autoridad judicial podrá, de manera excepcional y motivada, en el

---

[611] Dada nueva redacción por art. 2 apartado 23 de Ley 8/2021 de 2 de junio de 2021, con vigencia desde 03/09/2021

[612] Añadido por art. 2 apartado 23 de Ley 8/2021 de 2 de junio de 2021, con vigencia desde 03/09/2021

[613] Añadida por art. 2 apartado 23 de Ley 8/2021 de 2 de junio de 2021, con vigencia desde 03/09/2021

[614] Dada nueva redacción por art. 2 apartado 23 de Ley 8/2021 de 2 de junio de 2021, con vigencia desde 03/09/2021

procedimiento de provisión o, en su caso, de modificación de apoyos, establecer un plazo de revisión superior que no podrá exceder de seis años.

Sin perjuicio de lo anterior, las medidas de apoyo adoptadas judicialmente se revisarán, en todo caso, ante cualquier cambio en la situación de la persona que pueda requerir una modificación de dichas medidas.

269. [615] La autoridad judicial constituirá la curatela mediante resolución motivada cuando no exista otra medida de apoyo suficiente para la persona con discapacidad.

La autoridad judicial determinará los actos para los que la persona requiere asistencia del curador en el ejercicio de su capacidad jurídica atendiendo a sus concretas necesidades de apoyo.

Sólo en los casos excepcionales en los que resulte imprescindible por las circunstancias de la persona con discapacidad, la autoridad judicial determinará en resolución motivada los actos concretos en los que el curador habrá de asumir la representación de la persona con discapacidad.

Los actos en los que el curador deba prestar el apoyo deberán fijarse de manera precisa, indicando, en su caso, cuáles son aquellos donde debe ejercer la representación. El curador actuará bajo los criterios fijados en el artículo 249.

En ningún caso podrá incluir la resolución judicial la mera privación de derechos.

270. [616] La autoridad judicial establecerá en la resolución que constituya la curatela o en otra posterior las medidas de control que estime oportunas para garantizar el respeto de los derechos, la voluntad y las preferencias de la persona que precisa el apoyo, así como para evitar los abusos, los conflictos de intereses y la influencia indebida. También podrá exigir en cualquier momento al curador que, en el ámbito de sus funciones, informe sobre la situación personal o patrimonial de aquella.

---

[615] Dada nueva redacción por art. 2 apartado 23 de Ley 8/2021 de 2 de junio de 2021, con vigencia desde 03/09/2021

[616] Dada nueva redacción por art. 2 apartado 23 de Ley 8/2021 de 2 de junio de 2021, con vigencia desde 03/09/2021

Sin perjuicio de las revisiones periódicas de estas resoluciones, el Ministerio Fiscal podrá recabar en cualquier momento la información que considere necesaria a fin de garantizar el buen funcionamiento de la curatela.

SECCIÓN SEGUNDA
De la autocuratela y del nombramiento del curador [617]

Subsección 1.ª
De la autocuratela [618]

271. [619] Cualquier persona mayor de edad o menor emancipada, en previsión de la concurrencia de circunstancias que puedan dificultarle el ejercicio de su capacidad jurídica en igualdad de condiciones con las demás, podrá proponer en escritura pública el nombramiento o la exclusión de una o varias personas determinadas para el ejercicio de la función de curador [620].

Podrá igualmente establecer disposiciones sobre el funcionamiento y contenido de la curatela y, en especial, sobre el cuidado de su persona, reglas de administración y disposición de sus bienes, retribución del curador, obligación de hacer inventario o su dispensa y medidas de vigilancia y control, así como proponer a las personas que hayan de llevarlas a cabo.

---

[617] Añadida por art. 2 apartado 23 de Ley 8/2021 de 2 de junio de 2021, con vigencia desde 03/09/2021

[618] Añadida por art. 2 apartado 23 de Ley 8/2021 de 2 de junio de 2021, con vigencia desde 03/09/2021

[619] Dada nueva redacción por art. 2 apartado 23 de Ley 8/2021 de 2 de junio de 2021, con vigencia desde 03/09/2021

[620] Véanse arts. 756 a 763 LEC y 231, 245 y 247 de la presente Ley

272. [621] La propuesta de nombramiento y demás disposiciones voluntarias a que se refiere el artículo anterior vincularán a la autoridad judicial al constituir la curatela.

No obstante, la autoridad judicial podrá prescindir total o parcialmente de esas disposiciones voluntarias, de oficio o a instancia de las personas llamadas por ley a ejercer la curatela o del Ministerio Fiscal y, siempre mediante resolución motivada, si existen circunstancias graves desconocidas por la persona que las estableció o alteración de las causas expresadas por ella o que presumiblemente tuvo en cuenta en sus disposiciones.

273. [622] Si al establecer la autocuratela se propone el nombramiento de sustitutos al curador y no se concreta el orden de la sustitución, será preferido el propuesto en el documento posterior. Si se proponen varios en el mismo documento, será preferido el propuesto en primer lugar.

274. [623] Se podrá delegar en el cónyuge o en otra persona la elección del curador de entre los relacionados en escritura pública por la persona interesada.

---

[621] Dada nueva redacción por art. 2 apartado 23 de Ley 8/2021 de 2 de junio de 2021, con vigencia desde 03/09/2021

[622] Dada nueva redacción por art. 2 apartado 23 de Ley 8/2021 de 2 de junio de 2021, con vigencia desde 03/09/2021

[623] Dada nueva redacción por art. 2 apartado 23 de Ley 8/2021 de 2 de junio de 2021, con vigencia desde 03/09/2021

Subsección 2.ª
Del nombramiento del curador [624]

275. [625] 1. Podrán ser curadores las personas mayores de edad que, a juicio de la autoridad judicial, sean aptas para el adecuado desempeño de su función.

Asimismo, podrán ser curadores las fundaciones y demás personas jurídicas sin ánimo de lucro, públicas o privadas, entre cuyos fines figure la promoción de la autonomía y asistencia a las personas con discapacidad.

2. No podrán ser curadores:

1.º Quienes hayan sido excluidos por la persona que precise apoyo.

2.º Quienes por resolución judicial estuvieran privados o suspendidos en el ejercicio de la patria potestad o, total o parcialmente, de los derechos de guarda y protección.

3.º Quienes hubieren sido legalmente removidos de una tutela, curatela o guarda anterior.

3. La autoridad judicial no podrá nombrar curador, salvo circunstancias excepcionales debidamente motivadas, a las personas siguientes:

1.º A quien haya sido condenado por cualquier delito que haga suponer fundadamente que no desempeñará bien la curatela.

2.º A quien tenga conflicto de intereses con la persona que precise apoyo.

3.º Al administrador que hubiese sido sustituido en sus facultades de administración durante la tramitación del procedimiento concursal.

4.º A quien le sea imputable la declaración como culpable de un concurso, salvo que la curatela lo sea solamente de la persona.

276. [626] La autoridad judicial nombrará curador a quien haya sido propuesto para su nombramiento por la persona que precise apoyo o por la persona en quien esta hubiera delegado, salvo que

---

[624] Añadida por art. 2 apartado 23 de Ley 8/2021 de 2 de junio de 2021, con vigencia desde 03/09/2021

[625] Dada nueva redacción por art. 2 apartado 23 de Ley 8/2021 de 2 de junio de 2021, con vigencia desde 03/09/2021

[626] Dada nueva redacción por art. 2 apartado 23 de Ley 8/2021 de 2 de junio de 2021, con vigencia desde 03/09/2021

concurra alguna de las circunstancias previstas en el párrafo segundo del artículo 272. La autoridad judicial estará también a lo dispuesto en el artículo 275.

En defecto de tal propuesta, la autoridad judicial nombrará curador:

1.º Al cónyuge, o a quien se encuentre en una situación de hecho asimilable, siempre que convivan con la persona que precisa el apoyo.

2.º Al hijo o descendiente. Si fueran varios, será preferido el que de ellos conviva con la persona que precisa el apoyo.

3.º Al progenitor o, en su defecto, ascendiente. Si fueren varios, será preferido el que de ellos conviva con la persona que precisa el apoyo.

4.º A la persona o personas que el cónyuge o la pareja conviviente o los progenitores hubieran dispuesto en testamento o documento público.

5.º A quien estuviera actuando como guardador de hecho.

6.º Al hermano, pariente o allegado que conviva con la persona que precisa la curatela.

7.º A una persona jurídica en la que concurran las condiciones indicadas en el párrafo segundo del apartado 1 del artículo anterior.

La autoridad judicial podrá alterar el orden del apartado anterior, una vez oída la persona que precise apoyo.

Cuando, una vez oída, no resultare clara su voluntad, la autoridad judicial podrá alterar el orden legal, nombrando a la persona más idónea para comprender e interpretar su voluntad, deseos y preferencias.

277. [627] Se puede proponer el nombramiento de más de un curador si la voluntad y necesidades de la persona que precisa el apoyo lo justifican. En particular, podrán separarse como cargos distintos los de curador de la persona y curador de los bienes.

Cuando la curatela sea confiada a varias personas, la autoridad judicial establecerá el modo de funcionamiento, respetando la voluntad de la persona que precisa el apoyo.

---

[627] Dada nueva redacción por art. 2 apartado 23 de Ley 8/2021 de 2 de junio de 2021, con vigencia desde 03/09/2021

278. [628] Serán removidos de la curatela los que, después del nombramiento, incurran en una causa legal de inhabilidad, o se conduzcan mal en su desempeño por incumplimiento de los deberes propios del cargo, por notoria ineptitud de su ejercicio o cuando, en su caso, surgieran problemas de convivencia graves y continuados con la persona a la que prestan apoyo.

La autoridad judicial, de oficio o a solicitud de la persona a cuyo favor se estableció el apoyo o del Ministerio Fiscal, cuando conociere por sí o a través de cualquier interesado circunstancias que comprometan el desempeño correcto de la curatela, podrá decretar la remoción del curador mediante expediente de jurisdicción voluntaria.

Durante la tramitación del expediente de remoción la autoridad judicial podrá suspender al curador en sus funciones y, de considerarlo necesario, acordará el nombramiento de un defensor judicial.

Declarada judicialmente la remoción, se procederá al nombramiento de nuevo curador en la forma establecida en este Código, salvo que fuera pertinente otra medida de apoyo.

279. [629] Será excusable el desempeño de la curatela si resulta excesivamente gravoso o entraña grave dificultad para la persona nombrada para el ejercicio del cargo. También podrá excusarse el curador de continuar ejerciendo la curatela cuando durante su desempeño le sobrevengan los motivos de excusa.

Las personas jurídicas privadas podrán excusarse cuando carezcan de medios suficientes para el adecuado desempeño de la curatela o las condiciones de ejercicio de la curatela no sean acordes con sus fines estatutarios.

El interesado que alegue causa de excusa deberá hacerlo dentro del plazo de quince días a contar desde que tuviera conocimiento del nombramiento. Si la causa fuera sobrevenida podrá hacerlo en cualquier momento.

Mientras la autoridad judicial resuelva acerca de la excusa, el nombrado estará obligado a ejercer su función. Si no lo hiciera y fuera necesaria una actuación de apoyo, se procederá a nombrar un defensor

---

[628] Dada nueva redacción por art. 2 apartado 23 de Ley 8/2021 de 2 de junio de 2021, con vigencia desde 03/09/2021

[629] Dada nueva redacción por art. 2 apartado 23 de Ley 8/2021 de 2 de junio de 2021, con vigencia desde 03/09/2021

judicial que sustituya al curador, quedando el sustituido responsable de los gastos ocasionados por la excusa, si esta fuera rechazada.

Admitida la excusa, se procederá al nombramiento de nuevo curador.

280. [630] El curador nombrado en atención a una disposición testamentaria que se excuse de la curatela por cualquier causa, perderá lo que en consideración al nombramiento le hubiere dejado el testador.

281. [631] El curador tiene derecho a una retribución, siempre que el patrimonio de la persona con discapacidad lo permita, así como al reembolso de los gastos justificados y a la indemnización de los daños sufridos sin culpa por su parte en el ejercicio de su función, cantidades que serán satisfechas con cargo a dicho patrimonio.

Corresponde a la autoridad judicial fijar su importe y el modo de percibirlo, para lo cual tendrá en cuenta el trabajo a realizar y el valor y la rentabilidad de los bienes.

En ningún caso, la admisión de causa de excusa o la decisión de remoción de las personas físicas o jurídicas designadas para el desempeño de los apoyos podrá generar desprotección o indefensión a la persona que precisa dichos apoyos, debiendo la autoridad judicial actuar de oficio, mediante la colaboración necesaria de los llamados a ello, o bien, de no poder contar con estos, con la inexcusable colaboración de los organismos o entidades públicas competentes y del Ministerio Fiscal.

No concurrirá causa de excusa cuando el desempeño de los apoyos haya sido encomendado a entidad pública.

---

[630] Dada nueva redacción por art. 2 apartado 23 de Ley 8/2021 de 2 de junio de 2021, con vigencia desde 03/09/2021

[631] Dada nueva redacción por art. 2 apartado 23 de Ley 8/2021 de 2 de junio de 2021, con vigencia desde 03/09/2021

SECCIÓN TERCERA
Del ejercicio de la curatela [632]

282. [633] El curador tomará posesión de su cargo ante el letrado de la Administración de Justicia.

Una vez en el ejercicio de la curatela, estará obligado a mantener contacto personal con la persona a la que va a prestar apoyo y a desempeñar las funciones encomendadas con la diligencia debida.

El curador asistirá a la persona a la que preste apoyo en el ejercicio de su capacidad jurídica respetando su voluntad, deseos y preferencias.

El curador procurará que la persona con discapacidad pueda desarrollar su propio proceso de toma de decisiones.

El curador procurará fomentar las aptitudes de la persona a la que preste apoyo, de modo que pueda ejercer su capacidad con menos apoyo en el futuro.

283. [634] Cuando quien desempeñe la curatela esté impedido de modo transitorio para actuar en un caso concreto, o cuando exista un conflicto de intereses ocasional entre él y la persona a quien preste apoyo, el letrado de la Administración de Justicia nombrará un defensor judicial que lo sustituya. Para este nombramiento se oirá a la persona que precise el apoyo y se respetará su voluntad, deseos y preferencias.

Si, en el caso previsto en el párrafo anterior, fueran varios los curadores con funciones homogéneas, estas serán asumidas por quien de entre ellos no esté afectado por el impedimento o el conflicto de intereses.

Si la situación de impedimento o conflicto fuera prolongada o reiterada, la autoridad judicial de oficio, a instancia del Ministerio Fiscal, de cualquier persona legitimada para instar el procedimiento de provisión de apoyos o de cualquier persona que esté desempeñando la curatela y previa audiencia a la persona con discapacidad y al Ministerio Fiscal,

---

[632] Añadida por art. 2 apartado 23 de Ley 8/2021 de 2 de junio de 2021, con vigencia desde 03/09/2021

[633] Dada nueva redacción por art. 2 apartado 23 de Ley 8/2021 de 2 de junio de 2021, con vigencia desde 03/09/2021

[634] Dada nueva redacción por art. 2 apartado 23 de Ley 8/2021 de 2 de junio de 2021, con vigencia desde 03/09/2021

podrá reorganizar el funcionamiento de la curatela, e incluso proceder al nombramiento de un nuevo curador.

284. [635] Cuando la autoridad judicial lo considere necesario por concurrir razones excepcionales, podrá exigir al curador la constitución de fianza que asegure el cumplimiento de sus obligaciones y determinará la modalidad y cuantía de la misma. Una vez constituida, la fianza será objeto de aprobación judicial.

En cualquier momento la autoridad judicial podrá modificar o dejar sin efecto la garantía que se hubiese prestado [636].

285. [637] El curador con facultades representativas estará obligado a hacer inventario del patrimonio de la persona en cuyo favor se ha establecido el apoyo dentro del plazo de sesenta días, a contar desde aquel en que hubiese tomado posesión de su cargo.

El inventario se formará ante el letrado de la Administración de Justicia, con citación de las personas que estime conveniente.

El letrado de la Administración de Justicia podrá prorrogar el plazo previsto en el párrafo primero si concurriere causa para ello.

El dinero, alhajas, objetos preciosos y valores mobiliarios o documentos que, a juicio del letrado de la Administración de Justicia, no deban quedar en poder del curador serán depositados en un establecimiento destinado a este efecto.

Los gastos que las anteriores medidas ocasionen correrán a cargo de los bienes de la persona en cuyo apoyo se haya establecido la curatela [638].

---

[635] Dada nueva redacción por art. 2 apartado 23 de Ley 8/2021 de 2 de junio de 2021, con vigencia desde 03/09/2021

[636] Véanse art. 1823 de la presente Ley y 44 a 48 Ley 15/2015, de Jurisdicción Voluntaria

[637] Dada nueva redacción por art. 2 apartado 23 de Ley 8/2021 de 2 de junio de 2021, con vigencia desde 03/09/2021

[638] Véanse arts. 290.1 y 292.4º RRC y 278 y 285 de la presente Ley

286. [639] En el caso de que el curador no incluya en el inventario los créditos que tenga contra la persona a la que presta apoyo, se entenderá que renuncia a ellos.

287. [640] El curador que ejerza funciones de representación de la persona que precisa el apoyo necesita autorización judicial para los actos que determine la resolución y, en todo caso, para los siguientes:

1.º Realizar actos de transcendencia personal o familiar cuando la persona afectada no pueda hacerlo por sí misma, todo ello a salvo lo dispuesto legalmente en materia de internamiento, consentimiento informado en el ámbito de la salud o en otras leyes especiales [641].

2.º Enajenar o gravar bienes inmuebles, establecimientos mercantiles o industriales, bienes o derechos de especial significado personal o familiar, bienes muebles de extraordinario valor, objetos preciosos y valores mobiliarios no cotizados en mercados oficiales de la persona con medidas de apoyo, dar inmuebles en arrendamiento por término inicial que exceda de seis años, o celebrar contratos o realizar actos que tengan carácter dispositivo y sean susceptibles de inscripción. Se exceptúa la venta del derecho de suscripción preferente de acciones. La enajenación de los bienes mencionados en este párrafo se realizará mediante venta directa salvo que el Tribunal considere que es necesaria la enajenación en subasta judicial para mejor y plena garantía de los derechos e intereses de su titular [642].

3.º Disponer a título gratuito de bienes o derechos de la persona con medidas de apoyo, salvo los que tengan escasa relevancia económica y carezcan de especial significado personal o familiar.

4.º Renunciar derechos, así como transigir o someter a arbitraje cuestiones relativas a los intereses de la persona cuya curatela ostenta,

---

[639] Dada nueva redacción por art. 2 apartado 23 de Ley 8/2021 de 2 de junio de 2021, con vigencia desde 03/09/2021

[640] Dada nueva redacción por art. 2 apartado 23 de Ley 8/2021 de 2 de junio de 2021, con vigencia desde 03/09/2021

[641] Véase art. 763 LEC

[642] Véanse arts. 61 a 66 Ley 15/2015, de Jurisdicción Voluntaria y 166 de la presente Ley

salvo que sean de escasa relevancia económica. No se precisará la autorización judicial para el arbitraje de consumo [643].

5.º Aceptar sin beneficio de inventario cualquier herencia o repudiar esta o las liberalidades.

6.º Hacer gastos extraordinarios en los bienes de la persona a la que presta apoyo.

7.º Interponer demanda en nombre de la persona a la que presta apoyo, salvo en los asuntos urgentes o de escasa cuantía. No será precisa la autorización judicial cuando la persona con discapacidad inste la revisión de la resolución judicial en que previamente se le hubiesen determinado los apoyos.

8.º Dar y tomar dinero a préstamo y prestar aval o fianza.

9.º Celebrar contratos de seguro de vida, renta vitalicia y otros análogos, cuando estos requieran de inversiones o aportaciones de cuantía extraordinaria.

288. [644] La autoridad judicial, cuando lo considere adecuado para garantizar la voluntad, deseos y preferencias de la persona con discapacidad, podrá autorizar al curador la realización de una pluralidad de actos de la misma naturaleza o referidos a la misma actividad económica, especificando las circunstancias y características fundamentales de dichos actos.

289. [645] No necesitarán autorización judicial la partición de herencia o la división de cosa común realizada por el curador representativo, pero una vez practicadas requerirán aprobación judicial. Si hubiese sido nombrado un defensor judicial para la partición deberá obtener también la aprobación judicial, salvo que se hubiera dispuesto otra cosa al hacer el nombramiento [646].

---

[643] Véanse arts. 63 Ley 15/2015, de Jurisdicción Voluntaria, 9.4 LAR y 166, 631, 992, 996, 1548 y 1811 de la presente Ley

[644] Dada nueva redacción por art. 2 apartado 23 de Ley 8/2021 de 2 de junio de 2021, con vigencia desde 03/09/2021

[645] Dada nueva redacción por art. 2 apartado 23 de Ley 8/2021 de 2 de junio de 2021, con vigencia desde 03/09/2021

[646] Véanse arts. 5.2 Ley 41/2003 de Protección Patrimonial de Personas con Discapacidad, 783.4 y 787 LEC y 406, 1052.2, 1057 y 1060 de la presente Ley

290. [647] Antes de autorizar o aprobar cualquiera de los actos comprendidos en los artículos anteriores, la autoridad judicial oirá al Ministerio Fiscal y a la persona con medidas de apoyo y recabará los informes que le sean solicitados o estime pertinentes.

SECCIÓN CUARTA
De la extinción de la curatela [648]

291. [649] La curatela se extingue de pleno derecho por la muerte o declaración de fallecimiento de la persona con medidas de apoyo.

Asimismo, la curatela se extingue por resolución judicial cuando ya no sea precisa esta medida de apoyo o cuando se adopte una forma de apoyo más adecuada para la persona sometida a curatela.

292. [650] El curador, sin perjuicio de la obligación de rendición periódica de cuentas que en su caso le haya impuesto la autoridad judicial, al cesar en sus funciones deberá rendir ante ella la cuenta general justificada de su administración en el plazo de tres meses, prorrogables por el tiempo que fuere necesario si concurre justa causa.

La acción para exigir la rendición de esta cuenta prescribe a los cinco años, contados desde la terminación del plazo establecido para efectuarla.

Antes de resolver sobre la aprobación de la cuenta, la autoridad judicial oirá también en su caso al nuevo curador, a la persona a la que se prestó apoyo, o a sus herederos.

La aprobación judicial de las cuentas no impedirá el ejercicio de las acciones que recíprocamente puedan asistir al curador y a la persona

---

[647] Dada nueva redacción por art. 2 apartado 23 de Ley 8/2021 de 2 de junio de 2021, con vigencia desde 03/09/2021

[648] Añadida por art. 2 apartado 23 de Ley 8/2021 de 2 de junio de 2021, con vigencia desde 03/09/2021

[649] Dada nueva redacción por art. 2 apartado 23 de Ley 8/2021 de 2 de junio de 2021, con vigencia desde 03/09/2021

[650] Dada nueva redacción por art. 2 apartado 23 de Ley 8/2021 de 2 de junio de 2021, con vigencia desde 03/09/2021

con discapacidad que recibe el apoyo o a sus causahabientes por razón de la curatela.

293. [651] Los gastos necesarios de la rendición de cuentas serán a cargo del patrimonio de la persona a la que se prestó apoyo.

El saldo de la cuenta general devengará el interés legal, a favor o en contra del curador. Si el saldo es a favor del curador, el interés legal se devengará desde el requerimiento para el pago, previa restitución de los bienes a su titular. Si es en contra del curador, devengará el interés legal una vez transcurridos los tres meses siguientes a la aprobación de la cuenta.

294. [652] El curador responderá de los daños que hubiese causado por su culpa o negligencia a la persona a la que preste apoyo.

La acción para reclamar esta responsabilidad prescribe a los tres años contados desde la rendición final de cuentas.

CAPÍTULO V
Del defensor judicial de la persona con discapacidad [653]

295. [654] Se nombrará un defensor judicial de las personas con discapacidad en los casos siguientes:

1.º Cuando, por cualquier causa, quien haya de prestar apoyo no pueda hacerlo, hasta que cese la causa determinante o se designe a otra persona.

2.º Cuando exista conflicto de intereses entre la persona con discapacidad y la que haya de prestarle apoyo.

3.º Cuando, durante la tramitación de la excusa alegada por el curador, la autoridad judicial lo considere necesario.

---

[651] Dada nueva redacción por art. 2 apartado 23 de Ley 8/2021 de 2 de junio de 2021, con vigencia desde 03/09/2021

[652] Dada nueva redacción por art. 2 apartado 23 de Ley 8/2021 de 2 de junio de 2021, con vigencia desde 03/09/2021

[653] Añadido por art. 2 apartado 23 de Ley 8/2021 de 2 de junio de 2021, con vigencia desde 03/09/2021

[654] Dada nueva redacción por art. 2 apartado 23 de Ley 8/2021 de 2 de junio de 2021, con vigencia desde 03/09/2021

4.º Cuando se hubiere promovido la provisión de medidas judiciales de apoyo a la persona con discapacidad y la autoridad judicial considere necesario proveer a la administración de los bienes hasta que recaiga resolución judicial.

5.º Cuando la persona con discapacidad requiera el establecimiento de medidas de apoyo de carácter ocasional, aunque sea recurrente.

Una vez oída la persona con discapacidad, la autoridad judicial nombrará defensor judicial a quien sea más idóneo para respetar, comprender e interpretar la voluntad, deseos y preferencias de aquella.

296. [655] No se nombrará defensor judicial si el apoyo se ha encomendado a más de una persona, salvo que ninguna pueda actuar o la autoridad judicial motivadamente considere necesario el nombramiento.

297. [656] Serán aplicables al defensor judicial las causas de inhabilidad, excusa y remoción del curador, así como las obligaciones que a este se atribuyen de conocer y respetar la voluntad, deseos y preferencias de la persona a la que se preste apoyo.

298. [657] En el nombramiento se podrá dispensar al defensor judicial de la venta en subasta pública, fijando un precio mínimo, y de la aprobación judicial posterior de los actos.

El defensor judicial, una vez realizada su gestión, deberá rendir cuentas de ella.

---

[655] Dada nueva redacción por art. 2 apartado 23 de Ley 8/2021 de 2 de junio de 2021, con vigencia desde 03/09/2021

[656] Dada nueva redacción por art. 2 apartado 23 de Ley 8/2021 de 2 de junio de 2021, con vigencia desde 03/09/2021

[657] Dada nueva redacción por art. 2 apartado 23 de Ley 8/2021 de 2 de junio de 2021, con vigencia desde 03/09/2021

CAPÍTULO VI
Responsabilidad por daños causados a otros [658]

299. [659] La persona con discapacidad responderá por los daños causados a otros, de acuerdo con el Capítulo II del Título XVI del Libro Cuarto, sin perjuicio de lo establecido en materia de responsabilidad extracontractual respecto a otros posibles responsables.

299 bis. [660] (Derogado)

TÍTULO XII
Disposiciones comunes [661]

300. [662] Las resoluciones judiciales y los documentos públicos notariales sobre los cargos tutelares y medidas de apoyo a personas con discapacidad habrán de inscribirse en el Registro Civil [663].

301 a 304. [664] (Derogados)

305. [665] (Derogado)

---

[658] Añadido por art. 2 apartado 23 de Ley 8/2021 de 2 de junio de 2021, con vigencia desde 03/09/2021

[659] Dada nueva redacción por art. 2 apartado 23 de Ley 8/2021 de 2 de junio de 2021, con vigencia desde 03/09/2021

[660] Derogado por art. 2 apartado 22 de Ley 8/2021 de 2 de junio de 2021, con vigencia desde 03/09/2021

[661] Añadido por art. 2 apartado 25 de Ley 8/2021 de 2 de junio de 2021, con vigencia desde 03/09/2021

[662] Dada nueva redacción por art. 2 apartado 25 de Ley 8/2021 de 2 de junio de 2021, con vigencia desde 03/09/2021

[663] Véanse arts. 73 a 77 LRC, 283 a 292 RRC y 755 LEC

[664] Derogado por art. 2 apartado 22 de Ley 8/2021 de 2 de junio de 2021, con vigencia desde 03/09/2021

[665] Derogado por art. 3 de Ley 13/1983 de 24 de octubre de 1983, con vigencia desde 15/11/1983

306. [666] (Derogado)

307 a 313. [667] (Derogados)

314 y 315. [668] (Derogados)

316. [669] (Derogado)

317 a 324. [670] (Derogados)

325 a 332. [671] (Derogados)

---

[666] Derogado por art. 2 apartado 22 de Ley 8/2021 de 2 de junio de 2021, con vigencia desde 03/09/2021

[667] Derogado por art. 3 de Ley 13/1983 de 24 de octubre de 1983, con vigencia desde 15/11/1983

[668] Derogado por art. 2 apartado 24 de Ley 8/2021 de 2 de junio de 2021, con vigencia desde 03/09/2021

[669] Derogado por disposición derogatoria única apartado 2 de Ley 15/2015 de 2 de julio de 2015, con vigencia desde 23/07/2015

[670] Derogado por art. 2 apartado 24 de Ley 8/2021 de 2 de junio de 2021, con vigencia desde 03/09/2021

[671] Derogado por disposición derogatoria única apartado 3 de Ley 20/2011 de 21 de julio de 2011, con vigencia desde 30/04/2021

LIBRO SEGUNDO
DE LOS ANIMALES, DE LOS BIENES, DE LA PROPIEDAD Y DE SUS MODIFICACIONES [672]

TÍTULO PRIMERO
De la clasificación de los animales y de los bienes [673]

Disposiciones preliminares [674]

333. [675] Todas las cosas que son o pueden ser objeto de apropiación se consideran como bienes muebles o inmuebles. También pueden ser objeto de apropiación los animales, con las limitaciones que se establezcan en las leyes.

333 bis. [676] 1. Los animales son seres vivos dotados de sensibilidad. Solo les será aplicable el régimen jurídico de los bienes y de las cosas en la medida en que sea compatible con su naturaleza o con las disposiciones destinadas a su protección.

2. El propietario, poseedor o titular de cualquier otro derecho sobre un animal debe ejercer sus derechos sobre él y sus deberes de cuidado respetando su cualidad de ser sintiente, asegurando su bienestar conforme a las características de cada especie y respetando las limitaciones establecidas en ésta y las demás normas vigentes.

3. Los gastos destinados a la curación y al cuidado de un animal herido o abandonado son recuperables por quien los haya pagado

---

[672] Dada nueva redacción por art. 1 apartado 6 de Ley 17/2021 de 15 de diciembre de 2021, con vigencia desde 05/01/2022

[673] Dada nueva redacción por art. 1 apartado 6 de Ley 17/2021 de 15 de diciembre de 2021, con vigencia desde 05/01/2022

[674] Dada nueva redacción por art. 1 apartado 7 de Ley 17/2021 de 15 de diciembre de 2021, con vigencia desde 05/01/2022

[675] Dada nueva redacción por art. 1 apartado 7 de Ley 17/2021 de 15 de diciembre de 2021, con vigencia desde 05/01/2022

[676] Añadido por art. 1 apartado 7 de Ley 17/2021 de 15 de diciembre de 2021, con vigencia desde 05/01/2022

mediante el ejercicio de acción de repetición contra el propietario del animal o, en su caso, contra la persona a la que se le hubiera atribuido su cuidado en la medida en que hayan sido proporcionados y aun cuando hayan sido superiores al valor económico de éste.

4. En el caso de que la lesión a un animal de compañía haya provocado su muerte o un menoscabo grave de su salud física o psíquica, tanto su propietario como quienes convivan con el animal tienen derecho a que la indemnización comprenda la reparación del daño moral causado.

CAPÍTULO PRIMERO
De los bienes inmuebles

334. [677] 1. Son bienes inmuebles:

1º) Las tierras, edificios, caminos y construcciones de todo género adheridas al suelo.

2º) Los árboles y plantas y los frutos pendientes, mientras estuvieren unidos a la tierra o formaren parte integrante de un inmueble.

3º) Todo lo que esté unido a un inmueble de una manera fija, de suerte que no pueda separarse de él sin quebrantamiento de la materia o deterioro del objeto.

4º) Las estatuas, relieves, pinturas u otros objetos de uso u ornamentación, colocados en edificios o heredades por el dueño del inmueble en tal forma que revele el propósito de unirlos de un modo permanente al fundo.

5º) Las máquinas, vasos, instrumentos o utensilios destinados por el propietario de la finca a la industria o explotación que se realice en un edificio o heredad, y que directamente concurran a satisfacer las necesidades de la explotación misma.

7º) Los abonos destinados al cultivo de una heredad, que estén en las tierras donde hayan de utilizarse.

8º) Las minas, canteras y escoriales, mientras su materia permanece unida al yacimiento, y las aguas vivas o estancadas.

---

[677] Dada nueva redacción por art. 1 apartado 8 de Ley 17/2021 de 15 de diciembre de 2021, con vigencia desde 05/01/2022

9º) Los diques y construcciones que, aun cuando sean flotantes, estén destinados por su objeto y condiciones a permanecer en un punto fijo de un río, lago o costa.

10º) Las concesiones administrativas de obras públicas y las servidumbres y demás derechos reales sobre bienes inmuebles.

2. Quedan sometidos al régimen de los bienes inmuebles los viveros de animales, palomares, colmenas, estanques de peces o criaderos análogos, cuando el propietario los haya colocado o los conserve con el propósito de mantenerlos unidos a la finca y formando parte de ella de un modo permanente, sin perjuicio de la consideración de los animales como seres sintientes y de las leyes especiales que los protegen.

CAPÍTULO II
De los bienes muebles

335. Se reputan bienes muebles los susceptibles de apropiación no comprendidos en el capítulo anterior, y en general todos los que se pueden transportar de un punto a otro sin menoscabo de la cosa inmueble a que estuvieren unidos.

336. Tienen también la consideración de cosas muebles las rentas o pensiones, sean vitalicias o hereditarias, afectas a una persona o familia, siempre que no graven con carga real una cosa inmueble, los oficios enajenados, los contratos sobre servicios públicos y las cédulas y títulos representativos de préstamos hipotecarios.

337. Los bienes muebles son fungibles o no fungibles.

A la primera especie pertenecen aquellos de que no puede hacerse el uso adecuado a su naturaleza sin que se consuman; a la segunda especie corresponden los demás.

CAPÍTULO III
De los bienes según las personas a que pertenecen

338. Los bienes son de dominio público o de propiedad privada.

339. [678]
Son bienes de dominio público:

1º) Los destinados al uso público, como los caminos, canales, ríos, torrentes, puertos y puentes construidos por el Estado, las riberas, playas, radas y otros análogos.

2º) Los que pertenecen privativamente al Estado, sin ser de uso común, y están destinados a algún servicio público o al fomento de la riqueza nacional, como las murallas, fortalezas y demás obras de defensa del territorio, y las minas, mientras que no se otorgue su concesión.

340. Todos los demás bienes pertenecientes al Estado, en que no concurran las circunstancias expresadas en el artículo anterior, tienen el carácter de propiedad privada.

341. Los bienes de dominio público, cuando dejen de estar destinados al uso general o a las necesidades de la defensa del territorio, pasan a formar parte de los bienes de propiedad del Estado [679].

342. Los bienes del Patrimonio Real se rigen por su ley especial; y, en lo que en ella no se halle previsto, por las disposiciones generales que sobre la propiedad particular se establecen en este Código.

343. Los bienes de las provincias y de los pueblos se dividen en bienes de uso público y bienes patrimoniales [680].

---

[678] Véanse arts. 132 CE, 5 y 18 RH, 3 a 5 Ley 22/1988 de Costas, 2 TR Ley de Aguas y 5 y 65 LPAP 33/2003

[679] Véanse arts. 7, 17 a 27, 69, 70 y 131 LPAP 33/2003, 8.2 Ley 23/1982 Patrimonio Nacional y 8 RBEL

[680] Véanse arts. 79 LBRL y 2 a 7 RBEL

344. Son bienes de uso público, en las provincias y los pueblos, los caminos provinciales y los vecinales, las plazas, calles, fuentes y aguas públicas, los paseos y las obras públicas de servicio general, costeadas por los mismos pueblos o provincias.

Todos los demás bienes que unos y otras posean, son patrimoniales y se regirán por las disposiciones de este Código, salvo lo dispuesto en leyes especiales [681] .

345. Son bienes de propiedad privada, además de los patrimoniales del Estado, de la Provincia y del Municipio, los pertenecientes a particulares individual o colectivamente [682] .

Disposiciones comunes a los tres capítulos anteriores

346. Cuando por disposición de la ley, o por declaración individual, se use la expresión de cosas o bienes inmuebles, o de cosas o bienes muebles, se entenderán comprendidos en ella, respectivamente, los enumerados en el capítulo 1.º y en el capítulo 2.º

Cuando se use tan solo la palabra muebles no se entenderán comprendidos el dinero, los créditos, efectos de comercio, valores, alhajas, colecciones científicas o artísticas, libros, medallas, armas, ropas de vestir, arreos de caballerías o carruajes, granos, caldos y mercancías, ni otras cosas que no tengan por principal destino amueblar o alhajar las habitaciones, salvo el caso en que del contexto de la ley o de la disposición individual resulte claramente lo contrario. [683]

347. Cuando en venta, legado, donación u otra disposición en que se haga referencia a cosas muebles o inmuebles, se transmita su posesión o propiedad con todo lo que en ellas se halle, no se entenderán comprendidos en la transmisión el metálico, valores, créditos y

---

[681] Véanse arts. 17 y 18 RH, 2 a 8 RBEL, 79 y 80.2 LBRL y 42.4, 51 y 52 TR Ley del Suelo

[682] Véanse arts. 32 y 132 CE

[683] Dada nueva redacción párrafo 2 por art. 1 apartado 9 de Ley 17/2021 de 15 de diciembre de 2021, con vigencia desde 05/01/2022

acciones cuyos documentos se hallen en la cosa transmitida, a no ser que conste claramente la voluntad de extender la transmisión a tales valores y derechos.

TÍTULO II
De la propiedad

CAPÍTULO PRIMERO
De la propiedad en general

348. [684] [685]

La propiedad es el derecho de gozar y disponer de una cosa o de un animal, sin más limitaciones que las establecidas en las leyes.

El propietario tiene acción contra el tenedor y el poseedor de la cosa o del animal para reivindicarlo.

349. [686]

Nadie podrá ser privado de su propiedad sino por Autoridad competente y por causa justificada de utilidad pública, previa siempre la correspondiente indemnización.

Si no precediere este requisito, los Jueces ampararán y, en su caso, reintegrarán en la posesión al expropiado .

350. El propietario de un terreno es dueño de su superficie y de lo que está debajo de ella, y puede hacer en él las obras, plantaciones y excavaciones que le convengan, salvas las servidumbres, y con sujeción a lo dispuesto en las leyes sobre Minas y Aguas y en los reglamentos de policía.

---

[684] Dada nueva redacción por art. 1 apartado 10 de Ley 17/2021 de 15 de diciembre de 2021, con vigencia desde 05/01/2022

[685] Véanse arts. 33.1 y 2 CE, 85 CCom, 1, 3 y 7 LPH, 2 LPI 1/1996, 41, 55 y 84.2 LPAP 33/2003, 42 a 50 TR Ley del Suelo y 441 a 446 de la presente Ley

[686] Véanse arts. 33 CE, 1 a 8, 23.2, 51.1 y 125 LEF, 42 a 50 TR Ley del Suelo y 250, 437, 439, 441 y 446 de la presente Ley

351. El tesoro oculto pertenece al dueño del terreno en que se hallare.

Sin embargo, cuando fuere hecho el descubrimiento en propiedad ajena, o del Estado, y por casualidad, la mitad se aplicará al descubridor.

Si los efectos descubiertos fueren interesantes para las Ciencias o las Artes, podrá el Estado adquirirlos por su justo precio, que se distribuirá en conformidad a lo declarado [687].

352. Se entiende por tesoro, para los efectos de la ley, el depósito oculto e ignorado de dinero, alhajas u otros objetos preciosos, cuya legítima pertenencia no conste.

CAPÍTULO II
Del derecho de accesión

Disposición general

353. La propiedad de los bienes da derecho por accesión a todo lo que ellos producen, o se les une o incorpora, natural o artificialmente.

SECCIÓN PRIMERA
Del derecho de accesión respecto al producto de los bienes

354. Pertenecen al propietario:
1º) Los frutos naturales.
2º) Los frutos industriales.
3º) Los frutos civiles.

---

[687] Véanse arts. 41.3 y 44 Ley 16/1985 Patrimonio Histórico Español, 76 a 84 LEF, 92 a 96 REF y 610 a 614 de la presente Ley

355. Son frutos naturales las producciones espontáneas de la tierra y los productos de los animales que formen parte de una empresa agropecuaria o industrial. [688]

Son frutos industriales los que producen los predios de cualquiera especie a beneficio del cultivo o del trabajo.

Son frutos civiles el alquiler de los edificios, el precio del arrendamiento de tierras y el importe de las rentas perpetuas, vitalicias u otras análogas.

356. El que percibe los frutos tiene la obligación de abonar los gastos hechos por un tercero para su producción, recolección y conservación.

357. [689] 1. No se reputan frutos naturales, o industriales, sino los que están manifiestos o nacidos.

2. En el caso de animales, solo en la medida en que sea compatible con las normas destinadas a su protección, las crías quedan sometidas al régimen de los frutos, desde que estén en el vientre de su madre, aunque no hayan nacido.

SECCIÓN SEGUNDA
Del derecho de accesión respecto a los bienes inmuebles

358. Lo edificado, plantado o sembrado en predios ajenos, y las mejoras o reparaciones hechas en ellos, pertenecen al dueño de los mismos con sujeción a lo que se dispone en los artículos siguientes [690].

---

[688] Dada nueva redacción párrafo 1 por art. 1 apartado 11 de Ley 17/2021 de 15 de diciembre de 2021, con vigencia desde 05/01/2022

[689] Dada nueva redacción por art. 1 apartado 12 de Ley 17/2021 de 15 de diciembre de 2021, con vigencia desde 05/01/2022

[690] Véanse arts. 109 a 113 LH, 215 RH y 1877 de la presente Ley

359. Todas las obras, siembras y plantaciones se presumen hechas por el propietario y a su costa, mientras no se pruebe lo contrario.

360. El propietario del suelo que hiciere en él, por sí o por otro, plantaciones, construcciones u obras con materiales ajenos, debe abonar su valor; y, si hubiere obrado de mala fe, estará además obligado al resarcimiento de daños y perjuicios. El dueño de los materiales tendrá derecho a retirarlos sólo en el caso de que pueda hacerlo sin menoscabo de la obra construida, o sin que por ello perezcan las plantaciones, construcciones u obras ejecutadas.

361. El dueño del terreno en que se edificare, sembrare o plantare de buena fe, tendrá derecho a hacer suya la obra, siembra o plantación, previa la indemnización establecida en los arts. 453 y 454, o a obligar al que fabricó o plantó a pagarle el precio del terreno, y al que sembró, la renta correspondiente.

362. El que edifica, planta o siembra de mala fe en terreno ajeno, pierde lo edificado, plantado o sembrado, sin derecho a indemnización.

363. El dueño del terreno en que se haya edificado, plantado o sembrado con mala fe puede exigir la demolición de la obra o que se arranque la plantación y siembra, reponiendo las cosas a su estado primitivo a costa del que edificó, plantó o sembró.

364. Cuando haya habido mala fe, no sólo por parte del que edifica, siembra o planta en terreno ajeno, sino también por parte del dueño de éste, los derechos de uno y otro serán los mismos que tendrían si hubieran procedido ambos de buena fe.

Se entiende haber mala fe por parte del dueño siempre que el hecho se hubiere ejecutado a su vista, ciencia y paciencia, sin oponerse.

365. Si los materiales, plantas o semillas pertenecen a un tercero que no ha procedido de mala fe, el dueño del terreno deberá responder de su valor subsidiariamente y en el solo caso de que el que los empleó no tenga bienes con que pagar.

No tendrá lugar esta disposición si el propietario usa del derecho que le concede el art. 363 .

366. Pertenece a los dueños de las heredades confinantes con las riberas de los ríos el acrecentamiento que aquéllas reciben paulatinamente por efecto de la corriente de las aguas.

367. Los dueños de las heredades confinantes con estanques o lagunas no adquieren el terreno descubierto por la disminución natural de las aguas, ni pierden el que éstas inundan en las crecidas extraordinarias.

368. Cuando la corriente de un río, arroyo o torrente segrega de una heredad de su ribera una porción conocida de terreno y la transporta a otra heredad, el dueño de la finca a que pertenecía la parte segregada conserva la propiedad de ésta.

369. Los árboles arrancados y transportados por la corriente de las aguas pertenecen al propietario del terreno a donde vayan a parar, si no los reclaman dentro de un mes los antiguos dueños. Si éstos lo reclaman, deberán abonar los gastos ocasionados en recogerlos o ponerlos en lugar seguro.

370. Los cauces de los ríos, que quedan abandonados por variar naturalmente el curso de las aguas, pertenecen a los dueños de los terrenos ribereños en toda la longitud respectiva a cada uno. Si el cauce abandonado separaba heredades de distintos dueños, la nueva línea divisoria correrá equidistante de unas y otras.

371. Las islas que se forman en los mares adyacentes a las costas de España y en los ríos navegables y flotables, pertenecen al Estado [691] .

---

[691] Véanse arts. 8 TR Ley de Aguas, 1 a 6 Ley 22/1988 Costas y 339 de la presente Ley

372. Cuando en un río navegable y flotable, variando naturalmente de dirección, se abre un nuevo cauce en heredad privada, este cauce entrará en el dominio público. El dueño de la heredad lo recobrará siempre que las aguas vuelvan a dejarlo en seco, ya naturalmente, ya por trabajos legalmente autorizados al efecto [692].

373. Las islas que por sucesiva acumulación de arrastres superiores se van formando en los ríos, pertenecen a los dueños de las márgenes u orillas más cercanas a cada una, o a los de ambas márgenes si la isla se hallase en medio del río, dividiéndose entonces longitudinalmente por mitad. Si una sola isla así formada distase de una margen más que de otra, será por completo dueño de ella el de la margen más cercana.

374. Cuando se divide en brazos la corriente del río, dejando aislada una heredad o parte de ella, el dueño de la misma conserva su propiedad. Igualmente la conserva si queda separada de la heredad por la corriente una porción de terreno.

SECCIÓN TERCERA
Del derecho de accesión respecto a los bienes muebles

375. Cuando dos cosas muebles, pertenecientes a distintos dueños, se unen de tal manera que vienen a formar una sola sin que intervenga mala fe, el propietario de la principal adquiere la accesoria, indemnizando su valor al anterior dueño.

376. Se reputa principal, entre dos cosas incorporadas, aquélla a que se ha unido otra por adorno, o para su uso o perfección.

377. Si no puede determinarse por la regla del artículo anterior cuál de las dos cosas incorporadas es la principal, se reputará tal el objeto de más valor, y entre dos objetos de igual valor, el de mayor volumen.

---

[692] Véanse arts. 8 y 19 TR Ley de Aguas

En la pintura y escultura, en los escritos, impresos, grabados y litografías, se considerará accesoria la tabla, el metal, la piedra, el lienzo, el papel o el pergamino.

378. Cuando las cosas unidas pueden separarse sin detrimento, los dueños respectivos pueden exigir la separación.

Sin embargo, cuando la cosa unida para el uso, embellecimiento o perfección de otra, es mucho más preciosa que la cosa principal, el dueño de aquélla puede exigir su separación, aunque sufra algún detrimento la otra a que se incorporó.

379. Cuando el dueño de la cosa accesoria ha hecho su incorporación de mala fe, pierde la cosa incorporada y tiene la obligación de indemnizar al propietario de la principal los perjuicios que haya sufrido.

Si el que ha procedido de mala fe es el dueño de la cosa principal, el que lo sea de la accesoria tendrá derecho a optar entre que aquél le pague su valor o que la cosa de su pertenencia se separe, aunque para ello haya que destruir la principal; y en ambos casos, además, habrá lugar a la indemnización de daños y perjuicios.

Si cualquiera de los dueños ha hecho la incorporación a vista, ciencia y paciencia y sin oposición del otro, se determinarán los derechos respectivos en la forma dispuesta para el caso de haber obrado de buena fe.

380. Siempre que el dueño de la materia empleada sin su consentimiento tenga derecho a indemnización, puede exigir que ésta consista en la entrega de una cosa igual en especie y valor, y en todas sus circunstancias, a la empleada, o bien en el precio de ella, según tasación pericial.

381. Si por voluntad de sus dueños se mezclan dos cosas de igual o diferente especie o si la mezcla se verifica por casualidad, y en este último caso las cosas no son separables sin detrimento, cada propietario adquirirá un derecho proporcional a la parte que le corresponda atendido el valor de las cosas mezcladas o confundidas.

382. Si por voluntad de uno solo, pero con buena fe, se mezclan o confunden dos cosas de igual o diferente especie, los derechos de los propietarios se determinarán por lo dispuesto en el artículo anterior.

Si el que hizo la mezcla o confusión obró de mala fe, perderá la cosa de su pertenencia mezclada o confundida, además de quedar obligado a la indemnización de los perjuicios causados al dueño de la cosa con que hizo la mezcla.

383. El que de buena fe empleó materia ajena en todo o en parte para formar una obra de nueva especie, hará suya la obra, indemnizando el valor de la materia al dueño de ésta.

Si ésta es más preciosa que la obra en que se empleó o superior en valor, el dueño de ella podrá, a su elección, quedarse con la nueva especie, previa indemnización del valor de la obra, o pedir indemnización de la materia.

Si en la formación de la nueva especie intervino mala fe, el dueño de la materia tiene el derecho de quedarse con la obra sin pagar nada al autor, o de exigir de éste que le indemnice el valor de la materia y los perjuicios que se le hayan seguido.

CAPÍTULO III
Del deslinde y amojonamiento

384. Todo propietario tiene derecho a deslindar su propiedad, con citación de los dueños de los predios colindantes.

La misma facultad corresponderá a los que tengan derechos reales [693].

385. El deslinde se hará en conformidad con los títulos de cada propietario y, a falta de títulos suficientes, por lo que resultare de la posesión en que estuvieren los colindantes.

386. Si los títulos no determinasen el límite o área perteneciente a cada propietario y la cuestión no pudiera resolverse por la posesión o

---

[693] Véanse arts. 12 y 30 RH, 246, 247 y 624 CP, 105 Ley 15/2015, de Jurisdicción Voluntaria y 1965 de lá presente Ley

por otro medio de prueba, el deslinde se hará distribuyendo el terreno objeto de la contienda en partes iguales.

387. Si los títulos de los colindantes indicasen un espacio mayor o menor del que comprende la totalidad del terreno, el aumento o la falta se distribuirá proporcionalmente.

CAPÍTULO IV
Del derecho de cerrar las fincas rústicas

388. Todo propietario podrá cerrar o cercar sus heredades por medio de paredes, zanjas, setos vivos o muertos, o de cualquiera otro modo, sin perjuicio de las servidumbres constituidas sobre las mismas.

CAPÍTULO V
De los edificios ruinosos y de los árboles que amenazan caerse

389. Si un edificio, pared, columna o cualquiera otra construcción amenazase ruina, el propietario estará obligado a su demolición, o a ejecutar las obras necesarias para evitar su caída.

Si no lo verificare el propietario de la obra ruinosa, la Autoridad podrá hacerla demoler a costa del mismo [694].

390. Cuando algún árbol corpulento amenazare caerse de modo que pueda causar perjuicios a una finca ajena o a los transeúntes por una vía pública o particular, el dueño del árbol está obligado a arrancarlo y retirarlo; y si no lo verificare, se hará a su costa por mandato de la Autoridad.

391. En los casos de los dos artículos anteriores, si el edificio o árbol se cayere, se estará a lo dispuesto en los arts. 1907 y 1908.

---

[694] Véanse arts. 250.1 LEC, 16, 19, 24, 25 y 37 Ley 16/1985 Patrimonio Histórico Español, 15 a 17 y 11.3, 4 y 5 TR Ley del Suelo, 28 LAU y 10.1 LPH

TÍTULO III
De la comunidad de bienes

392. Hay comunidad cuando la propiedad de una cosa o de un derecho pertenece pro indiviso a varias personas.

A falta de contratos, o de disposiciones especiales, se regirá la comunidad por las prescripciones de este título [695].

393. El concurso de los partícipes, tanto en los beneficios como en las cargas, será proporcional a sus respectivas cuotas.

Se presumirán iguales, mientras no se pruebe lo contrario, las porciones correspondientes a los partícipes en la comunidad [696].

394. Cada partícipe podrá servirse de las cosas comunes, siempre que disponga de ellas conforme a su destino y de manera que no perjudique el interés de la comunidad, ni impida a los copartícipes utilizarlas según su derecho [697].

395. Todo copropietario tendrá derecho para obligar a los partícipes a contribuir a los gastos de conservación de la cosa o derecho común. Sólo podrá eximirse de esta obligación el que renuncie a la parte que le pertenece en el dominio.

---

[695] Véanse arts. 7 LPI, 33.4 Ley 4/2012, de 6 de julio, de contratos de aprovechamiento por turno de bienes de uso turístico, de adquisición de productos vacacionales de larga duración, de reventa y de intercambio y normas tributarias, 45.3, 54, 68, 90.2 y 91.3 LPH y 450, 490, 548, 597 y 600 a 602 de la presente Ley

[696] Véanse arts. 5, 9.5, 10, 16.1 y 20 LPH, 54 y 217 RH y 395, 398.2, 1138 y 1689 de la presente Ley

[697] Véanse arts. 7 a 9 y 19 LPH, 126 RDLeg. 1/2010, de 2 de julio, por el que se aprueba el texto refundido de la Ley de Sociedades de Capital y 445, 446 y 1522 de la presente Ley

396. [698] [699]

Los diferentes pisos o locales de un edificio o las partes de ellos susceptibles de aprovechamiento independiente por tener salida propia a un elemento común de aquél o a la vía pública podrán ser objeto de propiedad separada, que llevará inherente un derecho de copropiedad sobre los elementos comunes del edificio, que son todos los necesarios para su adecuado uso y disfrute, tales como el suelo, vuelo, cimentaciones y cubiertas; elementos estructurales y entre ellos los pilares, vigas, forjados y muros de carga; las fachadas, con los revestimientos exteriores de terrazas, balcones y ventanas, incluyendo su imagen o configuración, los elemento de cierre que las conforman y sus revestimientos exteriores; el portal, las escaleras, porterías, corredores, pasos, muros, fosos, patios, pozos y los recintos destinados a ascensores, depósitos, contadores, telefonías o a otros servicios o instalaciones comunes, incluso aquéllos que fueren de uso privativo; los ascensores y las instalaciones, conducciones y canalizaciones para el desagüe y para el suministro de agua, gas o electricidad, incluso las de aprovechamiento de energía solar; las de agua caliente sanitaria, calefacción, aire acondicionado, ventilación o evacuación de humos; las de detección y prevención de incendios; las de portero electrónico y otras de seguridad del edificio, así como las de antenas colectivas y demás instalaciones para los servicios audiovisuales o de telecomunicación, todas ellas hasta la entrada al espacio privativo; las servidumbres y cualesquiera otros elementos materiales o jurídicos que por su naturaleza o destino resulten indivisibles.

Las partes en copropiedad no son en ningún caso susceptibles de división y sólo podrán ser enajenadas, gravadas o embargadas juntamente con la parte determinada privativa de la que son anejo inseparable.

En caso de enajenación de un piso o local, los dueños de los demás, por este solo título, no tendrán derecho de tanteo ni de retracto [700].

---

[698] Dada nueva redacción por disposición adicional única de Ley 8/1999 de 6 de abril de 1999, con vigencia desde 28/04/1999

[699] Véase la LPH y los arts. 107.11 LH, 94.2 y 218 RH, 23.2 Ley 4/2012, de 6 de julio, de contratos de aprovechamiento por turno de bienes de uso turístico, de adquisición de productos vacacionales de larga duración, de reventa y de intercambio

[700] Véanse arts. 25 LAU y 1521 a 1525 de la presente Ley

Esta forma de propiedad se rige por las disposiciones legales especiales y, en lo que las mismas permitan, por la voluntad de los interesados.

397. Ninguno de los condueños podrá, sin consentimiento de los demás, hacer alteraciones en la cosa común, aunque de ellas pudieran resultar ventajas para todos.

398. Para la administración y mejor disfrute de la cosa común serán obligatorios los acuerdos de la mayoría de los partícipes.

No habrá mayoría sino cuando el acuerdo esté tomado por los partícipes que representen la mayor cantidad de los intereses que constituyan el objeto de la comunidad.

Si no resultare mayoría, o el acuerdo de ésta fuere gravemente perjudicial a los interesados en la cosa común, el Juez proveerá, a instancia de parte, lo que corresponda, incluso nombrar un Administrador.

Cuando parte de la cosa perteneciere privadamente a un partícipe o a algunos de ellos, y otra fuere común, sólo a ésta será aplicable la disposición anterior [701].

399. Todo condueño tendrá la plena propiedad de su parte y la de los frutos y utilidades que le correspondan, pudiendo en su consecuencia enajenarla, cederla o hipotecarla, y aun sustituir otro en su aprovechamiento, salvo si se tratare de derechos personales. Pero el efecto de la enajenación o de la hipoteca con relación a los condueños estará limitado a la porción que se le adjudique en la división al cesar la comunidad [702].

400. Ningún copropietario estará obligado a permanecer en la comunidad. Cada uno de ellos podrá pedir en cualquier tiempo que se divida la cosa común.

---

[701] Véanse arts. 10, 13, 14, 16 y 17 LPH
[702] Véanse arts. 3.a, LPH, 107.11 LH y 348, 450, 490, 1068 y 1522 de la presente Ley

Esto no obstante, será válido el pacto de conservar la cosa indivisa por tiempo determinado, que no exceda de diez años. Este plazo podrá prorrogarse por nueva convención [703].

401. Sin embargo de lo dispuesto en el artículo anterior, los copropietarios no podrán exigir la división de la cosa común, cuando de hacerla resulte inservible para el uso a que se destina.

Si se tratare de un edificio cuyas características lo permitan, a solicitud de cualquiera de los comuneros, la división podrá realizarse mediante la adjudicación de pisos o locales independientes, con sus elementos comunes anejos, en la forma prevista por el art. 396 [704]. [705]

402. La división de la cosa común podrá hacerse por los interesados, o por árbitros o amigables componedores nombrados a voluntad de los partícipes.

En el caso de verificarse por árbitros o amigables componedores, deberán formar partes proporcionales al derecho de cada uno, evitando en cuanto sea posible los suplementos a metálico.

403. Los acreedores o cesionarios de los partícipes podrán concurrir a la división de la cosa común y oponerse a la que se verifique sin su concurso. Pero no podrán impugnar la división consumada, excepto en caso de fraude, o en el de haberse verificado no obstante la oposición formalmente interpuesta para impedirla, y salvo siempre los derechos del deudor o del cedente para sostener su validez.

---

[703] Véanse arts. 85 y 90 RDLeg. 1/2010, de 2 de julio, por el que se aprueba el texto refundido de la Ley de Sociedades de Capital, 46 y 47 LSA, 35 LSRL, 26 LH, 4, 8 y 23 LPH, 143 CCom y 271.4 y 196.5 de la presente Ley

[704] Véanse arts. 3, 8 y disposición adicional 2 LPH, 46 y 50 RH y 396 de la presente Ley

[705] Añadido párrafo 2 por art. 1 de Ley 49/1960 de 21 de julio de 1960, con vigencia desde 12/08/1960

404. Cuando la cosa fuere esencialmente indivisible, y los condueños no convinieren en que se adjudique a uno de ellos indemnizando a los demás, se venderá y repartirá su precio [706] .

En caso de animales de compañía, la división no podrá realizarse mediante su venta, salvo acuerdo unánime de todos los condueños. [707]

A falta de acuerdo unánime entre los condueños, la autoridad judicial decidirá el destino del animal, teniendo en cuenta el interés de los condueños y el bienestar del animal, pudiendo preverse el reparto de los tiempos de disfrute y cuidado del animal si fuere necesario, así como las cargas asociadas a su cuidado. [708]

405. La división de una cosa común no perjudicará a tercero, el cual conservará los derechos de hipoteca, servidumbre u otros derechos reales que le pertenecieran antes de hacer la partición. Conservarán igualmente su fuerza, no obstante la división, los derechos personales que pertenezcan a un tercero contra la comunidad [709] .

406. Serán aplicables a la división entre los partícipes en la comunidad las reglas concernientes a la división de la herencia.

---

[706] Véanse arts. 24 Ley 19/1995 de Modernización Explotaciones Agrarias, 26.2 TR Ley del Suelo y 821, 822, 106.2 y 1513 de la presente Ley

[707] Añadido párrafo 2 por art. 1 apartado 13 de Ley 17/2021 de 15 de diciembre de 2021, con vigencia desde 05/01/2022

[708] Añadido párrafo 3 por art. 1 apartado 13 de Ley 17/2021 de 15 de diciembre de 2021, con vigencia desde 05/01/2022

[709] Véanse arts. 123 LH, 47 a 50 y 94.2 RH y 490, 534 y 535 de la presente Ley

TÍTULO IV
De algunas propiedades especiales

CAPÍTULO PRIMERO
De las aguas

SECCIÓN PRIMERA
Del dominio de las aguas

407. [710]

Son de dominio público:

1º) Los ríos y sus cauces naturales.

2º) Las aguas continuas o discontinuas de manantiales y arroyos que corran por sus cauces naturales, y estos mismos cauces.

3º) Las aguas que nazcan continua o discontinuamente en terrenos del mismo dominio público.

4º) Los lagos y lagunas formados por la naturaleza en terrenos públicos y sus álveos.

5º) Las aguas pluviales que discurran por barrancos o ramblas, cuyo cauce sea también del dominio público.

6º) Las aguas subterráneas que existan en terrenos públicos.

7º) Las aguas halladas en la zona de trabajos de obras públicas, aunque se ejecuten por concesionario.

8º) Las aguas que nazcan continua o discontinuamente en predios de particulares, del Estado, de la provincia o de los pueblos, desde que salgan de dichos predios.

9º) Los sobrantes de las fuentes, cloacas y establecimientos públicos.

408. [711]

---

[710] Precepto derogado, desde el 1 enero 1986, por disp. derog. única.1 Ley 29/1985 de 2 agosto, de Aguas, en cuanto se oponga a la referida ley. Véase el TR Ley de Aguas

[711] Precepto derogado, desde el 1 enero 1986, por disp. derog. única.1 Ley 29/1985 de 2 agosto, de Aguas, en cuanto se oponga a la referida ley. Véase el TR Ley de Aguas

Son de dominio privado:

1º) Las aguas continuas o discontinuas que nazcan en predios de dominio privado, mientras discurran por ellos.

2º) Los lagos y lagunas y sus álveos, formados por la naturaleza en dichos predios.

3º) Las aguas subterráneas que se hallen en éstos.

4º) Las aguas pluviales que en los mismos caigan, mientras no traspasen sus linderos.

5º) Los cauces de aguas corrientes, continuas o discontinuas, formados por aguas pluviales, y los de los arroyos que atraviesen fincas que no sean de dominio público.

En toda acequia o acueducto, el agua, el cauce, los cajeros y las márgenes serán considerados como parte integrante de la heredad o edificio a que vayan destinadas las aguas. Los dueños de los predios, por los cuales o por cuyos linderos pase el acueducto, no podrán alegar dominio sobre él, ni derecho al aprovechamiento de su cauce o márgenes, a no fundarse en títulos de propiedad expresivos del derecho o dominio que reclamen.

SECCIÓN SEGUNDA
Del aprovechamiento de las aguas públicas

409. [712]

El aprovechamiento de las aguas públicas se adquiere:

1º) Por concesión administrativa.

2º) Por prescripción de veinte años.

Los límites de los derechos y obligaciones de estos aprovechamientos serán los que resulten, en el primer caso, de los términos de la concesión, y en el segundo, del modo y forma en que se haya usado las aguas.

---

[712] Precepto derogado, desde el 1 enero 1986, por disp. derog. única.1 Ley 29/1985 de 2 agosto, de Aguas, en cuanto se oponga a la referida ley. Véase el TR Ley de Aguas

410. [713]

Toda concesión de aprovechamiento de aguas se entiende sin perjuicio de tercero.

411. [714]

El derecho al aprovechamiento de aguas públicas se extingue por la caducidad de la concesión y por el no uso durante veinte años.

SECCIÓN TERCERA
Del aprovechamiento de las aguas de dominio privado

412. [715]

El dueño de un predio en que nace un manantial o arroyo, continuo o discontinuo, puede aprovechar sus aguas mientras discurran por él; pero las sobrantes entran en la condición de públicas, y su aprovechamiento se rige por la Ley especial de Aguas.

413. [716]

El dominio privado de los álveos de aguas pluviales no autoriza para hacer labores u obras que varíen su curso en perjuicio de tercero, ni tampoco aquellas cuya destrucción, por la fuerza de las avenidas, pueda causarlo.

---

[713] Precepto derogado, desde el 1 enero 1986, por disp. derog. única.1 Ley 29/1985 de 2 agosto, de Aguas, en cuanto se oponga a la referida ley. Véase el TR Ley de Aguas

[714] Precepto derogado, desde el 1 enero 1986, por disp. derog. única.1 Ley 29/1985 de 2 agosto, de Aguas, en cuanto se oponga a la referida ley. Véase el TR Ley de Aguas

[715] Precepto derogado, desde el 1 enero 1986, por disp. derog. única.1 Ley 29/1985 de 2 agosto, de Aguas, en cuanto se oponga a la referida ley. Véase el TR Ley de Aguas

[716] Precepto derogado, desde el 1 enero 1986, por disp. derog. única.1 Ley 29/1985 de 2 agosto, de Aguas, en cuanto se oponga a la referida ley. Véase el TR Ley de Aguas

414. [717]

Nadie puede penetrar en propiedad privada para buscar aguas o usar de ellas sin licencia de los propietarios.

415. [718]

El dominio del dueño de un predio sobre las aguas que nacen en él no perjudica los derechos que legítimamente hayan podido adquirir a su aprovechamiento los de los predios inferiores.

416. [719]

Todo dueño de un predio tiene la facultad de construir dentro de su propiedad depósitos para conservar las aguas pluviales, con tal que no cause perjuicio al público ni a tercero.

SECCIÓN CUARTA
De las aguas subterráneas

417. [720]

Sólo el propietario de un predio u otra persona con su licencia puede investigar en él aguas subterráneas.

La investigación de aguas subterráneas en terrenos de dominio público sólo puede hacerse con licencia administrativa.

---

[717] Precepto derogado, desde el 1 enero 1986, por disp. derog. única.1 Ley 29/1985 de 2 agosto, de Aguas, en cuanto se oponga a la referida ley. Véase el TR Ley de Aguas

[718] Precepto derogado, desde el 1 enero 1986, por disp. derog. única.1 Ley 29/1985 de 2 agosto, de Aguas, en cuanto se oponga a la referida ley. Véase el TR Ley de Aguas

[719] Precepto derogado, desde el 1 enero 1986, por disp. derog. única.1 Ley 29/1985 de 2 agosto, de Aguas, en cuanto se oponga a la referida ley. Véase el TR Ley de Aguas

[720] Precepto derogado, desde el 1 enero 1986, por disp. derog. única.1 Ley 29/1985 de 2 agosto, de Aguas, en cuanto se oponga a la referida ley. Véase el TR Ley de Aguas

418. [721]

Las aguas alumbradas conforme a la Ley especial de Aguas pertenecen al que las alumbró.

419. [722]

Si el dueño de aguas alumbradas las dejare abandonadas a su curso natural, serán de dominio público.

SECCIÓN QUINTA
Disposiciones generales

420. [723]

El dueño de un predio en que existan obras defensivas para contener el agua, o que por la variación de su curso sea necesario construirlas de nuevo, está obligado, a su elección, a hacer los reparos o construcciones necesarias o a tolerar que, sin perjuicio suyo, las hagan los dueños de los predios que experimenten o estén manifiestamente expuestos a experimentar daños.

421. [724]

Lo dispuesto en el artículo anterior es aplicable al caso en que sea necesario desembarazar algún predio de las materias cuya acumulación o caída impida el curso de las aguas con daño o peligro de tercero.

---

[721] Precepto derogado, desde el 1 enero 1986, por disp. derog. única.1 Ley 29/1985 de 2 agosto, de Aguas, en cuanto se oponga a la referida ley. Véase el TR Ley de Aguas

[722] Precepto derogado, desde el 1 enero 1986, por disp. derog. única.1 Ley 29/1985 de 2 agosto, de Aguas, en cuanto se oponga a la referida ley. Véase el TR Ley de Aguas

[723] Precepto derogado, desde el 1 enero 1986, por disp. derog. única.1 Ley 29/1985 de 2 agosto, de Aguas, en cuanto se oponga a la referida ley. Véase el TR Ley de Aguas

[724] Precepto derogado, desde el 1 enero 1986, por disp. derog. única.1 Ley 29/1985 de 2 agosto, de Aguas, en cuanto se oponga a la referida ley. Véase el TR Ley de Aguas

422. [725]

Todos los propietarios que participen del beneficio proveniente de las obras de que tratan los dos artículos anteriores, están obligados a contribuir a los gastos de su ejecución en proporción a su interés. Los que por su culpa hubiesen ocasionado el daño serán responsables de los gastos.

423. [726]

La propiedad y uso de las aguas pertenecientes a corporaciones o particulares están sujetos a la Ley de Expropiación por causa de utilidad pública.

424. [727]

Las disposiciones de este título no perjudican los derechos adquiridos con anterioridad, ni tampoco al dominio privado que tienen los propietarios de aguas, de acequias, fuentes o manantiales, en virtud del cual las aprovechan, venden o permutan como propiedad particular.

425. [728]

En todo lo que no esté expresamente prevenido por las disposiciones de este capítulo se estará a lo mandado por la Ley especial de Aguas.

CAPÍTULO II
De los minerales

426. Todo español o extranjero podrá hacer libremente en terreno de dominio público calicatas o excavaciones que no excedan de diez

---

[725] Precepto derogado, desde el 1 enero 1986, por disp. derog. única.1 Ley 29/1985 de 2 agosto, de Aguas, en cuanto se oponga a la referida ley. Véase el TR Ley de Aguas

[726] Precepto derogado, desde el 1 enero 1986, por disp. derog. única.1 Ley 29/1985 de 2 agosto, de Aguas, en cuanto se oponga a la referida ley. Véase el TR Ley de Aguas

[727] Precepto derogado, desde el 1 enero 1986, por disp. derog. única.1 Ley 29/1985 de 2 agosto, de Aguas, en cuanto se oponga a la referida ley. Véase el TR Ley de Aguas

[728] Precepto derogado, desde el 1 enero 1986, por disp. derog. única.1 Ley 29/1985 de 2 agosto, de Aguas, en cuanto se oponga a la referida ley. Véase el TR Ley de Aguas

metros de extensión en longitud o profundidad con objeto de descubrir minerales, pero deberá dar aviso previamente a la Autoridad local. En terrenos de propiedad privada no se podrán abrir calicatas sin que preceda permiso del dueño o del que le represente.

427. Los límites del derecho mencionado en el artículo anterior, las formalidades previas y condiciones para su ejercicio, la designación de las materias que deben considerarse como minerales, y la determinación de los derechos que corresponden al dueño del suelo y a los descubridores de los minerales en el caso de concesión, se regirán por la Ley especial de Minería.

CAPÍTULO III
De la propiedad intelectual

428. El autor de una obra literaria, científica o artística, tiene el derecho de explotarla y disponer de ella a su voluntad [729].

429. La Ley sobre Propiedad Intelectual determina las personas a quienes pertenece ese derecho, la forma de su ejercicio y el tiempo de su duración. En casos no previstos ni resueltos por dicha ley especial se aplicarán las reglas generales establecidas en este Código sobre la propiedad.

---

[729] Véanse arts. 14 a 25, 31 a 40 y 42 a 57 LPI

TÍTULO V
De la posesión

CAPÍTULO PRIMERO
De la posesión y sus especies

430. [730] Posesión natural es la tenencia de una cosa o animal, o el disfrute de un derecho por una persona. Posesión civil es esa misma tenencia o disfrute unidos a la intención de haber la cosa, animal o derecho como suyos.

431. [731] La posesión se ejerce en las cosas, en los animales o en los derechos por la misma persona que los tiene y los disfruta, o por otra en su nombre.

432. [732] [733]
La posesión en los bienes, en los animales y en los derechos puede tenerse en uno de dos conceptos: o en el de dueño, o en el de tenedor de la cosa, animal o derecho para conservarlos o disfrutarlos, perteneciendo el dominio a otra persona.

433. Se reputa poseedor de buena fe al que ignora que en su título o modo de adquirir exista vicio que lo invalide.
Se reputa poseedor de mala fe al que se halla en el caso contrario.

434. La buena fe se presume siempre, y al que afirma la mala fe de un poseedor corresponde la prueba.

---

[730] Dada nueva redacción por art. 1 apartado 14 de Ley 17/2021 de 15 de diciembre de 2021, con vigencia desde 05/01/2022

[731] Dada nueva redacción por art. 1 apartado 15 de Ley 17/2021 de 15 de diciembre de 2021, con vigencia desde 05/01/2022

[732] Dada nueva redacción por art. 1 apartado 16 de Ley 17/2021 de 15 de diciembre de 2021, con vigencia desde 05/01/2022

[733] Véanse arts. 35 y 36 LH y 348, 444, 447, 448, 463 y 1942 de la presente Ley

435. La posesión adquirida de buena fe no pierde este carácter sino en el caso y desde el momento en que existan actos que acrediten que el poseedor no ignora que posee la cosa indebidamente.

436. Se presume que la posesión se sigue disfrutando en el mismo concepto en que se adquirió, mientras no se pruebe lo contrario.

437. [734] Sólo pueden ser objeto de posesión las cosas y derechos que sean susceptibles de apropiación. También pueden ser objeto de posesión los animales, con las limitaciones establecidas en las leyes.

CAPÍTULO II
De la adquisición de la posesión

438. [735] [736]
La posesión se adquiere por la ocupación material de la cosa, animal o derecho poseído, o por el hecho de quedar estos sujetos a la acción de nuestra voluntad, o por los actos propios y formalidades legales establecidas para adquirir tal derecho.

439. Puede adquirirse la posesión por la misma persona que va a disfrutarla, por su representante legal, por su mandatario y por un tercero sin mandato alguno; pero en este último caso no se entenderá adquirida la posesión hasta que la persona en cuyo nombre se haya verificado el acto posesorio lo ratifique.

440. La posesión de los bienes hereditarios se entiende transmitida al heredero sin interrupción y desde el momento de la muerte del causante, en el caso de que llegue a adirse la herencia.

---

[734] Dada nueva redacción por art. 1 apartado 17 de Ley 17/2021 de 15 de diciembre de 2021, con vigencia desde 05/01/2022

[735] Dada nueva redacción por art. 1 apartado 18 de Ley 17/2021 de 15 de diciembre de 2021, con vigencia desde 05/01/2022

[736] Véanse arts. 108 a 111 Ley 15/2015, de Jurisdicción Voluntaria, 250.1 y 439.1 LEC y 450, 610 y 1462 de la presente Ley

El que válidamente repudia una herencia se entiende que no la ha poseído en ningún momento.

441. En ningún caso puede adquirirse violentamente la posesión mientras exista un poseedor que se oponga a ello. El que se crea con acción o derecho para privar a otro de la tenencia de una cosa, siempre que el tenedor resista la entrega, deberá solicitar el auxilio de la Autoridad competente [737].

442. El que suceda por título hereditario no sufrirá las consecuencias de una posesión viciosa de su causante, si no se demuestra que tenía conocimiento de los vicios que la afectaban; pero los efectos de la posesión de buena fe no le aprovecharán sino desde la fecha de la muerte del causante.

443. [738] Toda persona puede adquirir la posesión de las cosas.

Los menores necesitan de la asistencia de sus representantes legítimos para usar de los derechos que de la posesión nazcan a su favor.

Las personas con discapacidad a cuyo favor se hayan establecido medidas de apoyo pueden usar de los derechos derivados de la posesión conforme a lo que resulte de estas.

444. Los actos meramente tolerados y los ejecutados clandestinamente y sin conocimiento del poseedor de una cosa, o con violencia, no afectan a la posesión.

445. La posesión, como hecho, no puede reconocerse en dos personalidades distintas, fuera de los casos de indivisión. Si surgiere contienda sobre el hecho de la posesión, será preferido el poseedor actual; si resultaren dos poseedores, el más antiguo; si las fechas de las posesiones fueren las mismas, el que presente título; y, si todas estas condiciones fuesen iguales, se constituirá en depósito o guarda

[737] Véanse arts. 444 a 446, 615, 616, 885 y 1016 de la presente Ley
[738] Dada nueva redacción por art. 2 apartado 26 de Ley 8/2021 de 2 de junio de 2021, con vigencia desde 03/09/2021

judicial la cosa, mientras se decide sobre su posesión o propiedad por los trámites correspondientes [739] .

CAPÍTULO III
De los efectos de la posesión

446. Todo poseedor tiene derecho a ser respetado en su posesión; y, si fuere inquietado en ella, deberá ser amparado o restituido en dicha posesión por los medios que las leyes de procedimiento establecen [740] .

447. Sólo la posesión que se adquiere y se disfruta en concepto de dueño puede servir de título para adquirir el dominio.

448. El poseedor en concepto de dueño tiene a su favor la presunción legal de que posee con justo título, y no se le puede obligar a exhibirlo.

449. La posesión de una cosa raíz supone la de los muebles y objetos que se hallen dentro de ella, mientras no conste o se acredite que deben ser excluidos.

450. Cada uno de los partícipes de una cosa que se posea en común, se entenderá que ha poseído exclusivamente la parte que al dividirse le cupiere durante todo el tiempo que duró la indivisión. La interrupción en la posesión del todo o parte de una cosa poseída en común perjudicará por igual a todos.

451. El poseedor de buena fe hace suyos los frutos percibidos mientras no sea interrumpida legalmente la posesión.

---

[739] Véanse arts. 250.1, 447.2, 626 y 675 LEC y 392, 394, 448 y 450 de la presente Ley

[740] Véanse arts. 34, 35, 38 y 41 LH, 84 LPAP 33/2003, 125 LEF, 250.1, 447.2, 626 y 675 LEC y 349, 441, 559 y 1560 de la presente Ley

Se entienden percibidos los frutos naturales e industriales desde que se alzan o separan.

Los frutos civiles se consideran producidos por días, y pertenecen al poseedor de buena fe en esa proporción.

452. Si al tiempo en que cesare la buena fe se hallaren pendientes algunos frutos naturales o industriales, tendrá el poseedor derecho a los gastos que hubiese hecho para su producción, y además a la parte del producto líquido de la cosecha proporcional al tiempo de su posesión.

Las cargas se prorratearán del mismo modo entre los dos poseedores.

El propietario de la cosa puede, si quiere, conceder al poseedor de buena fe la facultad de concluir el cultivo y la recolección de los frutos pendientes, como indemnización de la parte de gastos de cultivo y del producto líquido que le pertenece; el poseedor de buena fe que por cualquier motivo no quiera aceptar esta concesión, perderá el derecho a ser indemnizado de otro modo.

453. Los gastos necesarios se abonan a todo poseedor; pero sólo el de buena fe podrá retener la cosa hasta que se le satisfagan.

Los gastos útiles se abonan al poseedor de buena fe con el mismo derecho de retención, pudiendo optar el que le hubiese vencido en su posesión por satisfacer el importe de los gastos, o por abonar el aumento de valor que por ellos haya adquirido la cosa.

454. Los gastos de puro lujo o mero recreo no son abonables al poseedor de buena fe; pero podrá llevarse los adornos con que hubiese embellecido la cosa principal si no sufriere deterioro, y si el sucesor en la posesión no prefiere abonar el importe de lo gastado.

455. El poseedor de mala fe abonará los frutos percibidos y los que el poseedor legítimo hubiera podido percibir, y sólo tendrá derecho a ser reintegrado de los gastos necesarios hechos para la conservación de la cosa. Los gastos hechos en mejoras de lujo y recreo no se abonarán al poseedor de mala fe; pero podrá éste llevarse los objetos en que esos gastos se hayan invertido, siempre que la cosa no sufra deterioro, y el poseedor legítimo no prefiera quedarse con ellos abonando el valor que tengan en el momento de entrar en la posesión.

456. Las mejoras provenientes de la naturaleza o del tiempo ceden siempre en beneficio del que haya vencido en la posesión.

457. El poseedor de buena fe no responde del deterioro o pérdida de la cosa poseída, fuera de los casos en que se justifique haber procedido con dolo. El poseedor de mala fe responde del deterioro o pérdida en todo caso, y aun de los ocasionados por fuerza mayor cuando maliciosamente haya retrasado la entrega de la cosa a su poseedor legítimo.

458. El que obtenga la posesión no está obligado a abonar mejoras que hayan dejado de existir al adquirir la cosa.

459. El poseedor actual que demuestre su posesión en época anterior, se presume que ha poseído también durante el tiempo intermedio, mientras no se pruebe lo contrario.

460. *[741]* [742]

El poseedor puede perder su posesión:
1. Por abandono de la cosa o del animal.
2. Por cesión hecha a otro por título oneroso o gratuito.
3. Por destrucción o pérdida total de la cosa, por muerte o pérdida del animal, o por quedar la cosa o el animal fuera del comercio.
4. Por la posesión de otro, aun contra la voluntad del antiguo poseedor, si la nueva posesión hubiese durado más de un año.

---

[741] Dada nueva redacción por art. 1 apartado 19 de Ley 17/2021 de 15 de diciembre de 2021, con vigencia desde 05/01/2022

[742] Véanse arts. 250.1, 439, 447.2 y 675 LEC y 348.2, 395, 437, 444 y 599 de la presente Ley

461. La posesión de la cosa mueble no se entiende perdida mientras se halle bajo el poder del poseedor, aunque éste ignore accidentalmente su paradero.

462. La posesión de las cosas inmuebles y de los derechos reales no se entiende perdida, ni transmitida para los efectos de la prescripción en perjuicio de tercero, sino con sujeción a lo dispuesto en la Ley Hipotecaria [743].

463. Los actos relativos a la posesión, ejecutados o consentidos por el que posee una cosa ajena como mero tenedor para disfrutarla o retenerla en cualquier concepto, no obligan ni perjudican al dueño, a no ser que éste hubiese otorgado a aquél facultades expresas para ejecutarlos o los ratificare con posterioridad.

464. La posesión de los bienes muebles, adquirida de buena fe, equivale al título. Sin embargo, el que hubiese perdido una cosa mueble o hubiese sido privado de ella ilegalmente, podrá reivindicarla de quien la posea.

Si el poseedor de la cosa mueble perdida o sustraída la hubiese adquirido de buena fe en venta pública, no podrá el propietario obtener la restitución sin reembolsar el precio dado por ella.

Tampoco podrá el dueño de cosas empeñadas en los Montes de Piedad establecidos con autorización del Gobierno obtener la restitución, cualquiera que sea la persona que la hubiese empeñado, sin reintegrar antes al Establecimiento la cantidad del empeño y los intereses vencidos.

En cuanto a las adquiridas en Bolsa, feria o mercado, o de un comerciante legalmente establecido y dedicado habitualmente al tráfico de objetos análogos, se estará a lo que dispone el Código de Comercio [744].

---

[743] Véanse arts. 32, 35, 36, 38 y 76 LH y 1949 de la presente Ley

[744] Véanse arts. 74 a 87, 195 y 548 CCom, 84 a 87 LCCH, 110.1 y 111 CP y 436, 448, 450, 461, 1955.3 y 1956 de la presente Ley

465. [745] Los animales salvajes o silvestres sólo se poseen mientras se hallan en nuestro poder; los domesticados se asimilan a los domésticos o de compañía si conservan la costumbre de volver a la casa del poseedor o si han sido identificados como tales.

466. El que recupera, conforme a derecho, la posesión indebidamente perdida, se entiende para todos los efectos que puedan redundar en su beneficio que la ha disfrutado sin interrupción.

TÍTULO VI
Del usufructo, del uso y de la habitación

CAPÍTULO PRIMERO
Del usufructo

SECCIÓN PRIMERA
Del usufructo en general

467. El usufructo da derecho a disfrutar los bienes ajenos con la obligación de conservar su forma y sustancia, a no ser que el título de su constitución o la ley autoricen otra cosa [746].

468. El usufructo se constituye por la ley, por la voluntad de los particulares manifestada en actos entre vivos o en última voluntad, y por prescripción.

469. Podrá constituirse el usufructo en todo o parte de los frutos de la cosa, a favor de una o varias personas, simultánea o sucesivamente, y en todo caso desde o hasta cierto día, puramente o bajo

---

[745] Dada nueva redacción por art. 1 apartado 20 de Ley 17/2021 de 15 de diciembre de 2021, con vigencia desde 05/01/2022

[746] Véanse arts. 2.2 LH, 622 LEC y 487 y 489 de la presente Ley

condición. También puede constituirse sobre un derecho, siempre que no sea personalísimo o intransmisible.

470. Los derechos y las obligaciones del usufructuario serán los que determine el título constitutivo del usufructo; en su defecto, o por insuficiencia de éste, se observarán las disposiciones contenidas en las dos secciones siguientes.

SECCIÓN SEGUNDA
De los derechos del usufructuario

471. El usufructuario tendrá derecho a percibir todos los frutos naturales, industriales y civiles, de los bienes usufructuados. Respecto de los tesoros que se hallaren en la finca será considerado como extraño.

472. Los frutos naturales o industriales, pendientes al tiempo de comenzar el usufructo, pertenecen al usufructuario.

Los pendientes al tiempo de extinguirse el usufructo, pertenecen al propietario.

En los precedentes casos, el usufructuario, al comenzar el usufructo, no tiene obligación de abonar al propietario ninguno de los gastos hechos; pero el propietario está obligado a abonar al fin del usufructo, con el producto de los frutos pendientes, los gastos ordinarios de cultivo, simientes y otros semejantes, hechos por el usufructuario.

Lo dispuesto en este artículo no perjudica los derechos de tercero, adquiridos al comenzar o terminar el usufructo.

473. Si el usufructuario hubiere arrendado las tierras o heredades dadas en usufructo y acabare éste antes de terminar el arriendo, sólo percibirán él o sus herederos y sucesores la parte proporcional de la renta que debiere pagar el arrendatario [747].

---

[747] Véanse arts. 13 LAU, 2, 10 y 23 LAR y 451 y 480 de la presente Ley

474. Los frutos civiles se entienden percibidos día por día, y pertenecen al usufructuario en proporción al tiempo que dure el usufructo.

475. Si el usufructo se constituye sobre el derecho a percibir una renta o una pensión periódica, bien consista en metálico, bien en frutos, o los intereses de obligaciones o títulos al portador, se considerará cada vencimiento como productos o frutos de aquel derecho.

Si consistiere en el goce de los beneficios que diese una participación en una explotación industrial o mercantil cuyo reparto no tuviese vencimiento fijo, tendrán aquéllos la misma consideración.

En uno y otro caso se repartirán como frutos civiles, y se aplicarán en la forma que previene el artículo anterior [748] .

476. No corresponden al usufructuario de un predio en que existen minas los productos de las denunciadas, concedidas o que se hallen en laboreo al principiar el usufructo, a no ser que expresamente se le concedan en el título constitutivo de éste, o que sea universal.

Podrá, sin embargo, el usufructuario extraer piedras, cal y yeso de las canteras para reparaciones u obras que estuviere obligado a hacer o que fueren necesarias.

477. Sin embargo, de lo dispuesto en el artículo anterior, en el usufructo legal podrá el usufructuario explotar las minas denunciadas, concedidas o en laboreo, existentes en el predio, haciendo suya la mitad de las utilidades que resulten después de rebajar los gastos, que satisfará por mitad con el propietario.

478. La calidad de usufructuario no priva al que la tiene del derecho que a todos concede la Ley de Minas para denunciar y obtener la concesión de las que existan en los predios usufructuados, en la forma y condiciones que la misma ley establece.

479. El usufructuario tendrá el derecho de disfrutar del aumento que reciba por accesión la cosa usufructuada, de las servidumbres que

---

[748] Véanse arts. 127 a 131 RDLeg. 1/2010, de 2 de julio, por el que se aprueba el texto refundido de la Ley de Sociedades de Capital y 10 a 12 Ley 24/1988 Mercado de Valores

tenga a su favor, y en general de todos los beneficios inherentes a la misma.

480. Podrá el usufructuario aprovechar por sí mismo la cosa usufructuada, arrendarla a otro y enajenar su derecho de usufructo, aunque sea a título gratuito, pero todos los contratos que celebre como tal usufructuario se resolverán al fin del usufructo, salvo el arrendamiento de las fincas rústicas, el cual se considerará subsistente durante el año agrícola [749].

481. Si el usufructo comprendiera cosas que sin consumirse se deteriorasen poco a poco por el uso, el usufructuario tendrá derecho a servirse de ellas empleándolas según su destino, y no estará obligado a restituirlas al concluir el usufructo sino en el estado en que se encuentren; pero con la obligación de indemnizar al propietario del deterioro que hubieran sufrido por su dolo o negligencia [750].

482. Si el usufructo comprendiera cosas que no se puedan usar sin consumirlas, el usufructuario tendrá derecho a servirse de ellas con la obligación de pagar el importe de su avalúo al terminar el usufructo, si se hubiesen dado estimadas. Cuando no se hubiesen estimado, tendrá el derecho de restituirlas en igual cantidad y calidad, o pagar su precio corriente al tiempo de cesar el usufructo.

483. El usufructuario de viñas, olivares u otros árboles o arbustos podrá aprovecharse de los pies muertos, y aun de los tronchados o arrancados por accidente, con la obligación de reemplazarlos por otros.

484. Si, a consecuencia de un siniestro o caso extraordinario, las viñas, olivares u otros árboles o arbustos hubieran desaparecido en número tan considerable que no fuese posible o resultase demasiado

[749] Véanse arts. 107 y 108.2 LH, 9 y 13.2 LAU, 10 y 23 LAR y 469, 473, 498 y 1577 de la presente Ley
[750] Véanse arts. 21.4 LAU, 3 y 8 LAR y 467, 497, 500, 1101 y 1740 a 1757 de la presente Ley

gravosa la reposición, el usufructuario podrá dejar los pies muertos, caídos o tronchados a disposición del propietario, y exigir de éste que los retire y deje el suelo expedito.

485. El usufructuario de un monte disfrutará todos los aprovechamientos que pueda éste producir según su naturaleza.

Siendo el monte tallar o de maderas de construcción, podrá el usufructuario hacer en él las talas o las cortas ordinarias que solía hacer el dueño, y en su defecto las hará acomodándose en el modo, porción y épocas, a la costumbre del lugar.

En todo caso hará las talas o las cortas de modo que no perjudiquen a la conservación de la finca.

En los viveros de árboles podrá el usufructuario hacer la entresaca necesaria para que los que queden puedan desarrollarse convenientemente.

Fuera de lo establecido en los párrafos anteriores, el usufructuario no podrá cortar árboles por el pie como no sea para reponer o mejorar alguna de las cosas usufructuadas, y en este caso hará saber previamente al propietario la necesidad de la obra [751].

486. El usufructuario de una acción para reclamar un predio o derecho real, o un bien mueble, tiene derecho a ejercitarla y obligar al propietario de la acción a que le ceda para este fin su representación y le facilite los elementos de prueba de que disponga. Si por consecuencia del ejercicio de la acción adquiriese la cosa reclamada, el usufructo se limitará a sólo los frutos, quedando el dominio para el propietario.

487. El usufructuario podrá hacer en los bienes objeto del usufructo las mejoras útiles o de recreo que tuviere por conveniente, con tal que no altere su forma o su sustancia; pero no tendrá por ello derecho a indemnización. Podrá, no obstante, retirar dichas mejoras, si fuere posible hacerlo sin detrimento de los bienes [752].

---

[751] Véanse arts. 15, 36, 37, 39 y 61 a 66 Ley 43/2003 Montes y 467 de la presente Ley

[752] Véanse arts. 15.1 LPH y 453, 454, 522, 1573 y 1652 de la presente Ley

488. El usufructuario podrá compensar los desperfectos de los bienes con las mejoras que en ellos hubiese hecho.

489. El propietario de bienes en que otro tenga el usufructo, podrá enajenarlos, pero no alterar su forma ni sustancia, ni hacer en ellos nada que perjudique al usufructuario [753].

490. El usufructuario de parte de una cosa poseída en común ejercerá todos los derechos que correspondan al propietario de ella referentes a la administración y a la percepción de frutos o intereses. Si cesare la comunidad por dividirse la cosa poseída en común, corresponderá al usufructuario el usufructo de la parte que se adjudicare al propietario o condueño.

SECCIÓN TERCERA
De las obligaciones del usufructuario

491. El usufructuario, antes de entrar en el goce de los bienes, está obligado:

1º) A formar, con citación del propietario o de su legítimo representante, inventario de todos ellos, haciendo tasar los muebles y describiendo el estado de los inmuebles.

2º) A prestar fianza, comprometiéndose a cumplir las obligaciones que le correspondan con arreglo a esta sección.

492. [754] La disposición contenida en el número segundo del precedente artículo no es aplicable al vendedor o donante que se hubiere reservado el usufructo de los bienes vendidos o donados, ni a los padres usufructuarios de los bienes de los hijos, ni al cónyuge

---

[753] Véanse arts. 107.2 LH, 15.1 LPH y 467, 503 y 595 de la presente Ley

[754] Dada nueva redacción por art. 4 de Ley 11/1981 de 13 de mayo de 1981, con vigencia desde 08/06/1981

sobreviviente respecto de la cuota legal usufructuaria si no contrajeren los padres o el cónyuge ulterior matrimonio [755].

493. El usufructuario, cualquiera que sea el título del usufructo, podrá ser dispensado de la obligación de hacer inventario o de prestar fianza, cuando de ello no resultare perjuicio a nadie.

494. No prestando el usufructuario la fianza en los casos en que deba darla, podrá el propietario exigir que los inmuebles se pongan en administración, que los muebles se vendan, que los efectos públicos, títulos de crédito nominativos o al portador se conviertan en inscripciones o se depositen en un Banco o establecimiento público, y que los capitales o sumas en metálico y el precio de la enajenación de los bienes muebles se inviertan en valores seguros.

El interés del precio de las cosas muebles y de los efectos públicos y valores, y los productos de los bienes puestos en administración, pertenecen al usufructuario.

También podrá el propietario, si lo prefiere, mientras el usufructuario no preste fianza o quede dispensado de ella, retener en su poder los bienes del usufructo en calidad de administrador, y con la obligación de entregar al usufructuario su producto líquido, deducida la suma que por dicha administración se convenga o judicialmente se le señale [756].

495. Si el usufructuario que no haya prestado fianza reclamare, bajo caución juratoria, la entrega de los muebles necesarios para su uso, y que se le asigne habitación para él y su familia en una casa comprendida en el usufructo, podrá el Juez acceder a esta petición, consultadas las circunstancias del caso.

Lo mismo se entenderá respecto de los instrumentos, herramientas y demás bienes muebles necesarios para la industria a que se dedique.

Si no quisiere el propietario que se vendan algunos muebles por su mérito artístico o porque tengan un precio de afección, podrá exigir

---

[755] Véanse arts. 168.3, 190 y 191 LH y 507, 639, 640, 834 a 840 y 1255 de la presente Ley

[756] Véanse arts. 622 LEC y 334, 335, 471 y 507 de la presente Ley

que se le entreguen, afianzando el abono del interés legal del valor en tasación.

496. Prestada la fianza por el usufructuario, tendrá derecho a todos los productos desde el día en que, conforme al título constitutivo del usufructo, debió comenzar a percibirlos.

497. El usufructuario deberá cuidar las cosas dadas en usufructo como un buen padre de familia.

498. El usufructuario que enajenare o diere en arrendamiento su derecho de usufructo, será responsable del menoscabo que sufran las cosas usufructuadas por culpa o negligencia de la persona que le sustituya.

499. [757] Si el usufructo se constituyere sobre un rebaño o piara de ganados, el usufructuario estará obligado a reemplazar con las crías las cabezas que mueran anual y ordinariamente, o falten por la depredación de otros animales.

Si el ganado sobre el que se constituyere el usufructo pereciere del todo, sin culpa del usufructuario, por efecto de una enfermedad contagiosa u otro acontecimiento no común, el usufructuario cumplirá con entregar al dueño los restos de los animales o sus rendimientos, sin perjuicio de la aplicación, en todo caso, de la regulación legal y reglamentaria de seguridad alimentaria y de sanidad animal sobre dichos productos o restos.

Si el rebaño pereciere en parte, también por un accidente, y sin culpa del usufructuario, continuará el usufructo en la parte que se conserve.

Si el usufructo fuere de ganado estéril, en cuanto a los efectos se aplicará lo dispuesto en el artículo 482.

500. El usufructuario está obligado a hacer las reparaciones ordinarias que necesiten las cosas dadas en usufructo.

---

[757] Dada nueva redacción por art. 1 apartado 21 de Ley 17/2021 de 15 de diciembre de 2021, con vigencia desde 05/01/2022

Se considerarán ordinarias las que exijan los deterioros o desperfectos que procedan del uso natural de las cosas y sean indispensables para su conservación. Si no las hiciere después de requerido por el propietario podrá éste hacerlas por sí mismo a costa del usufructuario [758].

501. Las reparaciones extraordinarias serán de cuenta del propietario. El usufructuario está obligado a darle aviso cuando fuere urgente la necesidad de hacerlas.

502. Si el propietario hiciere las reparaciones extraordinarias, tendrá derecho a exigir al usufructuario el interés legal de la cantidad invertida en ellas mientras dure el usufructo.

Si no las hiciere cuando fuesen indispensables para la subsistencia de la cosa, podrá hacerlas el usufructuario; pero tendrá derecho a exigir del propietario, al concluir el usufructo, el aumento de valor que tuviese la finca por efecto de las mismas obras.

Si el propietario se negare a satisfacer dicho importe, tendrá el usufructuario derecho a retener la cosa hasta reintegrarse con sus productos.

503. El propietario podrá hacer las obras y mejoras de que sea susceptible la finca usufructuada, o nuevas plantaciones en ella si fuere rústica, siempre que por tales actos no resulte disminuido el valor del usufructo, ni se perjudique el derecho del usufructuario.

504. El pago de las cargas y contribuciones anuales y el de las que se consideran gravámenes de los frutos, será de cuenta del usufructuario todo el tiempo que el usufructo dure.

505. Las contribuciones que durante el usufructo se impongan directamente sobre el capital, serán de cargo del propietario.

Si éste las hubiese satisfecho, deberá el usufructuario abonarle los intereses correspondientes a las sumas que en dicho concepto hubiese

---

[758] Véanse arts. 21 a 24 y 30 LAU, 17 a 21 LAR y 453, 467, 497, 520, 1154.2, 1522, 1558 y 1559 de la presente Ley

pagado y, si las anticipare el usufructuario, deberá recibir su importe al fin del usufructo.

506. Si se constituyere el usufructo sobre la totalidad de un patrimonio, y al constituirse tuviere deudas el propietario, se aplicará, tanto para la subsistencia del usufructo como para la obligación del usufructuario a satisfacerlas, lo establecido en los arts. 642 y 643 respecto de las donaciones.

Esta misma disposición es aplicable al caso en que el propietario viniese obligado, al constituirse el usufructo, al pago de prestaciones periódicas, aunque no tuvieran capital conocido.

507. El usufructuario podrá reclamar por sí los créditos vencidos que formen parte del usufructo si tuviese dada o diere la fianza correspondiente. Si estuviese dispensado de prestar fianza o no hubiese podido constituirla, o la constituida no fuese suficiente, necesitará autorización del propietario, o del Juez en su defecto, para cobrar dichos créditos.

El usufructuario con fianza podrá dar al capital que realice el destino que estime conveniente. El usufructuario sin fianza deberá poner a interés dicho capital de acuerdo con el propietario; a falta de acuerdo entre ambos, con autorización judicial; y, en todo caso, con las garantías suficientes para mantener la integridad del capital usufructuado.

508. El usufructuario universal deberá pagar por entero el legado de renta vitalicia o pensión de alimentos.

El usufructuario de una parte alícuota de la herencia lo pagará en proporción a su cuota.

En ninguno de los dos casos quedará obligado el propietario al reembolso.

El usufructuario de una o más cosas particulares sólo pagará el legado cuando la renta o pensión estuviese constituida determinadamente sobre ellas.

509. El usufructuario de una finca hipotecada no estará obligado a pagar las deudas para cuya seguridad se estableció la hipoteca.

Si la finca se embargare o vendiere judicialmente para el pago de la deuda, el propietario responderá al usufructuario de lo que pierda por este motivo [759].

510. Si el usufructo fuere de la totalidad o de parte alícuota de una herencia, el usufructuario podrá anticipar las sumas que para el pago de las deudas hereditarias correspondan a los bienes usufructuados, y tendrá derecho a exigir del propietario su restitución, sin interés, al extinguirse el usufructo.

Negándose el usufructuario a hacer esta anticipación, podrá el propietario pedir que se venda la parte de los bienes usufructuados que sea necesaria para pagar dichas sumas, o satisfacerlas de su dinero, con derecho, en este último caso, a exigir del usufructuario los intereses correspondientes.

511. El usufructuario estará obligado a poner en conocimiento del propietario cualquier acto de un tercero, de que tenga noticia, que sea capaz de lesionar los derechos de propiedad, y responderá, si no lo hiciere, de los daños y perjuicios, como si hubieran sido ocasionados por su culpa.

512. Serán de cuenta del usufructuario los gastos, costas y condenas de los pleitos sostenidos sobre el usufructo.

SECCIÓN CUARTA
De los modos de extinguirse el usufructo

513. El usufructo se extingue:

1º) Por muerte del usufructuario [760].

2º) Por expirar el plazo por el que se constituyó, o cumplirse la condición resolutoria consignada en el título constitutivo.

---

[759] Véanse arts. 134 LH, 216, 217 y 231 RH, 622 LEC y 506, 1158 y 1210 de la presente Ley

[760] Véanse arts. 107.1 LH y 521 y 781 de la presente Ley

3º) Por la reunión del usufructo y la propiedad en una misma persona.

4º) Por la renuncia del usufructuario.

5º) Por la pérdida total de la cosa objeto del usufructo.

6º) Por la resolución del derecho del constituyente.

7º) Por prescripción [761].

514. Si la cosa dada en usufructo se perdiera sólo en parte, continuará este derecho en la parte restante.

515. No podrá constituirse el usufructo a favor de un pueblo o Corporación o sociedad por más de treinta años. Si se hubiese constituido, y antes de este tiempo el pueblo quedara yermo, o la Corporación o la sociedad se disolviera, se extinguirá por este hecho el usufructo [762].

516. El usufructo concedido por el tiempo que tarde un tercero en llegar a cierta edad, subsistirá el número de años prefijado, aunque el tercero muera antes, salvo si dicho usufructo hubiese sido expresamente concedido sólo en atención a la existencia de dicha persona.

517. Si el usufructo estuviera constituido sobre una finca de la que forme parte un edificio, y éste llegare a perecer, de cualquier modo que sea, el usufructuario tendrá derecho a disfrutar del suelo y de los materiales.

Lo mismo sucederá cuando el usufructo estuviera constituido solamente sobre un edificio y éste pereciere. Pero en tal caso, si el propietario quisiere construir otro edificio, tendrá derecho a ocupar el suelo y a servirse de los materiales, quedando obligado a pagar al usufructuario, mientras dure el usufructo, los intereses de las sumas correspondientes al valor del suelo y de los materiales.

518. Si el usufructuario concurriere con el propietario al seguro de un predio dado en usufructo, continuará aquél, en caso de siniestro, en

---

[761] Véanse arts. 107 LH, 175 y 192 RH, 514 a 519, 781, 1962 y 1963 de la presente Ley

[762] Véanse arts. 9 a 16 RBEL

el goce del nuevo edificio si se construyere, o percibirá los intereses del precio del seguro si la reedificación no conviniere al propietario.

Si el propietario se hubiera negado a contribuir al seguro del predio, constituyéndolo por sí solo el usufructuario, adquirirá éste el derecho de recibir por entero en caso de siniestro el precio del seguro, pero con obligación de invertirlo en la reedificación de la finca.

Si el usufructuario se hubiese negado a contribuir al seguro, constituyéndolo por sí solo el propietario, percibirá éste íntegro el precio del seguro en caso de siniestro, salvo siempre el derecho concedido al usufructuario en el artículo anterior [763].

519. Si la cosa usufructuada fuere expropiada por causa de utilidad pública, el propietario estará obligado, o bien a subrogarla con otra de igual valor y análogas condiciones, o bien a abonar al usufructuario el interés legal del importe de la indemnización por todo el tiempo que deba durar el usufructo. Si el propietario optare por lo último, deberá afianzar el pago de los réditos [764].

520. El usufructo no se extingue por el mal uso de la cosa usufructuada; pero, si el abuso infiriese considerable perjuicio al propietario, podrá éste pedir que se le entregue la cosa, obligándose a pagar anualmente al usufructuario el producto líquido de la misma después de deducir los gastos y el premio que se le asignare por su administración.

521. El usufructo constituido en provecho de varias personas vivas al tiempo de su constitución, no se extinguirá hasta la muerte de la última que sobreviviere.

522. Terminado el usufructo, se entregará al propietario la cosa usufructuada, salvo el derecho de retención que compete al usufruc-

---

[763] Véanse arts. 5 a 21 y 42 LCS
[764] Véanse arts. 3, 4, 42 y 43 LEF, 6.2 REF y 349, 513 y 1108 de la presente Ley

tuario o a sus herederos por los desembolsos de que deban ser reintegrados. Verificada la entrega, se cancelará la fianza o hipoteca [765].

CAPÍTULO II
Del uso y de la habitación

523. Las facultades y obligaciones del usuario y del que tiene derecho de habitación se regularán por el título constitutivo de estos derechos; y, en su defecto, por las disposiciones siguientes [766].

524. El uso da derecho a percibir de los frutos de la cosa ajena los que basten a las necesidades del usuario y de su familia, aunque ésta se aumente.

La habitación da a quien tiene este derecho la facultad de ocupar en una casa ajena las piezas necesarias para sí y para las personas de su familia.

525. Los derechos de uso y habitación no se pueden arrendar ni traspasar a otro por ninguna clase de título [767].

526. El que tuviere el uso de un rebaño o piara de ganado, podrá aprovecharse de las crías, leche y lana en cuanto baste para su consumo y el de su familia, así como también del estiércol necesario para el abono de las tierras que cultive.

527. Si el usuario consumiera todos los frutos de la cosa ajena, o el que tuviere derecho de habitación ocupara toda la casa, estará obligado a los gastos de cultivo, a los reparos ordinarios de conservación y al pago de las contribuciones, del mismo modo que el usufructuario.

---

[765] Véanse arts. 1, 2, y 18 LH, 175.1 y 179 RH y 453, 472, 502, 505 y 510 de la presente Ley

[766] Véanse arts. 2.2 LH, 26.b Ley 29/1987 Impuesto Sucesiones y Donaciones y 470, 528 y 1407 de la presente Ley

[767] Véanse arts. 108.3 LH

Si sólo percibiera parte de los frutos o habitara parte de la casa, no deberá contribuir con nada, siempre que quede al propietario una parte de frutos o aprovechamientos bastantes para cubrir los gastos y las cargas. Si no fueren bastantes, suplirá aquél lo que falte.

528. Las disposiciones establecidas para el usufructo son aplicables a los derechos de uso y habitación, en cuanto no se opongan a lo ordenado en el presente capítulo.

529. Los derechos de uso y habitación se extinguen por las mismas causas que el usufructo y además por abuso grave de la cosa y de la habitación.

TÍTULO VII
De las servidumbres

CAPÍTULO PRIMERO
De las servidumbres en general

SECCIÓN PRIMERA
De las diferentes clases de servidumbres que pueden establecerse sobre las fincas

530. La servidumbre es un gravamen impuesto sobre un inmueble en beneficio de otro perteneciente a distinto dueño.

El inmueble a cuyo favor está constituida la servidumbre se llama predio dominante; el que la sufre, predio sirviente [768].

---

[768] Véanse arts. 2.2, 13 y 108.1 LH y 334 y 550 de la presente Ley

531. También pueden establecerse servidumbres en provecho de una o más personas, o de una comunidad, a quienes no pertenezca la finca gravada.

532. Las servidumbres pueden ser continuas o discontinuas, aparentes o no aparentes.

Continuas son aquellas cuyo uso es o puede ser incesante, sin la intervención de ningún hecho del hombre.

Discontinuas son las que se usan a intervalos más o menos largos y dependen de actos del hombre.

Aparentes, las que se anuncian y están continuamente a la vista por signos exteriores que revelan el uso y aprovechamiento de las mismas.

No aparentes, las que no presentan indicio alguno exterior de su existencia [769].

533. Las servidumbres son además positivas o negativas.

Se llama positiva la servidumbre que impone al dueño del predio sirviente la obligación de dejar hacer alguna cosa o de hacerla por sí mismo, y negativa la que prohíbe al dueño del predio sirviente hacer algo que le sería lícito sin la servidumbre.

534. Las servidumbres son inseparables de la finca a que activa o pasivamente pertenecen.

535. Las servidumbres son indivisibles. Si el predio sirviente se divide entre dos o más, la servidumbre no se modifica y cada uno de ellos tiene que tolerarla en la parte que le corresponda.

Si es el predio dominante el que se divide entre dos o más, cada porcionero puede usar por entero de la servidumbre, no alterando el lugar de su uso, ni agravándola de otra manera [770].

536. Las servidumbres se establecen por la ley o por la voluntad de los propietarios. Aquéllas se llaman legales y éstas voluntarias.

---

[769] Véanse arts. 36. b LH y 537 a 541, 561, 564 y 573 de la presente Ley
[770] Véanse arts. 46 a 50 RH y 394, 405, 597 y 603 de la presente Ley

SECCIÓN SEGUNDA
De los modos de adquirir las servidumbres

537. Las servidumbres continuas y aparentes se adquieren en virtud de título, o por la prescripción de veinte años.

538. Para adquirir por prescripción las servidumbres a que se refiere el artículo anterior, el tiempo de la posesión se contará: en las positivas, desde el día en que el dueño del predio dominante, o el que haya aprovechado la servidumbre, hubiera empezado a ejercerla sobre el predio sirviente; y en las negativas, desde el día en que el dueño del predio dominante hubiera prohibido, por un acto formal, al del sirviente la ejecución del hecho que sería lícito sin la servidumbre.

539. Las servidumbres continuas no aparentes, y las discontinuas, sean o no aparentes, sólo podrán adquirirse en virtud de título.

540. La falta de título constitutivo de las servidumbres que no pueden adquirirse por prescripción, únicamente se puede suplir por la escritura de reconocimiento del dueño del predio sirviente, o por una sentencia firme.

541. La existencia de un signo aparente de servidumbre entre dos fincas, establecido por el propietario de ambas, se considerará, si se enajenare una, como título para que la servidumbre continúe activa y pasivamente, a no ser que, al tiempo de separarse la propiedad de las dos fincas, se exprese lo contrario en el título de enajenación de cualquiera de ellas, o se haga desaparecer aquel signo antes del otorgamiento de la escritura.

542. Al establecerse una servidumbre se entienden concedidos todos los derechos necesarios para su uso.

SECCIÓN TERCERA
Derechos y obligaciones de los propietarios de los predios dominante y sirviente

543. El dueño del predio dominante podrá hacer, a su costa, en el predio sirviente las obras necesarias para el uso y conservación de la servidumbre, pero sin alterarla ni hacerla más gravosa.

Deberá elegir para ello el tiempo y la forma convenientes a fin de ocasionar la menor incomodidad posible al dueño del predio sirviente.

544. Si fuesen varios los predios dominantes, los dueños de todos ellos estarán obligados a contribuir a los gastos de que trata el artículo anterior, en proporción al beneficio que a cada cual reporte la obra. El que no quiera contribuir podrá eximirse renunciando a la servidumbre en provecho de los demás.

Si el dueño del predio sirviente se utilizare en algún modo de la servidumbre, estará obligado a contribuir a los gastos en la proporción antes expresada, salvo pacto en contrario.

545. El dueño del predio sirviente no podrá menoscabar de modo alguno el uso de la servidumbre constituida.

Sin embargo, si por razón del lugar asignado primitivamente, o de la forma establecida para el uso de la servidumbre, llegara ésta a ser muy incómoda al dueño del predio sirviente, o le privase de hacer en él obras, reparos o mejoras importantes, podrá variarse a su costa, siempre que ofrezca otro lugar o forma igualmente cómodos, y de suerte que no resulte perjuicio alguno al dueño del predio dominante o a los que tengan derecho al uso de la servidumbre.

SECCIÓN CUARTA
De los modos de extinguirse las servidumbres

546. Las servidumbres se extinguen:

1º) Por reunirse en una misma persona la propiedad del predio dominante y la del sirviente.

2º) Por el no uso durante veinte años.

Este término principiará a contarse desde el día en que hubiera dejado de usarse la servidumbre respecto a las discontinuas; y desde el día en que haya tenido lugar un acto contrario a la servidumbre respecto a las continuas.

3º) Cuando los predios vengan a tal estado que no pueda usarse de la servidumbre; pero ésta revivirá si después el estado de los predios permitiera usar de ella, a no ser que cuando sea posible el uso, haya transcurrido el tiempo suficiente para la prescripción, conforme a lo dispuesto en el número anterior.

4º) Por llegar el día o realizarse la condición, si la servidumbre fuera temporal o condicional.

5º) Por la renuncia del dueño del predio dominante.

6º) Por la redención convenida entre el dueño del predio dominante y el del sirviente [771].

547. La forma de prestar la servidumbre puede prescribirse como la servidumbre misma, y de la misma manera.

548. Si el predio dominante perteneciera a varios en común, el uso de la servidumbre hecho por uno impide la prescripción respecto de los demás.

CAPÍTULO II
De las servidumbres legales

SECCIÓN PRIMERA
Disposiciones generales

549. Las servidumbres impuestas por la ley tienen por objeto la utilidad pública o el interés de los particulares.

---

[771] Véanse arts. 76 LH y 588, 603 y 949 de la presente Ley

550. Todo lo concerniente a las servidumbres establecidas para utilidad pública o comunal se regirá por las leyes y reglamentos especiales que las determinan, y, en su defecto, por las disposiciones del presente título [772] .

551. Las servidumbres que impone la ley en interés de los particulares, o por causa de utilidad privada se regirán por las disposiciones del presente título, sin perjuicio de lo que dispongan las leyes, reglamentos y ordenanzas generales o locales sobre policía urbana o rural.

Estas servidumbres podrán ser modificadas por convenio de los interesados cuando no lo prohíba la ley ni resulte perjuicio a tercero.

SECCIÓN SEGUNDA
De las servidumbres en materia de aguas

552. [773]

Los predios inferiores están sujetos a recibir las aguas que naturalmente y sin obra del hombre descienden de los predios superiores, así como la tierra o piedra que arrastran en su curso.

Ni el dueño del predio inferior puede hacer obras que impidan esta servidumbre, ni el del superior obras que la graven.

553. [774]

Las riberas de los ríos, aun cuando sean de dominio privado, están sujetas en toda su extensión y sus márgenes, en una zona de tres metros, a la servidumbre de uso público en interés general de la navegación, la flotación, la pesca y el salvamento.

Los predios contiguos a las riberas de los ríos navegables o flotables están además sujetos a la servidumbre de camino de sirga para el servicio exclusivo de la navegación y flotación fluvial.

---

[772] Véanse arts. 6.1, 47 a 49 TR Ley de Aguas, 20 a 30 Ley 22/1988 Costas, 28.1 y 31 a 37 Ley 37/2015 Carreteras y 536 de la presente Ley

[773] Véanse arts. 47 a 49 TR Ley de Aguas, 16 RD 849/1986 RDPH, 45.1 LH y 247 CP

[774] Véanse arts. 6.1 TR Ley de Aguas y 6 a 8, 41 y 47 RD 849/1986 RDPH

Si fuere necesario ocupar para ello terrenos de propiedad particular, procederá la correspondiente indemnización.

554. Cuando para la derivación o toma de aguas de un río o arroyo, o para el aprovechamiento de otras corrientes continuas o discontinuas, fuere necesario establecer una presa, y el que haya de hacerlo no sea dueño de las riberas o terrenos en que necesite apoyarla, podrá establecer la servidumbre de estribo de presa, previa la indemnización correspondiente.

555. Las servidumbres forzosas de saca de agua y de abrevadero solamente podrán imponerse por causa de utilidad pública en favor de alguna población o caserío, previa la correspondiente indemnización [775].

556. Las servidumbres de saca de agua y de abrevadero llevan consigo la obligación en los predios sirvientes de dar paso a personas y ganados hasta el punto donde hayan de utilizarse aquéllas, debiendo ser extensiva a este servicio la indemnización.

557. Todo el que quiera servirse del agua de que puede disponer para una finca suya, tiene derecho a hacerla pasar por los predios intermedios con obligación de indemnizar a sus dueños, como también a los de los predios inferiores sobre los que se filtren o caigan las aguas [776].

558. El que pretenda usar del derecho concedido en el artículo anterior está obligado:
1º) A justificar que puede disponer del agua y que ésta es suficiente para el uso a que la destina.
2º) A demostrar que el paso que solicita es el más conveniente y menos oneroso para tercero.

---

[775] Véanse arts. 48.2 y 5 TR Ley de Aguas y 41 a 49 RD 849/1986 RDPH
[776] Véanse arts. 48.1 y 5 TR Ley de Aguas y 18 a 40 RD 849/1986 RDPH

3º) A indemnizar al dueño del predio sirviente en la forma que se determine por las leyes y reglamentos.

559. No puede imponerse la servidumbre de acueducto para objeto de interés privado, sobre edificios, ni sus patios o dependencias, ni sobre jardines o huertas ya existentes.

560. La servidumbre de acueducto no obsta para que el dueño del predio sirviente pueda cerrarlo y cercarlo, así como edificar sobre el mismo acueducto de manera que éste no experimente perjuicio, ni se imposibiliten las reparaciones y limpias necesarias.

561. Para los efectos legales, la servidumbre de acueducto será considerada como continua y aparente, aun cuando no sea constante el paso del agua, o su uso dependa de las necesidades del predio dominante, o de un turno establecido por días o por horas.

562. El que para dar riego a su heredad o mejorarla, necesite construir parada o partidor en el cauce por donde haya de recibir el agua, podrá exigir que los dueños de las márgenes permitan su construcción, previo abono de daños y perjuicios, incluso los que se originen de la nueva servidumbre a dichos dueños y a los demás regantes.

563. El establecimiento, extensión, forma y condiciones de las servidumbres de aguas, de que se trata en esta sección, se regirán por la ley especial de la materia en cuanto no se halle previsto en este Código [777].

---

[777] Véanse arts. 47 a 49 y disposición final 1.ª TR Ley de Aguas

SECCIÓN TERCERA
De la servidumbre de paso

564. El propietario de una finca o heredad, enclavada entre otras ajenas y sin salida a camino público, tiene derecho a exigir paso por las heredades vecinas, previa la correspondiente indemnización.

Si esta servidumbre se constituye de manera que pueda ser continuo su uso para todas las necesidades del predio dominante estableciendo una vía permanente, la indemnización consistirá en el valor del terreno que se ocupe y en el importe de los perjuicios que se causen en el predio sirviente.

Cuando se limite al paso necesario para el cultivo de la finca enclavada entre otras y para la extracción de sus cosechas a través del predio sirviente sin vía permanente, la indemnización consistirá en el abono del perjuicio que ocasione este gravamen.

565. La servidumbre de paso debe darse por el punto menos perjudicial al predio sirviente, y, en cuanto fuere conciliable con esta regla, por donde sea menor la distancia del predio dominante al camino público.

566. La anchura de la servidumbre de paso será la que baste a las necesidades del predio dominante.

567. Si, adquirida una finca por venta, permuta o partición, quedare enclavada entre otras del vendedor, permutante o copartícipe, éstos están obligados a dar paso sin indemnización, salvo pacto en contrario.

568. Si el paso concedido a una finca enclavada deja de ser necesario por haberla reunido su dueño a otra que esté contigua al camino público, el dueño del predio sirviente podrá pedir que se extinga la servidumbre, devolviendo lo que hubiera recibido por indemnización.

Lo mismo se entenderá en el caso de abrirse un nuevo camino que dé acceso a la finca enclavada.

569. Si fuere indispensable para construir o reparar algún edificio pasar materiales por predio ajeno, o colocar en él andamios u otros objetos para la obra, el dueño de este predio está obligado a consentir-lo, recibiendo la indemnización correspondiente al perjuicio que se le irrogue.

570. Las servidumbres existentes de paso para ganados, conocidas con los nombres de cañada, cordel, vereda o cualquiera otro, y las de abrevadero, descansadero y majada, se regirán por las ordenanzas y reglamentos del ramo, y, en su defecto, por el uso y costumbre del lugar.

Sin perjuicio de los derechos legítimamente adquiridos, la cañada no podrá exceder en todo caso de la anchura de 75 metros, el cordel de 37 metros 50 centímetros, y la vereda de 20 metros.

Cuando sea necesario establecer la servidumbre forzosa de paso o la de abrevadero para ganados, se observará lo dispuesto en esta sección y en los arts. 555 y 556. En este caso la anchura no podrá exceder de 10 metros [778].

SECCIÓN CUARTA
De la servidumbre de medianería

571. La servidumbre de medianería se regirá por las disposiciones de este título y por las ordenanzas y usos locales en cuanto no se opongan a él, o no esté prevenido en el mismo [779].

572. Se presume la servidumbre de medianería mientras no haya un título, o signo exterior, o prueba en contrario:

1º) En las paredes divisorias de los edificios contiguos hasta el punto común de elevación.

2º) En las paredes divisorias de los jardines o corrales sitos en poblado o en el campo.

---

[778] Véanse arts. 149.1 CE, 1, 4, 6 y 14 a 17 Ley 3/1995 Vías Pecuarias y 550 de la presente Ley

[779] Véanse arts. 63 TR Ley del Suelo y 396 y 590 de la presente Ley

3º) En las cercas, vallados y setos vivos que dividen los predios rústicos [780] .

573. Se entiende que hay signo exterior, contrario a la servidumbre de medianería:

1º) Cuando en las paredes divisorias de los edificios haya ventanas o huecos abiertos.

2º) Cuando la pared divisoria esté por un lado recta y a plomo en todo su paramento, y por el otro presente lo mismo en su parte superior, teniendo en la inferior relex o retallos.

3º) Cuando resulte construida toda la pared sobre el terreno de una de las fincas, y no por mitad entre una y otra de las dos contiguas.

4º) Cuando sufra las cargas de carreras, pisos y armaduras de una de las fincas, y no de la contigua.

5º) Cuando la pared divisoria entre patios, jardines y heredades esté construida de modo que la albardilla vierta hacia una de las propiedades.

6º) Cuando la pared divisoria, construida de mampostería, presente piedras llamadas pasaderas, que de distancia en distancia salgan fuera de la superficie sólo por un lado y no por el otro.

7º) Cuando las heredades contiguas a otras defendidas por vallados o setos vivos no se hallen cerradas.

En todos estos casos la propiedad de las paredes, vallados o setos se entenderá que pertenece exclusivamente al dueño de la finca o heredad que tenga a su favor la presunción fundada en cualquiera de los signos indicados [781] .

574. Las zanjas o acequias abiertas entre las heredades se presumen también medianeras, si no hay título o signo que demuestre lo contrario.

Hay signo contrario a la medianería cuando la tierra o broza sacada para abrir la zanja o para su limpieza se halla de un solo lado, en cuyo caso la propiedad de la zanja pertenecerá exclusivamente al dueño de la heredad que tenga a su favor este signo exterior.

---

[780] Véanse arts. 574, 593, 1250 y 1251 de la presente Ley
[781] Véanse arts. 385, 388, 580 y 581 de la presente Ley

575. La reparación y construcción de las paredes medianeras y el mantenimiento de los vallados, setos vivos, zanjas y acequias, también medianeros, se costeará por todos los dueños de las fincas que tengan a su favor la medianería, en proporción al derecho de cada uno.

Sin embargo, todo propietario puede dispensarse de contribuir a esta carga renunciando a la medianería, salvo el caso en que la pared medianera sostenga un edificio suyo.

576. Si el propietario de un edificio que se apoya en una pared medianera quisiera derribarlo, podrá igualmente renunciar a la medianería, pero serán de su cuenta todas las reparaciones y obras necesarias para evitar, por aquella vez solamente, los daños que el derribo pueda ocasionar a la pared medianera.

577. Todo propietario puede alzar la pared medianera, haciéndolo a sus expensas e indemnizando los perjuicios que se ocasionen con la obra, aunque sean temporales.

Serán igualmente de su cuenta los gastos de conservación de la pared, en lo que ésta se haya levantado o profundizado sus cimientos respecto de cómo estaba antes; y además la indemnización de los mayores gastos que haya que hacer para la conservación de la pared medianera por razón de la mayor altura o profundidad que se le haya dado.

Si la pared medianera no pudiese resistir la mayor elevación, el propietario que quiera levantarla tendrá obligación de reconstruirla a su costa; y, si para ello fuere necesario darle mayor espesor, deberá darlo de su propio suelo.

578. Los demás propietarios que no hayan contribuido a dar más elevación, profundidad o espesor a la pared, podrán, sin embargo, adquirir en ella los derechos de medianería, pagando proporcionalmente el importe de la obra y la mitad del valor del terreno sobre el que se le hubiese dado mayor espesor.

579. Cada propietario de una pared medianera podrá usar de ella en proporción al derecho que tenga en la mancomunidad; podrá, por lo tanto, edificar apoyando su obra en la pared medianera, o introduciendo vigas hasta la mitad de su espesor, pero sin impedir el uso común y respectivo de los demás medianeros.

Para usar el medianero de este derecho ha de obtener previamente el consentimiento de los demás interesados en la medianería; y, si no lo obtuviere, se fijarán por peritos las condiciones necesarias para que la nueva obra no perjudique a los derechos de aquéllos [782] .

SECCIÓN QUINTA
De la servidumbre de luces y vistas

580. Ningún medianero puede sin consentimiento del otro abrir en pared medianera ventana ni hueco alguno.

581. El dueño de una pared no medianera, contigua a finca ajena, puede abrir en ella ventanas o huecos para recibir luces a la altura de las carreras, o inmediatos a los techos, y de las dimensiones de 30 centímetros en cuadro, y, en todo caso, con reja de hierro remetida en la pared y con red de alambre.

Sin embargo, el dueño de la finca o propiedad contigua a la pared en que estuvieren abiertos los huecos podrá cerrarlos si adquiere la medianería, y no se hubiera pactado lo contrario.

También podrá cubrirlos edificando en su terreno o levantando pared contigua a la que tenga dicho hueco o ventana.

582. No se puede abrir ventanas con vistas rectas, ni balcones u otros voladizos semejantes sobre la finca del vecino, si no hay dos metros de distancia entre la pared en que se construyan y dicha propiedad.

Tampoco pueden tenerse vistas de costado u oblicuas sobre la misma propiedad, si no hay 60 centímetros de distancia.

583. Las distancias de que se habla en el artículo anterior se contarán en las vistas rectas desde la línea exterior de la pared en los huecos

---

[782] Véanse arts. 63 TR Ley del Suelo y 392 a 406 y 593 y 594 de la presente Ley

en que no haya voladizos, desde la línea de éstos donde los haya, y para las oblicuas desde la línea de separación de las dos propiedades.

584. Lo dispuesto en el art. 582 no es aplicable a los edificios separados por una vía pública.

585. Cuando por cualquier título se hubiere adquirido derecho a tener vistas directas, balcones o miradores sobre la propiedad colindante, el dueño del predio sirviente no podrá edificar a menos de tres metros de distancia, tomándose la medida de la manera indicada en el art. 583 [783].

SECCIÓN SEXTA
Del desagüe de los edificios

586. El propietario de un edificio está obligado a construir sus tejados o cubierta de manera que las aguas pluviales caigan sobre su propio suelo o sobre la calle o sitio público, y no sobre el suelo del vecino. Aun cayendo sobre el propio suelo, el propietario está obligado a recoger las aguas de modo que no causen perjuicio al predio contiguo [784].

587. El dueño del predio que sufra la servidumbre de vertiente de los tejados, podrá edificar recibiendo las aguas sobre su propio tejado o dándoles otra salida conforme a las ordenanzas o costumbres locales, y de modo que no resulte gravamen ni perjuicio alguno para el predio dominante.

588. Cuando el corral o patio de una casa se halle enclavado entre otras, y no sea posible dar salida por la misma casa a las aguas pluviales que en él se recojan, podrá exigirse el establecimiento de la servidumbre de desagüe, dando paso a las aguas por el punto de los

[783] Véanse arts. 63 TR Ley del Suelo y 537 a 541 y 582 de la presente Ley
[784] Véanse arts. 7.1 y 9.1 LPH y 551 y 552 de la presente Ley

predios contiguos en que sea más fácil la salida y estableciéndose el conducto de desagüe en la forma que menos perjuicios ocasione al predio sirviente previa la indemnización que corresponda.

SECCIÓN SÉPTIMA
De las distancias y obras intermedias para ciertas construcciones y plantaciones

589. No se podrá edificar ni hacer plantaciones cerca de las plazas fuertes o fortalezas sin sujetarse a las condiciones exigidas por las leyes, ordenanzas y reglamentos particulares de la materia [785].

590. Nadie podrá construir cerca de una pared ajena o medianera pozos, cloacas, acueductos, hornos, fraguas, chimeneas, establos, depósitos de materias corrosivas, artefactos que se muevan por el vapor, o fábricas que por sí mismas o por sus productos sean peligrosas o nocivas, sin guardar las distancias prescritas por los reglamentos y usos del lugar, y sin ejecutar las obras de resguardo necesarias, con sujeción, en el modo, a las condiciones que los mismos reglamentos prescriban.

A falta de reglamento se tomarán las precauciones que se juzguen necesarias, previo dictamen pericial, a fin de evitar todo daño a las heredades o edificios vecinos [786].

591. No se podrá plantar árboles cerca de una heredad ajena sino a la distancia autorizada por las ordenanzas o la costumbre del lugar, y en su defecto, a la de dos metros de la línea divisoria de las heredades si la plantación se hace de árboles altos, y a la de 50 centímetros si la plantación es de arbustos o árboles bajos.

---

[785] Véanse arts. 30 LO 5/5005/ Defensa Nacional y Ley 8/1975 de zonas e instalaciones de interés para la Defensa Nacional

[786] Véanse arts. 7 Ley 16/1985 Patrimonio Histórico Español, 6, 11.3, 4 y 5, 15 a 17 y 63 TR Ley del Suelo, 100.1 TR Ley de Aguas, Ley 21/2013 de 9 diciembre, de evaluación ambiental y 1908 y 1909 de la presente Ley

Todo propietario tiene derecho a pedir que se arranquen los árboles que en adelante se plantaren a menor distancia de su heredad.

592. Si las ramas de algunos árboles se extendieren sobre una heredad, jardines o patios vecinos, tendrá el dueño de éstos derecho a reclamar que se corten en cuanto se extiendan sobre su propiedad, y si fueren las raíces de los árboles vecinos las que se extendiesen en suelo de otro, el dueño del suelo en que se introduzcan podrá cortarlas por sí mismo dentro de su heredad.

593. Los árboles existentes en un seto vivo medianero se presumen también medianeros, y cualquiera de los dueños tiene derecho a exigir su derribo.

Exceptúanse los árboles que sirvan de mojones, los cuales no podrán arrancarse sino de común acuerdo entre los colindantes [787].

CAPÍTULO III
De las servidumbres voluntarias

594. Todo propietario de una finca puede establecer en ella las servidumbres que tenga por conveniente, y en el modo y forma que bien le pareciere, siempre que no contravenga a las leyes ni al orden público.

595. El que tenga la propiedad de una finca cuyo usufructo pertenezca a otro, podrá imponer sobre ella, sin el consentimiento del usufructuario, las servidumbres que no perjudiquen al derecho del usufructo.

596. Cuando pertenezca a una persona el dominio directo de una finca y a otra el dominio útil, no podrá establecerse sobre ella servidumbre voluntaria perpetua sin el consentimiento de ambos dueños.

---

[787] Véanse arts. 104 a 107 Ley 15/2015, de Jurisdicción Voluntaria, 246 y 624 CP y 384, 397, 400 y 597 de la presente Ley

597. Para imponer una servidumbre sobre un fundo indiviso se necesita el consentimiento de todos los copropietarios.

La concesión hecha solamente por algunos, quedará en suspenso hasta tanto que la otorgue el último de todos los partícipes o comuneros.

Pero la concesión hecha por uno de los copropietarios separadamente de los otros obliga al concedente y a sus sucesores, aunque lo sean a título particular, a no impedir el ejercicio del derecho concedido.

598. El título, y, en su caso, la posesión de la servidumbre adquirida por prescripción, determinan los derechos del predio dominante y las obligaciones del sirviente. En su defecto, se regirá la servidumbre por las disposiciones del presente título que le sean aplicables.

599. Si el dueño del predio sirviente se hubiere obligado, al constituirse la servidumbre, a costear las obras necesarias para el uso y conservación de la misma, podrá librarse de esta carga abandonando su predio al dueño del dominante.

600. La comunidad de pastos sólo podrá establecerse en lo sucesivo por concesión expresa de los propietarios, que resulte de contrato o de última voluntad, y no a favor de una universalidad de individuos y sobre una universalidad de bienes, sino a favor de determinados individuos y sobre predios también ciertos y determinados.

La servidumbre establecida conforme a este artículo se regirá por el título de su institución.

601. La comunidad de pastos en terrenos públicos, ya pertenezcan a los Municipios, ya al Estado, se regirá por las leyes administrativas [788].

602. Si entre los vecinos de uno o más pueblos existiere comunidad de pastos, el propietario que cercare con tapia o seto una finca,

---

[788] Véanse arts. 79.3 y 80 LBRL, 38 a 42 RBEL y 74 TRRL

la hará libre de la comunidad. Quedarán, sin embargo, subsistentes las demás servidumbres que sobre la misma estuviesen establecidas.

El propietario que cercare su finca conservará su derecho a la comunidad de pastos en las otras fincas no cercadas.

603. El dueño de terrenos gravados con la servidumbre de pastos podrá redimir esta carga mediante el pago de su valor a los que tengan derecho a la servidumbre.

A falta de convenio, se fijará el capital para la redención sobre la base del 4 por 100 del valor anual de los pastos, regulado por tasación pericial.

604. Lo dispuesto en el artículo anterior es aplicable a las servidumbres establecidas para el aprovechamiento de leñas y demás productos de los montes de propiedad particular.

TÍTULO VIII
Del Registro de la Propiedad

CAPÍTULO ÚNICO

605. El Registro de la Propiedad tiene por objeto la inscripción o anotación de los actos y contratos relativos al dominio y demás derechos reales sobre bienes inmuebles [789].

606. Los títulos de dominio, o de otros derechos reales sobre bienes inmuebles, que no estén debidamente inscritos o anotados en el Registro de la Propiedad, no perjudican a tercero [790].

---

[789] Véanse arts. 1, 2 y 21 LH y 7 RH
[790] Véanse arts. 17, 20, 24, 25 y 32 LH y 1473 de la presente Ley

607. El Registro de la Propiedad será público para los que tengan interés conocido en averiguar el estado de los bienes inmuebles o derechos reales anotados o inscritos [791].

608. Para determinar los títulos sujetos a inscripción o anotación, la forma, efectos y extinción de las mismas, la manera de llevar el Registro y el valor de los asientos de sus libros, se estará a lo dispuesto en la Ley Hipotecaria [792].

LIBRO TERCERO
DE LOS DIFERENTES MODOS DE ADQUIRIR LA PROPIEDAD

Disposición preliminar

609. La propiedad se adquiere por la ocupación.

La propiedad y los demás derechos sobre los bienes se adquieren y transmiten por la ley, por donación, por sucesión testada e intestada y por consecuencia de ciertos contratos mediante la tradición.

Pueden también adquirirse por medio de la prescripción.

TÍTULO PRIMERO
De la ocupación

610. [793] Se adquieren por ocupación los bienes apropiables por su naturaleza que carecen de dueño, el tesoro oculto y las cosas muebles abandonadas.

---

[791] Véanse arts. 221 a 237 LH, 332 a 355 RH, 31 Ley 4/2012, de 6 de julio, de contratos de aprovechamiento por turno de bienes de uso turístico, de adquisición de productos vacacionales de larga duración, de reventa y de intercambio y 19 a 21 RD 1828/1999 Registro de Condiciones Generales de la Contratación

[792] Véanse arts. 1 a 5 y 42 a 47 LH y 5 y 214 RH

[793] Dada nueva redacción por art. 1 apartado 22 de Ley 17/2021 de 15 de diciembre de 2021, con vigencia desde 05/01/2022

Con las excepciones que puedan derivar de las normas destinadas a su identificación, protección o preservación, son susceptibles de ocupación los animales carentes de dueño, incluidos los que pueden ser objeto de caza y pesca [794] .

El derecho de caza y pesca se rige por las leyes especiales [795] .

611. [796] 1. Quien encuentre a un animal perdido deberá restituirlo a su propietario o a quien sea responsable de su cuidado, si conoce su identidad.

2. Dejando a salvo lo dispuesto en el apartado anterior, en el caso de indicios fundados de que el animal hallado sea objeto de malos tratos o de abandono, el hallador estará eximido de restituirlo a su propietario o responsable de su cuidado, poniendo en conocimiento de manera inmediata dichos hechos ante las autoridades competentes.

3. Restituido el animal a su propietario, o a quien sea responsable de su cuidado, quien tras su hallazgo hubiese asumido su cuidado podrá ejercitar la correspondiente acción de repetición de los gastos destinados a la curación y al cuidado del animal, así como de los generados por su restitución, y tendrá derecho al resarcimiento de los daños que se le hayan podido causar.

4. Lo dispuesto en los apartados anteriores se entenderá sin perjuicio de lo que establezca la legislación especial que resulte de aplicación.

5. Lo dispuesto en este artículo no será aplicable a los casos previstos en los artículos 612 y 613 de este Código.

612. El propietario de un enjambre de abejas tendrá derecho a perseguirlo sobre el fundo ajeno, indemnizando al poseedor de éste el daño causado. Si estuviere cercado, necesitará el consentimiento del dueño para penetrar en él.

---

[794] Véanse arts. 4 y 22 Ley 1/1970 Caza, 59 TR Ley de Aguas, 17, 18 y 23 LPAP 33/2003, 14.2 RBEL y 351, 352 y 460.1 de la presente Ley

[795] Véanse arts. 50.3 TR Ley de Aguas, 334 a 336 CP, 62 Ley 42/2007 Patrimonio Natural y de la Biodiversidad, Ley1/1970 Caza y Ley 5/2007 Red de Parques Nacionales

[796] Dada nueva redacción por art. 1 apartado 23 de Ley 17/2021 de 15 de diciembre de 2021, con vigencia desde 05/01/2022

Cuando el propietario no haya perseguido, o cese de perseguir el enjambre dos días consecutivos, podrá el poseedor de la finca ocuparlo o retenerlo.

Párrafo 3 (Derogado) [797]

613. Las palomas, conejos y peces, que de su respectivo criadero pasaren a otro perteneciente a distinto dueño, serán propiedad de éste, siempre que no hayan sido atraídos por medio de algún artificio o fraude.

614. El que por casualidad descubriere un tesoro oculto en propiedad ajena, tendrá el derecho que le concede el art. 351 de este Código.

615. El que encontrare una cosa mueble, que no sea tesoro, debe restituirla a su anterior poseedor. Si éste no fuere conocido, deberá consignarla inmediatamente en poder del Alcalde del pueblo donde se hubiese verificado el hallazgo.

El Alcalde hará publicar éste, en la forma acostumbrada, dos domingos consecutivos.

Si la cosa mueble no pudiere conservarse sin deterioro o sin hacer gastos que disminuyan notablemente su valor, se venderá en pública subasta luego que hubiesen pasado ocho días desde el segundo anuncio sin haberse presentado el dueño, y se depositará su precio.

Pasados dos años, a contar desde el día de la segunda publicación, sin haberse presentado el dueño, se adjudicará la cosa encontrada o su valor al que la hubiese hallado.

Tanto éste como el propietario estarán obligados, cada cual en su caso, a satisfacer los gastos [798].

616. Si se presentare a tiempo el propietario, estará obligado a abonar, a título de premio, al que hubiese hecho el hallazgo, la décima parte de la suma o del precio de la cosa encontrada. Cuando el valor

---

[797] Derogado párrafo 3 por art. 1 apartado 24 de Ley 17/2021 de 15 de diciembre de 2021, con vigencia desde 05/01/2022

[798] Véanse arts. 40 a 45 Ley 16/1985 Patrimonio Histórico Español, 234 y 253 CP y 460 y 461 de la presente Ley

del hallazgo excediese de 2.000 pesetas, el premio se reducirá a la vigésima parte en cuanto al exceso.

617. Los derechos sobre los objetos arrojados al mar o sobre los que las olas arrojen a la playa, de cualquier naturaleza que sean, o sobre las plantas y hierbas que crezcan en su ribera, se determinan por leyes especiales [799].

TÍTULO II
De la donación

CAPÍTULO PRIMERO
De la naturaleza de las donaciones

618. La donación es un acto de liberalidad por el cual una persona dispone gratuitamente de una cosa en favor de otra, que la acepta [800].

619. Es también donación la que se hace a una persona por sus méritos o por los servicios prestados al donante siempre que no constituyan deudas exigibles, o aquélla en que se impone al donatario un gravamen inferior al valor de lo donado.

620. Las donaciones que hayan de producir sus efectos por muerte del donante participan de la naturaleza de las disposiciones de última voluntad, y se regirán por las reglas establecidas en el capítulo de la sucesión testamentaria.

[799] Véanse arts. 258 y disposición final 3 RDLeg. 2/2011, de 5 de septiembre, por el que se aprueba el Texto Refundido de la Ley de Puertos del Estado y de la Marina Mercante, 3.1 y 4.1 Ley 22/1988 Costas, 3.1 y 5.1 RD 1471/1989 Rgto. Costas

[800] Véanse arts. 4 Ley 29/1987 Impuesto de Sucesiones y Donaciones y 629, 630, 633 y 1274 de la presente Ley

621. Las donaciones que hayan de producir sus efectos entre vivos se regirán por las disposiciones generales de los contratos y obligaciones en todo lo que no se halle determinado en este título.

622. Las donaciones con causa onerosa se regirán por las reglas de los contratos, y las remuneratorias por las disposiciones del presente título en la parte que excedan del valor del gravamen impuesto.

623. La donación se perfecciona desde que el donante conoce la aceptación del donatario.

CAPÍTULO II
De las personas que pueden hacer o recibir donaciones

624. Podrán hacer donación todos los que puedan contratar y disponer de sus bienes.

625. Podrán aceptar donaciones todos los que no estén especialmente incapacitados por la ley para ello.

626. Las personas que no pueden contratar no podrán aceptar donaciones condicionales u onerosas sin la intervención de sus legítimos representantes.

627. Las donaciones hechas a los concebidos y no nacidos podrán ser aceptadas por las personas que legítimamente los representarían, si se hubiera verificado ya su nacimiento.

628. Las donaciones hechas a personas inhábiles son nulas, aunque lo hayan sido simuladamente, bajo apariencia de otro contrato por persona interpuesta.

629. La donación no obliga al donante, ni produce efecto, sino desde la aceptación.

630. El donatario debe, so pena de nulidad, aceptar la donación por sí, o por medio de persona autorizada con poder especial para el caso, o con poder general y bastante [801] .

631. Las personas que acepten una donación en representación de otras que no puedan hacerlo por sí, estarán obligadas a procurar la notificación y anotación de que habla el art. 633 .

632. La donación de cosa mueble podrá hacerse verbalmente o por escrito.

La verbal requiere la entrega simultánea de la cosa donada. Faltando este requisito, no surtirá efecto si no se hace por escrito y consta en la misma forma la aceptación.

633. Para que sea válida la donación de cosa inmueble ha de hacerse en escritura pública, expresándose en ella individualmente los bienes donados y el valor de las cargas que deba satisfacer el donatario.

La aceptación podrá hacerse en la misma escritura de donación o en otra separada; pero no surtirá efecto si no se hiciese en vida del donante.

Hecha en escritura separada, deberá notificarse la aceptación en forma auténtica al donante y se anotará esta diligencia en ambas escrituras.

CAPÍTULO III
De los efectos y limitación de las donaciones

634. La donación podrá comprender todos los bienes presentes del donante, o parte de ellos, con tal que éste se reserve, en plena

---

[801] Véanse arts. 8 e) Ley 23/1982 Patrimonio Nacional, 12 RBEL y 1338, 1712 y 1713 de la presente Ley

propiedad o en usufructo, lo necesario para vivir en un estado correspondiente a sus circunstancias [802] .

635. La donación no podrá comprender los bienes futuros.
Por bienes futuros se entienden aquellos de que el donante no
puede disponer al tiempo de la donación [803] .

636. No obstante lo dispuesto en el art. 634 , ninguno podrá dar
ni recibir, por vía de donación, más de lo que pueda dar o recibir por
testamento.
La donación será inoficiosa en todo lo que exceda de esta medida.

637. Cuando la donación hubiere sido hecha a varias personas
conjuntamente, se entenderá por partes iguales; y no se dará entre ellas
el derecho de acrecer, si el donante no hubiese dispuesto otra cosa.
Se exceptúan de esta disposición las donaciones hechas conjuntamente a ambos cónyuges, entre los cuales tendrá lugar aquel derecho,
si el donante no hubiese dispuesto lo contrario [804] . [805]

638. El donatario se subroga en todos los derechos y acciones
que en caso de evicción corresponderían al donante. Este, en cambio,
no queda obligado al saneamiento de las cosas donadas, salvo si la
donación fuere onerosa en cuyo caso responderá el donante de la
evicción hasta la concurrencia del gravamen.

639. Podrá reservarse el donante la facultad de disponer de algunos de los bienes donados, o de alguna cantidad con cargo a ellos;
pero, si muriere sin haber hecho uso de este derecho, pertenecerán al
donatario los bienes o la cantidad que se hubiese reservado.

---

[802] Véanse arts. 1 y 7 Ley 50/2002 Fundaciones y 636 y 654 de la presente Ley

[803] Véanse arts. 1 y 7 Ley 50/2002 Fundaciones y 861, 1271, 1272, 1445 y 1538 de
la presente Ley

[804] Véanse arts. 981 a 986 y 1336 a 1343 y 1353 de la presente Ley

[805] Dada nueva redacción párrafo 2 por art. único de Ley 13/2005 de 1 de julio de
2005, con vigencia desde 03/07/2005

640. También se podrá donar la propiedad a una persona y el usufructo a otra u otras, con la limitación establecida en el art. 781 de este Código.

641. Podrá establecerse válidamente la reversión en favor de sólo el donador para cualquier caso y circunstancias, pero no en favor de otras personas sino en los mismos casos y con iguales limitaciones que determina este Código para las sustituciones testamentarias.

La reversión estipulada por el donante en favor de tercero contra lo dispuesto en el párrafo anterior, es nula; pero no producirá la nulidad de la donación [806].

642. Si la donación se hubiere hecho imponiendo al donatario la obligación de pagar las deudas del donante, como la cláusula no contenga otra declaración, sólo se entenderá aquél obligado a pagar las que apareciesen contraídas antes.

643. No mediando estipulación respecto al pago de deudas, sólo responderá de ellas el donatario cuando la donación se haya hecho en fraude de los acreedores.

Se presumirá siempre hecha la donación en fraude de los acreedores, cuando al hacerla no se haya reservado el donante bienes bastantes para pagar las deudas anteriores a ella.

CAPÍTULO IV
De la revocación y reducción de las donaciones

644. [807] Toda donación entre vivos, hecha por persona que no tenga hijos ni descendientes, será revocable por el mero hecho de ocurrir cualquiera de los casos siguientes:

1º) Que el donante tenga, después de la donación, hijos, aunque sean póstumos.

---

[806] Véanse arts. 774 a 789, 812 y 1257 de la presente Ley

[807] Dada nueva redacción por art. 4 de Ley 11/1981 de 13 de mayo de 1981, con vigencia desde 08/06/1981

2º) Que resulte vivo el hijo del donante que éste reputaba muerto cuando hizo la donación.

645. Rescindida la donación por la supervivencia de hijos, se restituirán al donante los bienes donados, o su valor si el donatario los hubiese vendido.

Si se hallaren hipotecados, podrá el donante liberar la hipoteca, pagando la cantidad que garantice, con derecho a reclamarla del donatario.

Cuando los bienes no pudieren ser restituidos, se apreciarán por lo que valían al tiempo de hacer la donación.

646. [808] La acción de revocación por superveniencia o supervivencia de hijos prescribe por el transcurso de cinco años contados desde que se tuvo noticia del nacimiento del último hijo o de la existencia del que se creía muerto.

Esta acción es irrenunciable, y se transmite, por muerte del donante, a los hijos y sus descendientes.

647. La donación será revocada a instancia del donante, cuando el donatario haya dejado de cumplir alguna de las condiciones que aquél le impuso.

En este caso, los bienes donados volverán al donante, quedando nulas las enajenaciones que el donatario hubiese hecho y las hipotecas que sobre ellos hubiese impuesto, con la limitación establecida, en cuanto a terceros, por la Ley Hipotecaria [809] .

648. También podrá ser revocada la donación, a instancia del donante, por causa de ingratitud en los casos siguientes:

1º) Si el donatario cometiere algún delito contra la persona, el honor o los bienes del donante. [810]

---

[808] Dada nueva redacción por art. 4 de Ley 11/1981 de 13 de mayo de 1981, con vigencia desde 08/06/1981

[809] Véanse arts. 26 y 31 a 37 LH

[810] Dada nueva redacción apartado 1 por art. 5 de Ley 11/1990 de 15 de octubre de 1990, con vigencia desde 07/11/1990

2º) Si el donatario imputare al donante alguno de los delitos que dan lugar a procedimiento de oficio o acusación pública, aunque lo pruebe; a menos que el delito se hubiese cometido contra el mismo donatario, su cónyuge o los hijos constituidos bajo su autoridad. [811]

3º) Si le niega indebidamente los alimentos [812].

649. Revocada la donación por causa de ingratitud, quedarán, sin embargo, subsistentes las enajenaciones e hipotecas anteriores a la anotación de la demanda de revocación en el Registro de la Propiedad.

Las posteriores serán nulas [813].

650. En el caso a que se refiere el primer párrafo del artículo anterior, tendrá derecho el donante para exigir del donatario el valor de los bienes enajenados que no pueda reclamar de los terceros, o la cantidad en que hubiesen sido hipotecados.

Se atenderá al tiempo de la donación para regular el valor de dichos bienes.

651. Cuando se revocare la donación por alguna de las causas expresadas en el art. 644 , o por ingratitud, y cuando se redujere por inoficiosa, el donatario no devolverá los frutos sino desde la interposición de la demanda.

Si la revocación se fundare en haber dejado de cumplirse alguna de las condiciones impuestas en la donación, el donatario devolverá, además de los bienes, los frutos que hubiese percibido después de dejar de cumplir la condición.

652. La acción concedida al donante por causa de ingratitud no podrá renunciarse anticipadamente. Esta acción prescribe en el término de un año, contado desde que el donante tuvo conocimiento del hecho y posibilidad de ejercitar la acción.

---

[811] Dada nueva redacción apartado 2 por art. 5 de Ley 11/1990 de 15 de octubre de 1990, con vigencia desde 07/11/1990

[812] Véanse arts. 207 CP y 142 a 153, 652 y 653 de la presente Ley

[813] Véanse arts. 37, 42.1, 70 y 71 LH

653. No se transmitirá esta acción a los herederos del donante, si éste, pudiendo, no la hubiese ejercitado.

Tampoco se podrá ejercitar contra el heredero del donatario, a no ser que a la muerte de éste se hallase interpuesta la demanda.

654. Las donaciones que, con arreglo a lo dispuesto en el art. 636 , sean inoficiosas computado el valor líquido de los bienes del donante al tiempo de su muerte, deberán ser reducidas en cuanto al exceso; pero esta reducción no obstará para que tengan efecto durante la vida del donante y para que el donatario haga suyos los frutos.

Para la reducción de las donaciones se estará a lo dispuesto en este capítulo y en los arts. 820 y 821 del presente Código.

655. Sólo podrán pedir reducción de las donaciones aquellos que tengan derecho a legítima o a una parte alícuota de la herencia, y sus herederos o causahabientes.

Los comprendidos en el párrafo anterior no podrán renunciar su derecho durante la vida del donante, ni por declaración expresa, ni prestando su consentimiento a la donación.

Los donatarios, los legatarios que no lo sean de parte alícuota y los acreedores del difunto, no podrán pedir la reducción ni aprovecharse de ella.

656. Si, siendo dos o más las donaciones, no cupieren todas en la parte disponible, se suprimirán o reducirán en cuanto al exceso las de fecha más reciente.

TÍTULO III
De las sucesiones

Disposiciones generales

657. Los derechos a la sucesión de una persona se transmiten desde el momento de su muerte [814].

658. La sucesión se defiere por la voluntad del hombre manifestada en testamento, y, a falta de éste, por disposición de la ley.

La primera se llama testamentaria, y la segunda legítima.

Podrá también deferirse en una parte por voluntad del hombre, y en otra por disposición de la ley [815].

659. La herencia comprende todos los bienes, derechos y obligaciones de una persona, que no se extingan por su muerte.

660. Llámase heredero al que sucede a título universal, y legatario al que sucede a título particular.

661. Los herederos suceden al difunto por el hecho sólo de su muerte en todos sus derechos y obligaciones [816].

---

[814] Véanse arts. 16 y 765.2 LEC, 33.1 CE y 196, 440, 442, 759, 784, 989 y 1006 de la presente Ley

[815] Véanse arts. 14 LH, 77 RH, 7 Ley 50/2002 Fundaciones y 1271.2 de la presente Ley

[816] Véanse arts. 16 y 540 LEC, 62 LRC, 280 y 281 RRC y 440, 657, 659, 989, 1003, 1023 y 1068 de la presente Ley

CAPÍTULO PRIMERO
De los testamentos

SECCIÓN PRIMERA
De la capacidad para disponer por testamento

662. Pueden testar todos aquellos a quienes la ley no lo prohíbe expresamente.

663. [817] No pueden testar:
1.º La persona menor de catorce años.
2.º La persona que en el momento de testar no pueda conformar o expresar su voluntad ni aun con ayuda de medios o apoyos para ello.

664. El testamento hecho antes de la enajenación mental es válido.

665. [818] [819]
La persona con discapacidad podrá otorgar testamento cuando, a juicio del Notario, pueda comprender y manifestar el alcance de sus disposiciones. El Notario procurará que la persona otorgante desarrolle su propio proceso de toma de decisiones apoyándole en su comprensión y razonamiento y facilitando, con los ajustes que resulten necesarios, que pueda expresar su voluntad, deseos y preferencias.

666. Para apreciar la capacidad del testador se atenderá únicamente al estado en que se halle al tiempo de otorgar el testamento.

---

[817] Dada nueva redacción por art. 2 apartado 27 de Ley 8/2021 de 2 de junio de 2021, con vigencia desde 03/09/2021

[818] Dada nueva redacción por art. 2 apartado 28 de Ley 8/2021 de 2 de junio de 2021, con vigencia desde 03/09/2021

[819] Véanse arts. 756 LEC, 14, 16 y 46 LH, 2, 8, 147 y 166 RH y 685, 695 y 776 de la presente Ley

SECCIÓN SEGUNDA
De los testamentos en general

667. El acto por el cual una persona dispone para después de su muerte de todos sus bienes o de parte de ellos, se llama testamento [820].

668. El testador puede disponer de sus bienes a título de herencia o de legado.

En la duda, aunque el testador no haya usado materialmente la palabra heredero, si su voluntad está clara acerca de este concepto, valdrá la disposición como hecha a título universal o de herencia.

669. No podrán testar dos o más personas mancomunadamente, o en un mismo instrumento, ya lo hagan en provecho recíproco, ya en beneficio de un tercero.

670. El testamento es un acto personalísimo: no podrá dejarse su formación, en todo ni en parte, al arbitrio de un tercero, ni hacerse por medio de comisario o mandatario.

Tampoco podrá dejarse al arbitrio de un tercero la subsistencia del nombramiento de herederos o legatarios, ni la designación de las porciones en que hayan de suceder cuando sean instituidos nominalmente.

671. Podrá el testador encomendar a un tercero la distribución de las cantidades que deje en general a clases determinadas, como a los parientes, a los pobres o a los establecimientos de beneficencia, así como la elección de las personas o establecimientos a quienes aquéllas deban aplicarse.

672. Toda disposición que sobre institución de heredero, mandas o legados haga el testador, refiriéndose a cédulas o papeles privados

---

[820] Téngase en cuenta Ley 50/2002 Fundaciones y arts. 620 y 741 de la presente Ley

que después de su muerte aparezcan en su domicilio o fuera de él, será nula si en las cédulas o papeles no concurren los requisitos prevenidos para el testamento ológrafo.

673. Será nulo el testamento otorgado con violencia, dolo o fraude.

674. El que con dolo, fraude o violencia impidiere que una persona, de quien sea heredero abintestato, otorgue libremente su última voluntad, quedará privado de su derecho a la herencia, sin perjuicio de la responsabilidad criminal en que haya incurrido.

675. Toda disposición testamentaria deberá entenderse en el sentido literal de sus palabras, a no ser que aparezca claramente que fue otra la voluntad del testador. En caso de duda se observará lo que aparezca más conforme a la intención del testador según el tenor del mismo testamento.

El testador no puede prohibir que se impugne el testamento en los casos en que haya nulidad declarada por la ley.

SECCIÓN TERCERA
De la forma de los testamentos

676. El testamento puede ser común o especial.
El común puede ser ológrafo, abierto o cerrado.

677. Se consideran testamentos especiales el militar, el marítimo, y el hecho en país extranjero.

678. Se llama ológrafo el testamento cuando el testador lo escribe por sí mismo en la forma y con los requisitos que se determinan en el art. 688 .

679. Es abierto el testamento siempre que el testador manifiesta su última voluntad en presencia de las personas que deben autorizar el acto, quedando enteradas de lo que en él se dispone.

680. El testamento es cerrado cuando el testador, sin revelar su última voluntad, declara que ésta se halla contenida en el pliego que presenta a las personas que han de autorizar el acto.

681. [821] No podrán ser testigos en los testamentos:
Primero. Los menores de edad, salvo lo dispuesto en el art. 701 .
Segundo. Sin contenido.
Tercero. Los que no entiendan el idioma del testador.
Cuarto. Los que no presenten el discernimiento necesario para desarrollar la labor testifical.
Quinto. El cónyuge o los parientes dentro del cuarto grado de consanguinidad o segundo de afinidad del Notario autorizante y quienes tengan con éste relación de trabajo [822] .

682. [823] En el testamento abierto tampoco podrán ser testigos los herederos y legatarios en él instituidos, sus cónyuges, ni los parientes de aquéllos, dentro del cuarto grado de consanguinidad o segundo de afinidad.
No están comprendidos en esta prohibición los legatarios ni sus cónyuges o parientes cuando el legado sea de algún objeto mueble o cantidad de poca importancia con relación al caudal hereditario.

683. Para que un testigo sea declarado inhábil, es necesario que la causa de su incapacidad exista al tiempo de otorgarse el testamento.

[821] Dada nueva redacción por disposición final 1 apartado 56 de Ley 15/2015 de 2 de julio de 2015, con vigencia desde 23/07/2015
[822] Véanse arts. 21 Ley Notariado, 182 Rgto. Notariado, 361 y 377 LEC y 199 a 306 de la presente Ley
[823] Dada nueva redacción por art. 1 de Ley de 24 de abril de 1958, con vigencia desde 15/05/1958

684. [824] Cuando el testador exprese su voluntad en lengua que el Notario no conozca, se requerirá la presencia de un intérprete, elegido por aquél, que traduzca la disposición testamentaria a la oficial en el lugar del otorgamiento que emplee el Notario. El instrumento se escribirá en las dos lenguas con indicación de cuál ha sido la empleada por el testador.

El testamento abierto y el acta del cerrado se escribirán en la lengua extranjera en que se exprese el testador y en la oficial que emplee el Notario, aun cuando éste conozca aquélla [825].

685. [826] El Notario deberá conocer al testador, y si no lo conociese se identificará su persona con dos testigos que le conozcan y sean conocidos del mismo Notario, o mediante la utilización de documentos expedidos por las autoridades públicas cuyo objeto sea identificar a las personas. También deberá el Notario asegurarse de que, a su juicio, tiene el testador la capacidad legal necesaria para testar.

En los casos de los arts. 700 y 701, los testigos tendrán la obligación de conocer al testador y procurarán asegurarse de su capacidad [827].

686. Si no pudiere identificarse la persona del testador en la forma prevenida en el artículo que precede, se declarará esta circunstancia por el Notario, o por los testigos en su caso, reseñando los documentos que el testador presente con dicho objeto y las señas personales del mismo.

Si fuere impugnado el testamento por tal motivo, corresponderá al que sostenga su validez la prueba de la identidad del testador.

---

[824] Dada nueva redacción por art. único de Ley 30/1991 de 20 de diciembre de 1991, con vigencia desde 12/01/1992

[825] Véanse arts. 149 y 150 Rgto. Notariado, 37 RH, 3 CE y 688 y 698.3 de la presente Ley

[826] Dada nueva redacción por art. único de Ley 30/1991 de 20 de diciembre de 1991, con vigencia desde 12/01/1992

[827] Véanse arts. 23 y 27 Ley Notariado, 161, 163, 167, 184, 185 y 187 a 192 Rgto. Notariado, 15 Ley 59/2003 firma electrónica, 1 RD 896/2003 expedición del pasaporte ordinario y 663, 665, 696, 698.1 y 2 y 707.4 de la presente Ley

687. Será nulo el testamento en cuyo otorgamiento no se hayan observado las formalidades respectivamente establecidas en este capítulo.

SECCIÓN CUARTA
Del testamento ológrafo

688. [828] El testamento ológrafo sólo podrá otorgarse por personas mayores de edad.

Para que sea válido este testamento deberá estar escrito todo él y firmado por el testador, con expresión del año, mes y día en que se otorgue.

Si contuviese palabras tachadas, enmendadas o entre renglones, las salvará el testador bajo su firma.

Los extranjeros podrán otorgar testamento ológrafo en su propio idioma.

689. [829] El testamento ológrafo deberá protocolizarse, presentándolo, en los cinco años siguientes al fallecimiento del testador, ante Notario. Este extenderá el acta de protocolización de conformidad con la legislación notarial [830].

690. [831] La persona que tenga en su poder un testamento ológrafo deberá presentarlo ante Notario competente en los diez días siguientes a aquel en que tenga conocimiento del fallecimiento del testador. El incumplimiento de este deber le hará responsable de los daños y perjuicios que haya causado.

---

[828] Dada nueva redacción por art. único de Ley de 21 de julio de 1904, con vigencia desde 13/08/1904

[829] Dada nueva redacción por disposición final 1 apartado 57 de Ley 15/2015 de 2 de julio de 2015, con vigencia desde 23/07/2015

[830] Véanse arts. 213 Rgto. Notariado y 687, 690 a 693, 704 y 714 de la presente Ley

[831] Dada nueva redacción por disposición final 1 apartado 58 de Ley 15/2015 de 2 de julio de 2015, con vigencia desde 23/07/2015

También podrá presentarlo cualquiera que tenga interés en el testamento como heredero, legatario, albacea o en cualquier otro concepto.

691. [832] Presentado el testamento ológrafo y acreditado el fallecimiento del testador, se procederá a su adveración conforme a la legislación notarial.

692. [833] Adverado el testamento y acreditada la identidad de su autor, se procederá a su protocolización.

693. [834] El Notario, si considera acreditada la autenticidad del testamento, autorizará el acta de protocolización, en la que hará constar las actuaciones realizadas y, en su caso, las observaciones manifestadas.

Si el testamento no fuera adverado, por no acreditarse suficientemente la identidad del otorgante, se procederá al archivo del expediente sin protocolizar aquel.

Autorizada o no la protocolización del testamento ológrafo, los interesados no conformes podrán ejercer sus derechos en el juicio que corresponda.

SECCIÓN QUINTA
Del testamento abierto

694. [835] El testamento abierto deberá ser otorgado ante Notario hábil para actuar en el lugar del otorgamiento.

---

[832] Dada nueva redacción por disposición final 1 apartado 59 de Ley 15/2015 de 2 de julio de 2015, con vigencia desde 23/07/2015

[833] Dada nueva redacción por disposición final 1 apartado 60 de Ley 15/2015 de 2 de julio de 2015, con vigencia desde 23/07/2015

[834] Dada nueva redacción por disposición final 1 apartado 61 de Ley 15/2015 de 2 de julio de 2015, con vigencia desde 23/07/2015

[835] Dada nueva redacción por art. único de Ley 30/1991 de 20 de diciembre de 1991, con vigencia desde 12/01/1992

Sólo se exceptuarán de esta regla los casos expresamente determinados en esta misma Sección [836] .

695. [837] [838]

El testador expresará oralmente, por escrito o mediante cualquier medio técnico, material o humano su última voluntad al Notario. Redactado por este el testamento con arreglo a ella y con expresión del lugar, año, mes, día y hora de su otorgamiento y advertido el testador del derecho que tiene a leerlo por sí, lo leerá el Notario en alta voz para que el testador manifieste si está conforme con su voluntad. Si lo estuviere, será firmado en el acto por el testador que pueda hacerlo y, en su caso, por los testigos y demás personas que deban concurrir.

Si el testador declara que no sabe o no puede firmar, lo hará por él y a su ruego uno de los testigos.

Cuando el testador tenga dificultad o imposibilidad para leer el testamento o para oír la lectura de su contenido, el Notario se asegurará, utilizando los medios técnicos, materiales o humanos adecuados, de que el testador ha entendido la información y explicaciones necesarias y de que conoce que el testamento recoge fielmente su voluntad.

696. [839] El Notario dará fe de conocer al testador o de haberlo identificado debidamente y, en su defecto, efectuará la declaración prevista en el art. 686 . También hará constar que, a su juicio, se halla el testador con la capacidad legal necesaria para otorgar testamento [840] .

---

[836] Véanse arts. 8 y 9 Ley Notariado, 116 a 119 Rgto. Notariado y 679, 700 y 701 de la presente Ley

[837] Dada nueva redacción por art. 2 apartado 29 de Ley 8/2021 de 2 junio de 2021, con vigencia desde 03/09/2021

[838] Véanse arts. 17 y 25 Ley Notariado, 167 a 169 y 193 a 196 Rgto. Notariado y 698, 707 y 722 de la presente Ley

[839] Dada nueva redacción por art. único de Ley 30/1991 de 20 de diciembre de 1991, con vigencia desde 12/01/1992

[840] Véanse arts. 23 Ley Notariado, 145.1, 157, 161, 163, 167 y 187 a 190 Rgto. Notariado y 663 a 666, 685 y 707 de la presente Ley

697. [841] [842]

Al acto de otorgamiento deberán concurrir dos testigos idóneos:

1º) Cuando el testador declare que no sabe o no puede firmar el testamento.

2º) Cuando el testador o el Notario lo soliciten. [843]

698. [844] Al otorgamiento también deberán concurrir:

1º) Los testigos de conocimiento, si los hubiera, quienes podrán intervenir además como testigos instrumentales.

2º) Los facultativos que hubieran reconocido al testador incapacitado.

3º) El intérprete que hubiera traducido la voluntad del testador a la lengua oficial empleada por el Notario [845].

699. [846] Todas las formalidades expresadas en esta Sección se practicarán en un solo acto que comenzará con la lectura del testamento, sin que sea lícita ninguna interrupción, salvo la que pueda ser motivada por algún accidente pasajero.

700. Si el testador se hallare en peligro inminente de muerte, puede otorgarse el testamento ante cinco testigos idóneos, sin necesidad de Notario [847].

---

[841] Dada nueva redacción por art. único de Ley 30/1991 de 20 de diciembre de 1991, con vigencia desde 12/01/1992

[842] Véanse arts. 180, 183, 186 y 193 Rgto. Notariado, Ley 27/2007, de 23 de octubre, por la que se reconocen las Lenguas de Signos españolas y se regulan los Medios de Apoyo a la Comunicación Oral de las Personas Sordas, con Discapacidad Auditiva y Sordociegas, y 695, 708, 709, 722.7, 681 y 682 de la presente Ley

[843] Renumerado apartado 3 por art. 2 apartado 30 de Ley 8/2021 de 2 de junio de 2021 como apartado 2, con vigencia desde 03/09/2021

[844] Dada nueva redacción por art. único de Ley 30/1991 de 20 de diciembre de 1991, con vigencia desde 12/01/1992

[845] Véanse arts. 180 a 186 Rgto. Notariado y 65.5 y 68 de la presente Ley

[846] Dada nueva redacción por art. único de Ley 30/1991 de 20 de diciembre de 1991, con vigencia desde 12/01/1992

[847] Véanse arts. 681, 682 y 685 de la presente Ley

701. [848] En caso de epidemia puede igualmente otorgarse el testamento sin intervención de Notario ante tres testigos mayores de dieciséis años.

702. En los casos de los dos artículos anteriores, se escribirá el testamento, siendo posible; no siéndolo, el testamento valdrá aunque los testigos no sepan escribir.

703. El testamento otorgado con arreglo a las disposiciones de los tres artículos anteriores quedará ineficaz si pasaren dos meses desde que el testador haya salido del peligro de muerte, o cesado la epidemia.

Cuando el testador falleciere en dicho plazo, también quedará ineficaz el testamento si dentro de los tres meses siguientes al fallecimiento no se acude al Notario competente para que lo eleve a escritura pública, ya se haya otorgado por escrito, ya verbalmente. [849]

704. [850] Los testamentos otorgados sin autorización del Notario serán ineficaces si no se elevan a escritura pública y se protocolizan en la forma prevenida en la legislación notarial.

705. Declarado nulo un testamento abierto por no haberse observado las solemnidades establecidas para cada caso, el Notario que lo haya autorizado será responsable de los daños y perjuicios que sobrevengan, si la falta procediere de su malicia, o de negligencia o ignorancia inexcusables.

---

[848] Dada nueva redacción por art. 1 de Ley de 24 de abril de 1958, con vigencia desde 15/05/1958

[849] Dada nueva redacción párrafo 2 por disposición final 1 apartado 62 de Ley 15/2015 de 2 de julio de 2015, con vigencia desde 23/07/2015

[850] Dada nueva redacción por disposición final 1 apartado 63 de Ley 15/2015 de 2 de julio de 2015, con vigencia desde 23/07/2015

SECCIÓN SEXTA
Del testamento cerrado

706. [851] El testamento cerrado habrá de ser escrito.

Si lo escribiese por su puño y letra el testador pondrá al final su firma.

Si estuviese escrito por cualquier medio técnico o por otra persona a ruego del testador, este pondrá su firma en todas sus hojas y al pie del testamento. Si el testamento se ha redactado en soporte electrónico, deberá firmarse con una firma electrónica reconocida. [852]

Cuando el testador no sepa o no pueda firmar, lo hará a su ruego al pie y en todas las hojas otra persona, expresando la causa de la imposibilidad.

En todo caso, antes de la firma se salvarán las palabras enmendadas, tachadas o escritas entre renglones.

707. [853] En el otorgamiento del testamento cerrado se observarán las solemnidades siguientes:

1ª) El papel que contenga el testamento se pondrá dentro de una cubierta, cerrada y sellada de suerte que no pueda extraerse aquél sin romper ésta.

2ª) El testador comparecerá con el testamento cerrado y sellado, o lo cerrará y sellará en el acto, ante el Notario que haya de autorizarlo.

3ª) En presencia del Notario, manifestará el testador por sí, o por medio del intérprete previsto en el art. 684 , que el pliego que presenta contiene su testamento, expresando si se halla escrito y firmado por él o si está escrito de mano ajena o por cualquier medio mecánico y firmado al final y en todas sus hojas por él o por otra persona a su ruego.

4ª) Sobre la cubierta del testamento extenderá el Notario la correspondiente acta de su otorgamiento, expresando el número y la marca de los sellos con que está cerrado, y dando fe del conocimiento del

[851] Dada nueva redacción por art. único de Ley 30/1991 de 20 de diciembre de 1991, con vigencia desde 12/01/1992

[852] Dada nueva redacción párrafo 3 por art. 2 apartado 31 de Ley 8/2021 de 2 de junio de 2021, con vigencia desde 03/09/2021

[853] Dada nueva redacción por art. único de Ley 30/1991 de 20 de diciembre de 1991, con vigencia desde 12/01/1992

testador o de haberse identificado su persona en la forma prevenida en los arts. 685 y 686, y de hallarse, a su juicio, el testador con la capacidad legal necesaria para otorgar testamento.

5ª) Extendida y leída el acta, la firmará el testador que pueda hacerlo y, en su caso las personas que deban concurrir, y la autorizará el Notario con su signo y firma.

Si el testador declara que no sabe o no puede firmar, lo hará por él y a su ruego uno de los dos testigos idóneos que en este caso deben concurrir.

6ª) También se expresará en el acta esta circunstancia, además del lugar, hora, día, mes y año del otorgamiento.

7ª) Concurrirán al acto de otorgamiento dos testigos idóneos, si así lo solicitan el testador o el Notario [854] .

708. [855] [856]

No pueden hacer testamento cerrado las personas que no sepan o no puedan leer.

Las personas con discapacidad visual podrán otorgarlo, utilizando medios mecánicos o tecnológicos que les permitan escribirlo y leerlo, siempre que se observen los restantes requisitos de validez establecidos en este Código.

709. [857] Las personas que no puedan expresarse verbalmente, pero sí escribir, podrán otorgar testamento cerrado, observándose lo siguiente: [858]

1º) El testamento ha de estar firmado por el testador. En cuanto a los demás requisitos, se estará a lo dispuesto en el art. 706 .

---

[854] Véanse arts. 715, 722 y 742 de la presente Ley

[855] Dada nueva redacción por art. 2 apartado 32 de Ley 8/2021 de 2 de junio de 2021, con vigencia desde 03/09/2021

[856] Téngase en cuenta la Ley 27/2007, de 23 de octubre, por la que se reconocen las Lenguas de Signos españolas y se regulan los Medios de Apoyo a la Comunicación Oral de las Personas Sordas, con Discapacidad Auditiva y Sordociegas y 697, 698 y 707 de la presente Ley

[857] Dada nueva redacción por art. único de Ley 30/1991 de 20 de diciembre de 1991, con vigencia desde 12/01/1992

[858] Dada nueva redacción párrafo 1 por art. 2 apartado 33 de Ley 8/2021 de 2 de junio de 2021, con vigencia desde 03/09/2021

2º) Al hacer su presentación, el testador escribirá en la parte superior de la cubierta, a presencia del Notario, que dentro de ella se contiene su testamento, expresando cómo está escrito y que está firmado por él.

3º) A continuación de lo escrito por el testador se extenderá el acta de otorgamiento, dando fe el Notario de haberse cumplido lo prevenido en el número anterior y lo demás que se dispone en el art. 707 , en lo que sea aplicable al caso.

Las personas con discapacidad visual, al hacer la presentación del testamento, deberán haber expresado en la cubierta, por medios mecánicos o tecnológicos que les permitan leer lo escrito, que dentro de ella se contiene su testamento, expresando el medio empleado y que el testamento está firmado por ellas. [859]

710. [860] Autorizado el testamento cerrado, el Notario lo entregará al testador, después de poner en el protocolo corriente copia autorizada del acta de otorgamiento [861] .

711. [862] El testador podrá conservar en su poder el testamento cerrado, o encomendar su guarda a persona de su confianza, o depositarlo en poder del Notario autorizante para que lo guarde en su archivo.

En este último caso, el Notario dará recibo al testador y hará constar en su protocolo corriente, al margen o a continuación de la copia del acta de otorgamiento, que queda el testamento en su poder. Si lo retirare después el testador, firmará un recibo a continuación de dicha nota [863] .

---

[859] Añadido párrafo 2 por art. 2 apartado 33 de Ley 8/2021 de 2 de junio de 2021, con vigencia desde 03/09/2021

[860] Dada nueva redacción por art. único de Ley 30/1991 de 20 de diciembre de 1991, con vigencia desde 12/01/1992

[861] Véanse arts. 17 y 34 Ley Notariado y 272 y 274 Rgto. Notariado

[862] Dada nueva redacción por art. único de Ley 30/1991 de 20 de diciembre de 1991, con vigencia desde 12/01/1992

[863] Véanse arts. 216 a 220 Rgto. Notariado

712. [864] 1. La persona que tenga en su poder un testamento cerrado deberá presentarlo ante Notario competente en los diez días siguientes a aquel en que tenga conocimiento del fallecimiento del testador.

2. El Notario autorizante de un testamento cerrado, constituido en depositario del mismo por el testador, deberá comunicar, en los diez días siguientes a que tenga conocimiento de su fallecimiento, la existencia del testamento al cónyuge sobreviviente, a los descendientes y a los ascendientes del testador y, en defecto de éstos, a los parientes colaterales hasta el cuarto grado.

3. En los dos supuestos anteriores, de no conocer la identidad o domicilio de estas personas, o si se ignorase su existencia, el Notario deberá dar la publicidad que determine la legislación notarial.

El incumplimiento de este deber, así como el de la presentación del testamento por quien lo tenga en su poder o por el Notario, le hará responsable de los daños y perjuicios causados [865].

713. El que con dolo deje de presentar el testamento cerrado que obre en su poder dentro del plazo fijado en el artículo anterior, además de la responsabilidad que en él se determina, perderá todo derecho a la herencia, si lo tuviere como heredero abintestato o como heredero o legatario por testamento. [866]

En esta misma pena incurrirán el que sustrajere dolosamente el testamento cerrado del domicilio del testador o de la persona que lo tenga en guarda o depósito, y el que lo oculte, rompa o inutilice de otro modo, sin perjuicio de la responsabilidad criminal que proceda [867].

714. [868] Para la apertura y protocolización del testamento cerrado se observará lo previsto en la legislación notarial.

---

[864] Dada nueva redacción por disposición final 1 apartado 64 de Ley 15/2015 de 2 de julio de 2015, con vigencia desde 23/07/2015

[865] Véanse arts. 736, 1104 y 1902 de la presente Ley

[866] Dada nueva redacción párrafo 1 por disposición final 1 apartado 65 de Ley 15/2015 de 2 de julio de 2015, con vigencia desde 23/07/2015

[867] Véanse arts. 234, 236 y 252 a 254 CP y 712.2, 756.6 y 1769 de la presente Ley

[868] Dada nueva redacción por disposición final 1 apartado 66 de Ley 15/2015 de 2 de julio de 2015, con vigencia desde 23/07/2015

715. Es nulo el testamento cerrado en cuyo otorgamiento no se hayan observado las formalidades establecidas en esta sección; y el Notario que lo autorice será responsable de los daños y perjuicios que sobrevengan, si se probare que la falta procedió de su malicia o de negligencia o ignorancia inexcusables. Será válido, sin embargo, como testamento ológrafo, si todo él estuviere escrito y firmado por el testador y tuviere las demás condiciones propias de este testamento.

SECCIÓN SÉPTIMA
Del testamento militar

716. En tiempo de guerra, los militares en campaña, voluntarios, rehenes, prisioneros y demás individuos empleados en el ejército, o que sigan a éste, podrán otorgar su testamento ante un Oficial que tenga por lo menos la categoría de Capitán.

Es aplicable esta disposición a los individuos de un ejército que se halle en país extranjero.

Si el testador estuviere enfermo o herido, podrá otorgarlo ante el Capellán o el Facultativo que le asista.

Si estuviere en destacamento, ante el que lo mande, aunque sea subalterno.

En todos los casos de este artículo será siempre necesaria la presencia de dos testigos idóneos [869].

717. También podrán las personas mencionadas en el artículo anterior otorgar testamento cerrado ante un Comisario de guerra, que ejercerá en este caso las funciones de Notario, observándose las disposiciones de los arts. 706 y ss.

---

[869] Véanse arts. 3 c) Rgto. Notariado y 11.1, 677, 681 a 683, 719 y 754.3 de la presente Ley

718. [870] Los testamentos otorgados con arreglo a los dos artículos anteriores deberán ser remitidos con la mayor brevedad posible al Cuartel General y, por este, al Ministerio de Defensa.

El Ministerio, si hubiese fallecido el testador, remitirá el testamento al Colegio Notarial correspondiente al último domicilio del difunto, y de no ser conocido éste, lo remitirá al Colegio Notarial de Madrid.

El Colegio Notarial remitirá el testamento al Notario correspondiente al último domicilio del testador. Recibido por el Notario deberá comunicar, en los diez días siguientes, su existencia a los herederos y demás interesados en la sucesión, para que comparezcan ante él al objeto de protocolizarlo de acuerdo con lo dispuesto legalmente [871] .

719. Los testamentos mencionados en el art. 716 caducarán cuatro meses después que el testador haya dejado de estar en campaña.

720. Durante una batalla, asalto, combate, y generalmente en todo peligro próximo de acción de guerra, podrá otorgarse testamento militar de palabra ante dos testigos.

Pero este testamento quedará ineficaz si el testador se salva del peligro en cuya consideración testó.

Aunque no se salvare, será ineficaz el testamento si no se formaliza por los testigos ante el Auditor de guerra o funcionario de justicia que siga al ejército, procediéndose después en la forma prevenida en el art. 718 .

721. Si fuere cerrado el testamento militar se observará lo prevenido en los arts. 706 y 707; pero se otorgará ante el Oficial y los dos testigos que para el abierto exige el art. 716 , debiendo firmar todos ellos el acta de otorgamiento, como asimismo el testador, si pudiere.

---

[870] Dada nueva redacción por disposición final 1 apartado 67 de Ley 15/2015 de 2 de julio de 2015, con vigencia desde 23/07/2015

[871] Véanse arts. 213 Rgto. Notariado y 704 y 727 de la presente Ley

SECCIÓN OCTAVA
Del testamento marítimo

722. Los testamentos, abiertos o cerrados, de los que durante un viaje marítimo vayan a bordo, se otorgarán en la forma siguiente:

Si el buque es de guerra, ante el Contador o el que ejerza sus funciones, en presencia de dos testigos idóneos, que vean y entiendan al testador. El Comandante del buque, o el que haga sus veces, pondrá además su Vº Bº.

En los buques mercantes autorizará el testamento el Capitán o el que haga sus veces, con asistencia de dos testigos idóneos.

En uno y otro caso los testigos se elegirán entre los pasajeros, si los hubiere; pero uno de ellos, por lo menos, ha de poder firmar, el cual lo hará por sí y por el testador, si éste no sabe o no puede hacerlo.

Si el testamento fuera abierto, se observará además lo prevenido en el art. 695 , y, si fuere cerrado, lo que se ordena en la sección sexta de este capítulo, con exclusión de lo relativo al número de testigos e intervención del Notario [872] .

723. El testamento del Contador del buque de guerra y el del Capitán del mercante serán autorizados por quien deba sustituirlos en el cargo, observándose para lo demás lo dispuesto en el artículo anterior.

724. Los testamentos abiertos hechos en alta mar serán custodiados por el Comandante o por el Capitán, y se hará mención de ellos en el Diario de navegación.

La misma mención se hará de los ológrafos y los cerrados.

725. Si el buque arribase a un puerto extranjero donde haya Agente diplomático o consular de España, el Comandante del de guerra o el Capitán del mercante, entregará a dicho Agente copia del testamento abierto o del acta de otorgamiento del cerrado, y de la nota tomada en el Diario.

---

[872] Véanse arts. 3 c) Rgto. Notariado, 612.3 y 10 CCom. y 677, 694 a 715 y 735 de la presente Ley

La copia del testamento o del acta deberá llevar las mismas firmas que el original, si viven y están a bordo los que lo firmaron; en otro caso será autorizada por el Contador o Capitán que hubiese recibido el testamento, o el que haga sus veces, firmando también los que estén a bordo de los que intervinieron en el testamento.

El Agente diplomático o consular hará extender por escrito diligencia de la entrega, y, cerrada y sellada la copia del testamento o la del acta del otorgamiento si fuere cerrado, la remitirá con la nota del Diario por el conducto correspondiente al Ministro de Marina, quien mandará que se deposite en el Archivo de su Ministerio.

El Comandante o Capitán que haga la entrega recogerá del Agente diplomático o consular certificación de haberlo verificado, y tomará nota de ella en el Diario de navegación.

726. Cuando el buque, sea de guerra o mercante, arribe al primer puerto del Reino, el Comandante o Capitán entregará el testamento original, cerrado y sellado, a la Autoridad marítima local, con copia de la nota tomada en el Diario; y, si hubiese fallecido el testador, certificación que lo acredite.

La entrega se acreditará en la forma prevenida en el artículo anterior, y la Autoridad marítima lo remitirá todo sin dilación al Ministro de Marina.

727. Si hubiese fallecido el testador y fuere abierto el testamento, el Ministro de Marina practicará lo que se dispone en el art. 718 .

728. Cuando el testamento haya sido otorgado por un extranjero en buque español, el Ministro de Marina remitirá el testamento al de Estado, para que por la vía diplomática se le dé el curso que corresponda.

729. Si fuere ológrafo el testamento y durante el viaje falleciera el testador, el Comandante o Capitán recogerá el testamento para custodiarlo, haciendo mención de ello en el Diario, y lo entregará a la Autoridad marítima local, en la forma y para los efectos prevenidos en el artículo anterior, cuando el buque arribe al primer puerto del Reino.

Lo mismo se practicará cuando sea cerrado el testamento, si lo conservaba en su poder el testador al tiempo de su muerte.

730. Los testamentos, abiertos y cerrados, otorgados con arreglo a lo prevenido en esta sección, caducarán pasados cuatro meses, contados desde que el testador desembarque en un punto donde pueda testar en la forma ordinaria.

731. Si hubiera peligro de naufragio, será aplicable a las tripulaciones y pasajeros de los buques de guerra o mercantes lo dispuesto en el art. 720 .

SECCIÓN NOVENA
Del testamento hecho en país extranjero

732. [873] Los españoles podrán testar fuera del territorio nacional, sujetándose a las formas establecidas por las leyes del país en que se hallen.

También podrán testar en alta mar durante su navegación en un buque extranjero, con sujeción a las leyes de la Nación a que el buque pertenezca.

Podrán asimismo hacer testamento ológrafo, con arreglo al art. 688 , aun en los países cuyas leyes no admitan dicho testamento [874] .

733. No será válido en España el testamento mancomunado, prohibido por el art. 669 , que los españoles otorguen en país extranjero, aunque lo autoricen las leyes de la Nación donde se hubiese otorgado.

---

[873] Dada nueva redacción por art. único de Ley de 21 de julio de 1904, con vigencia desde 13/08/1904
[874] Véanse arts. 11.3, 12 y 677 de la presente Ley

734. [875] También podrán los españoles que se encuentren en país extranjero otorgar su testamento, abierto o cerrado, ante el funcionario diplomático o consular de España que ejerza funciones notariales en el lugar del otorgamiento.

En estos casos se observarán respectivamente todas las formalidades establecidas en las Secciones quinta y sexta de este capítulo [876].

735. El Agente diplomático o consular remitirá, autorizada con su firma y sello, copia del testamento abierto, o del acta de otorgamiento del cerrado, al Ministerio de Estado para que se deposite en su Archivo [877].

736. El Agente diplomático o consular, en cuyo poder hubiese depositado su testamento ológrafo o cerrado un español, lo remitirá al Ministerio de Estado cuando fallezca el testador, con el certificado de defunción.

El Ministerio de Estado hará publicar en la Gaceta de Madrid la noticia del fallecimiento, para que los interesados en la herencia puedan recoger el testamento y gestionar su protocolización en la forma prevenida [878].

SECCIÓN DÉCIMA
De la revocación e ineficacia de los testamentos

737. Todas las disposiciones testamentarias son esencialmente revocables, aunque el testador exprese en el testamento su voluntad o resolución de no revocarlas.

Se tendrán por no puestas las cláusulas derogatorias de las disposiciones futuras, y aquéllas en que ordene el testador que no valga

---

[875] Dada nueva redacción por art. único de Ley 30/1991 de 20 de diciembre de 1991, con vigencia desde 12/01/1992

[876] Véanse arts. 36 LOFAGE, anexo 3 Rgto. Notariado y 11.3, 694 a 715 de la presente Ley

[877] Véase anexo 3.19 Rgto. Notariado

[878] Véanse arts. 52.4 LEC y anexo 3.20 Rgto. Notariado

la revocación del testamento, si no la hiciere con ciertas palabras o señales [879] .

738. El testamento no puede ser revocado en todo ni en parte sino con las solemnidades necesarias para testar.

739. El testamento anterior queda revocado de derecho por el posterior perfecto, si el testador no expresa en éste su voluntad de que aquél subsista en todo o en parte.

Sin embargo, el testamento anterior recobra su fuerza si el testador revoca después el posterior, y declara expresamente ser su voluntad que valga el primero.

740. La revocación producirá su efecto aunque el segundo testamento caduque por incapacidad del heredero o de los legatarios en él nombrados, o por renuncia de aquél o de éstos.

741. [880] El reconocimiento de un hijo no pierde su fuerza legal aunque se revoque el testamento en que se hizo o éste no contenga otras disposiciones, o sean nulas las demás que contuviere [881] .

742. Se presume revocado el testamento cerrado que aparezca en el domicilio del testador con las cubiertas rotas o los sellos quebrantados, o borradas, raspadas, o enmendadas las firmas que lo autoricen.

El testamento será, sin embargo, válido cuando se probare haber ocurrido el desperfecto sin voluntad ni conocimiento del testador o hallándose este afectado por alteraciones graves en su salud mental; pero si apareciere rota la cubierta o quebrantados los sellos, será

[879] Véanse arts. 180, 318, 644, 738 a 742 y disposición transitoria 2 de la presente Ley

[880] Dada nueva redacción por art. 4 de Ley 11/1981 de 13 de mayo de 1981, con vigencia desde 08/06/1981

[881] Véanse arts. 49 LRC, 764 a 768 LEC y 120.1 y 124 de la presente Ley

necesario probar además la autenticidad del testamento para su validez. [882]

Si el testamento se encontrare en poder de otra persona, se entenderá que el vicio procede de ella y no será aquél válido como no se pruebe su autenticidad, si estuvieren rota la cubierta o quebrantados los sellos; y si una y otros se hallaren íntegros, pero con las firmas borradas, raspadas o enmendadas, será válido el testamento, como no se justifique haber sido entregado el pliego en esta forma por el mismo testador.

743. Caducarán los testamentos, o serán ineficaces en todo o en parte las disposiciones testamentarias, sólo en los casos expresamente prevenidos en este Código [883] .

CAPÍTULO II
De la herencia

SECCIÓN PRIMERA
De la capacidad para suceder por testamento y sin él

744. Podrán suceder por testamento o abintestato los que no estén incapacitados por la ley.

745. Son incapaces de suceder:

1º) Las criaturas abortivas, entendiéndose tales las que no reúnan las circunstancias expresadas en el art. 30 .

2º) Las asociaciones o corporaciones no permitidas por la ley [884] .

---

[882] Dada nueva redacción párrafo 2 por art. 2 apartado 34 de Ley 8/2021 de 2 de junio de 2021, con vigencia desde 03/09/2021

[883] Véanse arts. 33.1 CE y 662 a 670, 702 a 704, 715, 719, 730, 731, 750 y 755 de la presente Ley

[884] Véanse arts. 22.2 y 5 CE, 515 CP y 1, 2, 10 y 38 LO 1/2002, de 22 de marzo, reguladora del Derecho de Asociación

746. Las Iglesias y los Cabildos eclesiásticos, las Diputaciones provinciales y las provincias, los Ayuntamientos y Municipios, los establecimientos de hospitalidad, beneficencia e instrucción pública, las asociaciones autorizadas o reconocidas por la ley y las demás personas jurídicas, pueden adquirir por testamento con sujeción a lo dispuesto en el art. 38 [885].

747. Si el testador dispusiere del todo o parte de sus bienes para sufragios y obras piadosas en beneficio de su alma, haciéndolo indeterminadamente y sin especificar su aplicación, los albaceas venderán los bienes y distribuirán su importe, dando la mitad al Diocesano para que lo destine a los indicados sufragios y a las atenciones y necesidades de la Iglesia, y la otra mitad al Gobernador civil correspondiente para los establecimientos benéficos del domicilio del difunto, y en su defecto, para los de la provincia.

748. La institución hecha a favor de un establecimiento público bajo condición o imponiéndole un gravamen, sólo será válida si el Gobierno la aprueba.

749. Las disposiciones hechas a favor de los pobres en general, sin designación de personas ni de población, se entenderán limitadas a los del domicilio del testador en la época de su muerte, si no constare claramente haber sido otra su voluntad.

La calificación de los pobres y la distribución de los bienes se harán por la persona que haya designado el testador, en su defecto por los albaceas, y, si no los hubiere, por el Párroco, el Alcalde y el Juez municipal, los cuales resolverán, por mayoría de votos, las dudas que ocurran.

Esto mismo se hará cuando el testador haya dispuesto de sus bienes en favor de los pobres de una parroquia o pueblo determinado [886].

---

[885] Véanse arts. 137 CE, 179 Rgto. Notariado, 3 y 4 RDLHL, 22 Ley 50/2002, 26 de diciembre, de Fundaciones, 1 Instrumento de Ratificación del Acuerdo entre el Estado Español y la Santa Sede sobre Asuntos Jurídicos, firmado 3 enero 1979 y 748, 759 y 994 de la presente Ley

[886] Véanse arts. 790 a 805 LEC, disposición transitoria 3 LOPJ y 671, 675 y 992.3 de la presente Ley

750. Toda disposición en favor de persona incierta será nula, a menos que por algún evento pueda resultar cierta.

751. La disposición hecha genéricamente en favor de los parientes del testador se entiende hecha en favor de los más próximos en grado.

752. No producirán efecto las disposiciones testamentarias que haga el testador durante su última enfermedad en favor del sacerdote que en ella le hubiese confesado, de los parientes del mismo dentro del cuarto grado, o de su iglesia, cabildo, comunidad o instituto.

753. [887] Tampoco surtirá efecto la disposición testamentaria en favor de quien sea tutor o curador representativo del testador, salvo cuando se haya hecho después de la extinción de la tutela o curatela.

Será nula la disposición hecha por las personas que se encuentran internadas por razones de salud o asistencia, a favor de sus cuidadores que sean titulares, administradores o empleados del establecimiento público o privado en el que aquellas estuvieran internadas. También será nula la disposición realizada a favor de los citados establecimientos.

Las demás personas físicas que presten servicios de cuidado, asistenciales o de naturaleza análoga al causante, solo podrán ser favorecidas en la sucesión de este si es ordenada en testamento notarial abierto.

Serán, sin embargo, válidas las disposiciones hechas en favor del tutor, curador o cuidador que sea pariente con derecho a suceder ab intestato.

754. El testador no podrá disponer del todo o parte de su herencia en favor del Notario que autorice su testamento, o del cónyuge, parientes o afines del mismo dentro del cuarto grado, con la excepción establecida en el art. 682. [888]

Esta prohibición será aplicable a los testigos del testamento abierto, otorgado con o sin Notario.

---

[887] Dada nueva redacción por art. 2 apartado 35 de Ley 8/2021 de 2 de junio de 2021, con vigencia desde 03/09/2021

[888] Dada nueva redacción párrafo 1 por art. 5 de Ley 11/1990 de 15 de octubre de 1990 , con vigencia desde 07/11/1990

Las disposiciones de este artículo son también aplicables a los testigos y personas ante quienes se otorguen los testamentos especiales [889].

755. Será nula la disposición testamentaria a favor de un incapaz, aunque se la disfrace bajo la forma de contrato oneroso o se haga a nombre de persona interpuesta.

756. [890] Son incapaces de suceder por causa de indignidad:

1º) El que fuera condenado por sentencia firme por haber atentado contra la vida, o a pena grave por haber causado lesiones o por haber ejercido habitualmente violencia física o psíquica en el ámbito familiar al causante, su cónyuge, persona a la que esté unida por análoga relación de afectividad o alguno de sus descendientes o ascendientes. [891]

2º) El que fuera condenado por sentencia firme por delitos contra la libertad, la integridad moral y la libertad e indemnidad sexual, si el ofendido es el causante, su cónyuge, la persona a la que esté unida por análoga relación de afectividad o alguno de sus descendientes o ascendientes.

Asimismo el condenado por sentencia firme a pena grave por haber cometido un delito contra los derechos y deberes familiares respecto de la herencia de la persona agraviada. [892]

También el privado por resolución firme de la patria potestad, o removido del ejercicio de la tutela o acogimiento familiar de un menor o del ejercicio de la curatela de una persona con discapacidad por causa que le sea imputable, respecto de la herencia del mismo. [893]

---

[889] Véanse arts. 22, 27 y 28 Ley Notariado y 139 Rgto. Notariado

[890] Dada nueva redacción por art. 3 de Ley 22/1978 de 26 de mayo de 1978, con vigencia desde 19/06/1978

[891] Dada nueva redacción apartado 1 por disposición final 1 apartado 68 de Ley 15/2015 de 2 de julio de 2015, con vigencia desde 23/07/2015

[892] Dada nueva redacción apartado 2 por disposición final 1 apartado 68 de Ley 15/2015 de 2 de julio de 2015, con vigencia desde 23/07/2015

[893] Dada nueva redacción apartado 2 por art. 2 apartado 36 de Ley 8/2021 de 2 de junio de 2021, con vigencia desde 03/09/2021

3º) El que hubiese acusado al causante de delito para el que la ley señala pena grave, si es condenado por denuncia falsa. [894]

4º) El heredero mayor de edad que, sabedor de la muerte violenta del testador, no la hubiese denunciado dentro de un mes a la justicia, cuando ésta no hubiera procedido ya de oficio.

Cesará esta prohibición en los casos en que, según la ley, no hay la obligación de acusar.

5º) El que, con amenaza, fraude o violencia, obligare al testador a hacer testamento o a cambiarlo.

6º) El que por iguales medios impidiere a otro hacer testamento, o revocar el que tuviese hecho, o suplantare, ocultare o alterare otro posterior.

7º) Tratándose de la sucesión de una persona con discapacidad, las personas con derecho a la herencia que no le hubieren prestado las atenciones debidas, entendiendo por tales las reguladas en los artículos 142 y 146 del Código Civil [895]. [896]

757. Las causas de indignidad dejan de surtir efecto si el testador las conocía al tiempo de hacer testamento, o si habiéndolas sabido después, las remitiere en documento público.

758. Para calificar la capacidad del heredero o legatario se atenderá al tiempo de la muerte de la persona de cuya sucesión se trate.

En los casos 2º y 3º del art. 756 se esperará a que se dicte la sentencia firme, y en el número 4º a que transcurra el mes señalado para la denuncia. [897]

---

[894] Dada nueva redacción apartado 3 párrafo 3 por disposición final 1 apartado 68 de Ley 15/2015 de 2 de julio de 2015, con vigencia desde 23/07/2015

[895] Véanse arts. 2.2 Ley 41/2003, de 18 de noviembre, de Protección Patrimonial de las Personas con Discapacidad y de Modificación del Código Civil, de la Ley de Enjuiciamiento Civil y de la Normativa Tributaria con esta finalidad, 259 a 263 LECR, 32, 138, 172, 187, 205, 226 a 228, 390, 450 y disposición transitoria 11 CP y 164.2, 673, 674, 713, 758 y 760 a 762 de la presente Ley

[896] Dada nueva redacción apartado 7 por art. 2 apartado 36 de Ley 8/2021 de 2 de junio de 2021, con vigencia desde 03/09/2021

[897] Dada nueva redacción párrafo 2 por art. 3 de Ley 22/1978 de 26 de mayo de 1978, con vigencia desde 19/06/1978

Si la institución o legado fuere condicional, se atenderá además al tiempo en que se cumpla la condición.

759. El heredero o legatario que muera antes de que la condición se cumpla, aunque sobreviva al testador, no transmite derecho alguno a sus herederos.

760. El incapaz de suceder, que, contra la prohibición de los anteriores artículos, hubiese entrado en la posesión de los bienes hereditarios, estará obligado a restituirlos con sus accesiones y con todos los frutos y rentas que haya percibido.

761. [898] Si el excluido de la herencia por incapacidad fuera hijo o descendiente del testador, y tuviere hijos o descendientes, adquirirán éstos su derecho a la legítima [899].

762. No puede deducirse acción para declarar la incapacidad pasados cinco años desde que el incapaz esté en posesión de la herencia o legado.

SECCIÓN SEGUNDA
De la institución de heredero

763. El que no tuviere herederos forzosos puede disponer por testamento de todos sus bienes o de parte de ellos en favor de cualquiera persona que tenga capacidad para adquirirlos.

El que tuviere herederos forzosos sólo podrá disponer de sus bienes en la forma y con las limitaciones que se establecen en la sección quinta de este capítulo [900].

---

[898] Dada nueva redacción por art. 4 de Ley 11/1981 de 13 de mayo de 1981, con vigencia desde 08/06/1981

[899] Véanse arts. 108, 178, 766, 857, 924 y 973.2 de la presente Ley

[900] Véanse arts. 32 y 41 LRDA y 669, 670 y 806 a 822 de la presente Ley

764. El testamento será válido aunque no contenga institución de heredero, o ésta no comprenda la totalidad de los bienes, y aunque el nombrado no acepte la herencia o sea incapaz de heredar.

En estos casos se cumplirán las disposiciones testamentarias hechas con arreglo a las leyes, y el remanente de los bienes pasará a los herederos legítimos.

765. Los herederos instituidos sin designación de partes heredarán por partes iguales.

766. El heredero voluntario que muere antes que el testador, el incapaz de heredar y el que renuncia a la herencia, no transmiten ningún derecho a sus herederos, salvo lo dispuesto en los arts. 761 y 857.

767. La expresión de una causa falsa de la institución de heredero o del nombramiento de legatario, será considerada como no escrita, a no ser que del testamento resulte que el testador no había hecho tal institución o legado si hubiese conocido la falsedad de la causa.

La expresión de una causa contraria a derecho, aunque sea verdadera, se tendrá también por no escrita.

768. El heredero instituido en una cosa cierta y determinada será considerado como legatario.

769. Cuando el testador nombre unos herederos individualmente y otros colectivamente, como si dijere: "Instituyo por mis herederos a N. y a N. y a los hijos de N.", los colectivamente nombrados se considerarán como si lo fueran individualmente, a no ser que conste de un modo claro que ha sido otra la voluntad del testador.

770. Si el testador instituye a sus hermanos, y los tiene carnales y de padre o madre solamente, se dividirá la herencia como en el caso de morir intestado.

771. Cuando el testador llame a la sucesión a una persona y a sus hijos, se entenderán todos instituidos simultánea y no sucesivamente.

772. [901] El testador designará al heredero por su nombre y apellidos, y cuando haya dos que los tengan iguales deberá señalar alguna circunstancia por la que se conozca al instituido.

Aunque el testador haya omitido el nombre del heredero, si lo designare de modo que no pueda dudarse quién sea el instituido, valdrá la institución.

En el testamento del adoptante, la expresión genérica hijo o hijos comprende a los adoptivos.

773. El error en el nombre, apellido o cualidades del heredero no vicia la institución cuando de otra manera puede saberse ciertamente cuál sea la persona nombrada.

Si entre personas del mismo nombre y apellido hay igualdad de circunstancias y éstas son tales que no permiten distinguir al instituido, ninguno será heredero.

SECCIÓN TERCERA
De la sustitución

774. Puede el testador sustituir una o más personas al heredero o herederos instituidos para el caso en que mueran antes que él, o no quieran, o no puedan aceptar la herencia.

La sustitución simple, y sin expresión de casos, comprende los tres expresados en el párrafo anterior, a menos que el testador haya dispuesto lo contrario [902].

---

[901] Dada nueva redacción por art. 1 de Ley de 24 de abril de 1958, con vigencia desde 15/05/1958

[902] Véanse arts. 26. f Ley 29/1987, de 18 diciembre, Impuesto Sucesiones y Donaciones y 53.1 RD 1629/1991 Rgto. Impuesto Sucesiones y Donaciones y 759, 761, 766, 789 y 813 de la presente Ley

775. Los padres y demás ascendientes podrán nombrar sustitutos a sus descendientes menores de catorce años, de ambos sexos, para el caso de que mueran antes de dicha edad.

776. [903] (Derogado)

777. Las sustituciones de que hablan los dos artículos anteriores, cuando el sustituido tenga herederos forzosos, sólo serán válidas en cuanto no perjudiquen los derechos legitimarios de éstos [904].

778. Pueden ser sustituidas dos o más personas a una sola; y al contrario, una sola a dos o más herederos.

779. Si los herederos instituidos en partes desiguales fueren sustituidos recíprocamente, tendrán en la sustitución las mismas partes que en la institución, a no ser que claramente aparezca haber sido otra la voluntad del testador.

780. El sustituto quedará sujeto a las mismas cargas y condiciones impuestas al instituido, a menos que el testador haya dispuesto expresamente lo contrario, o que los gravámenes o condiciones sean meramente personales del instituido.

781. Las sustituciones fideicomisarias en cuya virtud se encarga al heredero que conserve y transmita a un tercero el todo o parte de la herencia, serán válidas y surtirán efecto siempre que no pasen del segundo grado, o que se hagan en favor de personas que vivan al tiempo del fallecimiento del testador.

---

[903] Derogado por art. 2 apartado 37 de Ley 8/2021 de 2 de junio de 2021, con vigencia desde 03/09/2021
[904] Véanse arts. 761, 763, 775, 782, 806, 807 y 813 de la presente Ley

782. [905] Las sustituciones fideicomisarias nunca podrán gravar la legítima, salvo cuando se establezcan, en los términos establecidos en el artículo 808, en beneficio de uno o varios hijos del testador que se encuentren en una situación de discapacidad.

Si la sustitución fideicomisaria recayere sobre el tercio destinado a mejora, solo podrá establecerse a favor de los descendientes.

783. Para que sean válidos los llamamientos a la sustitución fideicomisaria, deberán ser expresos.

El fiduciario estará obligado a entregar la herencia al fideicomisario, sin otras deducciones que las que correspondan por gastos legítimos, créditos y mejoras, salvo el caso en que el testador haya dispuesto otra cosa.

784. El fideicomisario adquirirá derecho a la sucesión desde la muerte del testador, aunque muera antes que el fiduciario.

El derecho de aquél pasará a sus herederos [906].

785. No surtirán efecto:

1º) Las sustituciones fideicomisarias que no se hagan de una manera expresa, ya dándoles este nombre, ya imponiendo al sustituido la obligación terminante de entregar los bienes a un segundo heredero [907].

2º) Las disposiciones que contengan prohibición perpetua de enajenar, y aun la temporal, fuera del límite señalado en el art. 781 [908].

3º) Las que impongan al heredero el encargo de pagar a varias personas sucesivamente, más allá del segundo grado, cierta renta o pensión.

---

[905] Dada nueva redacción por art. 2 apartado 38 de Ley 8/2021 de 2 de junio de 2021, con vigencia desde 03/09/2021

[906] Véanse arts. 53.3 RD 1629/1991 Rgto. Impuesto Sucesiones y Donaciones y 657, 661, 759 y 799 de la presente Ley

[907] Véanse arts. 640, 641, 771 y 783 de la presente Ley

[908] Véase art. 26 LH

4º) Las que tengan por objeto dejar a una persona el todo o parte de los bienes hereditarios para que los aplique o invierta según instrucciones reservadas que le hubiese comunicado el testador [909] .

786. La nulidad de la sustitución fideicomisaria no perjudicará a la validez de la institución ni a los herederos del primer llamamiento; sólo se tendrá por no escrita la cláusula fideicomisaria.

787. La disposición en que el testador deje a una persona el todo o parte de la herencia, y a otra el usufructo, será válida. Si llamare al usufructo a varias personas, no simultánea, sino sucesivamente, se estará a lo dispuesto en el art. 781 .

788. Será válida la disposición que imponga al heredero la obligación de invertir ciertas cantidades periódicamente en obras benéficas, como dotes para doncellas pobres, pensiones para estudiantes o en favor de los pobres o de cualquiera establecimiento de beneficencia o de instrucción pública, bajo las condiciones siguientes:

Si la carga se impusiere sobre bienes inmuebles y fuere temporal, el heredero o herederos podrán disponer de la finca gravada, sin que cese el gravamen mientras que su inscripción no se cancele.

Si la carga fuere perpetua, el heredero podrá capitalizarla e imponer el capital a interés con primera y suficiente hipoteca.

La capitalización e imposición del capital se hará interviniendo el Gobernador civil de la provincia y con audiencia del Ministerio público.

En todo caso, cuando el testador no hubiere establecido un orden para la administración y aplicación de la manda benéfica, lo hará la Autoridad administrativa a quien corresponda con arreglo a las leyes [910] .

789. Todo lo dispuesto en este capítulo respecto a los herederos se entenderá también aplicable a los legatarios.

---

[909] Véanse arts. 2.3 y 45.1 LH, 172 RH, 2.3 Ley 50/2002, de 26 de diciembre, de Fundaciones y 671 y 749 de la presente Ley

[910] Véanse arts. 37, 38, 671 y 747 de la presente Ley

SECCIÓN CUARTA
De la institución de heredero y del legado condicional o a término

790. Las disposiciones testamentarias, tanto a título universal como particular, podrán hacerse bajo condición.

791. Las condiciones impuestas a los herederos y legatarios, en lo que no esté prevenido en esta sección, se regirán por las reglas establecidas para las obligaciones condicionales.

792. Las condiciones imposibles y las contrarias a las leyes o a las buenas costumbres se tendrán por no puestas y en nada perjudicarán al heredero o legatario, aun cuando el testador disponga otra cosa.

793. La condición absoluta de no contraer primero o ulterior matrimonio se tendrá por no puesta, a menos que lo haya sido al viudo o viuda por su difunto consorte o por los ascendientes o descendientes de éste.

Podrá, sin embargo, legarse a cualquiera el usufructo, uso o habitación, o una pensión o prestación personal, por el tiempo que permanezca soltero o viudo [911].

794. Será nula la disposición hecha bajo condición de que el heredero o legatario haga en su testamento alguna disposición en favor del testador o de otra persona.

795. La condición puramente potestativa impuesta al heredero o legatario ha de ser cumplida por éstos, una vez enterados de ella, después de la muerte del testador.

Exceptúase el caso en que la condición, ya cumplida, no pueda reiterarse.

---

[911] Véanse arts. 32 CE y 44, 792 y 1116 de la presente Ley

796. Cuando la condición fuere casual o mixta, bastará que se realice o cumpla en cualquier tiempo, vivo o muerto el testador, si éste no hubiese dispuesto otra cosa.

Si hubiese existido o se hubiese cumplido al hacerse el testamento, y el testador lo ignoraba, se tendrá por cumplida.

Si lo sabía, sólo se tendrá por cumplida cuando fuere de tal naturaleza que no pueda ya existir o cumplirse de nuevo.

797. La expresión del objeto de la institución o legado, o la aplicación que haya de darse a lo dejado por el testador, o la carga que el mismo impusiere, no se entenderán como condición, a no parecer que ésta era su voluntad.

Lo dejado de esta manera puede pedirse desde luego, y es transmisible a los herederos que afiancen el cumplimiento de lo mandado por el testador, y la devolución de lo percibido con sus frutos e intereses, si faltaren a esta obligación.

798. Cuando, sin culpa o hecho propio del heredero o legatario, no pueda tener efecto la institución o el legado de que trata el artículo precedente en los mismos términos que haya ordenado el testador, deberá cumplirse en otros, los más análogos y conformes a su voluntad.

Cuando el interesado en que se cumpla, o no, impidiere su cumplimiento sin culpa o hecho propio del heredero o legatario, se considerará cumplida la condición.

799. La condición suspensiva no impide al heredero o legatario adquirir sus respectivos derechos y transmitirlos a sus herederos, aun antes de que se verifique su cumplimiento.

800. Si la condición potestativa impuesta al heredero o legatario fuere negativa, o de no hacer o no dar, cumplirán con afianzar que no harán o no darán lo que fue prohibido por el testador, y que, en caso de contravención, devolverán lo percibido, con sus frutos e intereses.

801. Si el heredero fuere instituido bajo condición suspensiva, se pondrán los bienes de la herencia en administración hasta que la condición se realice o haya certeza de que no podrá cumplirse.

Lo mismo se hará cuando el heredero o legatario no preste la fianza en el caso del artículo anterior [912].

802. La administración de que habla el artículo precedente se confiará al heredero o herederos instituidos sin condición, cuando entre ellos y el heredero condicional hubiere derecho de acrecer. Lo mismo se entenderá respecto de los legatarios.

803. Si el heredero condicional no tuviere coherederos, o teniéndolos no existiese entre ellos derecho de acrecer, entrará aquél en la administración, dando fianza.

Si no la diere, se conferirá la administración al heredero presunto, también bajo fianza; y, si ni uno ni otro afianzaren, los Tribunales nombrarán tercera persona, que se hará cargo de ella, también bajo fianza, la cual se prestará con intervención del heredero.

804. Los administradores tendrán los mismos derechos y obligaciones que los que lo son de los bienes de un ausente.

805. Será válida la designación de día o de tiempo en que haya de comenzar o cesar el efecto de la institución de heredero o del legado.

En ambos casos, hasta que llegue el término señalado, o cuando éste concluya, se entenderá llamado el sucesor legítimo. Mas en el primer caso, no entrará éste en posesión de los bienes sino después de prestar caución suficiente, con intervención del instituido.

SECCIÓN QUINTA
De las legítimas

806. Legítima es la porción de bienes de que el testador no puede disponer por haberla reservado la ley a determinados herederos, llamados por esto herederos forzosos [913].

---

[912] Véanse arts. 797 a 805 LEC y 1054 y 1120 a 1122 de la presente Ley
[913] Véanse arts. 15 LH, 83 a 88 y 152 RH y 813 a 816 de la presente Ley

807. [914] Son herederos forzosos:

1º) Los hijos y descendientes respecto de sus padres y ascendientes.

2º) A falta de los anteriores, los padres y ascendientes respecto de sus hijos y descendientes.

3º) El viudo o viuda en la forma y medida que establece este Código [915].

808. [916] Constituyen la legítima de los hijos y descendientes las dos terceras partes del haber hereditario de los progenitores.

Sin embargo, podrán estos disponer de una parte de las dos que forman la legítima, para aplicarla como mejora a sus hijos o descendientes.

La tercera parte restante será de libre disposición.

Cuando alguno o varios de los legitimarios se encontraren en una situación de discapacidad, el testador podrá disponer a su favor de la legítima estricta de los demás legitimarios sin discapacidad. En tal caso, salvo disposición contraria del testador, lo así recibido por el hijo beneficiado quedará gravado con sustitución fideicomisaria de residuo a favor de los que hubieren visto afectada su legítima estricta y no podrá aquel disponer de tales bienes ni a título gratuito ni por acto mortis causa.

Cuando el testador hubiere hecho uso de la facultad que le concede el párrafo anterior, corresponderá al hijo que impugne el gravamen de su legítima estricta acreditar que no concurre causa que la justifique.

809. [917] Constituye la legítima de los padres o ascendientes la mitad del haber hereditario de los hijos y descendientes, salvo el caso en que concurrieren con el cónyuge viudo del descendiente causante, en cuyo supuesto será de una tercera parte de la herencia.

---

[914] Dada nueva redacción por art. 4 de Ley 11/1981 de 13 de mayo de 1981, con vigencia desde 08/06/1981

[915] Véanse arts. 226.4 Rgto. Notariado y 108, 809, 810 y 834 a 840 de la presente Ley

[916] Dada nueva redacción por art. 2 apartado 39 de Ley 8/2021 de 2 de junio de 2021, con vigencia desde 03/09/2021

[917] Dada nueva redacción por art. 1 de Ley de 24 de abril de 1958, con vigencia desde 15/05/1958

810. La legítima reservada a los padres se dividirá entre los dos por partes iguales; si uno de ellos hubiere muerto, recaerá toda en el sobreviviente.

Cuando el testador no deje padre ni madre, pero sí ascendientes, en igual grado, de las líneas paterna y materna, se dividirá la herencia por mitad entre ambas líneas. Si los ascendientes fueren de grado diferente, corresponderá por entero a los más próximos de una u otra línea.

811. El ascendiente que heredare de su descendiente bienes que éste hubiese adquirido por título lucrativo de otro ascendiente, o de un hermano, se halla obligado a reservar los que hubiere adquirido por ministerio de la ley en favor de los parientes que estén dentro del tercer grado y pertenezcan a la línea de donde los bienes proceden [918].

812. Los ascendientes suceden con exclusión de otras personas en las cosas dadas por ellos a sus hijos o descendientes muertos sin posteridad, cuando los mismos objetos donados existan en la sucesión. Si hubieren sido enajenados, sucederán en todas las acciones que el donatario tuviera con relación a ellos, y en el precio si se hubieren vendido, o en los bienes con que se hayan sustituido, si los permutó o cambió.

813. El testador no podrá privar a los herederos de su legítima sino en los casos expresamente determinados por la ley.

Tampoco podrá imponer sobre ella gravamen, ni condición, ni sustitución de ninguna especie, salvo lo dispuesto en cuanto al usufructo del viudo y lo establecido en los artículos 782 y 808. [919]

---

[918] Véanse arts. 168.2 y 184 a 189 LH, 259 a 219 RH, 55 RD 1629/1991, de 8 noviembre, por el que se aprueba el Reglamento del Impuesto Sucesiones y Donaciones y 915 a 923, 938, 942 y 968 de la presente Ley

[919] Dada nueva redacción párrafo 2 por art. 2 apartado 40 de Ley 8/2021 de 2 de junio de 2021, con vigencia desde 03/09/2021

814. [920] La preterición de un heredero forzoso no perjudica la legítima. Se reducirá la institución de heredero antes que los legados, mejoras y demás disposiciones testamentarias.

Sin embargo, la preterición no intencional de hijos o descendientes producirá los siguientes efectos:

1º) Si resultaren preteridos todos, se anularán las disposiciones testamentarias de contenido patrimonial.

2º) En otro caso, se anulará la institución de herederos, pero valdrán las mandas y mejoras ordenadas por cualquier título, en cuanto unas y otras no sean inoficiosas. No obstante, la institución de heredero a favor del cónyuge sólo se anulará en cuanto perjudique a las legítimas.

Los descendientes de otro descendiente que no hubiere sido preterido, representan a éste en la herencia del ascendiente y no se consideran preteridos.

Si los herederos forzosos preteridos mueren antes que el testador, el testamento surtirá todos sus efectos.

A salvo las legítimas, tendrá preferencia en todo caso lo ordenado por el testador [921].

815. El heredero forzoso a quien el testador haya dejado por cualquier título menos de la legítima que le corresponda, podrá pedir el complemento de la misma.

816. Toda renuncia o transacción sobre la legítima futura entre el que la debe y sus herederos forzosos es nula, y éstos podrán reclamarla cuando muera aquél; pero deberán traer a colación lo que hubiesen recibido por la renuncia o transacción.

817. Las disposiciones testamentarias que mengüen la legítima de los herederos forzosos se reducirán, a petición de éstos, en lo que fueren inoficiosas o excesivas.

---

[920] Dada nueva redacción por art. 4 de Ley 11/1981 de 13 de mayo de 1981, con vigencia desde 08/06/1981

[921] Véanse arts. 763, 813, 817, 831.4, 831.4, 848 a 857, 1037 y 1056.2 de la presente Ley

818. Para fijar la legítima se atenderá al valor de los bienes que quedaren a la muerte del testador, con deducción de las deudas y cargas, sin comprender entre ellas las impuestas en el testamento.

Al valor líquido de los bienes hereditarios se agregará el de las donaciones colacionables. [922]

819. Las donaciones hechas a los hijos, que no tengan el concepto de mejoras, se imputarán en su legítima.

Las donaciones hechas a extraños se imputarán a la parte libre de que el testador hubiese podido disponer por su última voluntad.

En cuanto fueren inoficiosas o excedieren de la cuota disponible, se reducirán según las reglas de los artículos siguientes.

820. Fijada la legítima con arreglo a los dos artículos anteriores, se hará la reducción como sigue:

1º) Se respetarán las donaciones mientras pueda cubrirse la legítima, reduciendo o anulando, si necesario fuere, las mandas hechas en testamento.

2º) La reducción de éstas se hará a prorrata, sin distinción alguna.

Si el testador hubiere dispuesto que se pague cierto legado con preferencia a otros, no sufrirá aquél reducción sino después de haberse aplicado éstos por entero al pago de la legítima.

3º) Si la manda consiste en un usufructo o renta vitalicia, cuyo valor se tenga por superior a la parte disponible, los herederos forzosos podrán escoger entre cumplir la disposición testamentaria o entregar al legatario la parte de la herencia de que podía disponer libremente el testador.

821. [923] Cuando el legado sujeto a reducción consista en una finca que no admita cómoda división, quedará ésta para el legatario si la reducción no absorbe la mitad de su valor, y en caso contrario para los herederos forzosos; pero aquél y éstos deberán abonarse su respectivo haber en dinero.

---

[922] Dada nueva redacción párrafo 2 por art. 5 de Ley 11/1981 de 13 de mayo de 1981, con vigencia desde 08/06/1981

[923] Dada nueva redacción por art. 10 de Ley 41/2003 de 18 de noviembre de 2003, con vigencia desde 20/11/2003

El legatario que tenga derecho a legítima podrá retener toda la finca, con tal que su valor no supere, el importe de la porción disponible y de la cuota que le corresponda por legítima.

Si los herederos o legatarios no quieren usar del derecho que se les concede en este artículo se venderá la finca en pública subasta, a instancia de cualquiera de los interesados.

822. [924] La donación o legado de un derecho de habitación sobre la vivienda habitual que su titular haga a favor de un legitimario que se encuentre en una situación de discapacidad, no se computará para el cálculo de las legítimas si en el momento del fallecimiento ambos estuvieren conviviendo en ella. [925]

Este derecho de habitación se atribuirá por ministerio de la ley en las mismas condiciones al legitimario que se halle en la situación prevista en el párrafo anterior, que lo necesite y que estuviere conviviendo con el fallecido, a menos que el testador hubiera dispuesto otra cosa o lo hubiera excluido expresamente, pero su titular no podrá impedir que continúen conviviendo los demás legitimarios mientras lo necesiten. [926]

El derecho a que se refieren los dos párrafos anteriores será intransmisible.

Lo dispuesto en los dos primeros párrafos no impedirá la atribución al cónyuge de los derechos regulados en los arts. 1406 y 1407 de este Código, que coexistirán con el de habitación [927].

---

[924] Dada nueva redacción por art. 10 de Ley 41/2003 de 18 de noviembre de 2003, con vigencia desde 20/11/2003

[925] Dada nueva redacción párrafo 1 por art. 2 apartado 41 de Ley 8/2021 de 2 de junio de 2021, con vigencia desde 03/09/2021

[926] Dada nueva redacción párrafo 2 por art. 2 apartado 41 de Ley 8/2021 de 2 de junio de 2021, con vigencia desde 03/09/2021

[927] Véanse arts. 2.2 Ley 41/2003, de 18 de noviembre, de Protección Patrimonial de las Personas con Discapacidad y de Modificación del Código Civil, de la Ley de Enjuiciamiento Civil y de la Normativa Tributaria con esta finalidad y 524, 525, 819 y disposición adicional 4 de la presente Ley

SECCIÓN SEXTA
De las mejoras

823. [928] El padre o la madre podrán disponer en concepto de mejora a favor de alguno o algunos de sus hijos o descendientes, ya lo sean por naturaleza ya por adopción, de una de las dos terceras partes destinadas a legítima [929].

824. No podrán imponerse sobre la mejora otros gravámenes que los que se establezcan en favor de los legitimarios o sus descendientes.

825. Ninguna donación por contrato entre vivos, sea simple o por causa onerosa, en favor de hijos o descendientes, que sean herederos forzosos, se reputará mejora, si el donante no ha declarado de una manera expresa su voluntad de mejorar.

826. La promesa de mejorar o no mejorar, hecha por escritura pública en capitulaciones matrimoniales, será válida.

La disposición del testador contraria a la promesa no producirá efecto.

827. La mejora, aunque se haya verificado con entrega de bienes, será revocable, a menos que se haya hecho por capitulaciones matrimoniales o por contrato oneroso celebrado con un tercero.

828. La manda o legado hecho por el testador a uno de los hijos o descendientes no se reputará mejora sino cuando el testador haya declarado expresamente ser ésta su voluntad, o cuando no quepa en la parte libre.

829. La mejora podrá señalarse en cosa determinada. Si el valor de ésta excediere del tercio destinado a la mejora y de la parte de

[928] Dada nueva redacción por disposición final 18 de Ley Orgánica 1/1996 de 15 de enero de 1996, con vigencia desde 16/02/1996

[929] Véanse arts. 808.2, 825 y 972 de al presente Ley

legítima correspondiente al mejorado, deberá éste abonar la diferencia en metálico a los demás interesados.

830. La facultad de mejorar no puede encomendarse a otro.

831. [930] 1. No obstante lo dispuesto en el artículo anterior, podrán conferirse facultades al cónyuge en testamento para que, fallecido el testador, pueda realizar a favor de los hijos o descendientes comunes mejoras incluso con cargo al tercio de libre disposición y, en general, adjudicaciones o atribuciones de bienes concretos por cualquier título o concepto sucesorio o particiones, incluidas las que tengan por objeto bienes de la sociedad conyugal disuelta que esté sin liquidar.

Estas mejoras, adjudicaciones o atribuciones podrán realizarse por el cónyuge en uno o varios actos, simultáneos o sucesivos. Si no se le hubiere conferido la facultad de hacerlo en su propio testamento o no se le hubiere señalado plazo, tendrá el de dos años contados desde la apertura de la sucesión o, en su caso, desde la emancipación del último de los hijos comunes.

Las disposiciones del cónyuge que tengan por objeto bienes específicos y determinados, además de conferir la propiedad al hijo o descendiente favorecido, le conferirán también la posesión por el hecho de su aceptación, salvo que en ellas se establezca otra cosa.

2. Corresponderá al cónyuge sobreviviente la administración de los bienes sobre los que pendan las facultades a que se refiere el párrafo anterior.

3. El cónyuge, al ejercitar las facultades encomendadas, deberá respetar las legítimas estrictas de los descendientes comunes y las mejoras y demás disposiciones del causante en favor de ésos.

De no respetarse la legítima estricta de algún descendiente común o la cuota de participación en los bienes relictos que en su favor hubiere ordenado el causante, el perjudicado podrá pedir que se rescindan los actos del cónyuge en cuanto sea necesario para dar satisfacción al interés lesionado.

Se entenderán respetadas las disposiciones del causante a favor de los hijos o descendientes comunes y las legítimas cuando unas u

---

[930] Dada nueva redacción por art. 10 de Ley 41/2003 de 18 de noviembre de 2003, con vigencia desde 20/11/2003

otras resulten suficientemente satisfechas aunque en todo o en parte lo hayan sido con bienes pertenecientes sólo al cónyuge que ejercite las facultades.

4. La concesión al cónyuge de las facultades expresadas no alterará el régimen de las legítimas ni el de las disposiciones del causante, cuando el favorecido por unas u otras no sea descendiente común. En tal caso, el cónyuge que no sea pariente en línea recta del favorecido tendrá poderes, en cuanto a los bienes afectos a esas facultades, para actuar por cuenta de los descendientes comunes en los actos de ejecución o de adjudicación relativos a tales legítimas o disposiciones.

Cuando algún descendiente que no lo sea del cónyuge supérstite hubiera sufrido preterición no intencional en la herencia del premuerto, el ejercicio de las facultades encomendadas al cónyuge no podrá menoscabar la parte del preterido.

5. Las facultades conferidas al cónyuge cesarán desde que hubiere pasado a ulterior matrimonio o a relación de hecho análoga o tenido algún hijo no común, salvo que el testador hubiera dispuesto otra cosa.

6. Las disposiciones de los párrafos anteriores también serán de aplicación cuando las personas con descendencia común no estén casadas entre sí [931].

832. Cuando la mejora no hubiere sido señalada en cosa determinada, será pagada con los mismos bienes hereditarios, observándose, en cuanto puedan tener lugar, las reglas establecidas en los arts. 1061 y 1062 para procurar la igualdad de los herederos en la partición de bienes.

833. [932] El hijo o descendiente mejorado podrá renunciar a la herencia y aceptar la mejora [933].

---

[931] Véanse arts. 670, 806, 814, 830, 1057, 1068, 1075 y 1271.2 de la presente Ley

[932] Dada nueva redacción por art. 4 de Ley 11/1981 de 13 de mayo de 1981, con vigencia desde 08/06/1981

[933] Véanse arts. 16 LAU, 8, 10 y 27 LAR, 35 LRDA y 834 a 840, 1406.4 y 1407 de la presente Ley

SECCIÓN SÉPTIMA
Derechos del cónyuge viudo

834. [934] El cónyuge que al morir su consorte no se hallase separado de éste legalmente o de hecho, si concurre a la herencia con hijos o descendientes, tendrá derecho al usufructo del tercio destinado a mejora [935].

835. [936] Si entre los cónyuges separados hubiera mediado reconciliación notificada al Juzgado que conoció de la separación o al Notario que otorgó la escritura pública de separación de conformidad con el art. 84 de este Código, el sobreviviente conservará sus derechos.

836. [937] (Derogado)

837. [938] No existiendo descendientes, pero sí ascendientes, el cónyuge sobreviviente tendrá derecho al usufructo de la mitad de la herencia [939].

Párrafo 2 (Derogado) [940]

---

[934] Dada nueva redacción por disposición final 1 apartado 69 de Ley 15/2015 de 2 de julio de 2015, con vigencia desde 23/07/2015

[935] Véanse arts. 108.2 y 190 LH, 32 LRDA, 81 a 84, 467, 468, 477, 480 y 490 de la presente Ley

[936] Dada nueva redacción por disposición final 1 apartado 70 de Ley 15/2015 de 2 de julio de 2015, con vigencia desde 23/07/2015

[937] Suprimido por art. 4 de Ley 11/1981 de 13 de mayo de 1981, con vigencia desde 08/06/1981

[938] Dada nueva redacción por art. 4 de Ley 11/1981 de 13 de mayo de 1981, con vigencia desde 08/06/1981

[939] Véanse arts. 14 y 39.2 CE, 429, 809 y 810 de la presente Ley

[940] Suprimido párrafo 2 por art. 2 de Ley 15/2005 de 8 de julio de 2005, con vigencia desde 10/07/2005

838. [941] No existiendo descendientes ni ascendientes el cónyuge sobreviviente tendrá derecho al usufructo de los dos tercios de la herencia.

839. [942] Los herederos podrán satisfacer al cónyuge su parte de usufructo, asignándole una renta vitalicia, los productos de determinados bienes, o un capital en efectivo, procediendo de mutuo acuerdo y, en su defecto, por virtud de mandato judicial.

Mientras esto no se realice, estarán afectos todos los bienes de la herencia al pago de la parte de usufructo que corresponda al cónyuge [943].

840. [944] Cuando el cónyuge viudo concurra con hijos sólo del causante, podrá exigir que su derecho de usufructo le sea satisfecho, a elección de los hijos, asignándole un capital en dinero o un lote de bienes hereditarios.

SECCIÓN OCTAVA
Pago de la porción hereditaria en casos especiales [945]

841. [946] El testador, o el contador-partidor expresamente autorizado por aquél, podrá adjudicar todos los bienes hereditarios o parte de ellos a alguno de los hijos o descendientes, ordenando que se pague en metálico la porción hereditaria de los demás legitimarios.

---

[941] Dada nueva redacción por art. 1 de Ley de 24 de abril de 1958, con vigencia desde 15/05/1958

[942] Dada nueva redacción por art. 1 de Ley de 24 de abril de 1958, con vigencia desde 15/05/1958

[943] Véanse arts. 57 RD 1629/1991, de 8 de noviembre, por el que se aprueba el Reglamento del Impuesto sobre Sucesiones y Donaciones y 834, 1404,1407 de la presente Ley

[944] Dada nueva redacción por art. 2 de Ley 15/2005 de 8 de julio de 2005, con vigencia desde 10/07/2005

[945] Dada nueva redacción por art. 6 de Ley 11/1981 de 13 de mayo de 1981 moviéndose después del art. 840, con vigencia desde 08/06/1981

[946] Dada nueva redacción por art. 4 de Ley 11/1981 de 13 de mayo de 1981, con vigencia desde 08/06/1981

También corresponderá la facultad de pago en metálico en el mismo supuesto del párrafo anterior al contador partidor dativo a que se refiere el art. 1057 CC [947].

842. [948] No obstante lo dispuesto en el artículo anterior, cualquiera de los hijos o descendientes obligados a pagar en metálico la cuota hereditaria de sus hermanos podrá exigir que dicha cuota sea satisfecha en bienes de la herencia, debiendo observarse, en tal caso, lo prescrito por los arts. 1058 a 1063 de este Código.

843. [949] Salvo confirmación expresa de todos los hijos o descendientes la partición a que se refieren los dos artículos anteriores requerirá aprobación por el Secretario judicial o Notario.

844. [950] La decisión de pago en metálico no producirá efectos si no se comunica a los perceptores en el plazo de un año desde la apertura de la sucesión. El pago deberá hacerse en el plazo de otro año más, salvo pacto en contrario. Corresponderán al perceptor de la cantidad las garantías legales establecidas para el legatario de cantidad.

Transcurrido el plazo sin que el pago haya tenido lugar, caducará la facultad conferida a los hijos o descendientes por el testador o el contador-partidor y se procederá a repartir la herencia según las disposiciones generales sobre la partición [951].

---

[947] Véanse arts. 80.2 y 85 RH y 842 a 847, 1056 y 1061 de la presente Ley

[948] Dada nueva redacción por art. 4 de Ley 11/1981 de 13 de mayo de 1981, con vigencia desde 08/06/1981

[949] Dada nueva redacción por disposición final 1 apartado 71 de Ley 15/2015 de 2 de julio de 2015, con vigencia desde 23/07/2015

[950] Dada nueva redacción por art. 4 de Ley 11/1981 de 13 de mayo de 1981, con vigencia desde 08/06/1981

[951] Véanse arts. 48 LH, 153 y 166.6 RH y 657, 841, 880, 884 y 1051 de la presente Ley

845. [952] La opción de que tratan los artículos anteriores no afectará a los legados de cosa específica [953].

846. [954] Tampoco afectará a las disposiciones particionales del testador señaladas en cosas determinadas.

847. [955] Para fijar la suma que haya de abonarse a los hijos o descendientes se atenderá al valor que tuvieren los bienes al tiempo de liquidarles la porción correspondiente, teniendo en cuenta los frutos o rentas hasta entonces producidas. Desde la liquidación, el crédito metálico devengará el interés legal.

SECCIÓN NOVENA
De la desheredación

848. La desheredación sólo podrá tener lugar por alguna de las causas que expresamente señala la ley.

849. La desheredación sólo podrá hacerse en testamento, expresando en él la causa legal en que se funde.

850. La prueba de ser cierta la causa de la desheredación corresponderá a los herederos del testador si el desheredado la negare.

851. La desheredación hecha sin expresión de causa, o por causa cuya certeza, si fuere contradicha, no se probare, o que no sea una de las señaladas en los cuatro siguientes artículos, anulará la institución

---

[952] Dada nueva redacción por art. 4 de Ley 11/1981 de 13 de mayo de 1981, con vigencia desde 08/06/1981

[953] Véanse arts. 47 LH, 151, 166.6, 197.3 RH y 821, 882 y 884 de la presente Ley

[954] Dada nueva redacción por art. 4 de Ley 11/1981 de 13 de mayo de 1981, con vigencia desde 08/06/1981

[955] Dada nueva redacción por art. 4 de Ley 11/1981 de 13 de mayo de 1981, con vigencia desde 08/06/1981

de heredero en cuanto perjudique al desheredado; pero valdrán los legados, mejoras y demás disposiciones testamentarias en lo que no perjudiquen a dicha legítima.

852. [956] Son justas causas para la desheredación, en los términos que específicamente determinan los arts. 853, 854 y 855, las de incapacidad por indignidad para suceder, señaladas en el art. 756 con los números 1º, 2º, 3º, 5º y 6º.

853. [957] Serán también justas causas para desheredar a los hijos y descendientes, además de las señaladas en el art. 756 con los números dos, tres, cinco y seis, las siguientes.

1ª) Haber negado, sin motivo legítimo, los alimentos al padre o ascendiente que le deshereda.

2ª) Haberle maltratado de obra o injuriado gravemente de palabra [958].

Apartado 3 (Derogado) [959]

Apartado 4 (Derogado) [960]

854. [961] Serán justas causas para desheredar a los padres y ascendientes, además de las señaladas en el art. 756 con los números 1º, 2º, 3º, 5º y 6º, las siguientes: [962]

---

[956] Dada nueva redacción por disposición final 18 de Ley Orgánica 1/1996 de 15 de enero de 1996, con vigencia desde 16/02/1996

[957] Dada nueva redacción por art. 5 de Ley 11/1981 de 13 de mayo de 1981, con vigencia desde 08/06/1981

[958] Véanse arts. 208 a 216 CP y 150 y 152 de la presente Ley

[959] Suprimido apartado 3 por art. 8 de Ley 11/1990 de 15 de octubre de 1990, con vigencia desde 07/11/1990

[960] Suprimido apartado 4 por art. 1 de Ley 6/1984 de 31 de marzo de 1984, con vigencia desde 23/04/1984

[961] Dada nueva redacción por art. 5 de Ley 22/1978 de 26 de mayo de 1978, con vigencia desde 19/06/1978

[962] Dada nueva redacción párrafo 1 por art. 5 de Ley 11/1981 de 13 de mayo de 1981, con vigencia desde 08/06/1981

1ª) Haber perdido la patria potestad por las causas expresadas en el art. 170 . [963]

2ª) Haber negado los alimentos a sus hijos o descendientes sin motivo legítimo.

3ª) Haber atentado uno de los padres contra la vida del otro, si no hubiere habido entre ellos reconciliación.

855. Serán justas causas para desheredar al cónyuge, además de las señaladas en el art. 756 con los números 2º, 3º, 5º y 6º las siguientes: [964]

1ª) Haber incumplido grave o reiteradamente los deberes conyugales. [965]

2ª) Las que dan lugar a la pérdida de la patria potestad, conforme al art. 170 . [966]

3ª) Haber negado alimentos a los hijos o al otro cónyuge.

4ª) Haber atentado contra la vida del cónyuge testador, si no hubiere mediado reconciliación [967] .

Párrafo 2 (Derogado) [968]

856. La reconciliación posterior del ofensor y del ofendido priva a éste del derecho de desheredar, y deja sin efecto la desheredación ya hecha.

---

[963] Dada nueva redacción apartado 1 por art. 5 de Ley 11/1981 de 13 de mayo de 1981, con vigencia desde 08/06/1981

[964] Dada nueva redacción párrafo 1 por disposición adicional 18 de Ley Orgánica 1/1996 de 15 de enero de 1996, con vigencia desde 16/02/1996

[965] Dada nueva redacción apartado 1 por art. 2 de Ley 30/1981 de 7 de julio de 1981, con vigencia desde 09/08/1981

[966] Dada nueva redacción apartado 2 por disposición adicional 18 de Ley Orgánica 1/1996 de 15 de enero de 1996, con vigencia desde 16/02/1996

[967] Véanse arts. 66 a 68, 142 y 143 de la presente Ley

[968] Suprimido párrafo 2 por disposición adicional 18 de Ley Orgánica 1/1996 de 15 de enero de 1996, con vigencia desde 16/02/1996

857. [969] Los hijos o descendientes del desheredado ocuparán su lugar y conservarán los derechos de herederos forzosos respecto a la legítima.

SECCIÓN DÉCIMA
De las mandas y legados

858. El testador podrá gravar con mandas y legados, no sólo a su heredero, sino también a los legatarios.

Éstos no estarán obligados a responder del gravamen sino hasta donde alcance el valor del legado.

859. Cuando el testador grave con un legado a uno de los herederos, él sólo quedará obligado a su cumplimiento.

Si no gravare a ninguno en particular, quedarán obligados todos en la misma proporción en que sean herederos.

860. El obligado a la entrega del legado responderá en caso de evicción, si la cosa fuere indeterminada y se señalase sólo por género o especie [970].

861. El legado de cosa ajena si el testador, al legarla, sabía que lo era, es válido. El heredero estará obligado a adquirirla para entregarla al legatario; y, no siéndole posible, a dar a éste su justa estimación.

La prueba de que el testador sabía que la cosa era ajena corresponde al legatario.

862. Si el testador ignoraba que la cosa que legaba era ajena, será nulo el legado.

Pero será válido si la adquiere después de otorgado el testamento.

---

[969] Dada nueva redacción por art. 4 de Ley 11/1981 de 13 de mayo de 1981, con vigencia desde 08/06/1981

[970] Véanse arts. 869.3, 875, 884 y 1474 a 1483 de la presente Ley

863. Será válido el legado hecho a un tercero de una cosa propia del heredero o de un legatario, quienes, al aceptar la sucesión, deberán entregar la cosa legada o su justa estimación, con la limitación establecida en el artículo siguiente.

Lo dispuesto en el párrafo anterior se entiende sin perjuicio de la legítima de los herederos forzosos.

864. Cuando el testador, heredero o legatario tuviesen sólo una parte o un derecho en la cosa legada, se entenderá limitado el legado a esta parte o derecho, a menos que el testador declare expresamente que lega la cosa por entero.

865. Es nulo el legado de cosas que están fuera del comercio.

866. No producirá efecto el legado de cosa que al tiempo de hacerse el testamento fuera ya propia del legatario, aunque en ella tuviese algún derecho otra persona.

Si el testador dispone expresamente que la cosa sea liberada de este derecho o gravamen, valdrá en cuanto a esto el legado.

867. Cuando el testador legare una cosa empeñada o hipotecada para la seguridad de alguna deuda exigible, el pago de ésta quedará a cargo del heredero.

Si por no pagar el heredero lo hiciere el legatario, quedará éste subrogado en el lugar y derechos del acreedor para reclamar contra el heredero.

Cualquiera otra carga, perpetua o temporal, a que se halle afecta la cosa legada, pasa con ésta al legatario; pero en ambos casos las rentas y los intereses o réditos devengados hasta la muerte del testador son carga de la herencia [971].

---

[971] Véanse arts. 142 LH, 238 a 240 y 248 RH y 642, 871.2, 1210, 1866 y 1876 de la presente Ley

868. Si la cosa legada estuviere sujeta a usufructo, uso o habitación, el legatario deberá respetar estos derechos hasta que legalmente se extingan.

869. El legado quedará sin efecto:

1º) Si el testador transforma la cosa legada, de modo que no conserve ni la forma ni la denominación que tenía.

2º) Si el testador enajena, por cualquier título o causa, la cosa legada o parte de ella, entendiéndose en este último caso que el legado queda sólo sin efecto respecto a la parte enajenada. Si después de la enajenación volviere la cosa al dominio del testador, aunque sea por la nulidad del contrato, no tendrá después de este hecho fuerza el legado, salvo el caso en que la readquisición se verifique por pacto de retroventa.

3º) Si la cosa legada perece del todo viviendo el testador, o después de su muerte sin culpa del heredero. Sin embargo, el obligado a pagar el legado responderá por evicción, si la cosa legada no hubiere sido determinada en especie, según lo dispuesto en el art. 860 .

870. El legado de un crédito contra tercero, o el de perdón o liberación de una deuda del legatario, sólo surtirá efecto en la parte del crédito o de la deuda subsistente al tiempo de morir el testador.

En el primer caso, el heredero cumplirá con ceder al legatario todas las acciones que pudieran competirle contra el deudor.

En el segundo, con dar al legatario carta de pago, si la pidiere.

En ambos casos, el legado comprenderá los intereses que por el crédito o la deuda se debieren al morir el testador.

871. Caduca el legado de que se habla en el artículo anterior si el testador, después de haberlo hecho, demandare judicialmente al deudor para el pago de su deuda, aunque éste no se haya realizado al tiempo del fallecimiento.

Por el legado hecho al deudor de la cosa empeñada sólo se entiende remitido el derecho de prenda.

872. El legado genérico de liberación o perdón de las deudas comprende las existentes al tiempo de hacerse el testamento, no las posteriores [972].

873. El legado hecho a un acreedor no se imputará en pago de su crédito, a no ser que el testador lo declare expresamente.

En este caso el acreedor tendrá derecho a cobrar el exceso del crédito o del legado.

874. En los legados alternativos se observará lo dispuesto para las obligaciones de la misma especie, salvas las modificaciones que se deriven de la voluntad expresa del testador.

875. El legado de cosa mueble genérica será válido aunque no haya cosas de su género en la herencia.

El legado de cosa inmueble no determinada sólo será válido si la hubiere de su género en la herencia.

La elección será del heredero quien cumplirá con dar una cosa que no sea de la calidad inferior ni de la superior [973].

876. Siempre que el testador deje expresamente la elección al heredero o al legatario el primero podrá dar, o el segundo elegir, lo que mejor les pareciere.

877. Si el heredero o legatario no pudiere hacer la elección en el caso de haberle sido concedida, pasará su derecho a los herederos; pero, una vez hecha la elección, será irrevocable.

878. Si la cosa legada era propia del legatario a la fecha del testamento, no vale el legado, aunque después haya sido enajenada.

Si el legatario la hubiese adquirido por título lucrativo después de aquella fecha, nada podrá pedir por ello; mas, si la adquisición

---

[972] Véanse arts. 48 LH y 870 y 1188 de la presente Ley

[973] Véanse arts. 47 LH, 81 y 151 RH y 334, 335, 860, 866, 1096.2, 1132 y 1167 de la presente Ley

se hubiese hecho por título oneroso, podrá pedir al heredero que le indemnice de lo que haya dado por adquirirla.

879. El legado de educación dura hasta que el legatario sea mayor de edad.

El de alimentos dura mientras viva el legatario, si el testador no dispone otra cosa.

Si el testador no hubiere señalado cantidad para estos legados, se fijará según el estado y condición del legatario y el importe de la herencia.

Si el testador acostumbró en vida dar al legatario cierta cantidad de dinero u otras cosas por vía de alimentos, se entenderá legada la misma cantidad, si no resultare en notable desproporción con la cuantía de la herencia.

880. Legada una pensión periódica o cierta cantidad anual, mensual o semanal, el legatario podrá exigir la del primer período así que muera el testador, y la de los siguientes en el principio de cada uno de ellos, sin que haya lugar a la devolución aunque el legatario muera antes que termine el período comenzado [974].

881. El legatario adquiere derecho a los legados puros y simples desde la muerte del testador, y lo transmite a sus herederos.

882. Cuando el legado es de cosa específica y determinada, propia del testador, el legatario adquiere su propiedad desde que aquél muere, y hace suyos los frutos o rentas pendientes, pero no las rentas devengadas y no satisfechas antes de la muerte.

La cosa legada correrá desde el mismo instante a riesgo del legatario, que sufrirá, por lo tanto, su pérdida o deterioro, como también se aprovechará de su aumento o mejora [975].

---

[974] Véanse arts. 47, 88 a 91 LH, 153.2 y 154 RH, 635 LEC y 334, 335, 860, 866, 1096.2, 1132 y 1167 de la presente Ley

[975] Véanse arts. 33.1 LAU, 47 LH y 1182 a 1186, 1379 y 1380 de la presente Ley

883. La cosa legada deberá ser entregada con todos sus accesorios y en el estado en que se halle al morir el testador.

884. Si el legado no fuere de cosa específica y determinada, sino genérico o de cantidad, sus frutos e intereses desde la muerte del testador corresponderán al legatario cuando el testador lo hubiese dispuesto expresamente [976].

885. El legatario no puede ocupar por su propia autoridad la cosa legada, sino que debe pedir su entrega y posesión al heredero o al albacea, cuando éste se halle autorizado para darla [977].

886. El heredero debe dar la misma cosa legada, pudiendo hacerlo, y no cumple con dar su estimación.

Los legados en dinero deberán ser pagados en esta especie, aunque no lo haya en la herencia.

Los gastos necesarios para la entrega de la cosa legada serán a cargo de la herencia, pero sin perjuicio de la legítima.

887. Si los bienes de la herencia no alcanzaren para cubrir todos los legados, el pago se hará en el orden siguiente:

1º) Los legados remuneratorios.

2º) Los legados de cosa cierta y determinada, que forme parte del caudal hereditario.

3º) Los legados que el testador haya declarado preferentes.

4º) Los de alimentos.

5º) Los de educación.

6º) Los demás a prorrata.

888. Cuando el legatario no pueda o no quiera admitir el legado, o éste, por cualquier causa, no tenga efecto, se refundirá en la masa de la herencia, fuera de los casos de sustitución y derecho de acrecer.

---

[976] Véanse arts. 48 LH, 147 a 154 RH y 845 y 1095 de la presente Ley

[977] Véanse arts. 42.7, 47, 78 y 56 LH, 147 a 154 RH y 441, 901, 902.3, 903, 1025 y 1027 de la presente Ley

889. El legatario no podrá aceptar una parte del legado y repudiar la otra, si ésta fuere onerosa.

Si muriese antes de aceptar el legado dejando varios herederos, podrá uno de éstos aceptar y otro repudiar la parte que le corresponda en el legado.

890. El legatario de dos legados, de los que uno fuere oneroso, no podrá renunciar éste y aceptar el otro. Si los dos son onerosos o gratuitos, es libre para aceptarlos todos o repudiar el que quiera.

El heredero, que sea al mismo tiempo legatario, podrá renunciar la herencia y aceptar el legado, o renunciar éste y aceptar aquélla.

891. Si toda la herencia se distribuye en legados, se prorratearán las deudas y gravámenes de ella entre los legatarios a proporción de sus cuotas, a no ser que el testador hubiera dispuesto otra cosa [978].

SECCIÓN UNDÉCIMA
De los albaceas testamentarios

892. El testador podrá nombrar uno o más albaceas.

893. [979] No podrá ser albacea el que no tenga capacidad para obligarse.

El menor no podrá serlo, ni aun con la autorización del padre o del tutor [980].

894. El albacea puede ser universal o particular.

En todo caso, los albaceas podrán ser nombrados mancomunada, sucesiva o solidariamente.

---

[978] Véanse arts. 20 LH, 81 y 83 RH, 790 a 805 LEC y 764, 1003, 1029 y 1084 de la presente Ley

[979] Dada nueva redacción por art. 2 de Ley 14/1975 de 2 de mayo de 1975, con vigencia desde 25/05/1975

[980] Véanse arts. 139.4 Rgto. Notariado y 200, 210, 322 y 1263 de la presente Ley

895. Cuando los albaceas fueren mancomunados, sólo valdrá lo que todos hagan de consuno, o lo que haga uno de ellos legalmente autorizado por los demás, o lo que, en caso de disidencia, acuerde el mayor número.

896. En los casos de suma urgencia, podrá uno de los albaceas mancomunados practicar, bajo su responsabilidad personal, los actos que fueren necesarios, dando cuenta inmediatamente a los demás.

897. Si el testador no establece claramente la solidaridad de los albaceas, ni fija el orden en que deben desempeñar su encargo, se entenderán nombrados mancomunadamente y desempeñarán el cargo como previenen los dos artículos anteriores.

898. El albaceazgo es cargo voluntario, y se entenderá aceptado por el nombrado para desempeñarlo si no se excusa dentro de los seis días siguientes a aquel en que tenga noticia de su nombramiento, o, si éste le era ya conocido, dentro de los seis días siguientes al en que supo la muerte del testador.

899. [981] El albacea que acepta el cargo se constituye en la obligación de desempeñarlo; pero lo podrá renunciar alegando causa justa al criterio del Secretario judicial o del Notario.

900. El albacea que no acepte el cargo, o lo renuncie sin justa causa, perderá lo que le hubiese dejado el testador, salvo siempre el derecho que tuviere a la legítima.

901. Los albaceas tendrán todas las facultades que expresamente les haya conferido el testador, y no sean contrarias a las leyes [982] .

---

[981] Dada nueva redacción por disposición final 1 apartado 72 de Ley 15/2015 de 2 de julio de 2015, con vigencia desde 23/07/2015

[982] Véanse arts. 20.4 LH y 747, 749 y 1459.3 de la presente Ley

902. No habiendo el testador determinado especialmente las facultades de los albaceas, tendrán las siguientes:

1ª) Disponer y pagar los sufragios y el funeral del testador con arreglo a lo dispuesto por él en el testamento; y, en su defecto, según la costumbre del pueblo.

2ª) Satisfacer los legados que consistan en metálico, con el conocimiento y beneplácito del heredero.

3ª) Vigilar sobre la ejecución de todo lo demás ordenado en el testamento, y sostener, siendo justo, su validez en juicio y fuera de él.

4ª) Tomar las precauciones necesarias para la conservación y custodia de los bienes, con intervención de los herederos presentes [983].

903. Si no hubiere en la herencia dinero bastante para el pago de funerales y legados, y los herederos no lo aportaren de lo suyo, promoverán los albaceas la venta de los bienes muebles; y, no alcanzando éstos, la de los inmuebles, con intervención de los herederos.

Si estuviere interesado en la herencia algún menor, ausente, corporación o establecimiento público, la venta de los bienes se hará con las formalidades prevenidas por las leyes para tales casos [984].

904. El albacea, a quien el testador no haya fijado plazo, deberá cumplir su encargo dentro de un año contado desde su aceptación, o desde que terminen los litigios que se promovieren sobre la validez o nulidad del testamento o de alguna de sus disposiciones.

905. [985] Si el testador quisiera ampliar el plazo legal, deberá señalar expresamente el de la prórroga. Si no lo hubiese señalado, se entenderá prorrogado el plazo por un año. Si, transcurrida esta prórroga, no se hubiese cumplido todavía la voluntad del testador, podrá el

---

[983] Véanse arts. 187 y 191 LH, 81 y 213 RH, 786 LEC, 7.4 Ley 50/2002, de 26 de diciembre, de Fundaciones y 747, 749, 885, 903 y 1026 de la presente Ley

[984] Véanse arts. 20 LH, 213 RH, 803 LEC, 56 a 66 Ley 15/2015, de Jurisdicción Voluntaria y 38, 166, 167, 181, 184, 186, 221, 270 a 273 y 273 a 290 de la presente Ley

[985] Dada nueva redacción por disposición final 1 apartado 73 de Ley 15/2015 de 2 de julio de 2015, con vigencia desde 23/07/2015

Secretario judicial o el Notario conceder otra por el tiempo que fuere necesario, atendidas las circunstancias del caso.

906. Los herederos y legatarios podrán, de común acuerdo, prorrogar el plazo del albaceazgo por el tiempo que crean necesario; pero, si el acuerdo fuese sólo por mayoría, la prórroga no podrá exceder de un año.

907. Los albaceas deberán dar cuenta de su encargo a los herederos.

Si hubieren sido nombrados, no para entregar los bienes a herederos determinados, sino para darles la inversión o distribución que el testador hubiese dispuesto en los casos permitidos por derecho, rendirán sus cuentas al Juez.

Toda disposición del testador contraria a este artículo será nula.

908. El albaceazgo es cargo gratuito. Podrá, sin embargo, el testador señalar a los albaceas la remuneración que tenga por conveniente; todo sin perjuicio del derecho que les asista para cobrar lo que les corresponda por los trabajos de partición u otros facultativos.

Si el testador lega o señala conjuntamente a los albaceas alguna retribución, la parte de los que no admitan el cargo acrecerá a los que lo desempeñen.

909. El albacea no podrá delegar el cargo si no tuviese expresa autorización del testador.

910. [986] Termina el albaceazgo por la muerte, imposibilidad, renuncia o remoción del albacea, y por el lapso del término señalado por el testador, por la ley y, en su caso, por los interesados. La remoción deberá ser apreciada por el Juez.

---

[986] Dada nueva redacción por disposición final 1 apartado 74 de Ley 15/2015 de 2 de julio de 2015, con vigencia desde 23/07/2015

911. En los casos del artículo anterior, y en el de no haber el albacea aceptado el cargo, corresponderá a los herederos la ejecución de la voluntad del testador.

CAPÍTULO III
De la sucesión intestada

SECCIÓN PRIMERA
Disposiciones generales

912. La sucesión legítima tiene lugar:

1º) Cuando uno muere sin testamento, o con testamento nulo, o que haya perdido después su validez.

2º) Cuando el testamento no contiene institución de heredero en todo o en parte de los bienes, o no dispone de todos los que corresponden al testador. En este caso, la sucesión legítima tendrá lugar solamente respecto de los bienes de que no hubiese dispuesto.

3º) Cuando falta la condición puesta a la institución de heredero, o éste muere antes que el testador, o repudia la herencia sin tener sustituto y sin que haya lugar al derecho de acrecer.

4º) Cuando el heredero instituido es incapaz de suceder [987].

913. [988] A falta de herederos testamentarios, la ley defiere a los parientes del difunto, al viudo o viuda y al Estado.

914. Lo dispuesto sobre la incapacidad para suceder por testamento es aplicable igualmente a la sucesión intestada.

---

[987] Véanse arts. 791.2 LEC y 658, 743, 744 a 761, 764, 774 y 790 a 805 de la presente Ley

[988] Dada nueva redacción por art. 4 de Ley 11/1981 de 13 de mayo de 1981, con vigencia desde 08/06/1981

914 bis. [989] A falta de disposición testamentaria relativa a los animales de compañía propiedad del causante, estos se entregarán a los herederos o legatarios que los reclamen de acuerdo con las leyes. [990]

Si no fuera posible hacerlo de inmediato, para garantizar el cuidado del animal de compañía y solo cuando sea necesario por falta de previsiones sobre su atención, se entregará al órgano administrativo o centro que tenga encomendada la recogida de animales abandonados hasta que se resuelvan los correspondientes trámites por razón de sucesión.

Si ninguno de los sucesores quiere hacerse cargo del animal de compañía, el órgano administrativo competente podrá cederlo a un tercero para su cuidado y protección.

Si más de un heredero reclama el animal de compañía y no hay acuerdo unánime sobre el destino del mismo, la autoridad judicial decidirá su destino teniendo en cuenta el bienestar del animal.

SECCIÓN SEGUNDA
Del parentesco

915. La proximidad del parentesco se determina por el número de generaciones. Cada generación forma un grado.

916. La serie de grados forma la línea, que puede ser directa o colateral.

Se llama directa la constituida por la serie de grados entre personas que descienden una de otra.

Y colateral la constituida por la serie de grados entre personas que no descienden unas de otras, pero que proceden de un tronco común.

917. Se distingue la línea recta en descendente y ascendente.

La primera une al cabeza de familia con los que descienden de él.

---

[989] Añadido por art. 1 apartado 25 de Ley 17/2021 de 15 de diciembre de 2021, con vigencia desde 05/01/2022

[990] Dada nueva redacción párrafo 1 por disposición final 1 apartado 2 de Ley 16/2022 de 5 de septiembre de 2022, con vigencia desde 26/09/2022

La segunda liga a una persona con aquellos de quienes desciende.

918. En las líneas se cuentan tantos grados como generaciones o como personas, descontando la del progenitor.

En la recta se sube únicamente hasta el tronco. Así, el hijo dista del padre un grado, dos del abuelo y tres del bisabuelo.

En la colateral se sube hasta el tronco común, y después se baja hasta la persona con quien se hace la computación. Por esto, el hermano dista dos grados del hermano, tres del tío, hermano de su padre o madre, cuatro del primo hermano, y así en adelante.

919. [991] El cómputo de que trata el artículo anterior rige en todas las materias.

920. Llámase doble vínculo al parentesco por parte del padre y de la madre conjuntamente.

921. En las herencias el pariente más próximo en grado excluye al más remoto, salvo el derecho de representación en los casos en que deba tener lugar.

Los parientes que se hallaren en el mismo grado heredarán por partes iguales, salvo lo que se dispone en el art. 949 sobre el doble vínculo.

922. Si hubiere varios parientes de un mismo grado, y alguno o algunos no quisieren o no pudieren suceder, su parte acrecerá a los otros del mismo grado, salvo el derecho de representación cuando deba tener lugar.

923. Repudiando la herencia el pariente más próximo, si es solo, o, si fueren varios, todos los parientes más próximos llamados por la ley, heredarán los del grado siguiente por su propio derecho y sin que puedan representar al repudiante.

---

[991] Dada nueva redacción por art. 2 de Ley 30/1981 de 7 de julio de 1981, con vigencia desde 09/08/1981

SECCIÓN TERCERA
De la representación

924. Llámase derecho de representación el que tienen los parientes de una persona para sucederle en todos los derechos que tendría si viviera o hubiera podido heredar [992].

925. El derecho de representación tendrá siempre lugar en la línea recta descendente, pero nunca en la ascendente.

En la línea colateral sólo tendrá lugar en favor de los hijos de hermanos, bien sean de doble vínculo, bien de un solo lado.

926. Siempre que se herede por representación, la división de la herencia se hará por estirpes, de modo que el representante o representantes no hereden más de lo que heredaría su representado, si viviera.

927. Quedando hijos de uno o más hermanos del difunto, heredarán a éste por representación si concurren con sus tíos. Pero, si concurren solos, heredarán por partes iguales.

928. No se pierde el derecho de representar a una persona por haber renunciado su herencia.

929. No podrá representarse a una persona viva sino en los casos de desheredación o incapacidad [993].

---

[992] Véanse arts. 659, 761, 814.2, 857, 928, 929 y 1038 de la presente Ley
[993] Véanse arts. 744 a 762, 766, 848, 857 y 923 de la presente Ley

CAPÍTULO IV
Del orden de suceder según la diversidad de líneas

SECCIÓN PRIMERA
De la línea recta descendente

930. La sucesión corresponde en primer lugar a la línea recta descendente [994].

931. [995] Los hijos y sus descendientes suceden a sus padres y demás ascendientes sin distinción de sexo, edad o filiación [996].

932. Los hijos del difunto le heredarán siempre por su derecho propio, dividiendo la herencia en partes iguales.

933. Los nietos y demás descendientes heredarán por derecho de representación, y, si alguno hubiese fallecido dejando varios herederos, la porción que le corresponda se dividirá entre éstos por partes iguales.

934. Si quedaren hijos y descendientes de otros hijos que hubiesen fallecido, los primeros heredarán por derecho propio y los segundos por derecho de representación.

---

[994] Véanse arts. 209.bis Rgto. Notariado y 175, 178, 807, 917 y 931 a 934 de la presente Ley

[995] Dada nueva redacción por art. 4 de Ley 11/1981 de 13 de mayo de 1981, con vigencia desde 08/06/1981

[996] Véanse arts. 14 y 39.2 CE y 108.2, 178, 772.3 y 921 de la presente Ley

SECCIÓN SEGUNDA
De la línea recta ascendente [997]

935. [998] A falta de hijos y descendientes del difunto le heredarán sus ascendientes.

936. [999] El padre y la madre heredarán por partes iguales.

937. [1000] En el caso de que sobreviva uno solo de los padres, éste sucederá al hijo en toda su herencia.

938. [1001] A falta de padre y de madre sucederán los ascendientes más próximos en grado.

939. [1002] Si hubiere varios ascendientes de igual grado pertenecientes a la misma línea, dividirán la herencia por cabezas.

940. [1003] Si los ascendientes fueren de líneas diferentes, pero de igual grado, la mitad corresponderá a los ascendientes paternos y la otra mitad a los maternos.

---

[997] Dada nueva redacción por art. 6 de Ley 11/1981 de 13 de mayo de 1981, con vigencia desde 08/06/1981

[998] Dada nueva redacción por art. 4 de Ley 11/1981 de 13 de mayo de 1981, con vigencia desde 08/06/1981

[999] Dada nueva redacción por art. 4 de Ley 11/1981 de 13 de mayo de 1981, con vigencia desde 08/06/1981

[1000] Dada nueva redacción por art. 4 de Ley 11/1981 de 13 de mayo de 1981, con vigencia desde 08/06/1981

[1001] Dada nueva redacción por art. 4 de Ley 11/1981 de 13 de mayo de 1981, con vigencia desde 08/06/1981

[1002] Dada nueva redacción por art. 4 de Ley 11/1981 de 13 de mayo de 1981, con vigencia desde 08/06/1981

[1003] Dada nueva redacción por art. 4 de Ley 11/1981 de 13 de mayo de 1981, con vigencia desde 08/06/1981

941. [1004] En cada línea la división se hará por cabezas.

942. [1005] Lo dispuesto en esta Sección se entiende sin perjuicio de lo ordenado en los arts. 811 y 812, que es aplicable a la sucesión intestada y a la testamentaria.

SECCIÓN TERCERA
De la sucesión del cónyuge y de los colaterales [1006]

943. [1007] A falta de las personas comprendidas en las dos Secciones que preceden, heredarán el cónyuge y los parientes colaterales por el orden que se establece en los artículos siguientes [1008].

944. [1009] En defecto de ascendientes y descendientes, y antes que los colaterales, sucederá en todos los bienes del difunto el cónyuge sobreviviente.

945. [1010] No tendrá lugar el llamamiento a que se refiere el artículo anterior si el cónyuge estuviere separado legalmente o de hecho.

[1004] Dada nueva redacción por art. 4 de Ley 11/1981 de 13 de mayo de 1981, con vigencia desde 08/06/1981

[1005] Dada nueva redacción por art. 4 de Ley 11/1981 de 13 de mayo de 1981, con vigencia desde 08/06/1981

[1006] Añadida por art. 6 de Ley 11/1981 de 13 de mayo de 1981, con vigencia desde 08/06/1981

[1007] Dada nueva redacción por art. 4 de Ley 11/1981 de 13 de mayo de 1981, con vigencia desde 08/06/1981

[1008] Véanse arts. 209.bis Rgto. Notariado

[1009] Dada nueva redacción por art. 4 de Ley 11/1981 de 13 de mayo de 1981, con vigencia desde 08/06/1981

[1010] Dada nueva redacción por disposición final 1 apartado 75 de Ley 15/2015 de 2 de julio de 2015, con vigencia desde 23/07/2015

946. *[1011]* Los hermanos e hijos de hermanos suceden con preferencia a los demás colaterales.

947. Si no existieran más que hermanos de doble vínculo, éstos heredarán por partes iguales.

948. Si concurrieren hermanos con sobrinos, hijos de hermanos de doble vínculo, los primeros heredarán por cabezas y los segundos por estirpes [1012].

949. Si concurrieren hermanos de padre y madre con medio hermanos, aquéllos tomarán doble porción que éstos en la herencia.

950. En el caso de no existir sino medio hermanos, unos por parte de padre y otros por la de la madre, heredarán todos por partes iguales, sin ninguna distinción de bienes.

951. Los hijos de los medio hermanos sucederán por cabezas o por estirpes, según las reglas establecidas para los hermanos de doble vínculo.

952 y 953. [1013] (Derogados)

954. *[1014]* No habiendo cónyuge supérstite, ni hermanos ni hijos de hermanos, sucederán en la herencia del difunto los demás parientes del mismo en línea colateral hasta el cuarto grado, más allá del cual no se extiende el derecho de heredar abintestato.

[1011] Dada nueva redacción por art. 4 de Ley 11/1981 de 13 de mayo de 1981, con vigencia desde 08/06/1981

[1012] Véanse arts. 14 y 39 CE y 837, 920, 925.2, 926, 927 y 948 de la presente Ley

[1013] Suprimido por art. 4 de Ley 11/1981 de 13 de mayo de 1981, con vigencia desde 08/06/1981

[1014] Dada nueva redacción por art. 4 de Ley 11/1981 de 13 de mayo de 1981, con vigencia desde 08/06/1981

955. [1015] La sucesión de estos colaterales se verificará sin distinción de líneas ni preferencia entre ellos por razón del doble vínculo.

SECCIÓN CUARTA
De la sucesión del Estado [1016]

956. [1017] A falta de personas que tengan derecho a heredar conforme a lo dispuesto en las precedentes Secciones, heredará el Estado quien, realizada la liquidación del caudal hereditario, ingresará la cantidad resultante en el Tesoro Público, salvo que, por la naturaleza de los bienes heredados, el Consejo de Ministros acuerde darles, total o parcialmente, otra aplicación. Dos terceras partes del valor de ese caudal relicto será destinado a fines de interés social, añadiéndose a la asignación tributaria que para estos fines se realice en los Presupuestos Generales del Estado [1018].

957. [1019] Los derechos y obligaciones del Estado serán los mismos que los de los demás herederos, pero se entenderá siempre aceptada la herencia a beneficio de inventario, sin necesidad de declaración alguna sobre ello, a los efectos que enumera el art. 1023 [1020].

[1015] Dada nueva redacción por art. 1 de Real Decreto-Ley de 13 de enero de 1928, con vigencia desde 01/07/1928

[1016] Renumerada por art. 6 de Ley 11/1981 de 13 de mayo de 1981 como sección 4ª, con vigencia desde 08/06/1981

[1017] Dada nueva redacción por disposición final 1 apartado 76 de Ley 15/2015 de 2 de julio de 2015, con vigencia desde 23/07/2015

[1018] Véanse arts. 15.c, 20 y 21 LPAP, 40 RD 1373/2009, de 28 de agosto, por el que se aprueba el Reglamento General de la Ley 33/2003, de 3 de noviembre, del Patrimonio de las Administraciones Públicas. y 913 y 930 a 955 de la presente Ley

[1019] Dada nueva redacción por disposición final 1 apartado 77 de Ley 15/2015 de 2 de julio de 2015, con vigencia desde 23/07/2015

[1020] Véanse arts. 20 Ley 50/2002, de 26 de diciembre, de Fundaciones, 4 RD 1373/2009, de 28 de agosto, por el que se aprueba el Reglamento General de la Ley 33/2003, de 3 de noviembre, del Patrimonio de las Administraciones Públicas. y 1003 y 1010 a 1034 de la presente Ley

958. [1021] Para que el Estado pueda tomar posesión de los bienes y derechos hereditarios habrá de preceder declaración administrativa de heredero, adjudicándose los bienes por falta de herederos legítimos.

CAPÍTULO V
Disposiciones comunes a las herencias por testamento o sin él

SECCIÓN PRIMERA
De las precauciones que deben adoptarse cuando la viuda queda encinta

958 bis. [1022] Todas las referencias realizadas a la viuda en esta sección, se entenderán hechas a la viuda o al cónyuge supérstite gestante.

959. Cuando la viuda crea haber quedado encinta, deberá ponerlo en conocimiento de los que tengan a la herencia un derecho de tal naturaleza que deba desaparecer o disminuir por el nacimiento del póstumo.

960. Los interesados a que se refiere el precedente artículo podrán pedir al Juez municipal o al de primera instancia, donde lo hubiere, que dicte las providencias convenientes para evitar la suposición de parto, o que la criatura que nazca pase por viable, no siéndolo en realidad.

Cuidará el Juez de que las medidas que dicte no ataquen al pudor ni a la libertad de la viuda [1023].

[1021] Dada nueva redacción por disposición final 1 apartado 78 de Ley 15/2015 de 2 de julio de 2015, con vigencia desde 23/07/2015

[1022] Añadido por disposición final 1 apartado 12 de Ley 4/2023 de 28 de febrero de 2023, con vigencia desde 02/03/2023

[1023] Véanse arts. 220, 222 y 401 CP, 18 CE, disposición transitoria 3 LOPJ, 1.1 y 2.2 LO 1/1982, de 5 de mayo, de Protección Civil del Derecho al Honor, a la Intimidad Personal y Familiar y a la Propia Imagen y 30 y 745.1 de la presente Ley

961. Háyase o no dado el aviso de que habla el art. 959 , al aproximarse la época del parto, la viuda deberá ponerlo en conocimiento de los mismos interesados. Éstos tendrán derecho a nombrar persona de su confianza, que se cerciore de la realidad del alumbramiento.

Si la persona designada fuere rechazada por la paciente, hará el Juez el nombramiento, debiendo éste recaer en facultativo o en mujer.

962. [1024] La omisión de estas diligencias no basta por sí sola para acreditar la suposición del parto o la falta de viabilidad del nacido [1025] .

963. Cuando el marido hubiere reconocido en documento público o privado la certeza de la preñez de su esposa, estará ésta dispensada de dar el aviso que previene el art. 959 , pero quedará sujeta a cumplir lo dispuesto en el 961.

964. La viuda que quede encinta, aun cuando sea rica, deberá ser alimentada de los bienes hereditarios, habida consideración a la parte que en ellos pueda tener el póstumo, si naciere y fuere viable.

965. En el tiempo que medie hasta que se verifique el parto, o se adquiera la certidumbre de que éste no tendrá lugar, ya por haber ocurrido aborto, ya por haber pasado con exceso el término máximo para la gestación, se proveerá a la seguridad y administración de los bienes en la forma establecida para el juicio necesario de testamentaría [1026] .

966. La división de la herencia se suspenderá hasta que se verifique el parto o el aborto, o resulte por el transcurso del tiempo que la viuda no estaba encinta.

[1024] Dada nueva redacción por art. 4 de Ley 11/1981 de 13 de mayo de 1981, con vigencia desde 08/06/1981

[1025] Véanse arts. 24.2 CE y 959 y 961 de la presente Ley

[1026] Véanse arts. 790 y 797 a 805 LEC, 30, 116, 191, 196, 197 y 801 a 804 de la presente Ley

Sin embargo, el administrador podrá pagar a los acreedores, previo mandato judicial.

967. Verificado el parto o el aborto o transcurrido el término de la gestación, el administrador de los bienes hereditarios cesará en su encargo y dará cuenta de su desempeño a los herederos o a sus legítimos representantes.

SECCIÓN SEGUNDA
De los bienes sujetos a reserva

968. Además de la reserva impuesta en el art. 811 , el viudo o viuda que pase a segundo matrimonio estará obligado a reservar a los hijos y descendientes del primero la propiedad de todos los bienes que haya adquirido de su difunto consorte por testamento, por sucesión intestada, donación u otro cualquier título lucrativo; pero no su mitad de gananciales [1027] .

969. La disposición del artículo anterior es aplicable a los bienes que, por los títulos en él expresados, haya adquirido el viudo o viuda de cualquiera de los hijos de su primer matrimonio, y los que haya habido de los parientes del difunto por consideración a éste.

970. Cesará la obligación de reservar cuando los hijos de un matrimonio, mayores de edad, que tengan derecho a los bienes, renuncien expresamente a él, o cuando se trate de cosas dadas o dejadas por los hijos a su padre o a su madre sabiendo que estaban segunda vez casados.

[1027] Véanse arts. 168.2, 184 a 189 LH, 259 a 263 RH y 793 y 980 de la presente Ley

971. [1028] Cesará además la reserva si al morir el padre o la madre que contrajo segundo matrimonio no existen hijos ni descendientes del primero.

972. A pesar de la obligación de reservar, podrá el padre, o madre, segunda vez casado, mejorar en los bienes reservables a cualquiera de los hijos o descendientes del primer matrimonio, conforme a lo dispuesto en el art. 823 .

973. [1029] Si el padre o la madre no hubiere usado, en todo o en parte, de la facultad que le concede el artículo anterior, los hijos y descendientes del primer matrimonio sucederán en los bienes sujetos a reserva conforme a las reglas prescritas para la sucesión en línea descendente, aunque a virtud de testamento hubiesen heredado desigualmente al cónyuge premuerto o hubiesen repudiado su herencia.

El hijo desheredado justamente por el padre o por la madre perderá todo derecho a la reserva, pero si tuviere hijos o descendientes, se estará a lo dispuesto en el art. 857 y en el número 2 del art. 164 .

974. Serán válidas las enajenaciones de los bienes inmuebles reservables hechas por el cónyuge sobreviviente antes de celebrar segundas bodas, con la obligación, desde que las celebrare, de asegurar el valor de aquéllos a los hijos y descendientes del primer matrimonio [1030] .

975. [1031] La enajenación que de los bienes inmuebles sujetos a reserva hubiere hecho el viudo o la viuda después de contraer segundo matrimonio subsistirá únicamente si a su muerte no quedan hijos

[1028] Dada nueva redacción por art. 4 de Ley 11/1981 de 13 de mayo de 1981, con vigencia desde 08/06/1981

[1029] Dada nueva redacción por art. 4 de Ley 11/1981 de 13 de mayo de 1981, con vigencia desde 08/06/1981

[1030] Véanse arts. 105, 168.2 y 184 a 189 LH, 259 a 265 RH y 976 de la presente Ley

[1031] Dada nueva redacción por art. 4 de Ley 11/1981 de 13 de mayo de 1981, con vigencia desde 08/06/1981

ni descendientes del primero, sin perjuicio de lo dispuesto en la Ley Hipotecaria [1032].

976. Las enajenaciones de los bienes muebles hechas antes o después de contraer segundo matrimonio serán válidas, salva siempre la obligación de indemnizar.

977. El viudo o la viuda, al repetir matrimonio, hará inventariar todos los bienes sujetos a reserva, anotar en el Registro de la Propiedad la calidad de reservables de los inmuebles con arreglo a lo dispuesto en la Ley Hipotecaria, y tasar los muebles [1033].

978. Estará además obligado el viudo o viuda, al repetir matrimonio, a asegurar con hipoteca:

1º) La restitución de los bienes muebles no enajenados en el estado que tuvieren al tiempo de su muerte. [1034]

2º) El abono de los deterioros ocasionados o que se ocasionaren por su culpa o negligencia.

3º) La devolución del precio que hubiese recibido por los bienes muebles enajenados o la entrega del valor que tenían al tiempo de la enajenación, si ésta se hubiese hecho a título gratuito.

4º) El valor de los bienes inmuebles válidamente enajenados [1035].

979. Lo dispuesto en los artículos anteriores para el caso de segundo matrimonio rige igualmente en el tercero y ulteriores.

[1032] Véanse arts. 34 y 37 LH y 971, 976 y 978.4 de la presente Ley

[1033] Véanse arts. 42.6, 46, 168.2 y 184 a 189 LH, 146 y 259 a 265 RH y 968 y 969 de la presente Ley

[1034] Dada nueva redacción apartado 1 por art. 5 de Ley 11/1981 de 13 de mayo de 1981, con vigencia desde 08/06/1981

[1035] Véanse arts. 184 a 189 LH y 259 a 265 RH

980. [1036] La obligación de reservar impuesta en los anteriores artículos será también aplicable:

1º) Al viudo que durante el matrimonio haya tenido o en estado de viudez tenga un hijo no matrimonial.

2º) Al viudo que adopte a otra persona. Se exceptúa el caso de que el adoptado sea hijo del consorte de quien descienden los que serían reservatarios. [1037]

Dicha obligación de reservar surtirá efecto, respectivamente, desde el nacimiento o la adopción del hijo.

SECCIÓN TERCERA
Del derecho de acrecer

981. En las sucesiones legítimas la parte del que repudia la herencia acrecerá siempre a los coherederos [1038].

982. Para que en la sucesión testamentaria tenga lugar el derecho de acrecer, se requiere:

1º) Que dos o más sean llamados a una misma herencia, o a una misma porción de ella, sin especial designación de partes.

2º) Que uno de los llamados muera antes que el testador, o que renuncie la herencia, o sea incapaz de recibirla.

983. Se entenderá hecha la designación por partes sólo en el caso de que el testador haya determinado expresamente una cuota para cada heredero.

La frase "por mitad o por partes iguales" u otras que, aunque designen parte alícuota no fijan ésta numéricamente o por señales que hagan a cada uno dueño de un cuerpo de bienes separado, no excluyen el derecho de acrecer.

[1036] Dada nueva redacción por art. 4 de Ley 11/1981 de 13 de mayo de 1981, con vigencia desde 08/06/1981

[1037] Dada nueva redacción número 2 por disposición final 18 de Ley Orgánica 1/1996 de 15 de enero de 1996, con vigencia desde 16/02/1996

[1038] Véanse arts. 191, 192, 637, 766, 908 y 922 de la presente Ley

984. Los herederos a quienes acrezca la herencia sucederán en todos los derechos y obligaciones que tendría el que no quiso o no pudo recibirla.

985. Entre los herederos forzosos el derecho de acrecer sólo tendrá lugar cuando la parte de libre disposición se deje a dos o más de ellos, o a alguno de ellos y a un extraño.

Si la parte repudiada fuere la legítima sucederán en ella los coherederos por su derecho propio, y no por el derecho de acrecer.

986. En la sucesión testamentaria, cuando no tenga lugar el derecho de acrecer, la porción vacante del instituido, a quien no se hubiese designado sustituto, pasará a los herederos legítimos del testador, los cuales la recibirán con las mismas cargas y obligaciones.

987. El derecho de acrecer tendrá también lugar entre los legatarios y los usufructuarios en los términos establecidos para los herederos.

SECCIÓN CUARTA
De la aceptación y repudiación de la herencia

988. La aceptación y repudiación de la herencia son actos enteramente voluntarios y libres [1039].

989. Los efectos de la aceptación y de la repudiación se retrotraen siempre al momento de la muerte de la persona a quien se hereda [1040].

990. La aceptación o la repudiación de la herencia no podrá hacerse en parte, a plazo, ni condicionalmente.

[1039] Véanse arts. 798 LEC y 889, 997, 1001, 1002 y 1007 de la presente Ley
[1040] Véanse arts. 81 LRC, 280 y 281 RRC y 440, 657, 661 y 991 de la presente Ley

991. Nadie podrá aceptar ni repudiar sin estar cierto de la muerte de la persona a quien haya de heredar y de su derecho a la herencia [1041].

992. [1042] Pueden aceptar o repudiar una herencia todos los que tienen la libre disposición de sus bienes.

La aceptación de la que se deje a los pobres corresponderá a las personas designadas por el testador para calificarlos y distribuir los bienes, y en su defecto a las que señala el art. 749 , y se entenderá aceptada a beneficio de inventario.

993. Los legítimos representantes de las asociaciones, corporaciones y fundaciones capaces de adquirir podrán aceptar la herencia que a las mismas se dejare; mas para repudiarla necesitan la aprobación judicial, con audiencia del Ministerio público [1043].

994. Los establecimientos públicos oficiales no podrán aceptar ni repudiar herencia sin la aprobación del Gobierno [1044].

995. [1045] Cuando la herencia sea aceptada sin beneficio de inventario, por persona casada y no concurra el otro cónyuge, prestando su consentimiento a la aceptación, no responderán de las deudas hereditarias los bienes de la sociedad conyugal.

[1041] Véanse arts. 81 LRC, 280 y 281 RRC y 196, 816 y 1006 de la presente Ley

[1042] Dada nueva redacción por disposición final 18 de Ley Orgánica 1/1996 de 15 de enero de 1996, con vigencia desde 16/02/1996

[1043] Véanse arts. 9 a 16 RBEL, 20 Ley 50/2002, de 26 de diciembre, de Fundaciones, 3 LHL y 35 a 39, 745.2, 746 y 956 de la presente Ley

[1044] Véanse arts. 20 y 21 LPAP, 8.e Ley 23/1982, de 16 de junio, reguladora del Patrimonio Nacional y 748 de la presente Ley

[1045] Dada nueva redacción por art. 2 de Ley 14/1975 de 2 de mayo de 1975, con vigencia desde 25/05/1975

996. [1046] La aceptación de la herencia por la persona con discapacidad se prestará por esta, salvo que otra cosa resulte de las medidas de apoyo establecidas.

997. La aceptación y la repudiación de la herencia, una vez hechas, son irrevocables, y no podrán ser impugnadas sino cuando adoleciesen de algunos de los vicios que anulan el consentimiento, o apareciese un testamento desconocido.

998. La herencia podrá ser aceptada pura y simplemente, o a beneficio de inventario.

999. La aceptación pura y simple puede ser expresa o tácita.

Expresa es la que se hace en documento público o privado.

Tácita es la que se hace por actos que suponen necesariamente la voluntad de aceptar, o que no habría derecho a ejecutar sino con la cualidad de heredero.

Los actos de mera conservación o administración provisional no implican la aceptación de la herencia, si con ellos no se ha tomado el título o la cualidad de heredero.

1000. Entiéndese aceptada la herencia:

1º) Cuando el heredero vende, dona o cede su derecho a un extraño, a todos sus coherederos o a alguno de ellos.

2º) Cuando el heredero la renuncia, aunque sea gratuitamente, a beneficio de uno o más de sus coherederos.

3º) Cuando la renuncia por precio a favor de todos sus coherederos indistintamente; pero, si esta renuncia fuere gratuita y los coherederos a cuyo favor se haga son aquéllos a quienes debe acrecer la porción renunciada, no se entenderá aceptada la herencia.

1001. Si el heredero repudia la herencia en perjuicio de sus propios acreedores, podrán éstos pedir al Juez que los autorice para aceptarla en nombre de aquél.

[1046] Dada nueva redacción por art. 2 apartado 42 de Ley 8/2021 de 2 de junio de 2021, con vigencia desde 03/09/2021

La aceptación sólo aprovechará a los acreedores en cuanto baste a cubrir el importe de sus créditos. El exceso, si lo hubiere, no pertenecerá en ningún caso al renunciante, sino que se adjudicará a las personas a quienes corresponda según las reglas establecidas en este Código.

1002. Los herederos que hayan sustraído u ocultado algunos efectos de la herencia, pierden la facultad de renunciarla, y quedan con el carácter de herederos puros y simples, sin perjuicio de las penas en que hayan podido incurrir [1047].

1003. Por la aceptación pura y simple, o sin beneficio de inventario, quedará el heredero responsable de todas las cargas de la herencia, no sólo con los bienes de ésta, sino también con los suyos propios [1048].

1004. Hasta pasados nueve días después de la muerte de aquel de cuya herencia se trate, no podrá intentarse acción contra el heredero para que acepte o repudie [1049].

1005. [1050] Cualquier interesado que acredite su interés en que el heredero acepte o repudie la herencia podrá acudir al Notario para que éste comunique al llamado que tiene un plazo de treinta días naturales para aceptar pura o simplemente, o a beneficio de inventario, o repudiar la herencia. El Notario le indicará, además, que si no manifestare su voluntad en dicho plazo se entenderá aceptada la herencia pura y simplemente.

[1047] Véanse arts. 248 y 252 CP y 1003 y 1024 de la presente Ley

[1048] Véanse arts. 567 y 568 TR Ley Concursal, 10.5 y 15 RD 1684/1990, de 20 de diciembre, por el que se aprueba el Reglamento General Recaudación, 15 RD 1415/2004, de 11 de junio, por el que se aprueba el Reglamento General Recaudación Seguridad Social, 798 LEC y 661, 998, 999, 1084 de la presente Ley

[1049] Véanse arts. 16.2 LEC y 1016 y 1934 de la presente Ley

[1050] Dada nueva redacción por disposición final 1 apartado 79 de Ley 15/2015 de 2 de julio de 2015, con vigencia desde 23/07/2015

1006. Por muerte del heredero sin aceptar ni repudiar la herencia pasará a los suyos el mismo derecho que él tenía.

1007. Cuando fueren varios los herederos llamados a la herencia, podrán los unos aceptarla y los otros repudiarla. De igual libertad gozará cada uno de los herederos para aceptarla pura y simplemente o a beneficio de inventario.

1008. [1051] La repudiación de la herencia deberá hacerse ante Notario en instrumento público [1052].

1009. El que es llamado a una misma herencia por testamento y abintestato, y la repudia por el primer título, se entiende haberla repudiado por los dos.

Repudiándola como heredero abintestato y sin noticia de su título testamentario, podrá todavía aceptarla por éste.

SECCIÓN QUINTA
Del beneficio de inventario y del derecho de deliberar

1010. Todo heredero puede aceptar la herencia a beneficio de inventario, aunque el testador se lo haya prohibido.

También podrá pedir la formación de inventario antes de aceptar o repudiar la herencia, para deliberar sobre este punto [1053].

[1051] Dada nueva redacción por disposición final 1 apartado 80 de Ley 15/2015 de 2 de julio de 2015, con vigencia desde 23/07/2015

[1052] Véanse arts. 440, 888, 1001 y 1280.4 de la presente Ley

[1053] Véanse arts. 586, apartados 1 y 3 TR Ley Concursal y 166, 675, 790 a 805, 998 y 1934 de la presente Ley

1011. [1054] La declaración de hacer uso del beneficio de inventario deberá hacerse ante Notario [1055].

1012. Si el heredero a que se refiere el artículo anterior se hallare en país extranjero, podrá hacer dicha declaración ante el Agente diplomático o consular de España que esté habilitado para ejercer las funciones de Notario en el lugar del otorgamiento [1056].

1013. La declaración a que se refieren los artículos anteriores no producirá efecto alguno si no va precedida o seguida de un inventario fiel y exacto de todos los bienes de la herencia, hecho con las formalidades y dentro de los plazos que se expresarán en los artículos siguientes.

1014. [1057] El heredero que tenga en su poder la herencia o parte de ella y quiera utilizar el beneficio de inventario o el derecho de deliberar, deberá comunicarlo ante Notario y pedir en el plazo de treinta días a contar desde aquél en que supiere ser tal heredero la formación de inventario notarial con citación a los acreedores y legatarios para que acudan a presenciarlo si les conviniere.

1015. [1058] Cuando el heredero no tenga en su poder la herencia o parte de ella, ni haya practicado gestión alguna como tal heredero, el plazo expresado en el artículo anterior se contará desde el día siguiente a aquel en que expire el plazo que se le hubiese fijado para aceptar o repudiar la herencia conforme al art. 1005, o desde el día en que la hubiese aceptado o hubiera gestionado como heredero.

[1054] Dada nueva redacción por disposición final 1 apartado 81 de Ley 15/2015 de 2 de julio de 2015, con vigencia desde 23/07/2015

[1055] Véase art. 586, apartados 1 y 3 TR Ley Concursal

[1056] Véanse anexo 3 Rgto. Notariado y arts. 734 a 736 de la presente Ley

[1057] Dada nueva redacción por disposición final 1 apartado 82 de Ley 15/2015 de 2 de julio de 2015, con vigencia desde 23/07/2015

[1058] Dada nueva redacción por disposición final 1 apartado 83 de Ley 15/2015 de 2 de julio de 2015, con vigencia desde 23/07/2015

1016. Fuera de los casos a que se refieren los dos anteriores artículos, si no se hubiere presentado ninguna demanda contra el heredero, podrá éste aceptar a beneficio de inventario, o con el derecho de deliberar, mientras no prescriba la acción para reclamar la herencia.

1017. [1059] El inventario se principiará dentro de los treinta días siguientes a la citación de los acreedores y legatarios, y concluirá dentro de otros sesenta.

Si por hallarse los bienes a larga distancia o ser muy cuantiosos, o por otra causa justa, parecieren insuficientes dichos sesenta días, podrá el Notario prorrogar este término por el tiempo que estime necesario, sin que pueda exceder de un año.

1018. Si por culpa o negligencia del heredero no se principiare o no se concluyere el inventario en los plazos y con las solemnidades prescritas en los artículos anteriores, se entenderá que acepta la herencia pura y simplemente.

1019. [1060] El heredero que se hubiese reservado el derecho de deliberar, deberá manifestar al Notario, dentro de treinta días contados desde el siguiente a aquel en que se hubiese concluido el inventario, si repudia o acepta la herencia y si hace uso o no del beneficio de inventario.

Pasados los treinta días sin hacer dicha manifestación, se entenderá que la acepta pura y simplemente.

1020. [1061] Durante la formación del inventario y hasta la aceptación de la herencia, a instancia de parte, el Notario podrá adoptar las provisiones necesarias para la administración y custodia de los bienes

[1059] Dada nueva redacción por disposición final 1 apartado 84 de Ley 15/2015 de 2 de julio de 2015, con vigencia desde 23/07/2015

[1060] Dada nueva redacción por disposición final 1 apartado 85 de Ley 15/2015 de 2 de julio de 2015, con vigencia desde 23/07/2015

[1061] Dada nueva redacción por disposición final 1 apartado 86 de Ley 15/2015 de 2 de julio de 2015, con vigencia desde 23/07/2015

hereditarios con arreglo a lo que se prescribe en este Código y en la legislación notarial.

1021. El que reclame judicialmente una herencia de que otro se halle en posesión por más de un año, si venciere en el juicio, no tendrá obligación de hacer inventario para gozar de este beneficio, y sólo responderá de las cargas de la herencia con los bienes que le sean entregados.

1022. El inventario hecho por el heredero que después repudie la herencia, aprovechará a los sustitutos y a los herederos abintestato, respecto de los cuales los treinta días para deliberar y para hacer la manifestación que previene el art. 1019 , se contarán desde el siguiente al en que tuvieren conocimiento de la repudiación.

1023. El beneficio de inventario produce en favor del heredero los efectos siguientes:
1º) El heredero no queda obligado a pagar las deudas y demás cargas de la herencia sino hasta donde alcancen los bienes de la misma.
2º) Conserva contra el caudal hereditario todos los derechos y acciones que tuviera contra el difunto.
3º) No se confunden para ningún efecto, en daño del heredero, sus bienes particulares con los que pertenezcan a la herencia [1062] .

1024. [1063] El heredero perderá el beneficio de inventario:
1º) Si a sabiendas dejare de incluir en el inventario alguno de los bienes, derechos o acciones de la herencia.
2º) Si antes de completar el pago de las deudas y legados enajenase bienes de la herencia sin autorización de todos los interesados, o no diese al precio de lo vendido la aplicación determinada al concederle la autorización.

[1062] Véanse arts. 10.5 y 15 RD 1684/1990, de 20 de diciembre, por el que se aprueba el Reglamento General de Recaudación, 15 RD 1415/2004 de 11 de junio, por el que se aprueba el Reglamento General de Recaudación de la Seguridad Social y 1003, 1084 y 1087 de la presente Ley

[1063] Dada nueva redacción por disposición final 1 apartado 87 de Ley 15/2015 de 2 de julio de 2015, con vigencia desde 23/07/2015

No obstante, podrá disponer de valores negociables que coticen en un mercado secundario a través de la enajenación en dicho mercado, y de los demás bienes mediante su venta en subasta pública notarial previamente notificada a todos los interesados, especificando en ambos casos la aplicación que se dará al precio obtenido.

1025. Durante la formación del inventario y el término para deliberar no podrán los legatarios demandar el pago de sus legados [1064].

1026. Hasta que resulten pagados todos los acreedores conocidos y los legatarios, se entenderá que se halla la herencia en administración.

El administrador, ya lo sea el mismo heredero, ya cualquiera otra persona, tendrá, en ese concepto, la representación de la herencia para ejercitar las acciones que a ésta competan y contestar a las demandas que se interpongan contra la misma [1065].

1027. El administrador no podrá pagar los legados sino después de haber pagado a todos los acreedores [1066].

1028. Cuando haya juicio pendiente entre los acreedores sobre la preferencia de sus créditos, serán pagados por el orden y según el grado que señale la sentencia firme de graduación.

No habiendo juicio pendiente entre los acreedores, serán pagados los que primero se presenten; pero, constando que alguno de los créditos conocidos es preferente, no se hará el pago sin previa caución a favor del acreedor de mejor derecho.

[1064] Véanse arts. 42.7 LH, 785 LEC y 880, 885, 1001, 1026 y 1027 de la presente Ley

[1065] Véanse arts. 213 RH, 790, 796 a 798 LEC y 1005 a 1035 y 1082 a 1087 de la presente Ley

[1066] Véanse arts. 782.4 y 788.3 LEC y 1025, 1031 y 1034 de la presente Ley

1029. Si después de pagados los legados aparecieren otros acreedores, éstos sólo podrán reclamar contra los legatarios en el caso de no quedar en la herencia bienes suficientes para pagarles.

1030. [1067] Cuando para el pago de los créditos y legados sea necesaria la venta de bienes hereditarios, se realizará ésta en la forma establecida en el párrafo segundo del número 2º del art. 1024 de este Código, salvo si todos los herederos, acreedores y legatarios acordaren otra cosa.

1031. No alcanzando los bienes hereditarios para el pago de las deudas y legados, el administrador dará cuenta de su administración a los acreedores y legatarios que no hubiesen cobrado por completo, y será responsable de los perjuicios causados a la herencia por culpa o negligencia suya [1068].

1032. Pagados los acreedores y legatarios, quedará el heredero en el pleno goce del remanente de la herencia.

Si la herencia hubiese sido administrada por otra persona, ésta rendirá al heredero la cuenta de su administración, bajo la responsabilidad que impone el artículo anterior [1069].

1033. [1070] Los gastos del inventario y las demás actuaciones a que dé lugar la administración de la herencia aceptada a beneficio de inventario y la defensa de sus derechos, serán de cargo de la misma herencia. Exceptúanse aquellos gastos imputables al heredero que hubiese sido condenado personalmente por su dolo o mala fe.

[1067] Dada nueva redacción por disposición final 1 apartado 88 de Ley 15/2015 de 2 de julio de 2015, con vigencia desde 23/07/2015

[1068] Véanse arts. 785.3, 787, 788, 799 y 800 LEC y 887 de la presente Ley

[1069] Véanse arts. 14.a Ley 29/1987, de 18 de diciembre, del Impuesto sobre Sucesiones y Donaciones, 32 y 33 RD 1629/1991, de 8 de noviembre, por el que se aprueba el Reglamento del Impuesto sobre Sucesiones y Donaciones y 1026 de la presente Ley

[1070] Dada nueva redacción por disposición final 1 apartado 89 de Ley 15/2015 de 2 de julio de 2015, con vigencia desde 23/07/2015

Lo mismo se entenderá respecto de las gastos causados para hacer uso del derecho de deliberar, si el heredero repudia la herencia.

1034. Los acreedores particulares del heredero no podrán mezclarse en las operaciones de la herencia aceptada por éste a beneficio de inventario hasta que sean pagados los acreedores de la misma y los legatarios; pero podrán pedir la retención o embargo del remanente que pueda resultar a favor del heredero.

CAPÍTULO VI
De la colación y partición

SECCIÓN PRIMERA
De la colación

1035. El heredero forzoso que concurra, con otros que también lo sean, a una sucesión, deberá traer a la masa hereditaria los bienes o valores que hubiese recibido del causante de la herencia, en vida de éste, por dote, donación u otro título lucrativo, para computarlo en la regulación de las legítimas y en la cuenta de partición.

1036. La colación no tendrá lugar entre los herederos forzosos si el donante así lo hubiese dispuesto expresamente o, si el donatario repudiare la herencia, salvo el caso en que la donación deba reducirse por inoficiosa.

1037. No se entiende sujeto a colación lo dejado en testamento si el testador no dispusiere lo contrario, quedando en todo caso a salvo las legítimas.

1038. Cuando los nietos sucedan al abuelo en representación del padre, concurriendo con sus tíos o primos, colacionarán todo lo que debiera colacionar el padre si viviera aunque no lo hayan heredado.

También colacionarán lo que hubiesen recibido del causante de la herencia durante la vida de éste, a menos que el testador hubiese dispuesto lo contrario, en cuyo caso deberá respetarse su voluntad si no perjudicare a la legítima de los coherederos.

1039. Los padres no estarán obligados a colacionar en la herencia de sus ascendientes lo donado por éstos a sus hijos.

1040. Tampoco se traerán a colación las donaciones hechas al consorte del hijo; pero, si hubieren sido hechas por el padre conjuntamente a los dos, el hijo estará obligado a colacionar la mitad de la cosa donada.

1041. [1071] No estarán sujetos a colación los gastos de alimentos, educación, curación de enfermedades, aunque sean extraordinarias, aprendizaje, ni los regalos de costumbre.

Tampoco estarán sujetos a colación los gastos realizados por los progenitores y ascendientes para cubrir las necesidades especiales de sus hijos o descendientes requeridas por su situación de discapacidad [1072].

1042. No se traerán a colación, sino cuando el padre lo disponga o perjudiquen a la legítima, los gastos que éste hubiere hecho para dar a sus hijos una carrera profesional o artística; pero cuando proceda colacionarlos, se rebajará de ellos lo que el hijo habría gastado viviendo en la casa y compañía de sus padres.

1043. Serán colacionables las cantidades satisfechas por el padre para redimir a sus hijos de la suerte de soldado, pagar sus deudas, conseguirles un título de honor y otros gastos análogos.

[1071] Dada nueva redacción por art. 2 apartado 43 de Ley 8/2021 de 2 de junio de 2021, con vigencia desde 03/09/2021

[1072] Véanse arts. 2.2 Ley 41/2003 de 18 de noviembre, de Protección Patrimonial de las Personas con Discapacidad y de Modificación del Código Civil, de la Ley de Enjuiciamiento Civil y de la Normativa Tributaria con esta finalidad y 142, 143, 1042 a 1044 y disposición adicional 4 de la presente Ley

1044. Los regalos de boda, consistentes en joyas, vestidos y equipos, no se reducirán como inoficiosos sino en la parte que excedan en un décimo o más de la cantidad disponible por testamento.

1045. [1073] No han de traerse a colación y partición las mismas cosas donadas, sino su valor al tiempo en que se evalúen los bienes hereditarios.

El aumento o deterioro físico posterior a la donación y aun su pérdida total, casual o culpable, será a cargo y riesgo o beneficio del donatario.

1046. La dote o donación hecha por ambos cónyuges se colacionará por mitad en la herencia de cada uno de ellos. La hecha por uno solo se colacionará en su herencia.

1047. El donatario tomará de menos en la masa hereditaria tanto como ya hubiese recibido, percibiendo sus coherederos el equivalente, en cuanto sea posible, en bienes de la misma naturaleza, especie y calidad.

1048. No pudiendo verificarse lo prescrito en el artículo anterior, si los bienes donados fueren inmuebles, los coherederos tendrán derecho a ser igualados en metálico o valores mobiliarios al tipo de cotización; y, no habiendo dinero ni valores cotizables en la herencia, se venderán otros bienes en pública subasta en la cantidad necesaria.

Cuando los bienes donados fueren muebles, los coherederos sólo tendrán derecho a ser igualados en otros muebles de la herencia por el justo precio, a su libre elección.

1049. Los frutos e intereses de los bienes sujetos a colación no se deben a la masa hereditaria sino desde el día en que se abra la sucesión.

[1073] Dada nueva redacción por art. 4 de Ley 11/1981 de 13 de mayo de 1981, con vigencia desde 08/06/1981

Para regularlos, se atenderá a las rentas e intereses de los bienes hereditarios de la misma especie que los colacionados.

1050. Si entre los coherederos surgiere contienda sobre la obligación de colacionar o sobre los objetos que han de traerse a colación, no por eso dejará de proseguirse la partición, prestando la correspondiente fianza [1074].

SECCIÓN SEGUNDA
De la partición

1051. Ningún coheredero podrá ser obligado a permanecer en la indivisión de la herencia, a menos que el testador prohíba expresamente la división.

Pero, aun cuando la prohíba, la división tendrá siempre lugar mediante alguna de las causas por las cuales se extingue la sociedad [1075].

1052. [1076] Todo coheredero que tenga la libre administración y disposición de sus bienes podrá pedir en cualquier tiempo la partición de la herencia. Lo harán sus representantes legales si el coheredero está en situación de ausencia. Si el coheredero contase con medidas de apoyo por razón de discapacidad, se estará a lo que se disponga en estas.

1053. [1077] Cualquiera de los cónyuges podrá pedir la partición de la herencia sin intervención del otro.

[1074] Véanse arts. 6 y 46 LRDA y 1035 a 1045 de la presente Ley

[1075] Véanse arts. 24 Ley 19/1995, de 4 de julio, de Modernización de las explotaciones Agrarias, 42 y 46 LH, 146 y 209 RH, 782 LEC y 400, 966, 1700 a 1708 y 1965 de la presente Ley

[1076] Dada nueva redacción por art. 2 apartado 44 de Ley 8/2021 de 2 de junio de 2021, con vigencia desde 03/09/2021

[1077] Dada nueva redacción por art. 2 de Ley 14/1975 de 2 de mayo de 1975, con vigencia desde 25/05/1975

1054. Los herederos bajo condición no podrán pedir la partición hasta que aquélla se cumpla. Pero podrán pedirla los otros coherederos, asegurando competentemente el derecho de los primeros para el caso de cumplirse la condición; y, hasta saberse que ésta ha faltado o no puede ya verificarse, se entenderá provisional la partición.

1055. Si antes de hacerse la partición muere uno de los coherederos, dejando dos o más herederos, bastará que uno de éstos la pida; pero todos los que intervengan en este último concepto deberán comparecer bajo una sola representación.

1056. Cuando el testador hiciere, por acto entre vivos o por última voluntad, la partición de sus bienes, se pasará por ella, en cuanto no perjudique a la legítima de los herederos forzosos.

El testador que en atención a la conservación de la empresa o en interés de su familia quiera preservar indivisa una explotación económica o bien mantener el control de una sociedad de capital o grupo de éstas podrá usar de la facultad concedida en este artículo, disponiendo que se pague en metálico su legítima a los demás interesados. A tal efecto, no será necesario que exista metálico suficiente en la herencia para el pago, siendo posible realizar el abono con efectivo extrahereditario y establecer por el testador o por el contador-partidor por él designado aplazamiento, siempre que éste no supere cinco años a contar desde el fallecimiento del testador; podrá ser también de aplicación cualquier otro medio de extinción de las obligaciones. Si no se hubiere establecido la forma de pago, cualquier legitimario podrá exigir su legítima en bienes de la herencia. No será de aplicación a la partición así realizada lo dispuesto en el art. 843 y en el párrafo primero del art. 844 [1078]. [1079]

[1078] Véanse arts. 786.1 LEC, 35, 41 y 46 LRDA y 841, 842, 847, 1075 y 1271 de la presente Ley

[1079] Dada nueva redacción párrafo 2 por disposición final 1 apartado 1 de Ley 7/2003 de 1 de abril de 2003, con vigencia desde 02/06/2003

1057. [1080] [1081]

El testador podrá encomendar por acto «inter vivos» o «mortis causa» para después de su muerte la simple facultad de hacer la partición a cualquier persona que no sea uno de los coherederos.

No habiendo testamento, contador-partidor en él designado o vacante el cargo, el Secretario judicial o el Notario, a petición de herederos y legatarios que representen, al menos, el 50 por 100 del haber hereditario, y con citación de los demás interesados, si su domicilio fuere conocido, podrá nombrar un contador-partidor dativo, según las reglas que la Ley de Enjuiciamiento Civil y del Notariado establecen para la designación de peritos. La partición así realizada requerirá aprobación del Secretario judicial o del Notario, salvo confirmación expresa de todos los herederos y legatarios.

Lo dispuesto en este artículo y en el anterior se observará aunque entre los coherederos haya alguno sujeto a patria potestad o tutela; pero el contador-partidor deberá en estos casos inventariar los bienes de la herencia, con citación de los representantes legales de dichas personas. [1082]

Si el coheredero tuviera dispuestas medidas de apoyo, se estará a lo establecido en ellas. [1083]

1058. Cuando el testador no hubiese hecho la partición, ni encomendado a otro esta facultad, si los herederos fueren mayores y tuvieren la libre administración de sus bienes, podrán distribuir la herencia de la manera que tengan por conveniente.

1059. Cuando los herederos mayores de edad no se entendieren sobre el modo de hacer la partición, quedará a salvo su derecho para

[1080] Dada nueva redacción por disposición final 1 apartado 90 de Ley 15/2015 de 2 de julio de 2015, con vigencia desde 23/07/2015

[1081] Véanse arts. 139 Rgto. Notariado, 213 RH y 222, 272, 286, 315, 831, 841 a 847, 892 a 911 y 1060 de la presente Ley

[1082] Dada nueva redacción párrafo 3 por art. 2 apartado 45 de Ley 8/2021 de 2 de junio de 2021, con vigencia desde 03/09/2021

[1083] Añadido párrafo 4 por art. 2 apartado 45 de Ley 8/2021 de 2 de junio de 2021, con vigencia desde 03/09/2021 que lo ejerciten en la forma prevenida en la ley de Enjuiciamiento civil [1084].

1060. [1085] Cuando los menores estén legalmente representados en la partición, no será necesaria la intervención ni la autorización judicial, pero el tutor necesitará aprobación judicial de la ya efectuada. El defensor judicial designado para representar a un menor en una partición, deberá obtener la aprobación de la autoridad judicial, si el Letrado de la Administración de Justicia no hubiera dispuesto otra cosa al hacer el nombramiento.

Tampoco será necesaria autorización ni intervención judicial en la partición realizada por el curador con facultades de representación. La partición una vez practicada requerirá aprobación judicial.

La partición realizada por el defensor judicial designado para actuar en la partición en nombre de un menor o de una persona a cuyo favor se hayan establecido medidas de apoyo, necesitará la aprobación judicial, salvo que se hubiera dispuesto otra cosa al hacer el nombramiento.

1061. En la partición de la herencia se ha de guardar la posible igualdad, haciendo lotes o adjudicando a cada uno de los coherederos cosas de la misma naturaleza, calidad o especie [1086].

1062. Cuando una cosa sea indivisible o desmerezca mucho por su división, podrá adjudicarse a uno, a calidad de abonar a los otros el exceso en dinero.

Pero bastará que uno solo de los herederos pida su venta en pública subasta, y con admisión de licitadores extraños, para que así se haga.

1063. Los coherederos deben abonarse recíprocamente en la partición las rentas y frutos que cada uno haya percibido de los bienes

---

[1084] Véanse arts. 2 y 10 LArb, 24 Ley 19/1995, de 4 de julio, de Modernización de las Explotaciones Agrarias y 782 y 786 LEC

[1085] Dada nueva redacción por art. 2 apartado 46 de Ley 8/2021 de 2 de junio de 2021, con vigencia desde 03/09/2021

[1086] Véanse arts. 27 Ley 29/1987, de 18 de diciembre, del Impuesto sobre Sucesiones y Donaciones, 786 LEC y 402, 832 y 842 de la presente Ley hereditarios, las impensas útiles y necesarias hechas en los mismos, y los daños ocasionados por malicia o negligencia.

1064. Los gastos de partición hechos en interés común de todos los coherederos se deducirán de la herencia; los hechos en interés particular de uno de ellos, serán a cargo del mismo.

1065. Los títulos de adquisición o pertenencia serán entregados al coheredero adjudicatario de la finca o fincas a que se refieran.

1066. [1087] Cuando el mismo título comprenda varias fincas adjudicadas a diversos coherederos, o una sola que se haya dividido entre dos o más, el título quedará en poder del mayor interesado en la finca o fincas, y se facilitarán a los otros copias fehacientes, a costa del caudal hereditario. Si el interés fuere igual, el título se entregará, a falta de acuerdo, a quien por suerte corresponda.

Siendo original, aquel en cuyo poder quede deberá también exhibirlo a los demás interesados cuando lo pidieren.

1067. Si alguno de los herederos vendiere a un extraño su derecho hereditario antes de la partición, podrán todos o cualquiera de los coherederos subrogarse en lugar del comprador, reembolsándole el precio de la compra, con tal que lo verifiquen en término de un mes, a contar desde que esto se les haga saber.

SECCIÓN TERCERA
De los efectos de la partición

1068. La partición legalmente hecha confiere a cada heredero la propiedad exclusiva de los bienes que le hayan sido adjudicados [1088].

[1087] Dada nueva redacción por art. 2 de Ley 11/1990 de 15 de octubre de 1990, con vigencia desde 07/11/1990

[1088] Véanse arts. 14 LH, 80, 83 y 209 RH, 788 LEC y 399, 450, 609 y 831 de la presente Ley

1069. Hecha la partición, los coherederos estarán recíprocamente obligados a la evicción y saneamiento de los bienes adjudicados.

1070. La obligación a que se refiere el artículo anterior sólo cesará en los siguientes casos:

1º) Cuando el mismo testador hubiese hecho la partición, a no ser que aparezca, o racionalmente se presuma, haber querido lo contrario, y salva siempre la legítima.

2º) Cuando se hubiese pactado expresamente al hacer la partición.

3º) Cuando la evicción proceda de causa posterior a la partición, o fuere ocasionada por culpa del adjudicatario.

1071. La obligación recíproca de los coherederos a la evicción es proporcionada a su respectivo haber hereditario; pero, si alguno de ellos resultare insolvente, responderán de su parte los demás coherederos en la misma proporción, deduciéndose la parte correspondiente al que deba ser indemnizado.

Los que pagaren por el insolvente conservarán su acción contra él para cuando mejore de fortuna.

1072. Si se adjudicare como cobrable un crédito, los coherederos no responderán de la insolvencia posterior del deudor hereditario, y sólo serán responsables de su insolvencia al tiempo de hacerse la partición.

Por los créditos calificados de incobrables no hay responsabilidad; pero, si se cobran en todo o en parte, se distribuirá lo percibido proporcionalmente entre los herederos.

SECCIÓN CUARTA
De la rescisión de la partición

1073. Las particiones pueden rescindirse por las mismas causas que las obligaciones.

1074. Podrán también ser rescindidas las particiones por causa de lesión en más de la cuarta parte, atendido el valor de las cosas cuando fueron adjudicadas.

1075. La partición hecha por el difunto no puede ser impugnada por causa de lesión, sino en el caso de que perjudique la legítima de los herederos forzosos o de que aparezca, o racionalmente se presuma, que fue otra la voluntad del testador.

1076. La acción rescisoria por causa de lesión durará cuatro años, contados desde que se hizo la partición.

1077. El heredero demandado podrá optar entre indemnizar el daño o consentir que se proceda a nueva partición.

La indemnización puede hacerse en numerario o en la misma cosa en que resultó el perjuicio.

Si se procede a nueva partición, no alcanzará ésta a los que no hayan sido perjudicados ni percibido más de lo justo.

1078. No podrá ejercitar la acción rescisoria por lesión el heredero que hubiese enajenado el todo o una parte considerable de los bienes inmuebles que le hubieren sido adjudicados.

1079. La omisión de alguno o algunos objetos o valores de la herencia no da lugar a que se rescinda la partición por lesión, sino a que se complete o adicione con los objetos o valores omitidos.

1080. La partición hecha con preterición de alguno de los herederos no se rescindirá a no ser que se pruebe que hubo mala fe o dolo por parte de los otros interesados; pero éstos tendrán la obligación de pagar al preterido la parte que proporcionalmente le corresponda.

1081. La partición hecha con uno a quien se creyó heredero sin serlo, será nula.

SECCIÓN QUINTA
Del pago de las deudas hereditarias

1082. Los acreedores reconocidos como tales podrán oponerse a que se lleve a efecto la partición de la herencia hasta que se les pague o afiance el importe de sus créditos [1089].

1083. Los acreedores de uno o más de los coherederos podrán intervenir a su costa en la partición para evitar que ésta se haga en fraude o perjuicio de sus derechos.

1084. Hecha la partición, los acreedores podrán exigir el pago de sus deudas por entero de cualquiera de los herederos que no hubiere aceptado la herencia a beneficio de inventario, o hasta donde alcance su porción hereditaria, en el caso de haberla admitido con dicho beneficio.

En uno y otro caso el demandado tendrá derecho a hacer citar y emplazar a sus coherederos, a menos que por disposición del testador, o a consecuencia de la partición, hubiere quedado él solo obligado al pago de la deuda [1090].

1085. El coheredero que hubiese pagado más de lo que corresponda a su participación en la herencia, podrá reclamar de los demás su parte proporcional.

Esto mismo se observará cuando, por ser la deuda hipotecaria o consistir en cuerpo determinado, la hubiese pagado íntegramente. El adjudicatario, en este caso, podrá reclamar de sus coherederos sólo la parte proporcional, aunque el acreedor le haya cedido sus acciones y subrogándole en su lugar.

1086. Estando alguna de las fincas de la herencia gravada con renta o carga real perpetua, no se procederá a su extinción, aunque sea redimible, sino cuando la mayor parte de los coherederos lo acordare.

[1089] Véanse arts. 782, 787, 788.3, 792 y 793 LEC y 403 y 1026 a 1034 de la presente Ley

[1090] Véanse arts. 45 LH y 1003, 1023.1 y 1974 de la presente Ley

No acordándolo así, o siendo la carga irredimible, se rebajará su valor o capital del de la finca, y ésta pasará con la carga al que le toque en lote o por adjudicación.

1087. El coheredero acreedor del difunto puede reclamar de los otros el pago de su crédito, deducida su parte proporcional como tal heredero, y sin perjuicio de lo establecido en la sección quinta del capítulo VI de este título.

LIBRO CUARTO
DE LAS OBLIGACIONES Y CONTRATOS

TÍTULO PRIMERO
De las obligaciones

CAPÍTULO PRIMERO
Disposiciones generales

1088. Toda obligación consiste en dar, hacer o no hacer alguna cosa [1091].

1089. Las obligaciones nacen de la ley, de los contratos y cuasi contratos, y de los actos y omisiones ilícitos o en que intervenga cualquier género de culpa o negligencia [1092].

1090. Las obligaciones derivadas de la ley no se presumen. Sólo son exigibles las expresamente determinadas en este Código o en leyes especiales, y se regirán por los preceptos de la ley que las hubiere

[1091] Véanse arts. 50 a 63 y 244 CCom y 1094 a 1099, 1157, 1445, 1538, 1542 y 1709 de la presente Ley

[1092] Véanse arts. 109 a 126 CP y 1090, 1091, 1104, 1254, 1887 y 1902 de la presente Ley establecido; y, en lo que ésta no hubiere previsto, por las disposiciones del presente Libro.

1091. Las obligaciones que nacen de los contratos tienen fuerza de ley entre las partes contratantes, y deben cumplirse al tenor de los mismos.

1092. Las obligaciones civiles que nazcan de los delitos o faltas se regirán por las disposiciones del Código Penal [1093].

1093. Las que se deriven de actos u omisiones en que intervenga culpa o negligencia no penadas por la ley, quedarán sometidas a las disposiciones del Capítulo II del Título XVI de este Libro.

CAPÍTULO II
De la naturaleza y efecto de las obligaciones

1094. El obligado a dar alguna cosa lo está también a conservarla con la diligencia propia de un buen padre de familia.

1095. El acreedor tiene derecho a los frutos de la cosa desde que nace la obligación de entregarla. Sin embargo, no adquirirá derecho real sobre ella hasta que le haya sido entregada.

1096. Cuando lo que deba entregarse sea una cosa determinada, el acreedor, independientemente del derecho que le otorga el art. 1101 , puede compeler al deudor a que realice la entrega.

Si la cosa fuere indeterminada o genérica, podrá pedir que se cumpla la obligación a expensas del deudor.

[1093] Véanse arts. 109 a 126 CP y 110 a 117 LECR

Si el obligado se constituye en mora, o se halla comprometido a entregar una misma cosa a dos o más personas diversas, serán de su cuenta los casos fortuitos hasta que se realice la entrega [1094].

1097. La obligación de dar cosa determinada comprende la de entregar todos sus accesorios, aunque no hayan sido mencionados [1095].

1098. Si el obligado a hacer alguna cosa no la hiciere, se mandará ejecutar a su costa.

Esto mismo se observará si la hiciere contraviniendo al tenor de la obligación. Además podrá decretarse que se deshaga lo mal hecho.

1099. Lo dispuesto en el párrafo 2º del artículo anterior se observará también cuando la obligación consista en no hacer y el deudor ejecutare lo que le había sido prohibido [1096].

1100. Incurren en mora los obligados a entregar o a hacer alguna cosa desde que el acreedor les exija judicial o extrajudicialmente el cumplimiento de su obligación.

No será, sin embargo, necesaria la intimación del acreedor para que la mora exista:

1º) Cuando la obligación o la ley lo declaren así expresamente.

2º) Cuando de su naturaleza y circunstancias resulte que la designación de la época en que había de entregarse la cosa o hacerse el servicio, fue motivo determinante para establecer la obligación.

En las obligaciones recíprocas ninguno de los obligados incurre en mora si el otro no cumple o no se allana a cumplir debidamente lo que le incumbe. Desde que uno de los obligados cumple su obligación, empieza la mora para el otro [1097].

[1094] Véanse arts. 699 y 701 LEC y 1100, 1166, 1167, 1182, 1183 y 1452 de la presente Ley

[1095] Véanse arts. 28 CCom, 701 LEC y 347, 376, 377, 1166, 1167, 1252 y 1770 de la presente Ley

[1096] Véanse arts. 104 LPAC y 699, 700 y 710 de la presente Ley

[1097] Véanse arts. 63 CCom, 4 a 6 Ley 3/2004, de 29 de diciembre, por la que se establecen Medidas de lucha contra la Morosidad en las Operaciones Comerciales,

1101. Quedan sujetos a la indemnización de los daños y perjuicios causados los que en el cumplimiento de sus obligaciones incurrieren en dolo, negligencia o morosidad, y los que de cualquier modo contravinieren al tenor de aquéllas [1098].

1102. La responsabilidad procedente del dolo es exigible en todas las obligaciones. La renuncia de la acción para hacerla efectiva es nula.

1103. La responsabilidad que proceda de negligencia es igualmente exigible en el cumplimiento de toda clase de obligaciones; pero podrá moderarse por los Tribunales según los casos [1099].

1104. La culpa o negligencia del deudor consiste en la omisión de aquella diligencia que exija la naturaleza de la obligación y corresponda a las circunstancias de las personas, del tiempo y del lugar.

Cuando la obligación no exprese la diligencia que ha de prestarse en su cumplimiento, se exigirá la que correspondería a un buen padre de familia.

1105. Fuera de los casos expresamente mencionados en la ley, y de los en que así lo declare la obligación, nadie responderá de aquellos sucesos que no hubieran podido preverse o, que, previstos, fueran inevitables [1100].

---

54 RD 939/2005, de 29 de julio, por el que se aprueba el Reglamento General de Recaudación, 10 RD 1415/2004, de 11 de junio, por el que se aprueba el Reglamento General de Recaudación de la Seguridad Social, 17.5 Ley 7/1996, de 15 de enero, de Ordenación del Comercio Minorista, 20 LCS, 712 LEC y 1590 y 1682 de la presente Ley

[1098] Véanse arts. 2 y 8 Ley 3/2004, de 29 de diciembre, por la que se establecen Medidas de lucha contra la Morosidad en las Operaciones Comerciales, 86.2, 128 y 162 LGDCU, 712 y 713 LEC y 1106 a 1108, 1214 y 1902 a 1910 de la presente Ley

[1099] Véanse arts. 4 LH, 114 CP, 61.2 LO 5/2000, de 12 de enero, reguladora de la Responsabilidad Penal de los Menores, 145 LGDCU, 1.1 RDL 8/2004, de 29 de octubre, por el que se aprueba el texto refundido de la Ley sobre Responsabilidad Civil y Seguro en la Circulación de Vehículos a Motor y 1726 de la presente Ley

[1100] Véanse arts. 17.8 Ley 38/1999, de 5 de noviembre, de Ordenación de la Edificación, 239.2 Ley 9/2017, de 8 de noviembre, de Contratos del Sector Público, 6 RDLeg. 7/2004, de 29 de octubre, por el que se aprueba el texto refundido del

1106. La indemnización de daños y perjuicios comprende, no sólo el valor de la pérdida que hayan sufrido, sino también el de la ganancia que haya dejado de obtener el acreedor, salvas las disposiciones contenidas en los artículos siguientes [1101].

1107. Los daños y perjuicios de que responde el deudor de buena fe son los previstos o que se hayan podido prever al tiempo de constituirse la obligación y que sean consecuencia necesaria de su falta de cumplimiento.

En caso de dolo responderá el deudor de todos los que conocidamente se deriven de la falta de cumplimiento de la obligación.

1108. Si la obligación consistiere en el pago de una cantidad de dinero, y el deudor incurriere en mora, la indemnización de daños y perjuicios, no habiendo pacto en contrario, consistirá en el pago de los intereses convenidos, y a falta de convenio, en el interés legal [1102].

Párrafo 2 (Derogado) [1103]

1109. Los intereses vencidos devengan el interés legal desde que son judicialmente reclamados, aunque la obligación haya guardado silencio sobre este punto.

En los negocios comerciales se estará a lo que dispone el Código de Comercio.

Estatuto Legal del Consorcio de Compensación de Seguros, 238 LEC y 1183, 1575 y 1896 de la presente Ley

[1101] Véanse arts. 712 y 713 LEC, 74 a 80 CCom, 27 a 29 y 135 LGDCU, 113 CP y 1101, 1108, 1270.2, 1486 a 1488, 1752, 1779, 1896 y 1897 de la presente Ley

[1102] Véanse arts. 17 y 24 LGP, 26 LGT, 7 y 8 Ley 3/2004, de 29 de diciembre, por la que se establecen Medidas de lucha contra la Morosidad en las Operaciones Comerciales, 113 LCCH, 152, 320 y 440 TR Ley Concursal, 11 RGSS, 576 y 816.2 LEC y 1100, 1170 y 1255 de la presente Ley

[1103] Derogado párrafo 2 por disposición derogatoria única de Ley 24/1984 de 29 de junio de 1984, con vigencia desde 04/07/1984

Los Montes de Piedad y Cajas de Ahorro se regirán por sus reglamentos especiales [1104] .

1110. El recibo del capital por el acreedor, sin reserva alguna respecto a los intereses, extingue la obligación del deudor en cuanto a éstos.

El recibo del último plazo de un débito, cuando el acreedor tampoco hiciere reservas, extinguirá la obligación en cuanto a los plazos anteriores.

1111. Los acreedores, después de haber perseguido los bienes de que esté en posesión el deudor para realizar cuanto se les debe, pueden ejercitar todos los derechos y acciones de éste con el mismo fin, exceptuando los que sean inherentes a su persona; pueden también impugnar los actos que el deudor haya realizado en fraude de su derecho [1105] .

1112. Todos los derechos adquiridos en virtud de una obligación son transmisibles con sujeción a las leyes, si no se hubiese pactado lo contrario.

[1104] Véanse arts. 311 a 319 CCom, Ley 10/2014, de 26 de junio, de ordenación, supervisión y solvencia de entidades de crédito, RDL 6/2004 de 29 de octubre, por el que se aprueba el texto refundido de la Ley de Ordenación y Supervisión de los Seguros Privados y Ley 31/1985, de 2 de agosto, de regulación de las Normas Básicas sobre Organos Rectores de las Cajas de Ahorro

[1105] Véanse arts. 22.1 LPH, 639 LEC y 403, 1001, 1291, 1911 y 1920 d e la presente Ley

CAPÍTULO III
De las diversas especies de obligaciones

SECCIÓN PRIMERA
De las obligaciones puras y de las condicionales

1113. Será exigible desde luego toda obligación cuyo cumplimiento no dependa de un suceso futuro o incierto, o de un suceso pasado, que los interesados ignoren.

También será exigible toda obligación que contenga condición resolutoria, sin perjuicio de los efectos de la resolución [1106].

1114. En las obligaciones condicionales la adquisición de los derechos, así como la resolución o pérdida de los ya adquiridos, dependerán del acontecimiento que constituya la condición [1107].

1115. Cuando el cumplimiento de la condición dependa de la exclusiva voluntad del deudor, la obligación condicional será nula. Si dependiere de la suerte o de la voluntad de un tercero, la obligación surtirá todos sus efectos con arreglo a las disposiciones de este Código.

1116. Las condiciones imposibles, las contrarias a las buenas costumbres y las prohibidas por la ley anularán la obligación que de ellas dependa.

La condición de no hacer una cosa imposible se tiene por no puesta.

[1106] Véanse arts. 62 CCom, 261.1 y 2 TR Ley Concursal, 8 RD 1629/1991,de 8 de noviembre, por el que se aprueba el Reglamento del Impuesto sobre Sucesiones y Donaciones y 1123, 1128.2, 1255 y 1278 de la presente Ley

[1107] Véanse arts. 9.2, 11 y 23 LH, 51.6, 59 y 175.6 RH, 261.3 y 4 y 262 TR Concursal, 2.2 RDL 1/19932 de 24 de septiembre, por el que se aprueba el texto refundido de la Ley del Impuesto sobre Transmisiones Patrimoniales y Actos Jurídicos Documentados y 759, 799, 1122 a 1124 y 1125.3 de la presente Ley

1117. La condición de que ocurra algún suceso en un tiempo determinado extinguirá la obligación desde que pasare el tiempo o fuere ya indudable que el acontecimiento no tendrá lugar.

1118. La condición de que no acontezca algún suceso en tiempo determinado hace eficaz la obligación desde que pasó el tiempo señalado o sea ya evidente que el acontecimiento no puede ocurrir.

Si no hubiere tiempo fijado, la condición deberá reputarse cumplida en el que verosímilmente se hubiese querido señalar, atendida la naturaleza de la obligación.

1119. Se tendrá por cumplida la condición cuando el obligado impidiese voluntariamente su cumplimiento.

1120. Los efectos de la obligación condicional de dar, una vez cumplida la condición, se retrotraen al día de la constitución de aquélla. Esto no obstante, cuando la obligación imponga recíprocas prestaciones a los interesados, se entenderán compensados unos con otros los frutos e intereses del tiempo en que hubiese estado pendiente la condición. Si la obligación fuere unilateral, el deudor hará suyos los frutos e intereses percibidos, a menos que por la naturaleza y circunstancias de aquélla deba inferirse que fue otra la voluntad del que la constituyó.

En las obligaciones de hacer y no hacer los Tribunales determinarán, en cada caso, el efecto retroactivo de la condición cumplida.

1121. El acreedor puede, antes del cumplimiento de las condiciones, ejercitar las acciones procedentes para la conservación de su derecho.

El deudor puede repetir lo que en el mismo tiempo hubiese pagado [1108].

1122. Cuando las condiciones fueren puestas con el intento de suspender la eficacia de la obligación de dar, se observarán las reglas

---

[1108] Véanse arts. 721 LEC, 9.2 LH, 51.6 RH, 261.3 y 4 y 262 TR Ley Concursal y 1126 y 1895 de la presente Ley siguientes, en el caso de que la cosa mejore o se pierda o deteriore pendiente la condición:

1ª) Si la cosa se perdió sin culpa del deudor, quedará extinguida la obligación.

2ª) Si la cosa se perdió por culpa del deudor, éste queda obligado al resarcimiento de daños y perjuicios.

Entiéndese que la cosa se pierde cuando perece, queda fuera del comercio o desaparece de modo que se ignora su existencia, o no se puede recobrar.

3ª) Cuando la cosa se deteriora sin culpa del deudor, el menoscabo es de cuenta del acreedor.

4ª) Deteriorándose por culpa del deudor, el acreedor podrá optar entre la resolución de la obligación y su cumplimiento, con la indemnización de perjuicios en ambos casos.

5ª) Si la cosa se mejora por su naturaleza, o por el tiempo, las mejoras ceden en favor del acreedor.

6ª) Si se mejora a expensas del deudor, no tendrá éste otro derecho que el concedido al usufructuario.

1123. Cuando las condiciones tengan por objeto resolver la obligación de dar, los interesados, cumplidas aquéllas, deberán restituirse lo que hubiesen percibido.

En el caso de pérdida, deterioro, o mejora de la cosa, se aplicarán al que deba hacer la restitución las disposiciones que respecto al deudor contiene el artículo precedente.

En cuanto a las obligaciones de hacer y no hacer, se observará, respecto a los efectos de la resolución, lo dispuesto en el párrafo segundo del art. 1120 [1109] .

1124. [1110]

La facultad de resolver las obligaciones se entiende implícita en las recíprocas, para el caso de que uno de los obligados no cumpliere lo que le incumbe.

[1109] Véanse arts. 261.1 y 2 TR Ley Concursal y 1094 a 1099, 1120.2 y 1122 de la presente Ley

[1110] Véanse arts. 61 CCom, 37 LH, 51, 59 y 175 RH, 57 TR LITP y AJD, 192.2, 195 y 208 a 213 LCSP, 156 a 158, 160 a 165 TR Ley Concursal, 27.1 y 35 LAU, 10 Ley 28/1998 de 13 julio Venta a Plazos de Bienes Muebles y 1100, 1101, 1503 y 1568 de la presente Ley

El perjudicado podrá escoger entre exigir el cumplimiento o la resolución de la obligación, con el resarcimiento de daños y abono de intereses en ambos casos. También podrá pedir la resolución, aun después de haber optado por el cumplimiento, cuando éste resultare imposible.

El Tribunal decretará la resolución que se reclame, a no haber causas justificadas que le autoricen para señalar plazo.

Esto se entiende sin perjuicio de los derechos de terceros adquirentes, con arreglo a los arts. 1295 y 1298 y a las disposiciones de la Ley Hipotecaria.

SECCIÓN SEGUNDA
De las obligaciones a plazo

1125. Las obligaciones para cuyo cumplimiento se haya señalado un día cierto, sólo serán exigibles cuando el día llegue.

Entiéndese por día cierto aquel que necesariamente ha de venir, aunque se ignore cuándo.

Si la incertidumbre consiste en si ha de llegar o no el día, la obligación es condicional, y se regirá por las reglas de la sección precedente [1111].

1126. Lo que anticipadamente se hubiese pagado en las obligaciones a plazo, no se podrá repetir.

Si el que pagó ignoraba cuando lo hizo, la existencia del plazo, tendrá derecho a reclamar del acreedor los intereses o los frutos que éste hubiese percibido de la cosa.

1127. Siempre que en las obligaciones se designa un término, se presume establecido en beneficio de acreedor y deudor, a no ser que

[1111] Véanse arts. 11.1 Ley 28/1998, de 13 de julio, de Venta a Plazos de Bienes Muebles, 43, 46 y 91 LCCH, 61 a 63 CCom y 5, 1114, 1121, 1895 y 1915 de la presente Ley del tenor de aquellas o de otras circunstancias resultara haberse puesto en favor del uno o del otro [1112] .

1128. Si la obligación no señalare plazo, pero de su naturaleza y circunstancias se dedujere que ha querido concederse al deudor, los Tribunales fijarán la duración de aquél.

También fijarán los Tribunales la duración del plazo cuando éste haya quedado a voluntad del deudor.

1129. Perderá el deudor todo derecho a utilizar el plazo:

1º) Cuando, después de contraída la obligación, resulte insolvente, salvo que garantice la deuda.

2º) Cuando no otorgue al acreedor las garantías a que estuviese comprometido.

3º) Cuando por actos propios hubiese disminuido aquellas garantías después de establecidas, y cuando por caso fortuito desaparecieran, a menos que sean inmediatamente sustituidas por otras nuevas e igualmente seguras [1113] .

1130. Si el plazo de la obligación está señalado por días a contar desde uno determinado, quedará éste excluido del cómputo, que deberá empezar en el día siguiente [1114] .

SECCIÓN TERCERA
De las obligaciones alternativas

1131. El obligado alternativamente a diversas prestaciones debe cumplir por completo una de éstas.

[1112] Véanse arts. 62 CCom y 1500 y 1581 de la presente Ley

[1113] Véanse arts. 883 CCom, 414 TR Ley Concursal y 1127, 1529, 1843, 1915 y 1945 de la presente Ley

[1114] Véanse arts. 133 LEC, 60 CCom y 5 de la presente Ley

El acreedor no puede ser compelido a recibir parte de una y parte de otra [1115].

1132. La elección corresponde al deudor, a menos que expresamente se hubiese concedido al acreedor.

El deudor no tendrá derecho a elegir las prestaciones imposibles, ilícitas o que no hubieran podido ser objeto de la obligación.

1133. La elección no producirá efecto sino desde que fuere notificada.

1134. El deudor perderá el derecho de elección cuando de las prestaciones a que alternativamente estuviese obligado, sólo una fuere realizable.

1135. El acreedor tendrá derecho a la indemnización de daños y perjuicios cuando por culpa del deudor hubiesen desaparecido todas las cosas que alternativamente fueron objeto de la obligación, o se hubiera hecho imposible el cumplimiento de ésta.

La indemnización se fijará tomando por base el valor de la última cosa que hubiese desaparecido, o el del servicio que últimamente se hubiera hecho imposible.

1136. Cuando la elección hubiere sido expresamente atribuida al acreedor, la obligación cesará de ser alternativa desde el día en que aquélla hubiese sido notificada al deudor.

Hasta entonces las responsabilidades del deudor se regirán por las siguientes reglas:

1ª) Si alguna de las cosas se hubiese perdido por caso fortuito, cumplirá entregando la que el acreedor elija entre las restantes, o la que haya quedado, si una sola subsistiera.

2ª) Si la pérdida de alguna de las cosas hubiese sobrevenido por culpa del deudor, el acreedor podrá reclamar cualquiera de las que

---

[1115] Véanse arts. 45 LCCH y 874 a 878, 1153, 1166, 1167, 1169 y 1592 de la presente Ley subsistan, o el precio de la que, por culpa de aquél, hubiera desaparecido.

3ª) Si todas las cosas se hubiesen perdido por culpa del deudor, la elección del acreedor recaerá sobre su precio.

Las mismas reglas se aplicarán a las obligaciones de hacer o de no hacer, en el caso de que algunas o todas las prestaciones resultaren imposibles.

SECCIÓN CUARTA
De las obligaciones mancomunadas y de las solidarias

1137. La concurrencia de dos o más acreedores o de dos o más deudores en una sola obligación no implica que cada uno de aquéllos tenga derecho a pedir, ni cada uno de éstos deba prestar íntegramente, las cosas objeto de la misma. Sólo habrá lugar a esto cuando la obligación expresamente lo determine, constituyéndose con el carácter de solidaria [1116].

1138. Si del texto de las obligaciones a que se refiere el artículo anterior no resulta otra cosa, el crédito o la deuda se presumirán divididos en tantas partes iguales como acreedores o deudores haya, reputándose créditos o deudas distintos unos de otros.

1139. Si la división fuere imposible, sólo perjudicarán al derecho de los acreedores los actos colectivos de éstos, y sólo podrá hacerse efectiva la deuda procediendo contra todos los deudores. Si alguno de éstos resultare insolvente, no estarán los demás obligados a suplir su falta.

1140. La solidaridad podrá existir aunque los acreedores y deudores no estén ligados del propio modo y por unos mismos plazos y condiciones.

[1116] Véanse arts. 10 y 57 LCCH, 38.3 LOTC, 132 y 162.1 LGDCU y 1084, 1591, 1731, 1748 y 1890 de la presente Ley

1141. Cada uno de los acreedores solidarios puede hacer lo que sea útil a los demás, pero no lo que les sea perjudicial.

Las acciones ejercitadas contra cualquiera de los deudores solidarios perjudicarán a todos éstos.

1142. El deudor puede pagar la deuda a cualquiera de los acreedores solidarios; pero, si hubiere sido judicialmente demandado por alguno, a éste deberá hacer el pago.

1143. La novación, compensación, confusión o remisión de la deuda, hechas por cualquiera de los acreedores solidarios o con cualquiera de los deudores de la misma clase, extinguen la obligación sin perjuicio de lo dispuesto en el art. 1146.

El acreedor que haya ejecutado cualquiera de estos actos, así como el que cobre la deuda, responderá a los demás de la parte que les corresponde en la obligación [1117].

1144. El acreedor puede dirigirse contra cualquiera de los deudores solidarios o contra todos ellos simultáneamente. Las reclamaciones entabladas contra uno no serán obstáculo para las que posteriormente se dirijan contra los demás, mientras no resulte cobrada la deuda por completo [1118].

1145. El pago hecho por uno de los deudores solidarios extingue la obligación.

El que hizo el pago sólo puede reclamar de sus codeudores la parte que a cada uno corresponda, con los intereses del anticipo.

La falta de cumplimiento de la obligación por insolvencia del deudor solidario será suplida por sus codeudores, a prorrata de la deuda de cada uno [1119].

[1117] Véanse arts. 399 TR Ley Concursal y 1156, 1187, 1192, 1194, 1195 y 1203 de la presente Ley

[1118] Véanse arts. 542 LEC, 57 LCCH, 437 TR Ley Concursal, 17 LOE, 21.4 LPH y 1137 y 1141 de la presente Ley

[1119] Véanse arts. 20 Rgto. nº 864/2007/CE del Parlamento Europeo y del Consejo, de 11 de julio de 2007, relativo a la ley aplicable a las obligaciones extracontractuales

1146. La quita o remisión hecha por el acreedor de la parte que afecte a uno de los deudores solidarios, no libra a éste de su responsabilidad para con los codeudores, en el caso de que la deuda haya sido totalmente pagada por cualquiera de ellos.

1147. Si la cosa hubiese perecido o la prestación se hubiese hecho imposible sin culpa de los deudores solidarios, la obligación quedará extinguida.

Si hubiese mediado culpa de parte de cualquiera de ellos, todos serán responsables, para con el acreedor, del precio y de la indemnización de daños y abono de intereses, sin perjuicio de su acción contra el culpable o negligente.

1148. El deudor solidario podrá utilizar, contra las reclamaciones del acreedor, todas las excepciones que se deriven de la naturaleza de la obligación y las que le sean personales. De las que personalmente correspondan a los demás sólo podrá servirse en la parte de deuda de que éstos fueren responsables [1120].

SECCIÓN QUINTA
De las obligaciones divisibles y de las indivisibles

1149. La divisibilidad o indivisibilidad de las cosas objeto de las obligaciones en que hay un solo deudor y un solo acreedor no altera ni modifica los preceptos del capítulo II de este título.

1150. La obligación indivisible mancomunada se resuelve en indemnizar daños y perjuicios desde que cualquiera de los deudores falta a su compromiso. Los deudores que hubiesen estado dispuestos a cumplir los suyos, no contribuirán a la indemnización con más cantidad

---

(«Roma II»), 264 TR Ley Concursal y 1071, 1108, 1141, 1150, 1157, 1844 y 1210.3 de la presente Ley

[1120] Véanse arts. 67 LCCH, 528, 556 a 560 y 564 LEC y 1824, 1840, 1845, 1853 y 1974 de la presente Ley que la porción correspondiente del precio de la cosa o del servicio en que consistiere la obligación.

1151. Para los efectos de los artículos que preceden, se reputarán indivisibles las obligaciones de dar cuerpos ciertos y todas aquellas que no sean susceptibles de cumplimiento parcial.

Las obligaciones de hacer serán divisibles cuando tengan por objeto la prestación de un número de días de trabajo, la ejecución de obras por unidades métricas, u otras cosas análogas que por su naturaleza sean susceptibles de cumplimiento parcial.

En las obligaciones de no hacer, la divisibilidad o indivisibilidad se decidirá por el carácter de la prestación en cada caso particular [1121].

SECCIÓN SEXTA
De las obligaciones con cláusula penal

1152. En las obligaciones con cláusula penal, la pena sustituirá a la indemnización de daños y al abono de intereses en caso de falta de cumplimiento, si otra cosa no se hubiere pactado.

Sólo podrá hacerse efectiva la pena cuando ésta fuere exigible conforme a las disposiciones del presente Código [1122].

1153. El deudor no podrá eximirse de cumplir la obligación pagando la pena, sino en el caso de que expresamente le hubiese sido reservado este derecho. Tampoco el acreedor podrá exigir conjuntamente el cumplimiento de la obligación y la satisfacción de la pena, sin que esta facultad le haya sido claramente otorgada [1123].

[1121] Véanse arts. 1096, 1098, 1099 y 1169 de la presente Ley
[1122] Véanse arts. 192 a 194 Ley 9/2017, de 8 de noviembre, de Contratos del Sector Público y 1106 a 1109 de la presente Ley
[1123] Véanse arts. 56 CCom y 1255 y 1258 de la presente Ley

1154. El Juez modificará equitativamente la pena cuando la obligación principal hubiera sido en parte o irregularmente cumplida por el deudor [1124].

1155. La nulidad de la cláusula penal no lleva consigo la de la obligación principal.

La nulidad de la obligación principal lleva consigo la de la cláusula penal [1125].

CAPÍTULO IV
De la extinción de las obligaciones

Disposiciones Generales

1156. Las obligaciones se extinguen:

Por el pago o cumplimiento.

Por la pérdida de la cosa debida.

Por la condonación de la deuda.

Por la confusión de los derechos de acreedor y deudor.

Por la compensación.

Por la novación [1126].

[1124] Véanse arts. 32.2 Ley 4/2012, de 6 de julio, de contratos de aprovechamiento por turno de bienes de uso turístico, de adquisición de productos vacacionales de larga duración, de reventa y de intercambio, 3 Ley 2/1994, de 30 de marzo, sobre Subrogación y Modificación de Prestamos Hipotecarios y 1258 de la presente Ley

[1125] Véanse arts. 1190 y 1824 de la presente Ley

[1126] Véanse arts. 94 Ley 13/1995, de 18 de mayo, de Contratos de las Administraciones Públicas y 32 RD 939/2005, de 29 de julio, por el que se aprueba el Reglamento General de Recaudación y 812 LEC

SECCIÓN PRIMERA

Del pago

1157. No se entenderá pagada una deuda sino cuando completamente se hubiese entregado la cosa o hecho la prestación en que la obligación consistía [1127].

1158. Puede hacer el pago cualquier persona, tenga o no interés en el cumplimiento de la obligación, ya lo conozca y lo apruebe, o ya lo ignore el deudor.

El que pagare por cuenta de otro podrá reclamar del deudor lo que hubiese pagado, a no haberlo hecho contra su expresa voluntad.

En este caso sólo podrá repetir del deudor aquello en que le hubiera sido útil el pago [1128].

1159. El que pague en nombre del deudor, ignorándolo éste, no podrá compeler al acreedor a subrogarle en sus derechos.

1160. En las obligaciones de dar no será válido el pago hecho por quien no tenga la libre disposición de la cosa debida y capacidad para enajenarla. Sin embargo, si el pago hubiere consistido en una cantidad de dinero o cosa fungible, no habrá repetición contra el acreedor que la hubiese gastado o consumido de buena fe [1129].

[1127] Véanse arts. 57 RD 1829/1999, de 3 de diciembre, por el que se aprueba el Reglamento por el que se regula la Prestación de los Servicios Postales, en desarrollo de lo establecido en la Ley 24/1998, de 13 de julio, del Servicio Postal Universal y de Liberalización de los Servicios Postales, 61 LGT, 44, 68.3 y 69.3 RD 939/2005, de 29 de julio, por el que se aprueba el Reglamento General de Recaudación, 19 RD 1415/2004, de 11 de junio, por el que se aprueba el Reglamento General de Recaudación de la Seguridad Social, 43 a 48, 64 a 78 y 90 LCCH y 1094 a 1099 de la presente Ley

[1128] Véanse arts. 33.1 RD 939/2005, de 29 de julio, por el que se aprueba el Reglamento General de Recaudación, 17 Real Decreto 1415/2004, de 11 de junio, por el que se aprueba el Reglamento General de Recaudación de la Seguridad Social y 1145, 1205, 1210 y 1212 de la presente Ley

[1129] Véanse arts. 609, 1094 a 1097, 1462 a 1473 y 1897 a 1899 de la presente Ley

1161. En las obligaciones de hacer el acreedor no podrá ser compelido a recibir la prestación o el servicio de un tercero, cuando la calidad y circunstancias de la persona del deudor se hubiesen tenido en cuenta al establecer la obligación [1130].

1162. El pago deberá hacerse a la persona en cuyo favor estuviese constituida la obligación, o a otra autorizada para recibirla en su nombre [1131].

1163. El pago hecho a una persona menor de edad será válido en cuanto se hubiere convertido en su utilidad. Esta regla también será aplicable a los pagos realizados a una persona con discapacidad con medidas de apoyo establecidas para recibirlo y que actúe sin dichos apoyos, en caso de que el deudor o la persona que realice el pago conociera de la existencia de medidas de apoyo en el momento de la contratación o se hubiera aprovechado de otro modo de la situación de discapacidad obteniendo de ello una ventaja injusta. [1132]

También será válido el pago hecho a un tercero en cuanto se hubiere convertido en utilidad del acreedor.

1164. El pago hecho de buena fe al que estuviere en posesión del crédito, liberará al deudor.

1165. No será válido el pago hecho al acreedor por el deudor después de habérsele ordenado judicialmente la retención de la deuda [1133].

[1130] Véanse arts. 262 y 279 CCom y 1126, 1185, 1594, 1595, 1721, 1733 y 1895 de la presente Ley

[1131] Véanse arts. 18, 32.2 y 3 y 34.4 RD 939/2005, de 29 de julio, por el que se aprueba el Reglamento General de Recaudación y 1895 de la presente Ley

[1132] Dada nueva redacción párrafo 1 por art. 2 apartado 47 de Ley 8/2021 de 2 de junio de 2021, con vigencia desde 03/09/2021

[1133] Véanse arts. 56.1 RD 1829/1999, de 3 de diciembre, por el que se aprueba el Reglamento por el que se regula la Prestación de los Servicios Postales, en desarrollo de lo establecido en la Ley 24/1998, de 13 de julio, del Servicio Postal Universal y de Liberalización de los Servicios Postales, 621 LEC y 1785 a 1789 de la presente Ley

1166. El deudor de una cosa no puede obligar a su acreedor a que reciba otra diferente, aun cuando fuere de igual o mayor valor que la debida.

Tampoco en las obligaciones de hacer podrá ser sustituido un hecho por otro contra la voluntad del acreedor.

1167. Cuando la obligación consista en entregar una cosa indeterminada o genérica cuya calidad y circunstancias no se hubiesen expresado, el acreedor no podrá exigirla de la calidad superior, ni el deudor entregarla de la inferior [1134].

1168. Los gastos extrajudiciales que ocasione el pago serán de cuenta del deudor. Respecto de los judiciales, decidirá el Tribunal con arreglo a la Ley de Enjuiciamiento Civil [1135].

1169. A menos que el contrato expresamente lo autorice, no podrá compelerse al acreedor a recibir parcialmente las prestaciones en que consista la obligación.

Sin embargo, cuando la deuda tuviere una parte líquida y otra ilíquida, podrá exigir el acreedor y hacer el deudor el pago de la primera sin esperar a que se liquide la segunda [1136].

1170. El pago de las deudas de dinero deberá hacerse en la especie pactada y, no siendo posible entregar la especie, en la moneda de plata u oro que tenga curso legal en España.

La entrega de pagarés a la orden, o letras de cambio u otros documentos mercantiles, sólo producirá los efectos del pago cuando hubiesen sido realizados, o cuando por culpa del acreedor se hubiesen perjudicado.

[1134] Véanse arts. 702 LEC y 383, 875, 876, 1273, 1445 y 1453 de la presente Ley

[1135] Véanse arts. 241, 539 y 583 LEC, 20 LO 4/2000, de 11 de enero, sobre Derechos y Libertades de los Extranjeros en España y su Integración Social y 241, 394, 398, 539, 583 y 1592 de la presente Ley

[1136] Véanse arts. 572 y 575 LEC, 68.3 y 69.3 RD 939/2005, de 29 de julio, por el que se aprueba el Reglamento General de Recaudación, 19 RD 1415/2004, de 11 de junio, por el que se aprueba el Reglamento General de Recaudación de la Seguridad Social y 1097, 1149, 1157 y 1213 de la presente Ley

Entretanto la acción derivada de la obligación primitiva quedará en suspenso [1137].

1171. El pago deberá ejecutarse en el lugar que hubiese designado la obligación.

No habiéndose expresado y tratándose de entregar una cosa determinada, deberá hacerse el pago donde ésta existía en el momento de constituirse la obligación.

En cualquier otro caso, el lugar del pago será el del domicilio del deudor [1138].

De la imputación de pagos

1172. El que tuviere varias deudas de una misma especie en favor de un solo acreedor, podrá declarar, al tiempo de hacer el pago, a cuál de ellas debe aplicarse.

Si aceptare del acreedor un recibo en que se hiciese la aplicación del pago, no podrá reclamar contra ésta, a menos que hubiera mediado causa que invalide el contrato [1139].

1173. Si la deuda produce interés, no podrá estimarse hecho el pago por cuenta del capital mientras no estén cubiertos los intereses [1140].

[1137] Véanse arts. 179 y 312 CCom, 520.1 y 577 LEC, 21 LH, 24.4 Ley Notariado, 177 Rgto. Notariado, 60 LGT, 34 RD 939/2005, de 29 de julio, Rgto. General de Recaudación, 21 RD 1415/2004, de 11 de junio, Rgto. General de Recaudación de la Seguridad Social, 5 a 7 RD 1816/1991, de 20 de diciembre, sobre Transacciones Económicas con el Exterior, 49 a 68 y 146 a 153 LCCH y 1108 a 1110, 1753 y 1754 de la presente Ley

[1138] Véanse arts. 91 LCCH, 67 LGDCU, 5 RD 1816/1991, de 20 de diciembre, sobre Transacciones Económicas con el Exterior y 10.9, 40, 41, 1500, 1615 y 1714 de la presente Ley

[1139] Véanse arts. 63 LGT, 52 RD 1415/2004, de 11 de junio, por el que se aprueba el Reglamento General de Recaudación de la Seguridad Social y 1201, 1262 y 1684 de la presente Ley

[1140] Véanse arts. 318 CCom, 1110 de la presente Ley

1174. Cuando no pueda imputarse el pago según las reglas anteriores, se estimará satisfecha la deuda más onerosa al deudor entre las que estén vencidas.

Si éstas fueren de igual naturaleza y gravamen, el pago se imputará a todas a prorrata.

Del pago por cesión de bienes

1175. El deudor puede ceder sus bienes a los acreedores en pago de sus deudas. Esta cesión, salvo pacto en contrario, sólo libera a aquél de responsabilidad por el importe líquido de los bienes cedidos. Los convenios que sobre el efecto de la cesión se celebren entre el deudor y sus acreedores se ajustarán a las disposiciones del Título XVII de este Libro y a lo que establece la Ley de Enjuiciamiento Civil [1141].

Del ofrecimiento del pago y de la consignación

1176. [1142] Si el acreedor a quien se hiciere el ofrecimiento de pago conforme a las disposiciones que regulan éste, se negare, de manera expresa o de hecho, sin razón a admitirlo, a otorgar el documento justificativo de haberse efectuado o a la cancelación de la garantía, si la hubiere, el deudor quedará libre de responsabilidad mediante la consignación de la cosa debida.

La consignación por sí sola producirá el mismo efecto cuando se haga estando el acreedor ausente en el lugar en donde el pago deba realizarse, o cuando esté impedido para recibirlo en el momento en que deba hacerse, y cuando varias personas pretendan tener derecho a cobrar, sea el acreedor desconocido, o se haya extraviado el título que lleve incorporada la obligación.

[1141] Véanse arts. 1405, 1526, 1844, 1911 a 1929 de la presente Ley

[1142] Dada nueva redacción por disposición final 1 apartado 92 de Ley 15/2015 de 2 de julio de 2015, con vigencia desde 23/07/2015

En todo caso, procederá la consignación en todos aquellos supuestos en que el cumplimiento de la obligación se haga más gravoso al deudor por causas no imputables al mismo [1143].

1177. Para que la consignación de la cosa debida libere al obligado, deberá ser previamente anunciada a las personas interesadas en el cumplimiento de la obligación.

La consignación será ineficaz si no se ajusta estrictamente a las disposiciones que regulan el pago [1144].

1178. [1145] La consignación se hará por el deudor o por un tercero, poniendo las cosas debidas a disposición del Juzgado o del Notario, en los términos previstos en la Ley de Jurisdicción Voluntaria o en la legislación notarial [1146].

1179. Los gastos de la consignación, cuando fuere procedente, serán de cuenta del acreedor.

1180. [1147] La aceptación de la consignación por el acreedor o la declaración judicial de que está bien hecha, extinguirá la obligación y el deudor podrá pedir que se mande cancelar la obligación y la garantía, en su caso.

[1143] Véanse arts. 449, 585 y 586 LEC, 15.2 LPH, disposición adicional 5 LAU, 43 RD 939/2005, de 29 de julio, por el que se aprueba el Reglamento General de Recaudación y RD 467/2006, de 21 de abril, por el que se regulan los Depósitos y Consignaciones Judiciales en metálico, de efectos o valores

[1144] Véanse arts. 1157 a 1175 de la presente Ley

[1145] Dada nueva redacción por disposición final 1 apartado 93 de Ley 15/2015 de 2 de julio de 2015, con vigencia desde 23/07/2015

[1146] Téngase en cuenta RD 34/1988, de 21 de enero, por el que se regulan los Pagos, Depósitos y Consignaciones Judiciales, RD 467/2006, de 21 de abril, por el que se regulan los depósitos y consignaciones judiciales en metálico, de efectos o valores y RD 161/1997, de 7 de febrero, por el que se aprueba el Reglamento de la Caja General de Depósitos Véanse arts. 98 y 99 Ley 15/2015, de Jurisdicción Voluntaria

[1147] Dada nueva redacción por disposición final 1 apartado 94 de Ley 15/2015 de 2 de julio de 2015, con vigencia desde 23/07/2015

Mientras tanto, el deudor podrá retirar la cosa o cantidad consignada, dejando subsistente la obligación [1148].

1181. Si, hecha la consignación, el acreedor autorizase al deudor para retirarla, perderá toda preferencia que tuviere sobre la cosa. Los codeudores y fiadores quedarán libres.

SECCIÓN SEGUNDA
De la pérdida de la cosa debida

1182. Quedará extinguida la obligación que consista en entregar una cosa determinada cuando ésta se perdiere o destruyere sin culpa del deudor y antes de haberse éste constituido en mora [1149].

1183. Siempre que la cosa se hubiese perdido en poder del deudor, se presumirá que la pérdida ocurrió por su culpa y no por caso fortuito, salvo prueba en contrario, y sin perjuicio de lo dispuesto en el art. 1096.

1184. También quedará liberado el deudor en las obligaciones de hacer cuando la prestación resultare legal o físicamente imposible.

1185. Cuando la deuda de cosa cierta y determinada procediere de delito o falta, no se eximirá el deudor del pago de su precio, cualquiera que hubiese sido el motivo de la pérdida, a menos que, ofrecida por él la cosa al que la debía recibir, éste se hubiese sin razón negado a aceptarla.

1186. Extinguida la obligación por la pérdida de la cosa, corresponderán al acreedor todas las acciones que el deudor tuviere contra terceros por razón de ésta.

[1148] Véase art. 180 RH
[1149] Véanse arts. 1110, 1104, 1122, 1136, 1147, 1460 y 1568 de la presente Ley

SECCIÓN TERCERA
De la condonación de la deuda

1187. La condonación podrá hacerse expresa o tácitamente.

Una y otra estarán sometidas a los preceptos que rigen las donaciones inoficiosas. La condonación expresa deberá, además, ajustarse a las formas de la donación [1150].

1188. La entrega del documento privado justificativo de un crédito, hecha voluntariamente por el acreedor al deudor, implica la renuncia de la acción que el primero tenía contra el segundo.

Si para invalidar esta renuncia se pretendiere que es inoficiosa, el deudor y sus herederos podrán sostenerla probando que la entrega del documento se hizo en virtud del pago de la deuda.

1189. Siempre que el documento privado de donde resulte la deuda se hallare en poder del deudor, se presumirá que el acreedor lo entregó voluntariamente, a no ser que se pruebe lo contrario.

1190. La condonación de la deuda principal extinguirá las obligaciones accesorias; pero la de éstas dejará subsistente la primera.

1191. Se presumirá remitida la obligación accesoria de prenda, cuando la cosa pignorada, después de entregada al acreedor, se hallare en poder del deudor [1151].

SECCIÓN CUARTA
De la confusión de derechos

1192. Quedará extinguida la obligación desde que se reúnan en una misma persona los conceptos de acreedor y de deudor.

[1150] Véanse arts. 12 RD 1629/1991, de 8 de noviembre, por el que se aprueba el Reglamento del Impuesto sobre Sucesiones y Donaciones y 632, 633, 636, 654 a 656, 870, 872, 1143 y 1146 de la presente Ley

[1151] Véanse arts. 385 LEC y 871.2, 1850 y 1863 de la presente Ley

Se exceptúa el caso en que esta confusión tenga lugar en virtud de título de herencia, si ésta hubiese sido aceptada a beneficio de inventario [1152].

1193. La confusión que recae en la persona del deudor o del acreedor principal, aprovecha a los fiadores. La que se realiza en cualquiera de éstos no extingue la obligación.

1194. La confusión no extingue la deuda mancomunada sino en la porción correspondiente al acreedor o deudor en quien concurran los dos conceptos [1153].

SECCIÓN QUINTA
De la compensación

1195. Tendrá lugar la compensación cuando dos personas por derecho propio, sean recíprocamente acreedoras y deudoras la una de la otra [1154].

1196. Para que proceda la compensación, es preciso:
1º) Que cada uno de los obligados lo esté principalmente, y sea a la vez acreedor principal del otro.
2º) Que ambas deudas consistan en una cantidad de dinero, o, siendo fungibles las cosas debidas, sean de la misma especie y también de la misma calidad, si ésta se hubiese designado.
3º) Que las dos deudas estén vencidas.
4º) Que sean líquidas y exigibles.

[1152] Véanse arts. 190 RRM y 1010, 1023, 1087 y 1210 de la presente Ley
[1153] Véanse arts. 1143 y 1146 de la presente Ley
[1154] Véanse arts. 66 y 67 LCCH, 528 y 556 a 558 LEC y 1143 y 1202 de la presente Ley

5º) Que sobre ninguna de ellas haya retención o contienda promovida por terceras personas y notificada oportunamente al deudor [1155].

1197. No obstante lo dispuesto en el artículo anterior, el fiador podrá oponer la compensación respecto de lo que el acreedor debiere a su deudor principal.

1198. El deudor, que hubiere consentido en la cesión de derechos hecha por un acreedor a favor de un tercero, no podrá oponer al cesionario la compensación que le correspondería contra el cedente.

Si el acreedor le hizo saber la cesión y el deudor no la consintió, puede oponer la compensación de las deudas anteriores a ella, pero no la de las posteriores.

Si la cesión se realiza sin conocimiento del deudor, podrá éste oponer la compensación de los créditos anteriores a ella y de los posteriores hasta que hubiese tenido conocimiento de la cesión [1156].

1199. Las deudas pagaderas en diferentes lugares pueden compensarse mediante indemnización de los gastos de transporte o cambio al lugar del pago.

1200. La compensación no procederá cuando alguna de las deudas proviniere de depósito o de las obligaciones del depositario o comodatario.

Tampoco podrá oponerse al acreedor por alimentos debidos por título gratuito [1157].

[1155] Véanse arts. 14 LGP, 71 LGT, 55 a 58 RD 939/2005, de 29 de julio, por el que se aprueba el Reglamento General de Recaudación, 51 RD 1415/2004, de 11 de junio, por el que se aprueba el Reglamento General de Recaudación de la Seguridad Social, 408 LEC y 306, 307, 309 y 310 de la presente Ley

[1156] Véanse arts. 24 y 31 Ley 16/2011, de 24 de junio, de contratos de crédito al consumo, 149 y 152 LH y 1526 y 1527 de la presente Ley

[1157] Véanse arts. 151, 1196.5, 1743, 1766 y 1747 de la presente Ley

1201. Si una persona tuviere contra sí varias deudas compensables, se observará en el orden de la compensación lo dispuesto respecto a la imputación de pagos.

1202. El efecto de la compensación es extinguir una y otra deuda en la cantidad concurrente, aunque no tengan conocimiento de ella los acreedores y deudores [1158].

SECCIÓN SEXTA
De la novación

1203. Las obligaciones pueden modificarse:
1º) Variando su objeto o sus condiciones principales.
2º) Sustituyendo la persona del deudor.
3º) Subrogando a un tercero en los derechos del acreedor [1159].

1204. Para que una obligación quede extinguida por otra que la sustituya, es preciso que así se declare terminantemente, o que la antigua y la nueva sean de todo punto incompatibles.

1205. La novación, que consiste en sustituirse un nuevo deudor en lugar del primitivo, puede hacerse sin el conocimiento de éste, pero no sin el consentimiento del acreedor [1160].

1206. La insolvencia del nuevo deudor, que hubiese sido aceptado por el acreedor, no hará revivir la acción de éste contra el deudor

---

[1158] Véanse arts. 44 LH, 240 RH, 59 RD 939/2005, de 29 de julio, por el que se aprueba el Reglamento General de Recaudación y 51 RD 1415/2004, de 11 de junio, por el que se aprueba el Reglamento General de Recaudación de la Seguridad Social

[1159] Véanse arts. 8 LECR, 203 Ley 9/2017, de 8 de noviembre, de Contratos del Sector Público y 1224 y 1230 de la presente Ley

[1160] Véanse arts. 12 RD 1629/1991, de 8 de noviembre, por el que se aprueba el Reglamento del Impuesto sobre Sucesiones y Donaciones, 118 LH y 1198 de la presente Ley primitivo, salvo que dicha insolvencia hubiese sido anterior y pública o conocida del deudor al delegar su deuda.

1207. Cuando la obligación principal se extinga por efecto de la novación, sólo podrán subsistir las obligaciones accesorias en cuanto aprovechen a terceros que no hubiesen prestado su consentimiento.

1208. La novación es nula si lo fuere también la obligación primitiva, salvo que la causa de nulidad sólo pueda ser invocada por el deudor, o que la ratificación convalide los actos nulos en su origen.

1209. La subrogación de un tercero en los derechos del acreedor no puede presumirse fuera de los casos expresamente mencionados en este Código.

En los demás será preciso establecerla con claridad para que produzca efecto [1161].

1210. Se presumirá que hay subrogación:

1º) Cuando un acreedor pague a otro acreedor preferente.

2º) Cuando un tercero, no interesado en la obligación, pague con aprobación expresa o tácita del deudor.

3º) Cuando pague el que tenga interés en el cumplimiento de la obligación, salvos los efectos de la confusión en cuanto a la porción que le corresponda [1162].

1211. El deudor podrá hacer la subrogación sin consentimiento del acreedor, cuando para pagar la deuda haya tomado prestado el dinero por escritura pública haciendo constar su propósito en ella,

---

[1161] Véanse arts. 10 Ley 3/2004, de 29 de diciembre, por la que se establecen medidas de lucha contra la Morosidad en las Operaciones Comerciales, 2 Ley 2/1994, de 30 de marzo, sobre Subrogación y Modificación de Préstamos Hipotecarios y 1112, 1158, 1159 y 1526 a 1536 de la presente Ley

[1162] Véanse arts. 10.2 Ley 3/2004, de 29 de diciembre, por la que se establecen medidas de lucha contra la morosidad en las operaciones comerciales y 1158, 1159 y 1192 a 1194 de la presente Ley y expresando en la carta de pago la procedencia de la cantidad pagada [1163].

1212. La subrogación transfiere al subrogado el crédito con los derechos a él anexos, ya contra el deudor, ya contra los terceros, sean fiadores o poseedores de las hipotecas [1164].

1213. El acreedor, a quien se hubiere hecho un pago parcial, puede ejercitar su derecho por el resto con preferencia al que se hubiere subrogado en su lugar a virtud del pago parcial del mismo crédito [1165].

CAPÍTULO V
De la prueba de las obligaciones

Disposiciones Generales   (Derogada) [1166]

1214 y 1215. [1167] (Derogados)

[1163] Véanse arts. 2 Ley 2/1994, de 30 de marzo, sobre Subrogación y Modificación de Prestamos Hipotecarios, 27.1 Ley 4/2012, de 6 de julio, de contratos de aprovechamiento por turno de bienes de uso turístico, de adquisición de productos vacacionales de larga duración, de reventa y de intercambio y 15.3 LH

[1164] Véanse arts. 24 y 31 Ley 16/2011, de 24 de junio, de contratos de crédito al consumo, 2.2 Ley 2/1994, de 30 de marzo, sobre Subrogación y Modificación de Préstamos Hipotecarios y 19 Rgto. 864/2007/CE del Parlamento Europeo y del Consejo, de 11 de julio de 2007, relativo a la ley aplicable a las obligaciones extracontractuales

[1165] Véanse arts. 281 y 299 LEC y 1166, 1169 y 1921 de la presente Ley

[1166] Derogada por disposición derogatoria única apartado 2 número 1 de Ley 1/2000 de 7 de enero de 2000, con vigencia desde 08/01/2001

[1167] Derogado por disposición derogatoria única apartado 2 número 1 de Ley 1/2000 de 7 de enero de 2000, con vigencia desde 08/01/2001

SECCIÓN PRIMERA

De los documentos públicos

1216. Son documentos públicos los autorizados por un Notario o empleado público competente, con las solemnidades requeridas por la ley [1168].

1217. Los documentos en que intervenga Notario público se regirán por la legislación notarial [1169].

1218. Los documentos públicos hacen prueba, aun contra tercero, del hecho que motiva su otorgamiento y de la fecha de éste.

También harán prueba contra los contratantes y sus causahabientes, en cuanto a las declaraciones que en ellos hubiesen hecho los primeros [1170].

1219. Las escrituras hechas para desvirtuar otra escritura anterior entre los mismos interesados, sólo producirán efecto contra terceros cuando el contenido de aquéllas hubiese sido anotado en el registro público competente o al margen de la escritura matriz y del traslado o copia en cuya virtud hubiera procedido el tercero [1171].

1220. Las copias de los documentos públicos de que exista matriz o protocolo, impugnadas por aquéllos a quienes perjudiquen, sólo tendrán fuerza probatoria cuando hayan sido debidamente cotejadas.

[1168] Véanse arts. 317 y 323 a 328 LEC, 390 a 394 CP, 3.6 Ley 59/2003, de 19 de diciembre, de Firma Electrónica y 17 Ley Notariado

[1169] Véanse art. 143 y ss. RN

[1170] Véanse arts. 318, 319 y 334 LEC, 3.7 Ley 59/2003, de 19 de diciembre, de Firma Electrónica y 1214, 1248 y 1526 de la presente Ley

[1171] Véanse arts. 178.1 Rgto. Notariado, 144 LH y 1216, 1230 y 1275 de la presente Ley

Si resultare alguna variante entre la matriz y la copia, se estará al contenido de la primera [1172].

1221. Cuando hayan desaparecido la escritura matriz, el protocolo, o los expedientes originales, harán prueba:

1º) Las primeras copias, sacadas por el funcionario público que las autorizara.

2º) Las copias ulteriores, libradas por mandato judicial, con citación de los interesados.

3º) Las que, sin mandato judicial, se hubiesen sacado en presencia de los interesados y con su conformidad.

A falta de las copias mencionadas, harán prueba cualesquiera otras que tengan la antigüedad de treinta o más años, siempre que hubiesen sido tomadas del original por el funcionario que lo autorizó u otro encargado de su custodia.

Las copias de menor antigüedad, o que estuviesen autorizadas por funcionario público en quien no concurran las circunstancias mencionadas en el párrafo anterior, sólo servirán como un principio de prueba por escrito.

La fuerza probatoria de las copias de copia será apreciada por los Tribunales según las circunstancias [1173].

1222. La inscripción, en cualquier registro público, de un documento que haya desaparecido, será apreciada según las reglas de los dos últimos párrafos del artículo precedente [1174].

1223. La escritura defectuosa, por incompetencia del Notario o por otra falta en la forma, tendrá el concepto de documento privado, si estuviese firmada por los otorgantes.

1224. Las escrituras de reconocimiento de un acto o contrato nada prueban contra el documento en que éstos hubiesen sido consig-

---

[1172] Véanse arts. 320 LEC, 82 y 83 LCCH, 221 a 249 Rgto. Notariado y 9 RD 772/1999, de 7 de mayo, por el que se regula la Presentación de solicitudes, escritos y comunicaciones ante la Administración General del Estado, la Expedición de copias de documentos y devolución de originales y el Régimen de las oficinas de registro

[1173] Véanse arts. 233 Rgto. Notariado y 319 y 322.2 LEC

[1174] Véanse arts. 322 LEC y 38.1, 225 y 240 LH

nados, si por exceso u omisión se apartaren de él, a menos que conste expresamente la novación del primero.

De los documentos privados

1225. El documento privado, reconocido legalmente, tendrá el mismo valor que la escritura pública entre los que lo hubiesen suscrito y sus causahabientes [1175].

1226. [1176] (Derogado)

1227. La fecha de un documento privado no se contará respecto de terceros sino desde el día en que hubiese sido incorporado o inscrito en un registro público, desde la muerte de cualquiera de los que lo firmaron, o desde el día en que se entregase a un funcionario público por razón de su oficio [1177].

1228. Los asientos, registros y papeles privados únicamente hacen prueba contra el que los ha escrito en todo aquello que conste con claridad; pero el que quiera aprovecharse de ellos habrá de aceptarlos en la parte que le perjudiquen [1178].

1229. La nota escrita o firmada por el acreedor a continuación, al margen o al dorso de una escritura que obre en su poder, hace prueba en todo lo que sea favorable al deudor.

[1175] Véanse arts. 395 y 396 CP, 3.7 Ley 59/2003, de 19 de diciembre, de firma electrónica, 268, 324 a 334 LEC, 30 a 33 CCom y 1218 y 1223 de la presente Ley

[1176] Derogado por disposición derogatoria única apartado 2 número 1 de Ley 1/2000 de 7 de enero de 2000, con vigencia desde 08/01/2001

[1177] Véanse arts. 319 LEC, 32 LH, 50.2 y disposición transitoria 6 RDL 1/1993, de 24 de septiembre, por el que se aprueba el texto refundido de la Ley del Impuesto sobre Transmisiones Patrimoniales y Actos Jurídicos Documentados y 1222 de la presente Ley

[1178] Véase art. 327 LEC

Lo mismo se entenderá de la nota escrita o firmada por el acreedor al dorso, al margen o a continuación del duplicado de un documento o recibo que se halle en poder del deudor.

En ambos casos, el deudor que quiera aprovecharse de lo que le favorezca, tendrá que pasar por lo que le perjudique.

1230. Los documentos privados hechos para alterar lo pactado en escritura pública, no producen efecto contra tercero.

SECCIÓN SEGUNDA
De la confesión (Derogada) [1179]

1231 a 1239. [1180] (Derogados)

SECCIÓN TERCERA
De la inspección personal del Juez (Derogada) [1181]

1240 y 1241. [1182] (Derogados)

[1179] Derogada por disposición derogatoria única apartado 2 número 1 de Ley 1/2000 de 7 de enero de 2000, con vigencia desde 08/01/2001

[1180] Derogado por disposición derogatoria única apartado 2 número 1 de Ley 1/2000 de 7 de enero de 2000, con vigencia desde 08/01/2001

[1181] Derogada por disposición derogatoria única apartado 2 número 1 de Ley 1/2000 de 7 de enero de 2000, con vigencia desde 08/01/2001

[1182] Derogado por disposición derogatoria única apartado 2 número 1 de Ley 1/2000 de 7 de enero de 2000, con vigencia desde 08/01/2001

SECCIÓN CUARTA
De la prueba de peritos (Derogada) [1183]

1242 y 1243. [1184] (Derogados)

SECCIÓN QUINTA
De la prueba de testigos (Derogada) [1185]

1244 a 1248. [1186] (Derogados)

SECCIÓN SEXTA
De las presunciones (Derogada) [1187]

1249 a 1253. [1188] (Derogados)

[1183] Derogada por disposición derogatoria única apartado 2 número 1 de Ley 1/2000 de 7 de enero de 2000, con vigencia desde 08/01/2001

[1184] Derogado por disposición derogatoria única apartado 2 número 1 de Ley 1/2000 de 7 de enero de 2000, con vigencia desde 08/01/2001

[1185] Derogada por disposición derogatoria única apartado 2 número 1 de Ley 1/2000 de 7 de enero de 2000, con vigencia desde 08/01/2001

[1186] Derogado por disposición derogatoria única apartado 2 número 1 de Ley 1/2000 de 7 de enero de 2000, con vigencia desde 08/01/2001

[1187] Derogada por disposición derogatoria única apartado 2 número 1 de Ley 1/2000 de 7 de enero de 2000, con vigencia desde 08/01/2001

[1188] Derogado por disposición derogatoria única apartado 2 número 1 de Ley 1/2000 de 7 de enero de 2000, con vigencia desde 08/01/2001

TÍTULO II
De los contratos

CAPÍTULO PRIMERO
Disposiciones generales

1254. El contrato existe desde que una o varias personas consienten en obligarse, respecto de otra u otras, a dar alguna cosa o prestar algún servicio [1189].

1255. Los contratantes pueden establecer los pactos, cláusulas y condiciones que tengan por conveniente, siempre que no sean contrarios a las leyes, a la moral, ni al orden público [1190].

1256. La validez y el cumplimiento de los contratos no pueden dejarse al arbitrio de uno de los contratantes [1191].

1257. Los contratos sólo producen efecto entre las partes que los otorgan y sus herederos; salvo, en cuanto a éstos, el caso en que los derechos y obligaciones que proceden del contrato no sean transmisibles, o por su naturaleza, o por pacto, o por disposición de la ley.

[1189] Véanse arts. 50 a 63 CCom y 1088 a 1091, 1094, 1262 y 1271 a 1273 de la presente Ley

[1190] Véanse arts. 38 y 51 CE, 53 CCom, 769 LEC, 3 LCS, 80.1 y 82 LGDCU, 10 LO 3/2007, de 22 de marzo, para la Igualdad efectiva de Mujeres y Hombres, 6 y disposición adicional 1 LAU, 1.2 LAR, 1, 3, 7 y 8 Ley 7/1998, de 13 de abril, sobre Condiciones generales de la Contratación y 5 Ley 16/2011, de 24 de junio, de contratos de crédito al consumo

[1191] Véanse arts. 68, 85.4, 101, 102 y 110 LGDCU, 190 y 203 Ley 9/2017, de 9 de noviembre, de Contratos del Sector Público y 1115, 1124, 1594 y 1733 de la presente Ley

Si el contrato contuviere alguna estipulación en favor de un tercero, éste podrá exigir su cumplimiento, siempre que hubiese hecho saber su aceptación al obligado antes de que haya sido aquélla revocada [1192].

1258. Los contratos se perfeccionan por el mero consentimiento, y desde entonces obligan, no sólo al cumplimiento de lo expresamente pactado, sino también a todas las consecuencias que, según su naturaleza, sean conformes a la buena fe, al uso y a la ley [1193].

1259. Ninguno puede contratar a nombre de otro sin estar por éste autorizado o sin que tenga por la ley su representación legal.

El contrato celebrado a nombre de otro por quien no tenga su autorización o representación legal será nulo, a no ser que lo ratifique la persona a cuyo nombre se otorgue antes de ser revocado por la otra parte contratante [1194].

1260. No se admitirá juramento en los contratos. Si se hiciere se tendrá por no puesto.

[1192] Véanse arts. 176.2 y 178.3 Rgto. Notariado, 26 y 29 Ley 16/2011, de 24 de junio, de contratos de crédito al consumo y 10, 12 y 20 a 22 Ley 7/1998, de 13 de abril, sobre Condiciones generales de la Contratación

[1193] Véanse arts. 54, 55 y 57 CCom, 5 y 10 Ley 7/1998, de 13 de abril, sobre Condiciones generales de la Contratación, 36 y 189 Ley 9/2017, de 8 de noviembre, de Contratos del Sector Público, 9.2 Ley 3/2004, de 29 de diciembre, por la que se establecen Medidas de lucha contra la Morosidad en las Operaciones Comerciales, 38.2 y 65 LGDCU y 1091, 1254, 1255, 1262, 1278, 1279 y 1450 de la presente Ley

[1194] Véanse arts. 176.2, 178.3 y 198.1 Rgto. Notariado y 1257 y 1888 a 1894 de la presente Ley

CAPÍTULO II
De los requisitos esenciales para la validez de los contratos

Disposición General

1261. No hay contrato sino cuando concurren los requisitos siguientes:

1º) Consentimiento de los contratantes [1195].

2º) Objeto cierto que sea materia del contrato [1196].

3º) Causa de la obligación que se establezca [1197].

SECCIÓN PRIMERA
Del consentimiento

1262. [1198] El consentimiento se manifiesta por el concurso de la oferta y de la aceptación sobre la cosa y la causa que han de constituir el contrato.

Hallándose en lugares distintos el que hizo la oferta y el que la aceptó, hay consentimiento desde que el oferente conoce la aceptación o desde que, habiéndosela remitido el aceptante, no pueda ignorarla sin faltar a la buena fe. El contrato, en tal caso, se presume celebrado en el lugar en que se hizo la oferta.

En los contratos celebrados mediante dispositivos automáticos hay consentimiento desde que se manifiesta la aceptación [1199].

[1195] Véanse arts. 1278 a 1280 y 1300 a 1314 de la presente Ley

[1196] Véanse arts. 1271 a 1273 de la presente Ley

[1197] Véanse arts. 1274 a 1277 de la presente Ley

[1198] Dada nueva redacción por disposición adicional 4 de Ley 34/2002 de 11 de julio de 2002, con vigencia desde 12/10/2002

[1199] Véanse arts. 54 CCom, 176.2 y 178.3 Rgto. Notariado, 61, 62, 89.1 y 92 LGDCU, 5 Ley 7/1998, de 13 de abril, sobre Condiciones generales de la Contratación, 8 Ley 16/2011, de 24 de junio, de contratos de crédito al consumo y 1271, 1272, 1274 y 1278 de la presente Ley

1263. [1200] Los menores de edad no emancipados podrán celebrar aquellos contratos que las leyes les permitan realizar por sí mismos o con asistencia de sus representantes y los relativos a bienes y servicios de la vida corriente propios de su edad de conformidad con los usos sociales.

1264. [1201] Lo previsto en el artículo anterior se entiende sin perjuicio de las prohibiciones legales o de los requisitos especiales de capacidad que las leyes puedan establecer. [1202]

1265. Será nulo el consentimiento prestado por error, violencia, intimidación o dolo.

1266. Para que el error invalide el consentimiento, deberá recaer sobre la sustancia de la cosa que fuere objeto del contrato, o sobre aquellas condiciones de la misma que principalmente hubiesen dado motivo a celebrarlo.

El error sobre la persona sólo invalidará el contrato cuando la consideración a ella hubiere sido la causa principal del mismo.

El simple error de cuenta sólo dará lugar a su corrección [1203].

1267. [1204] Hay violencia cuando para arrancar el consentimiento se emplea una fuerza irresistible.

Hay intimidación cuando se inspira a uno de los contratantes el temor racional y fundado de sufrir un mal inminente y grave en su persona o bienes, o en la persona o bienes de su cónyuge, descendientes o ascendientes.

[1200] Dada nueva redacción por art. 2 apartado 48 de Ley 8/2021 de 2 de junio de 2021, con vigencia desde 03/09/2021

[1201] Dada nueva redacción por art. 2 apartado 30 de Ley 26/2015 de 28 de julio de 2015, con vigencia desde 18/08/2015

[1202] Véanse arts. 28.1.3º y 4º, 30.1, 32, 106 a 109 y 570 TR Ley Concursal, 71 Ley 9/2017, de 8 de noviembre, de Contratos del Sector Público, 760.3 LEC y 200 y 1329 de la presente Ley

[1203] Véanse arts. 7 Ley 7/1998, de 13 de abril, sobre Condiciones generales de la Contratación y 73.4, 1273, 1301 y 1302 de la presente Ley

[1204] Dada nueva redacción por art. 2 de Ley 11/1990 de 15 de octubre de 1990, con vigencia desde 07/11/1990

Para calificar la intimidación debe atenderse a la edad y a la condición de la persona.

El temor de desagradar a las personas a quienes se debe sumisión y respeto no anulará el contrato [1205].

1268. La violencia o intimidación anularán la obligación, aunque se hayan empleado por un tercero que no intervenga en el contrato.

1269. Hay dolo cuando, con palabras o maquinaciones insidiosas de parte de uno de los contratantes, es inducido el otro a celebrar un contrato que, sin ellas, no hubiera hecho [1206].

1270. Para que el dolo produzca la nulidad de los contratos, deberá ser grave y no haber sido empleado por las dos partes contratantes.

El dolo incidental sólo obliga al que lo empleó a indemnizar daños y perjuicios.

SECCIÓN SEGUNDA
Del objeto de los contratos

1271. Pueden ser objeto de contrato todas las cosas que no están fuera del comercio de los hombres, aun las futuras.

Sobre la herencia futura no se podrá, sin embargo, celebrar otros contratos que aquéllos cuyo objeto sea practicar entre vivos la división de un caudal y otras disposiciones particionales, conforme a lo dispuesto en el art. 1056 . [1207]

Pueden ser igualmente objeto de contrato todos los servicios que no sean contrarios a las leyes o a las buenas costumbres [1208].

[1205] Véanse arts. 169 a 172 CP y 1301 y 1302 de la presente Ley

[1206] Véanse arts. 18 LGDCU, 3 a 5, 7 y 32 Ley 34/1988, de 11 de noviembre, General de Publicidad, 7 y 8 Ley 3/1991, de 10 de enero, de Competencia Desleal

[1207] Dada nueva redacción párrafo 2 por disposición final 1 apartado 2 de Ley 7/2003 de 1 de abril de 2003, con vigencia desde 02/06/2003

[1208] Véanse arts. 816, 826, 831, 1057, 1254, 1255, 1261.2 y 1674 de la presente Ley

1272. No podrán ser objeto de contrato las cosas o servicios imposibles.

1273. El objeto de todo contrato debe ser una cosa determinada en cuanto a su especie. La indeterminación en la cantidad no será obstáculo para la existencia del contrato, siempre que sea posible determinarla sin necesidad de nuevo convenio entre los contratantes [1209].

SECCIÓN TERCERA
De la causa de los contratos

1274. En los contratos onerosos se entiende por causa, para cada parte contratante, la prestación o promesa de una cosa o servicio por la otra parte; en los remuneratorios, el servicio o beneficio que se remunera, y en los de pura beneficencia, la mera liberalidad del bienhechor.

1275. Los contratos sin causa, o con causa ilícita, no producen efecto alguno. Es ilícita la causa cuando se opone a las leyes o a la moral [1210].

1276. La expresión de una causa falsa en los contratos dará lugar a la nulidad, si no se probase que estaban fundados en otra verdadera y lícita.

1277. Aunque la causa no se exprese en el contrato, se presume que existe y que es lícita mientras el deudor no pruebe lo contrario.

[1209] Véanse arts. 99.1 Ley 9/2017, de 8 de noviembre, de Contratos del Sector Público y 1167, 1445, 1447 a 1449, 1543 y 1544 de la presente Ley

[1210] Véanse arts. 53 CCom y 792, 1116, 1305, 1666 y 1814 de la presente Ley

CAPÍTULO III
De la eficacia de los contratos

1278. Los contratos serán obligatorios, cualquiera que sea la forma en que se hayan celebrado, siempre que en ellos concurran las condiciones esenciales para su validez [1211].

1279. Si la ley exigiere el otorgamiento de escritura u otra forma especial para hacer efectivas las obligaciones propias de un contrato, los contratantes podrán compelerse recíprocamente a llenar aquella forma desde que hubiese intervenido el consentimiento y demás requisitos necesarios para su validez [1212].

1280. Deberán constar en documento público [1213]:

1°) Los actos y contratos que tengan por objeto la creación, transmisión, modificación o extinción de derechos reales sobre bienes inmuebles [1214].

2°) Los arrendamientos de estos mismos bienes por seis o más años, siempre que deban perjudicar a tercero [1215].

3°) Las capitulaciones matrimoniales y sus modificaciones [1216]. [1217]

[1211] Véanse arts. 5.1, 51 y 52 CCom, 99 y 164 LCCH, 7 a 10 Ley 7/1998, de 13 de abril, sobre Condiciones generales de la Contratación, 1.2 Ley 59/2003, de 19 de diciembre, de firma electrónica, 11 Ley 7/1996, de 15 de enero, de Ordenación del Comercio Minorista, 37 Ley 9/2017, de 8 de noviembre, de Contratos del Sector Público y 11, 1091, 1254, 1255 y 1258 de la presente Ley

[1212] Véanse arts. 142 Rgto. Notariado, 30 y 31 Ley 4/2012, de 6 de julio, de contratos de aprovechamiento por turno de bienes de uso turístico, de adquisición de productos vacacionales de larga duración, de reventa y de intercambio, 63 LGDCU, 22 LCA, 37 LAU, 11 LAR y 11.3 Ley 7/1996, de 15 de enero, de Ordenación del Comercio Minorista

[1213] Véanse arts. 120.1, 317, 633, 694, 707, 1327, 1331, 1628, 1667 y 1875 de la presente Ley

[1214] Véanse arts. 2.1 y 2 LH

[1215] Véanse arts. 2.5 LH, 13 RH y 1549 de la presente Ley

[1216] Véanse arts. 77.1 LRC, 264 y 265 RRC y 1327, 1331 y 1332 de la presente Ley

[1217] Dada nueva redacción apartado 3 por art. 5 de Ley 11/1981 de 13 de mayo de 1981, con vigencia desde 08/06/1981

4º) La cesión, repudiación y renuncia de los derechos hereditarios o de los de la sociedad conyugal [1218].

5º) El poder para contraer matrimonio, el general para pleitos y los especiales que deban presentarse en juicio; el poder para administrar bienes, y cualquier otro que tenga por objeto un acto redactado o que deba redactarse en escritura pública, o haya de perjudicar a tercero.

6º) La cesión de acciones o derechos procedentes de un acto consignado en escritura pública.

También deberán hacerse constar por escrito, aunque sea privado, los demás contratos en que la cuantía de las prestaciones de uno o de los dos contratantes exceda de 1500 pesetas [1219].

CAPÍTULO IV
De la interpretación de los contratos

1281. Si los términos de un contrato son claros y no dejan duda sobre la intención de los contratantes se estará al sentido literal de sus cláusulas.

Si las palabras parecieren contrarias a la intención evidente de los contratantes, prevalecerá ésta sobre aquéllas [1220].

1282. Para juzgar de la intención de los contratantes, deberá atenderse principalmente a los actos de éstos, coetáneos y posteriores al contrato.

1283. Cualquiera que sea la generalidad de los términos de un contrato, no deberán entenderse comprendidos en él cosas distintas y casos diferentes de aquellos sobre que los interesados se propusieron contratar.

[1218] Véase art. 1008 de la presente Ley
[1219] Véase art. 55 de la presente Ley
[1220] Véanse arts. 3, 8, 9 y 57 a 59 CCom, 190 Ley 9/2017, de 8 de noviembre, de Contratos del Sector Público y 147 y 148 Rgto. Notariado

1284. Si alguna cláusula de los contratos admitiere diversos sentidos, deberá entenderse en el más adecuado para que produzca efecto.

1285. Las cláusulas de los contratos deberán interpretarse las unas por las otras, atribuyendo a las dudosas el sentido que resulte del conjunto de todas.

1286. Las palabras que puedan tener distintas acepciones serán entendidas en aquella que sea más conforme a la naturaleza y objeto del contrato.

1287. El uso o la costumbre del país se tendrán en cuenta para interpretar las ambigüedades de los contratos, supliendo en éstos la omisión de cláusulas que de ordinario suelen establecerse [1221].

1288. La interpretación de las cláusulas oscuras de un contrato no deberá favorecer a la parte que hubiese ocasionado la oscuridad [1222].

1289. Cuando absolutamente fuere imposible resolver las dudas por las reglas establecidas en los artículos precedentes, si aquéllas recaen sobre circunstancias accidentales del contrato, y éste fuere gratuito, se resolverán en favor de la menor transmisión de derechos e intereses. Si el contrato fuere oneroso, la duda se resolverá en favor de la mayor reciprocidad de intereses.

Si las dudas de cuya resolución se trata en este artículo recayesen sobre el objeto principal del contrato, de suerte que no pueda venirse en conocimiento de cuál fue la intención o voluntad de los contratantes, el contrato será nulo [1223].

[1221] Véanse arts. 10.2 Ley 7/1998, de 13 de abril, sobre Condiciones generales de la Contratación y 1.3, 1258, 1555.2 y 1574 de la presente Ley

[1222] Véanse arts. 2 y 59 CCom, 3 LCS, 80.2 LGDCU y 6.2 y 7 Ley 7/1998, de 13 de abril, sobre Condiciones generales de la Contratación

[1223] Véanse arts. 59 CCom y 1261, 1271 y 1274 de la presente Ley

CAPÍTULO V
De la rescisión de los contratos

1290. Los contratos válidamente celebrados pueden rescindirse en los casos establecidos por la ley [1224].

1291. Son rescindibles:

1º) Los contratos que hubieran podido celebrar sin autorización judicial los tutores o los curadores con facultades de representación, siempre que las personas a quienes representen hayan sufrido lesión en más de la cuarta parte del valor de las cosas que hubiesen sido objeto de aquellos [1225] . [1226]

2º) Los celebrados en representación de los ausentes, siempre que éstos hayan sufrido la lesión a que se refiere el número anterior [1227] .

3º) Los celebrados en fraude de acreedores, cuando éstos no puedan de otro modo cobrar lo que se les deba [1228] .

4º) Los contratos que se refieran a cosas litigiosas, cuando hubiesen sido celebrados por el demandado sin conocimiento y aprobación de las partes litigantes o de la Autoridad judicial competente [1229] .

5º) Cualesquiera otros en que especialmente lo determine la ley [1230] .

1292. Son también rescindibles los pagos hechos en estado de insolvencia por cuenta de obligaciones a cuyo cumplimiento no podía ser compelido el deudor al tiempo de hacerlos [1231] .

[1224] Véanse arts. 68 y 110 LGDCU, 226 a 230, 238 y 697.1 TR Ley Concursal y 1074, 1291, 1292 y 1391 de la presente Ley

[1225] Véase art. 271 y 272 de la presente Ley

[1226] Dada nueva redacción número 1 por art. 2 apartado 49 de Ley 8/2021 de 2 de junio de 2021, con vigencia desde 03/09/2021

[1227] Véanse arts. 184 a 186, 267 a 272 y 1296 de la presente Ley

[1228] Véanse arts. 37 y 107.9 LH y 643, 1111, 1293 y 1297 de la presente Ley

[1229] Véanse arts. 110 LPAP y 1165, 1535, 1775 y 1785 de la presente Ley

[1230] Véanse arts. 207, 226 a 230, 238 y 697.1 TR Ley Concursal

[1231] Véanse arts. 874 a 897 CCom, 257 a 259 CP, 227 TR Ley Concursal y 7, 1911 a 1920 de la presente Ley

1293. Ningún contrato se rescindirá por lesión, fuera de los casos mencionados en los números 1º y 2º del art. 1291 [1232] .

1294. La acción de rescisión es subsidiaria; no podrá ejercitarse sino cuando el perjudicado carezca de todo otro recurso legal para obtener la reparación del perjuicio [1233] .

1295. La rescisión obliga a la devolución de las cosas que fueron objeto del contrato con sus frutos, y del precio con sus intereses; en consecuencia, sólo podrá llevarse a efecto cuando el que la haya pretendido pueda devolver aquello a que por su parte estuviese obligado.

Tampoco tendrá lugar la rescisión cuando las cosas, objeto del contrato, se hallaren legalmente en poder de terceras personas que no hubiesen procedido de mala fe.

En este caso podrá reclamarse la indemnización de perjuicios al causante de la lesión [1234] .

1296. La rescisión de que trata el número 2º del art. 1291 , no tendrá lugar respecto de los contratos celebrados con autorización judicial [1235] .

1297. Se presumen celebrados en fraude de acreedores todos aquellos contratos por virtud de los cuales el deudor enajenare bienes a título gratuito [1236] .

También se presumen fraudulentas las enajenaciones a título oneroso, hechas por aquellas personas contra las cuales se hubiese pronun-

---

[1232] Véanse arts. 344 CCom y 406, 1074, 1410, 1708 y 1300 de la presente Ley

[1233] Véanse arts. 1077, 1291 y 1300 de la presente Ley

[1234] Véanse arts. 37 LH, 235.1, 2, 4 y 5 y 236.1 y 3 TR Ley Concursal, 57 RDL 1/1993, de 24 de septiembre, por el que se aprueba el texto refundido de la Ley del Impuesto sobre Transmisiones Patrimoniales y Actos Jurídicos Documentados y 1078, 1298, 1303 y 1307 de la presente Ley

[1235] Véanse arts. 185, 270 a 273 y 1291.1 de la presente Ley

[1236] Véanse arts. 37 LH y 1111 de la presente Ley

ciado antes sentencia condenatoria en cualquier instancia o expedido mandamiento de embargo de bienes [1237].

1298. El que hubiese adquirido de mala fe las cosas enajenadas en fraude de acreedores, deberá indemnizar a éstos de los daños y perjuicios que la enajenación les hubiese ocasionado, siempre que por cualquier causa le fuere imposible devolverlas [1238].

1299. [1239]

La acción para pedir la rescisión dura cuatro años.

Para los menores sujetos a tutela, para las personas con discapacidad provistas de medidas de apoyo que establezcan facultades de representación y para los ausentes, los cuatro años no empezarán a computarse hasta que se extinga la tutela o la medida representativa de apoyo, o cese la situación de ausencia legal. [1240]

CAPÍTULO VI
De la nulidad de los contratos

1300. [1241]

Los contratos en que concurran los requisitos que expresa el art. 1261 pueden ser anulados, aunque no haya lesión para los contratantes, siempre que adolezcan de alguno de los vicios que los invalidan con arreglo a la ley.

[1237] Véanse arts. 643.2, 1251, 1277, 1292 y 1378 de la presente Ley

[1238] Véanse arts. 1124 y 1896 de la presente Ley

[1239] Véanse arts. 1301, 1938 y 1969 de la presente Ley

[1240] Dada nueva redacción párrafo 2 por art. 2 apartado 50 de Ley 8/2021 de 2 de junio de 2021, con vigencia desde 03/09/2021

[1241] Véanse arts. 109 TR Ley Concursal, 78 LGDCU, 40 y 43 Ley 9/2017 de 8 noviembre, de Contratos del Sector Público y 6, 628, 630, 633, 1165, 1259, 1261 a 1267, 1289, 1322 de la presente Ley

1301. [1242] La acción de nulidad caducará a los cuatro años. Ese tiempo empezará a correr [1243]:

1º) En los casos de intimidación o violencia, desde el día en que estas hubiesen cesado [1244].

2º) En los de error, o dolo, o falsedad de la causa, desde la consumación del contrato [1245].

3º) Cuando la acción se refiera a los contratos celebrados por los menores, desde que salieren de la patria potestad o la tutela.

4º) Cuando la acción se refiera a los contratos celebrados por personas con discapacidad prescindiendo de las medidas de apoyo previstas cuando fueran precisas, desde la celebración del contrato.

5º) Si la acción se dirigiese a invalidar actos o contratos realizados por uno de los cónyuges sin consentimiento del otro, cuando este consentimiento fuere necesario, desde el día de la disolución de la sociedad conyugal o del matrimonio salvo que antes hubiese tenido conocimiento suficiente de dicho acto o contrato [1246].

1302. [1247] [1248]

1. Pueden ejercitar la acción de nulidad de los contratos los obligados principal o subsidiariamente en virtud de ellos.

2. Los contratos celebrados por menores de edad podrán ser anulados por sus representantes legales o por ellos cuando alcancen la mayoría de edad. Se exceptúan aquellos que puedan celebrar válidamente por sí mismos.

3. Los contratos celebrados por personas con discapacidad provistas de medidas de apoyo para el ejercicio de su capacidad de contratar prescindiendo de dichas medidas cuando fueran precisas, podrán ser

---

[1242] Dada nueva redacción por art. 2 apartado 51 de Ley 8/2021 de 2 de junio de 2021, con vigencia desde 03/09/2021

[1243] Véanse arts. 5, 1299, 1930, 1938y 1969 de la presente Ley

[1244] Véanse arts. 1267, 1268, 1311 y 1969 de la presente Ley

[1245] Véanse arts. 162, 169, 222, 276 y 293 de la presente Ley

[1246] Véanse arts. 93 a 96 RH y 1320, 1322, 1370, 1377, 1378, 1390 y 1391 de la presente Ley

[1247] Dada nueva redacción por art. 2 apartado 52 de Ley 8/2021 de 2 de junio de 2021, con vigencia desde 03/09/2021

[1248] Véanse arts. 16 Ley 7/1998, de 13 de abril, sobre Condiciones generales de la Contratación y 354 a 357, 451 a 458, 1108, 1120 y 1123 de la presente Ley anulados por ellas, con el apoyo que precisen. También podrán ser anulados por sus herederos durante el tiempo que faltara para completar el plazo, si la persona con discapacidad hubiere fallecido antes del transcurso del tiempo en que pudo ejercitar la acción.

Los contratos mencionados en el párrafo anterior también podrán ser anulados por la persona a la que hubiera correspondido prestar el apoyo. En este caso, la anulación solo procederá cuando el otro contratante fuera conocedor de la existencia de medidas de apoyo en el momento de la contratación o se hubiera aprovechado de otro modo de la situación de discapacidad obteniendo de ello una ventaja injusta.

4. Los contratantes no podrán alegar la minoría de edad ni la falta de apoyo de aquel con el que contrataron; ni los que causaron la intimidación o violencia o emplearon el dolo o produjeron el error, podrán fundar su acción en estos vicios del contrato.

1303. [1249]

Declarada la nulidad de una obligación, los contratantes deben restituirse recíprocamente las cosas que hubiesen sido materia del contrato, con sus frutos, y el precio con los intereses, salvo lo que se dispone en los artículos siguientes.

1304. [1250] [1251]

Cuando la nulidad proceda de la minoría de edad, el contratante menor no estará obligado a restituir sino en cuanto se enriqueció con la prestación recibida. Esta regla será aplicable cuando la nulidad proceda de haber prescindido de las medidas de apoyo establecidas cuando fueran precisas, siempre que el contratante con derecho a la restitución fuera conocedor de la existencia de medidas de apoyo en el momento de la contratación o se hubiera aprovechado de otro modo de la situación de discapacidad obteniendo de ello una ventaja injusta.

[1249] Véanse arts. 34 LH, 23 Ley 16/2011, de 24 de junio, de contratos de crédito al consumo, 74 y 105 LGDCU y 354 a 357, 451 a 458, 1108, 1120 y 1123 de la presente Ley

[1250] Dada nueva redacción por art. 2 apartado 53 de Ley 8/2021 de 2 de junio de 2021, con vigencia desde 03/09/2021

[1251] Véanse arts. 7, 304, 1163, 1716 y 1893 de la presente Ley

1305. [1252]

Cuando la nulidad provenga de ser ilícita la causa u objeto del contrato, si el hecho constituye un delito o falta común a ambos contratantes, carecerán de toda acción entre sí, y se procederá contra ellos, dándose, además, a las cosas o precio que hubiesen sido materia del contrato, la aplicación prevenida en el Código Penal respecto a los efectos o instrumentos del delito o falta.

Esta disposición es aplicable al caso en que sólo hubiere delito o falta de parte de uno de los contratantes; pero el no culpado podrá reclamar lo que hubiese dado, y no estará obligado a cumplir lo que hubiera prometido.

1306. [1253]

Si el hecho en que consiste la causa torpe no constituyere delito ni falta, se observarán las reglas siguientes:

1ª) Cuando la culpa esté de parte de ambos contratantes, ninguno de ellos podrá repetir lo que hubiera dado a virtud del contrato, ni reclamar el cumplimiento de lo que el otro hubiese ofrecido.

2ª) Cuando esté de parte de un solo contratante, no podrá éste repetir lo que hubiese dado a virtud del contrato, ni pedir el cumplimiento de lo que se le hubiera ofrecido. El otro, que fuera extraño a la causa torpe, podrá reclamar lo que hubiera dado, sin obligación de cumplir lo que hubiera ofrecido.

1307. [1254]

Siempre que el obligado por la declaración de nulidad a la devolución de la cosa no pueda devolverla por haberse perdido, deberá restituir los frutos percibidos y el valor que tenía la cosa cuando se perdió, con los intereses desde la misma fecha.

[1252] Véanse arts. 110 a 126 y 128 CP y 1185, 1271 y 1272 de la presente Ley

[1253] Véanse arts. 12.2 Ley 7/1998, de 13 de abril, sobre Condiciones generales de la Contratación y 1271 y 1275 de la presente Ley

[1254] Véanse arts. 482, 652, 1122, 1135, 1182, 1183, 1303, 1314, 1896 y 1897 de la presente Ley

1308. [1255]

Mientras uno de los contratantes no realice la devolución de aquello a que en virtud de la declaración de nulidad esté obligado, no puede el otro ser compelido a cumplir por su parte lo que le incumba.

1309. [1256]

La acción de nulidad queda extinguida desde el momento en que el contrato haya sido confirmado válidamente.

1310. [1257]

Sólo son confirmables los contratos que reúnan los requisitos expresados en el art. 1261 .

1311. La confirmación puede hacerse expresa o tácitamente. Se entenderá que hay confirmación tácita cuando, con conocimiento de la causa de nulidad y habiendo ésta cesado, el que tuviese derecho a invocarla ejecutase un acto que implique necesariamente la voluntad de renunciarlo.

1312. [1258]

La confirmación no necesita el concurso de aquel de los contratantes a quien no correspondiese ejercitar la acción de nulidad.

1313. La confirmación purifica al contrato de los vicios de que adoleciera desde el momento de su celebración.

1314. *[1259]* [1260]

[1255] Véanse arts. 23 Ley 16/2011, de 24 de junio, de contratos de crédito al consumo, 104 y 105 LGDCU y 1100.3, 1124 y 1303 de la presente Ley

[1256] Véanse arts. 1259, 1301, 1302, 1310 y 1313 de la presente Ley

[1257] Véanse arts. 1259 y 1300 de la presente Ley

[1258] Véanse arts. 439, 1259, 1715, 1727 y 1892 de la presente Ley

[1259] Dada nueva redacción por art. 2 apartado 54 de Ley 8/2021 de 2 de junio de 2021, con vigencia desde 03/09/2021

[1260] Véanse arts. 1094, 1182, 1183, 1302, 1307, y 1440 de la presente Ley

También se extinguirá la acción de nulidad de los contratos cuando la cosa, objeto de estos, se hubiese perdido por dolo o culpa del que pudiera ejercitar aquella.

Si la causa de la acción fuera la minoría de edad de alguno de los contratantes, la pérdida de la cosa no será obstáculo para que la acción prevalezca, a menos que hubiese ocurrido por dolo o culpa del reclamante después de haber alcanzado la mayoría de edad.

Si la causa de la acción fuera haber prescindido el contratante con discapacidad de las medidas de apoyo establecidas cuando fueran precisas, la pérdida de la cosa no será obstáculo para que la acción prevalezca, siempre que el otro contratante fuera conocedor de la existencia de medidas de apoyo en el momento de la contratación o se hubiera aprovechado de otro modo de la situación de discapacidad obteniendo de ello una ventaja injusta.

TÍTULO III
Del régimen económico matrimonial [1261]

CAPÍTULO PRIMERO
Disposiciones generales [1262]

1315. [1263] El régimen económico del matrimonio será el que los cónyuges estipulen en capitulaciones matrimoniales, sin otras limitaciones que las establecidas en este Código [1264].

[1261] Dada nueva redacción por art. 3 de Ley 11/1981 de 13 de mayo de 1981, con vigencia desde 08/06/1981

[1262] Dada nueva redacción por art. 3 de Ley 11/1981 de 13 de mayo de 1981, con vigencia desde 08/06/1981

[1263] Dada nueva redacción por art. 3 de Ley 11/1981 de 13 de mayo de 1981, con vigencia desde 08/06/1981

[1264] Véanse arts. 12 y 22 CCom, 87.6 y 92 RRM y 9.3, 1255, 1325 a 1335 y 1435.2 de la presente Ley

1316. [1265] A falta de capitulaciones o cuando éstas sean ineficaces, el régimen será el de la sociedad de gananciales [1266].

1317. [1267] La modificación del régimen económico matrimonial realizada durante el matrimonio no perjudicará en ningún caso los derechos ya adquiridos por terceros [1268].

1318. [1269] Los bienes de los cónyuges están sujetos al levantamiento de las cargas del matrimonio.

Cuando uno de los cónyuges incumpliere su deber de contribuir al levantamiento de estas cargas, el Juez, a instancia del otro, dictará las medidas cautelares que estime conveniente a fin de asegurar su cumplimiento y los anticipos necesarios o proveer a las necesidades futuras [1270].

Cuando un cónyuge carezca de bienes propios suficientes, los gastos necesarios causados en litigios que sostenga contra el otro cónyuge sin mediar mala fe o temeridad, o contra tercero si redundan en provecho de la familia, serán a cargo del caudal común y, faltando éste, se sufragarán a costa de los bienes propios del otro cónyuge cuando la posición económica de éste impida al primero, por imperativo de la Ley de Enjuiciamiento Civil, la obtención del beneficio de justicia gratuita [1271].

[1265] Dada nueva redacción por art. 3 de Ley 11/1981 de 13 de mayo de 1981, con vigencia desde 08/06/1981

[1266] Véanse arts. 159.4 Rgto. Notariado y 1344 a 1410 de la presente Ley

[1267] Dada nueva redacción por art. 3 de Ley 11/1981 de 13 de mayo de 1981, con vigencia desde 08/06/1981

[1268] Véanse arts. 266 RRC, 159.6 Rgto. Notariado, 12 y 22 CCom, 87.6 y 93.3 RRM y 1325, 1331 y 1332 de la presente Ley

[1269] Dada nueva redacción por art. 3 de Ley 11/1981 de 13 de mayo de 1981, con vigencia desde 08/06/1981

[1270] Véanse arts. 90 c, 93, 103, 1362 y 1438 de la presente Ley

[1271] Véanse arts. 3.3 y 36.4 Ley 1/1996, de 10 de enero, de Asistencia Jurídica Gratuita y 103.3 de la presente Ley

1319. [1272] Cualquiera de los cónyuges podrá realizar los actos encaminados a atender las necesidades ordinarias de la familia, encomendadas a su cuidado, conforme al uso del lugar y a las circunstancias de la misma.

De las deudas contraídas en el ejercicio de esta potestad responderán solidariamente los bienes comunes y los del cónyuge que contraiga la deuda y, subsidiariamente, los del otro cónyuge.

El que hubiere aportado caudales propios para satisfacción de tales necesidades tendrá derecho a ser reintegrado de conformidad con su régimen matrimonial [1273].

1320. [1274] Para disponer de los derechos sobre la vivienda habitual y los muebles de uso ordinario de la familia, aunque tales derechos pertenezcan a uno solo de los cónyuges, se requerirá el consentimiento de ambos o, en su caso, autorización judicial.

La manifestación errónea o falsa del disponente sobre el carácter de la vivienda no perjudicará al adquirente de buena fe [1275].

1321. [1276] Fallecido uno de los cónyuges, las ropas, el mobiliario y enseres que constituyan el ajuar de la vivienda habitual común de los esposos se entregarán al que sobreviva, sin computárselo en su haber.

No se entenderán comprendidos en el ajuar las alhajas, objetos artísticos, históricos y otros de extraordinario valor [1277].

[1272] Dada nueva redacción por art. 3 de Ley 11/1981 de 13 de mayo de 1981, con vigencia desde 08/06/1981

[1273] Véanse arts. 6 a 12 CCom y 1365, 1369 y 1440 de la presente Ley

[1274] Dada nueva redacción por art. 3 de Ley 11/1981 de 13 de mayo de 1981, con vigencia desde 08/06/1981

[1275] Véanse arts. 7 y 12 a 15 LAU, 91 y 144.5 RH, 169 y 172 Rgto. Notariado y 96.4, 1322, 1357, 1376, 1406.4 y 1407 de la presente Ley

[1276] Dada nueva redacción por art. 3 de Ley 11/1981 de 13 de mayo de 1981, con vigencia desde 08/06/1981

[1277] Véanse arts. 23 a y 34 RD 1629/1991, de 8 de noviembre, por el que se aprueba el Reglamento del Impuesto sobre Sucesiones y Donaciones, 4.4 Ley 19/1991, de 6 de junio, del Impuesto sobre el Patrimonio y 1346.7, 1392, 1404 y 1415 de la presente Ley

1322. [1278] Cuando la Ley requiera para un acto de administración o disposición que uno de los cónyuges actúe con el consentimiento del otro, los realizados sin él y que no hayan sido expresa o tácitamente confirmados podrán ser anulados a instancia del cónyuge cuyo consentimiento se haya omitido o de sus herederos.

No obstante, serán nulos los actos a título gratuito sobre bienes comunes si falta, en tales casos, el consentimiento del otro cónyuge [1279].

1323. [1280] Los cónyuges podrán transmitirse por cualquier título bienes y derechos y celebrar entre sí toda clase de contratos [1281].

1324. [1282] Para probar entre cónyuges que determinados bienes son propios de uno de ellos, será bastante la confesión del otro, pero tal confesión por sí sola no perjudicará a los herederos forzosos del confesante, ni a los acreedores, sean de la comunidad o de cada uno de los cónyuges [1283].

[1278] Dada nueva redacción por art. 3 de Ley 11/1981 de 13 de mayo de 1981, con vigencia desde 08/06/1981

[1279] Véanse arts. 169 Rgto. Notariado y 71, 1300 a 1314, 1320, 1377 y 1378 de la presente Ley

[1280] Dada nueva redacción por art. único de Ley 13/2005 de 1 de julio de 2005, con vigencia desde 03/07/2005

[1281] Véanse arts. 1336, 1338, 1458 y 1677 de la presente Ley

[1282] Dada nueva redacción por art. 3 de Ley 11/1981 de 13 de mayo de 1981, con vigencia desde 08/06/1981

[1283] Véanse arts. 94 y 95 RH y 807, 1355 y 1361 de la presente Ley

CAPÍTULO II
De las capitulaciones matrimoniales [1284]

1325. [1285] En capitulaciones matrimoniales podrán los otorgantes estipular, modificar o sustituir el régimen económico de su matrimonio o cualesquiera otras disposiciones por razón del mismo [1286].

1326. [1287] Las capitulaciones matrimoniales podrán otorgarse antes o después de celebrado el matrimonio [1288].

1327. [1289] Para su validez, las capitulaciones habrán de constar en escritura pública [1290].

1328. [1291] Será nula cualquier estipulación contraria a las leyes o a las buenas costumbres o limitativa de la igualdad de derechos que corresponda a cada cónyuge [1292].

1329. [1293] El menor no emancipado que con arreglo a la ley pueda casarse podrá otorgar capitulaciones, pero necesitará el concurso y

---

[1284] Añadido por art. 3 de Ley 11/1981 de 13 de mayo de 1981 reorganizando la distribución de preceptos, con vigencia desde 08/06/1981

[1285] Dada nueva redacción por art. 3 de Ley 11/1981 de 13 de mayo de 1981, con vigencia desde 08/06/1981

[1286] Véanse arts. 186.1 y 266 RRC, 12 y 22 CCom, 87.6, 92 y 93 RRM y 831, 1315, 1317, 1341, 1392.4 y 1435.2 de la presente Ley

[1287] Dada nueva redacción por art. 3 de Ley 11/1981 de 13 de mayo de 1981, con vigencia desde 08/06/1981

[1288] Véanse arts. 1325, 1329, 1345 y 1444 de la presente Ley

[1289] Dada nueva redacción por art. 3 de Ley 11/1981 de 13 de mayo de 1981, con vigencia desde 08/06/1981

[1290] Véanse arts. 77 LRC, 266.7 RRC y 1280.3 y 1332 de la presente Ley

[1291] Dada nueva redacción por art. 3 de Ley 11/1981 de 13 de mayo de 1981, con vigencia desde 08/06/1981

[1292] Véanse arts. 14 y 32 CE y 66 de la presente Ley

[1293] Dada nueva redacción por disposición final 18 de Ley Orgánica 1/1996 de 15 de enero de 1996, con vigencia desde 16/02/1996 consentimiento de sus padres o tutor, salvo que se limite a pactar el régimen de separación o el de participación [1294].

1330. [1295] (Derogado)

1331. [1296] Para que sea válida la modificación de las capitulaciones matrimoniales deberá realizarse con la asistencia y concurso de las personas que en éstas intervinieron como otorgantes si vivieren y la modificación afectare a derechos concedidos por tales personas [1297].

1332. [1298] La existencia de pactos modificativos de anteriores capitulaciones se indicará mediante nota en la escritura que contenga la anterior estipulación y el Notario lo hará constar en las copias que expida.

1333. [1299] En toda inscripción de matrimonio en el Registro Civil se hará mención, en su caso, de las capitulaciones matrimoniales que se hubieren otorgado, así como de los pactos, resoluciones judiciales y demás hechos que modifiquen el régimen económico del matrimonio. Si aquéllas o éstos afectaren a inmuebles, se tomará razón en el Registro de la Propiedad, en la forma y a los efectos previstos en la Ley Hipotecaria [1300].

[1294] Véanse arts. 46.1, 48.2, 314 y 1411 a 1444 de la presente Ley

[1295] Derogado por art. 2 apartado 55 de Ley 8/2021 de 2 junio de 2021, con vigencia desde 03/09/2021

[1296] Dada nueva redacción por art. 3 de Ley 11/1981 de 13 de mayo de 1981, con vigencia desde 08/06/1981

[1297] Véanse arts. 1280.3, 1317 y 1325 de la presente Ley

[1298] Dada nueva redacción por art. 3 de Ley 11/1981 de 13 de mayo de 1981, con vigencia desde 08/06/1981

[1299] Dada nueva redacción por art. 3 de Ley 11/1981 de 13 de mayo de 1981, con vigencia desde 08/06/1981

[1300] Véanse arts. 77 LRC, 264 y 265 RRC, 22 CCom, 26 LH, 75 RH y 87.6, 92 y 93 RRM

1334. [1301] Todo lo que se estipule en capitulaciones bajo el supuesto de futuro matrimonio quedará sin efecto en el caso de no contraerse en el plazo de un año [1302] .

1335. [1303] La invalidez de las capitulaciones matrimoniales se regirá por las reglas generales de los contratos. Las consecuencias de la anulación no perjudicarán a terceros de buena fe [1304] .

CAPÍTULO III
De las donaciones por razón de matrimonio [1305]

1336. [1306] Son donaciones por razón de matrimonio las que cualquier persona hace, antes de celebrarse, en consideración al mismo y en favor de uno o de los dos esposos [1307] .

1337. [1308] Estas donaciones se rigen por las reglas ordinarias en cuanto no se modifiquen por los artículos siguientes [1309] .

[1301] Dada nueva redacción por art. 3 de Ley 11/1981 de 13 de mayo de 1981, con vigencia desde 08/06/1981

[1302] Véanse arts. 77.2 RH y 42, 43 y 1342 de la presente Ley

[1303] Dada nueva redacción por art. 3 de Ley 11/1981 de 13 de mayo de 1981, con vigencia desde 08/06/1981

[1304] Véanse arts. 1295, 1298 y 1300 a 1314 de la presente Ley

[1305] Dada nueva redacción por art. 3 de Ley 11/1981 de 13 de mayo de 1981, con vigencia desde 08/06/1981

[1306] Dada nueva redacción por art. 3 de Ley 11/1981 de 13 de mayo de 1981, con vigencia desde 08/06/1981

[1307] Véanse arts. 618 y 624 de la presente Ley

[1308] Dada nueva redacción por art. 3 de Ley 11/1981 de 13 de mayo de 1981, con vigencia desde 08/06/1981

[1309] Véanse arts. 618 a 656 de la presente Ley

1338. [1310] El menor no emancipado que con arreglo a la ley pueda casarse, también puede en capitulaciones matrimoniales o fuera de ellas hacer donaciones por razón de su matrimonio, con la autorización de sus padres o del tutor. Para aceptarlas, se estará a lo dispuesto en el Título II del Libro III de este Código [1311].

1339. [1312] Los bienes donados conjuntamente a los esposos pertenecerán a ambos en pro indiviso ordinario y por partes iguales, salvo que el donante haya dispuesto otra cosa [1313].

1340. [1314] El que diere o prometiere por razón de matrimonio sólo estará obligado a saneamiento por evicción o vicios ocultos si hubiere actuado con mala fe [1315].

1341. [1316] Por razón de matrimonio los futuros esposos podrán donarse bienes presentes.

Igualmente podrán donarse antes del matrimonio en capitulaciones bienes futuros, sólo para el caso de muerte, y en la medida marcada por las disposiciones referentes a la sucesión testada [1317].

[1310] Dada nueva redacción por disposición final 18 de Ley Orgánica 1/1996 de 15 de enero de 1996, con vigencia desde 16/02/1996

[1311] Véanse arts.46.1, 48, 323 y 625 a 633 de la presente Ley

[1312] Dada nueva redacción por art. 3 de Ley 11/1981 de 13 de mayo de 1981, con vigencia desde 08/06/1981

[1313] Véanse arts. 637, 1040 y 1353 de la presente Ley

[1314] Dada nueva redacción por art. 3 de Ley 11/1981 de 13 de mayo de 1981, con vigencia desde 08/06/1981

[1315] Véanse arts.1475 a 1483 de la presente Ley

[1316] Dada nueva redacción por art. 3 de Ley 11/1981 de 13 de mayo de 1981, con vigencia desde 08/06/1981

[1317] Véanse arts. 620, 635 y 1271.1 de la presente Ley

1342. [1318] Quedarán sin efecto las donaciones por razón de matrimonio si no llegara a contraerse en el plazo de un año [1319].

1343. [1320] Estas donaciones serán revocables por las causas comunes, excepto la supervivencia o superveniencia de hijos.

En las otorgadas por terceros, se reputará incumplimiento de cargas, además de cualesquiera otras específicas a que pudiera haberse subordinado la donación, la anulación del matrimonio por cualquier causa, la separación y el divorcio si al cónyuge donatario le fueren imputables, según la sentencia, los hechos que los causaron.

En las otorgadas por los contrayentes, se reputará incumplimiento de cargas, además de las específicas, la anulación del matrimonio si el donatario hubiere obrado de mala fe. Se estimará ingratitud, además de los supuestos legales, el que el donatario incurra en causa de desheredación del art. 855 o le sea imputable, según la sentencia, la causa de separación o divorcio [1321].

[1318] Dada nueva redacción por art. 3 de Ley 11/1981 de 13 de mayo de 1981, con vigencia desde 08/06/1981

[1319] Véanse arts. 1334 y 1336 de la presente Ley

[1320] Dada nueva redacción por art. 3 de Ley 11/1981 de 13 de mayo de 1981, con vigencia desde 08/06/1981

[1321] Véanse arts. 644 y 647 a 653 de la presente Ley

CAPÍTULO IV
De la sociedad de gananciales [1322]

SECCIÓN PRIMERA
Disposiciones generales [1323]

1344. [1324] Mediante la sociedad de gananciales se hacen comunes para los cónyuges las ganancias o beneficios obtenidos indistintamente por cualquiera de ellos, que les serán atribuidos por mitad al disolverse aquella [1325].

1345. [1326] La sociedad de gananciales empezará en el momento de la celebración del matrimonio o, posteriormente, al tiempo de pactarse en capitulaciones [1327].

[1322] Dada nueva redacción por art. 3 de Ley 11/1981 de 13 de mayo de 1981, con vigencia desde 08/06/1981

[1323] Añadida por art. 3 de Ley 11/1981 de 13 de mayo de 1981, con vigencia desde 08/06/1981

[1324] Dada nueva redacción por art. único de Ley 13/2005 de 1 de julio de 2005, con vigencia desde 03/07/2005

[1325] Véanse arts. 90.1 RH, 7.3 Ley 19/1991, de 6 de junio, del Impuesto sobre el Patrimonio y 28 a 88, 1316, 1404 y 1435.2 de la presente Ley

[1326] Dada nueva redacción por art. 3 de Ley 11/1981 de 13 de mayo de 1981, con vigencia desde 08/06/1981

[1327] Véanse arts. 1316, 1325, 1326 y 1362 de la presente Ley

SECCIÓN SEGUNDA
De los bienes privativos y comunes [1328]

1346. [1329] Son privativos de cada uno de los cónyuges [1330] :

1º) Los bienes, animales y derechos que le pertenecieran al comenzar la sociedad. [1331]

2º) Los que adquiera después por título gratuito.

3º) Los adquiridos a costa o en sustitución de bienes privativos.

4º) Los adquiridos por derecho de retracto perteneciente a uno solo de los cónyuges.

5º) Los bienes y derechos patrimoniales inherentes a la persona y los no transmisibles «inter vivos».

6º) El resarcimiento por daños inferidos a la persona de uno de los cónyuges o a sus bienes privativos.

7º) Las ropas y objetos de uso personal que no sean de extraordinario valor.

8º) Los instrumentos necesarios para el ejercicio de la profesión u oficio, salvo cuando éstos sean parte integrante o pertenencias de un establecimiento o explotación de carácter común.

Los bienes mencionados en los apartados 4º y 8º no perderán su carácter de privativos por el hecho de que su adquisición se haya realizado con fondos comunes; pero, en este caso, la sociedad será acreedora del cónyuge propietario por el valor satisfecho [1332] .

1347. [1333] Son bienes gananciales [1334] :

[1328] Añadida por art. 3 de Ley 11/1981 de 13 de mayo de 1981, con vigencia desde 08/06/1981

[1329] Dada nueva redacción por art. 3 de Ley 11/1981 de 13 de mayo de 1981, con vigencia desde 08/06/1981

[1330] Véanse arts. 95 RH y 1324, 1348, 1349, 1352, 1356, 1357, 1359, 1361, 1362.3, 1364 y 1373 de la presente Ley

[1331] Dada nueva redacción apartado 1 por art. 1 apartado 26 de Ley 17/2021 de 15 de diciembre de 2021, con vigencia desde 05/01/2022

[1332] Véanse arts. 96.1 RH, 159 Rgto. Notariado y 1321, 1353, 1357 y 1406 de la presente Ley

[1333] Dada nueva redacción por art. 3 de Ley 11/1981 de 13 de mayo de 1981, con vigencia desde 08/06/1981

[1334] Véanse arts. 1324 y 1361 de la presente Ley

1º) Los obtenidos por el trabajo o la industria de cualquiera de los cónyuges.

2º) Los frutos, rentas o intereses que produzcan tanto los bienes privativos como los gananciales.

3º) Los adquiridos a título oneroso a costa del caudal común, bien se haga la adquisición para la comunidad, bien para uno solo de los esposos [1335].

4º) Los adquiridos por derecho de retracto de carácter ganancial, aun cuando lo fueran con fondos privativos, en cuyo caso la sociedad será deudora del cónyuge por el valor satisfecho.

5º) Las Empresas y establecimientos fundados durante la vigencia de la sociedad por uno cualquiera de los cónyuges a expensas de los bienes comunes. Si a la formación de la Empresa o establecimiento concurren capital privativo y capital común, se aplicará lo dispuesto en el art. 1354 [1336].

1348. [1337] Siempre que pertenezca privativamente a uno de los cónyuges una cantidad o crédito pagadero en cierto número de años, no serán gananciales las sumas que se cobren en los plazos vencidos durante el matrimonio, sino que se estimarán capital de uno u otro cónyuge, según a quien pertenezca el crédito [1338].

1349. [1339] El derecho de usufructo o de pensión, perteneciente a uno de los cónyuges, formará parte de sus bienes propios; pero los frutos, pensiones o intereses devengados durante el matrimonio serán gananciales [1340].

[1335] Véanse arts. 93.1 RH y 1355 de la presente Ley

[1336] Véanse arts. 90.1, 94 y 96.1 RH, 159 Rgto. Notariado y 9.3, 96 y disposición transitoria 7 RDL 1/2004, de 5 de marzo, por el que se aprueba el texto refundido de la Ley del Catastro Inmobiliario

[1337] Dada nueva redacción por art. único de Ley 13/2005 de 1 de julio de 2005, con vigencia desde 03/07/2005

[1338] Véase art. 1385 de la presente Ley

[1339] Dada nueva redacción por art. 3 de Ley 11/1981 de 13 de mayo de 1981, con vigencia desde 08/06/1981

[1340] Véanse arts. 467, 1347, 1371, 1372 y 1381 de la presente Ley

1350. [1341] Se reputarán gananciales las cabezas de ganado que al disolverse la sociedad excedan del número aportado por cada uno de los cónyuges con carácter privativo [1342].

1351. [1343] Las ganancias obtenidas por cualquiera de los cónyuges en el juego o las procedentes de otras causas que eximan de la restitución pertenecerán a la sociedad de gananciales [1344].

1352. [1345] Las nuevas acciones u otros títulos o participaciones sociales suscritos como consecuencia de la titularidad de otros privativos serán también privativos. Asimismo lo serán las cantidades obtenidas por la enajenación del derecho a suscribir. Si para el pago de la suscripción se utilizaren fondos comunes o se emitieran las acciones con cargo a los beneficios, se reembolsará el valor satisfecho [1346].

1353. [1347] Los bienes donados o dejados en testamento a los cónyuges conjuntamente y sin especial designación de partes, constante la sociedad, se entenderán gananciales, siempre que la liberalidad fuere aceptada por ambos y el donante o testador no hubiere dispuesto lo contrario [1348].

[1341] Dada nueva redacción por art. 3 de Ley 11/1981 de 13 de mayo de 1981, con vigencia desde 08/06/1981

[1342] Véanse arts. 357, 499 y 1347.2 de la presente Ley

[1343] Dada nueva redacción por art. único de Ley 13/2005 de 1 de julio de 2005, con vigencia desde 03/07/2005

[1344] Véanse arts. 1371 y 1372 de la presente Ley

[1345] Dada nueva redacción por art. 3 de Ley 11/1981 de 13 de mayo de 1981, con vigencia desde 08/06/1981

[1346] Véanse arts. 295 y 304 RDLeg. 1/2010, de 2 de julio, por el que se aprueba el texto refundido de la Ley de Sociedades de Capital y 1384 de la presente Ley

[1347] Dada nueva redacción por art. 3 de Ley 11/1981 de 13 de mayo de 1981, con vigencia desde 08/06/1981

[1348] Véanse arts. 931 RH y 637, 1339, 1379 y 1380 de la presente Ley

1354. [1349] Los bienes adquiridos mediante precio o contraprestación, en parte ganancial y en parte privativo, corresponderán pro indiviso a la sociedad de gananciales y al cónyuge o cónyuges en proporción al valor de las aportaciones respectivas [1350].

1355. [1351] Podrán los cónyuges, de común acuerdo, atribuir la condición de gananciales a los bienes que adquieran a título oneroso durante el matrimonio, cualquiera que sea la procedencia del precio o contraprestación y la forma y plazos en que se satisfaga.

Si la adquisición se hiciere en forma conjunta y sin atribución de cuotas, se presumirá su voluntad favorable al carácter ganancial de tales bienes [1352].

1356. [1353] Los bienes adquiridos por uno de los cónyuges, constante la sociedad por precio aplazado, tendrán naturaleza ganancial si el primer desembolso tuviera tal carácter, aunque los plazos restantes se satisfagan con dinero privativo. Si el primer desembolso tuviere carácter privativo, el bien será de esta naturaleza [1354].

1357. [1355] Los bienes comprados a plazos por uno de los cónyuges antes de comenzar la sociedad tendrán siempre carácter privativo, aun cuando la totalidad o parte del precio aplazado se satisfaga con dinero ganancial.

[1349] Dada nueva redacción por art. 3 de Ley 11/1981 de 13 de mayo de 1981, con vigencia desde 08/06/1981

[1350] Véanse arts. 91 y 95.5 RH y 1323, 1339 y 1458 de la presente Ley

[1351] Dada nueva redacción por art. 3 de Ley 11/1981 de 13 de mayo de 1981, con vigencia desde 08/06/1981

[1352] Véanse arts. 93.1 RH y 1324, 1354, 1356 a 1358, 1361 y 1370 de la presente Ley

[1353] Dada nueva redacción por art. 3 de Ley 11/1981 de 13 de mayo de 1981, con vigencia desde 08/06/1981

[1354] Véanse arts. 91.3 y 94 RH y 1354, 1356, 1358 y 1370 de la presente Ley

[1355] Dada nueva redacción por art. 3 de Ley 11/1981 de 13 de mayo de 1981, con vigencia desde 08/06/1981

Se exceptúan la vivienda y ajuar familiares, respecto de los cuales se aplicará el art. 1354 [1356].

1358. [1357] Cuando conforme a este Código los bienes sean privativos o gananciales, con independencia de la procedencia del caudal con que la adquisición se realice, habrá de reembolsarse el valor satisfecho a costa, respectivamente, del caudal común o del propio, mediante el reintegro de su importe actualizado al tiempo de la liquidación [1358].

1359. [1359] Las edificaciones, plantaciones y cualesquiera otras mejoras que se realicen en los bienes gananciales y en los privativos tendrán el carácter correspondiente a los bienes a que afecten, sin perjuicio del reembolso del valor satisfecho.

No obstante, si la mejora hecha en bienes privativos fuese debida a la inversión de fondos comunes o a la actividad de cualquiera de los cónyuges, la sociedad será acreedora del aumento del valor que los bienes tengan como consecuencia de la mejora, al tiempo de la disolución de la sociedad o de la enajenación del bien mejorado [1360].

1360. [1361] Las mismas reglas del artículo anterior se aplicarán a los incrementos patrimoniales incorporados a una explotación, establecimiento mercantil u otro género de empresa [1362].

[1356] Véanse arts. 91 y 91.3 RH y 1320 de la presente Ley

[1357] Dada nueva redacción por art. 3 de Ley 11/1981 de 13 de mayo de 1981, con vigencia desde 08/06/1981

[1358] Véanse arts. 1354 a 1357, 1359, 1360, 1397 y 1403 de la presente Ley

[1359] Dada nueva redacción por art. 3 de Ley 11/1981 de 13 de mayo de 1981, con vigencia desde 08/06/1981

[1360] Véanse arts. 94.2 RH y 358, 1358, 1397 y 1398 de la presente Ley

[1361] Dada nueva redacción por art. 3 de Ley 11/1981 de 13 de mayo de 1981, con vigencia desde 08/06/1981

[1362] Véanse arts. 1359, 1397.3 y 1398.3 de la presente Ley

1361. [1363] Se presumen gananciales los bienes existentes en el matrimonio mientras no se pruebe que pertenecen privativamente a uno de los dos cónyuges [1364].

SECCIÓN TERCERA
De las cargas y obligaciones de la sociedad de gananciales [1365]

1362. [1366] Serán de cargo de la sociedad de gananciales los gastos que se originen por alguna de las siguientes causas [1367]:

1ª) El sostenimiento de la familia, la alimentación y educación de los hijos comunes y las atenciones de previsión acomodadas a los usos y a las circunstancias de la familia.

La alimentación y educación de los hijos de uno solo de los cónyuges correrá a cargo de la sociedad de gananciales cuando convivan en el hogar familiar. En caso contrario, los gastos derivados de estos conceptos serán sufragados por la sociedad de gananciales, pero darán lugar a reintegro en el momento de la liquidación [1368].

2ª) La adquisición, tenencia y disfrute de los bienes comunes.

3ª) La administración ordinaria de los bienes privativos de cualquiera de los cónyuges.

4ª) La explotación regular de los negocios o el desempeño de la profesión, arte u oficio de cada cónyuge [1369].

[1363] Dada nueva redacción por art. único de Ley 13/2005 de 1 de julio de 2005, con vigencia desde 03/07/2005

[1364] Véanse arts. 385 y 386 LEC, 93, 94 y 96 RH y 1324 y 1355 de la presente Ley

[1365] Añadida por art. 3 de Ley 11/1981 de 13 de mayo de 1981, con vigencia desde 08/06/1981

[1366] Dada nueva redacción por art. 3 de Ley 11/1981 de 13 de mayo de 1981, con vigencia desde 08/06/1981

[1367] Véanse arts. 39.2 CE y 6 a 12 CCom

[1368] Véanse arts. 110, 149, 1318, 1319, 1365 y 1368 de la presente Ley

[1369] Véanse arts. 6 a 12 CCom, 90 y 93 a 96 RH y 1365.2 y 1382 de la presente Ley

1363. [1370] Serán también de cargo de la sociedad las cantidades donadas o prometidas por ambos cónyuges de común acuerdo, cuando no hubiesen pactado que hayan de satisfacerse con los bienes privativos de uno de ellos en todo o en parte [1371] .

1364. [1372] El cónyuge que hubiere aportado bienes privativos para los gastos o pagos que sean de cargo de la sociedad tendrá derecho a ser reintegrado del valor a costa del patrimonio común [1373] .

1365. [1374] Los bienes gananciales responderán directamente frente al acreedor de las deudas contraídas por un cónyuge:

1º) En el ejercicio de la potestad doméstica o de la gestión o disposición de gananciales, que por ley o por capítulos le corresponda.

2º) En el ejercicio de la profesión, arte u oficio o en la administración ordinaria de los propios bienes [1375] . [1376]

1366. [1377] Las obligaciones extracontractuales de un cónyuge, consecuencia de su actuación en beneficio de la sociedad conyugal o en el ámbito de la administración de los bienes, serán de la responsabi-

---

[1370] Dada nueva redacción por art. 3 de Ley 11/1981 de 13 de mayo de 1981, con vigencia desde 08/06/1981

[1371] Véanse arts. 38 RD 1629/1991, de 8 de noviembre, por el que se aprueba el Reglamento del Impuesto sobre Sucesiones y Donaciones y 1046 y 1373 de la presente Ley

[1372] Dada nueva redacción por art. 3 de Ley 11/1981 de 13 de mayo de 1981, con vigencia desde 08/06/1981

[1373] Véanse arts. 1319.3, 1358, 1398.3 y 1403 de la presente Ley

[1374] Dada nueva redacción por art. 3 de Ley 11/1981 de 13 de mayo de 1981, con vigencia desde 08/06/1981

[1375] Véanse arts. 6 a 12 CCom, 87.6, 88.3 y 92 RRM, 144 RH, 541 LEC y 1319 y 1362 de la presente Ley

[1376] Dada nueva redacción número 2 por disposición final 1 apartado 3 de Ley 16/2022 de 5 de septiembre de 2022, con vigencia desde 26/09/2022

[1377] Dada nueva redacción por art. 3 de Ley 11/1981 de 13 de mayo de 1981, con vigencia desde 08/06/1981

lidad y cargo de aquélla, salvo si fuesen debidas a dolo o culpa grave del cónyuge deudor [1378] .

1367. [1379] Los bienes gananciales responderán en todo caso de las obligaciones contraídas por los dos cónyuges conjuntamente o por uno de ellos con el consentimiento expreso del otro [1380] .

1368. [1381] También responderán los bienes gananciales de las obligaciones contraídas por uno solo de los cónyuges en caso de separación de hecho para atender a los gastos de sostenimiento, previsión y educación de los hijos que estén a cargo de la sociedad de gananciales [1382] .

1369. [1383] De las deudas de un cónyuge que sean, además, deudas de la sociedad responderán también solidariamente los bienes de ésta [1384] .

1370. [1385] Por el precio aplazado del bien ganancial adquirido por un cónyuge sin el consentimiento del otro responderá siempre

---

[1378] Véanse arts. 144 RH, 193.2, 125.1 y 2 y 251.1 TR Ley Concursal y 1092, 1093, 1367 y 1902 de la presente Ley

[1379] Dada nueva redacción por art. 3 de Ley 11/1981 de 13 de mayo de 1981, con vigencia desde 08/06/1981

[1380] Véanse arts. 144 RH, 193.2, 125.1 y 2 y 251.1 TRLey Concursal y 71, 995 y 1375 a 1378 de la presente Ley

[1381] Dada nueva redacción por art. 3 de Ley 11/1981 de 13 de mayo de 1981, con vigencia desde 08/06/1981

[1382] Véanse arts. 144 RH, 193.2, 125.1 y 2, 242, 243, 245, 248, 251.1 y 704.1 y 3 TRLey Concursal y 1397.3 y 1398.3 de la presente Ley

[1383] Dada nueva redacción por art. 3 de Ley 11/1981 de 13 de mayo de 1981, con vigencia desde 08/06/1981

[1384] Véanse arts. 144 RH y 1137 a 1148 y 1367 de la presente Ley

[1385] Dada nueva redacción por art. 3 de Ley 11/1981 de 13 de mayo de 1981, con vigencia desde 08/06/1981

el bien adquirido, sin perjuicio de la responsabilidad de otros bienes según las reglas de este Código [1386].

1371. [1387] Lo perdido y pagado durante el matrimonio por alguno de los cónyuges en cualquier clase de juego no disminuirá su parte respectiva de los gananciales siempre que el importe de aquella pérdida pudiere considerarse moderada con arreglo al uso y circunstancias de la familia [1388].

1372. [1389] De lo perdido y no pagado por alguno de los cónyuges en los juegos en que la ley concede acción para reclamar lo que se gane responden exclusivamente los bienes privativos del deudor [1390].

1373. [1391] Cada cónyuge responde con su patrimonio personal de las deudas propias y, si sus bienes privativos no fueran suficientes para hacerlas efectivas, el acreedor podrá pedir el embargo de bienes gananciales, que será inmediatamente notificado al otro cónyuge y éste podrá exigir que en la traba se sustituyan los bienes comunes por la parte que ostenta el cónyuge deudor en la sociedad conyugal, en cuyo caso el embargo llevará consigo la disolución de aquélla.

Si se realizase la ejecución sobre bienes comunes, se reputará que el cónyuge deudor tiene recibido a cuenta de su participación el valor de aquéllos al tiempo en que los abone con otros caudales propios o al tiempo de liquidación de la sociedad conyugal [1392].

[1386] Téngase en cuenta Ley 28/1998, de 13 de julio de Venta a Plazos de Bienes Muebles y arts. 1356, 1357, 1362, 1365, 1368 y 1911 de la presente Ley

[1387] Dada nueva redacción por art. 3 de Ley 11/1981 de 13 de mayo de 1981, con vigencia desde 08/06/1981

[1388] Véanse arts. 1351, 1372 y 1798 de la presente Ley

[1389] Dada nueva redacción por art. 3 de Ley 11/1981 de 13 de mayo de 1981, con vigencia desde 08/06/1981

[1390] Véanse arts. 1351, 1371 y 1798 a 1801 de la presente Ley

[1391] Dada nueva redacción por art. 3 de Ley 11/1981 de 13 de mayo de 1981, con vigencia desde 08/06/1981

[1392] Véanse arts. 541.3 y 806 LEC, 144 RH, 125.1 y 2, 193 y 251.1 TR Ley Concursal y 1393, 1396 a 1410 y 1911 de la presente Ley

1374. [1393] Tras la disolución a que se refiere el artículo anterior se aplicará el régimen de separación de bienes, salvo que, en el plazo de tres meses, el cónyuge del deudor opte en documento público por el comienzo de una nueva sociedad de gananciales [1394].

SECCIÓN CUARTA
De la administración de la sociedad de gananciales [1395]

1375. [1396] En defecto de pacto en capitulaciones, la gestión y disposiciones de los bienes gananciales corresponde conjuntamente a los cónyuges, sin perjuicio de lo que se determina en los artículos siguientes [1397].

1376. [1398] Cuando en la realización de actos de administración fuere necesario el consentimiento de ambos cónyuges y uno se hallare impedido para prestarlo, o se negare injustificadamente a ello, podrá el Juez suplirlo si encontrare fundada la petición [1399].

[1393] Dada nueva redacción por art. 3 de Ley 11/1981 de 13 de mayo de 1981, con vigencia desde 08/06/1981

[1394] Véanse arts. 1435 a 1444 de la presente Ley

[1395] Añadida por art. 3 de Ley 11/1981 de 13 de mayo de 1981, con vigencia desde 08/06/1981

[1396] Dada nueva redacción por art. 3 de Ley 11/1981 de 13 de mayo de 1981, con vigencia desde 08/06/1981

[1397] Véanse arts. 93.2, 94.3 y 96.1 RH, 4.3 Ley 19/1995, de 4 de julio, de Modernización de las Explotaciones Agrarias y 66, 1367, 1376 y 1386 a 1388 de la presente Ley

[1398] Dada nueva redacción por art. 3 de Ley 11/1981 de 13 de mayo de 1981, con vigencia desde 08/06/1981

[1399] Véanse arts. 6 CCom, 93.2 y 96.2 RH, 169 Rgto. Notariado y 71, 102, 106, 1322, 1375, 1388 y 1389 de la presente Ley

1377. [1400] Para realizar actos de disposición a título oneroso sobre bienes gananciales se requerirá el consentimiento de ambos cónyuges.

Si uno lo negare o estuviere impedido para prestarlo, podrá el Juez autorizar uno o varios actos dispositivos cuando lo considere de interés para la familia. Excepcionalmente acordará las limitaciones o cautelas que estime convenientes [1401].

1378. [1402] Serán nulos los actos a título gratuito si no concurre el consentimiento de ambos cónyuges. Sin embargo, podrá cada uno de ellos realizar con los bienes gananciales liberalidades de uso [1403].

1379. [1404] Cada uno de los cónyuges podrá disponer por testamento de la mitad de los bienes gananciales [1405].

1380. [1406] La disposición testamentaria de un bien ganancial producirá todos sus efectos si fuere adjudicado a la herencia del testador. En caso contrario se entenderá legado el valor que tuviera al tiempo del fallecimiento [1407].

[1400] Dada nueva redacción por disposición final 1 apartado 95 de Ley 15/2015 de 2 de julio de 2015, con vigencia desde 23/07/2015

[1401] Véanse arts. 169 Rgto. Notariado, 6 CCom., 93, 94.3, 96.2 y 178.5 RH y 324, 1322, 1375, 1376, 1388 y 1389 de la presente Ley

[1402] Dada nueva redacción por art. 3 de Ley 11/1981 de 13 de mayo de 1981, con vigencia desde 08/06/1981

[1403] Véanse arts. 93 y 94.4 RH, 12 LAU y 1322.2 de la presente Ley

[1404] Dada nueva redacción por art. 3 de Ley 11/1981 de 13 de mayo de 1981, con vigencia desde 08/06/1981

[1405] Véanse arts. 667, 669, 1046 y 1344 de la presente Ley

[1406] Dada nueva redacción por art. 3 de Ley 11/1981 de 13 de mayo de 1981, con vigencia desde 08/06/1981

[1407] Véanse arts. 399 y 858 a 891 de la presente Ley

1381. [1408] Los frutos y ganancias de los patrimonios privativos y las ganancias de cualquiera de los cónyuges forman parte del haber de la sociedad y están sujetos a las cargas y responsabilidades de la sociedad de gananciales. Sin embargo, cada cónyuge, como administrador de su patrimonio privativo, podrá a este solo efecto disponer de los frutos y productos de sus bienes [1409] .

1382. [1410] Cada cónyuge podrá, sin el consentimiento del otro, pero siempre con su conocimiento, tomar como anticipo el numerario ganancial que le sea necesario, de acuerdo con los usos y circunstancias de la familia, para el ejercicio de su profesión o la administración ordinaria de sus bienes [1411] .

1383. [1412] Deben los cónyuges informarse recíproca y periódicamente sobre la situación y rendimientos de cualquier actividad económica suya [1413] .

1384. [1414] Serán válidos los actos de administración de bienes y los de disposición de dinero o títulos valores realizados por el cónyuge a cuyo nombre figuren o en cuyo poder se encuentren [1415] .

[1408] Dada nueva redacción por art. 3 de Ley 11/1981 de 13 de mayo de 1981, con vigencia desde 08/06/1981

[1409] Véanse arts. 355, 1347, 1349, 1369 y 1375 de la presente Ley

[1410] Dada nueva redacción por art. 3 de Ley 11/1981 de 13 de mayo de 1981, con vigencia desde 08/06/1981

[1411] Véanse arts. 1362, 1363.4, 1365.2 y 1383 de la presente Ley

[1412] Dada nueva redacción por art. 3 de Ley 11/1981 de 13 de mayo de 1981, con vigencia desde 08/06/1981

[1413] Véanse arts. 67, 1362.4 y 1393.4 de la presente Ley

[1414] Dada nueva redacción por art. 3 de Ley 11/1981 de 13 de mayo de 1981, con vigencia desde 08/06/1981

[1415] Véanse arts. 178.5 RH, 448, 1053 y 1376 de la presente Ley

1385. [1416] Los derechos de crédito, cualquiera que sea su naturaleza, serán ejercitados por aquél de los cónyuges a cuyo nombre aparezcan constituidos.

Cualquiera de los cónyuges podrá ejercitar la defensa de los bienes y derechos comunes por vía de acción o de excepción [1417].

1386. [1418] Para realizar gastos urgentes de carácter necesario, aun cuando sean extraordinarios, bastará el consentimiento de uno solo de los cónyuges.

1387. [1419] La administración y disposición de los bienes de la sociedad de gananciales se transferirá por ministerio de la ley al cónyuge nombrado curador de su consorte con discapacidad, cuando le hayan sido atribuidas facultades de representación plena [1420].

1388. [1421] Los Tribunales podrán conferir la administración a uno solo de los cónyuges cuando el otro se encontrare en imposibilidad de prestar consentimiento o hubiere abandonado la familia o existiere separación de hecho [1422].

1389. [1423] El cónyuge en quien recaiga la administración en virtud de lo dispuesto en los dos artículos anteriores tendrá para ello

---

[1416] Dada nueva redacción por art. 3 de Ley 11/1981 de 13 de mayo de 1981, con vigencia desde 08/06/1981

[1417] Véanse arts. 178 RH y 1162, 1164 y 1348 de la presente Ley

[1418] Dada nueva redacción por art. 3 de Ley 11/1981 de 13 de mayo de 1981, con vigencia desde 08/06/1981

[1419] Dada nueva redacción por art. 2 apartado 56 de Ley 8/2021 de 2 de junio de 2021, con vigencia desde 03/09/2021

[1420] Véanse arts. 71, 184, 234, 267, 1376, 1377, 1388 y 1389 de la presente Ley

[1421] Dada nueva redacción por art. 3 de Ley 11/1981 de 13 de mayo de 1981, con vigencia desde 08/06/1981

[1422] Véanse arts. 96.2 RH, 223 a 226 CP y 181, 1263, 1264, 1376, 1377, 1389 y 1390 de la presente Ley

[1423] Dada nueva redacción por disposición final 1 apartado 96 de Ley 15/2015 de 2 de julio de 2015, con vigencia desde 23/07/2015

plenas facultades, salvo que el Juez, cuando lo considere de interés para la familia, establezca cautelas o limitaciones.

En todo caso, para realizar actos de disposición sobre inmuebles, establecimientos mercantiles, objetos preciosos o valores mobiliarios, salvo el derecho de suscripción preferente, necesitará autorización judicial [1424].

1390. [1425] Si como consecuencia de un acto de administración o de disposición llevado a cabo por uno solo de los cónyuges hubiere éste obtenido un beneficio o lucro exclusivo para él u ocasionado dolosamente un daño a la sociedad, será deudor a la misma por su importe, aunque el otro cónyuge no impugne cuando proceda la eficacia del acto [1426].

1391. [1427] Cuando el cónyuge hubiere realizado un acto en fraude de los derechos de su consorte será, en todo caso, de aplicación lo dispuesto en el artículo anterior y, además, si el adquirente hubiere procedido de mala fe, el acto será rescindible [1428].

[1424] Véanse arts. 93.2, 94.3 y 96.2 RH y 200, 1387 y 1388 de la presente Ley

[1425] Dada nueva redacción por art. 3 de Ley 11/1981 de 13 de mayo de 1981, con vigencia desde 08/06/1981

[1426] Véanse arts. 12 LAU y 1391 y 1397.2 de la presente Ley

[1427] Dada nueva redacción por art. 3 de Ley 11/1981 de 13 de mayo de 1981, con vigencia desde 08/06/1981

[1428] Véanse arts. 12 LAU, 1290 a 1299, 1390, 1393.2 y 1397.2 de la presente Ley

SECCIÓN QUINTA
De la disolución y liquidación de la sociedad de gananciales [1429]

1392. [1430] La sociedad de gananciales concluirá de pleno derecho [1431]:

1º) Cuando se disuelva el matrimonio [1432].

2º) Cuando sea declarado nulo [1433].

3º) Cuando se acuerde la separación legal de los cónyuges [1434].

4º) Cuando los cónyuges convengan un régimen económico distinto en la forma prevenida en este Código.

1393. [1435] También concluirá por decisión judicial la sociedad de gananciales, a petición de uno de los cónyuges, en alguno de los casos siguientes:

1º) Si respecto del otro cónyuge se hubieren dispuesto judicialmente medidas de apoyo que impliquen facultades de representación plena en la esfera patrimonial, si hubiere sido declarado ausente o en concurso, o condenado por abandono de familia. Para que la autoridad judicial acuerde la disolución bastará que el cónyuge que la pidiere presente la correspondiente resolución judicial. [1436]

2º) Venir el otro cónyuge realizando por sí solo actos dispositivos o de gestión patrimonial que entrañen fraude, daño o peligro para los derechos del otro en la sociedad [1437].

[1429] Añadida por art. 3 de Ley 11/1981 de 13 de mayo de 1981, con vigencia desde 08/06/1981

[1430] Dada nueva redacción por disposición final 1 apartado 97 de Ley 15/2015 de 2 de julio de 2015, con vigencia desde 23/07/2015

[1431] Véanse arts. 144.4 RH y 73, 81, 85 y 103.4 de la presente Ley

[1432] Véanse arts. 85 a 89 de la presente Ley

[1433] Véanse arts. 73 a 80 de la presente Ley

[1434] Véanse arts. 81 a 84 de la presente Ley

[1435] Dada nueva redacción por art. 3 de Ley 11/1981 de 13 de mayo de 1981, con vigencia desde 08/06/1981

[1436] Dada nueva redacción apartado 1 por art. 2 apartado 57 de Ley 8/2021 de 2 de junio de 2021, con vigencia desde 03/09/2021

[1437] Véanse arts. 226 a 333 CP y 1390 y 1391 de la presente Ley

3º) Llevar separado de hecho más de un año por acuerdo mutuo o por abandono del hogar.

4º) Incumplir grave y reiteradamente el deber de informar sobre la marcha y rendimientos de sus actividades económicas.

En cuanto a la disolución de la sociedad por el embargo de la parte de uno de los cónyuges por deudas propias, se estará a lo especialmente dispuesto en este Código [1438].

1394. [1439] Los efectos de la disolución prevista en el artículo anterior se producirán desde la fecha en que se acuerde. De seguirse pleito sobre la concurrencia de la causa de disolución, iniciada la tramitación del mismo, se practicará el inventario, y el Juez adoptará las medidas necesarias para la administración del caudal, requiriéndose licencia judicial para todos los actos que excedan de la administración ordinaria [1440].

1395. [1441] Cuando la sociedad de gananciales se disuelva por nulidad del matrimonio y uno de los cónyuges hubiera sido declarado de mala fe, podrá el otro optar por la liquidación del régimen matrimonial según las normas de esta Sección o por las disposiciones relativas al régimen de participación, y el contrayente de mala fe no tendrá derecho a participar en las ganancias obtenidas por su consorte [1442].

[1438] Véanse arts. 189, 294 a 298, 1373 y 1383 de la presente Ley

[1439] Dada nueva redacción por art. 3 de Ley 11/1981 de 13 de mayo de 1981, con vigencia desde 08/06/1981

[1440] Véanse arts. 1386 y 1396 a 1398 de la presente Ley

[1441] Dada nueva redacción por art. 3 de Ley 11/1981 de 13 de mayo de 1981, con vigencia desde 08/06/1981

[1442] Véanse arts. 79, 95 y 1411 a 1434 de la presente Ley

1396. [1443] Disuelta la sociedad se procederá a su liquidación, que comenzará por un inventario del activo y pasivo de la sociedad [1444].

1397. [1445] Habrán de comprenderse en el activo:

1º) Los bienes gananciales existentes en el momento de la disolución.

2º) El importe actualizado del valor que tenían los bienes al ser enajenados por negocio ilegal o fraudulento si no hubieran sido recuperados.

3º) El importe actualizado de las cantidades pagadas por la sociedad que fueran de cargo sólo de un cónyuge y en general las que constituyen créditos de la sociedad contra éste [1446].

1398. [1447] El pasivo de la sociedad estará integrado por las siguientes partidas:

1ª) Las deudas pendientes a cargo de la sociedad [1448].

2ª) El importe actualizado del valor de los bienes privativos cuando su restitución deba hacerse en metálico por haber sido gastados en interés de la sociedad.

Igual regla se aplicará a los deterioros producidos en dichos bienes por su uso en beneficio de la sociedad.

3ª) El importe actualizado de las cantidades que, habiendo sido pagadas por uno solo de los cónyuges, fueran de cargo de la sociedad

---

[1443] Dada nueva redacción por art. 3 de Ley 11/1981 de 13 de mayo de 1981, con vigencia desde 08/06/1981

[1444] Véanse arts. 806 a 810 LEC y 90 e, 91, 95, 831.1, 1013 a 1034 y 1410 de la presente Ley

[1445] Dada nueva redacción por art. 3 de Ley 11/1981 de 13 de mayo de 1981, con vigencia desde 08/06/1981

[1446] Véanse arts. 808 y 809 LEC y 1372, 1373, 1390 y 1391 de la presente Ley

[1447] Dada nueva redacción por art. 3 de Ley 11/1981 de 13 de mayo de 1981, con vigencia desde 08/06/1981

[1448] Véase art. 1358 de la presente Ley

y, en general, las que constituyan créditos de los cónyuges contra la sociedad [1449].

1399. [1450] Terminado el inventario se pagarán en primer lugar las deudas de la sociedad, comenzando por las alimenticias que, en cualquier caso, tendrán preferencia.

Respecto de las demás, si el caudal inventariado no alcanzase para ello, se observará lo dispuesto para la concurrencia y prelación de créditos [1451].

1400. [1452] Cuando no hubiera metálico suficiente para el pago de las deudas podrán ofrecerse con tal fin adjudicaciones de bienes gananciales, pero si cualquier partícipe o acreedor lo pide se procederá a enajenarlos y pagar con su importe.

1401. [1453] Mientras no se hayan pagado por entero las deudas de la sociedad, los acreedores conservarán sus créditos contra el cónyuge deudor. El cónyuge no deudor responderá con los bienes que le hayan sido adjudicados, si se hubiere formulado debidamente inventario judicial o extrajudicial.

Si como consecuencia de ello resultare haber pagado uno de los cónyuges mayor cantidad de la que le fuere imputable, podrá repetir contra el otro.

[1449] Véanse arts. 809 LEC y 1319.3, 1359, 1360, 1362, 1363 y 1365 a 1368 de la presente Ley

[1450] Dada nueva redacción por art. 3 de Ley 11/1981 de 13 de mayo de 1981, con vigencia desde 08/06/1981

[1451] Véanse arts. 192 y 241 TR Ley Concursal, 810 LEC y 142, 1318, 1362, 1401 y 1911 a 1929 de la presente Ley

[1452] Dada nueva redacción por art. 3 de Ley 11/1981 de 13 de mayo de 1981, con vigencia desde 08/06/1981

[1453] Dada nueva redacción por art. 3 de Ley 11/1981 de 13 de mayo de 1981, con vigencia desde 08/06/1981

1402. [1454] Los acreedores de la sociedad de gananciales tendrán en su liquidación los mismos derechos que le reconocen las leyes en la partición y liquidación de las herencias [1455] .

1403. [1456] Pagadas las deudas y cargas de la sociedad se abonarán las indemnizaciones y reintegros debidos a cada cónyuge hasta donde alcance el caudal inventariado, haciendo las compensaciones que correspondan cuando el cónyuge sea deudor de la sociedad [1457] .

1404. [1458] Hechas las deducciones en el caudal inventariado que prefijan los artículos anteriores, el remanente constituirá el haber de la sociedad de gananciales, que se dividirá por mitad entre los cónyuges o sus respectivos herederos [1459] .

1405. [1460] Si uno de los cónyuges resultare en el momento de la liquidación acreedor personal del otro, podrá exigir que se le satisfaga su crédito adjudicándole bienes comunes, salvo que el deudor pague voluntariamente [1461] .

1406. [1462] Cada cónyuge tendrá derecho a que se incluyan con preferencia en su haber, hasta donde éste alcance:

1º) Los bienes de uso personal no incluidos en el número 7 del art. 1346 .

[1454] Dada nueva redacción por art. 3 de Ley 11/1981 de 13 de mayo de 1981, con vigencia desde 08/06/1981

[1455] Véanse arts. 1082 a 1087 de la presente Ley

[1456] Dada nueva redacción por art. 3 de Ley 11/1981 de 13 de mayo de 1981, con vigencia desde 08/06/1981

[1457] Véanse arts. 1195 a 1202, 1397.3 y 1398.2 y 3 de la presente Ley

[1458] Dada nueva redacción por art. único de Ley 13/2005 de 1 de julio de 2005, con vigencia desde 03/07/2005

[1459] Véanse arts. 1321 y 1344 de la presente Ley

[1460] Dada nueva redacción por art. 3 de Ley 11/1981 de 13 de mayo de 1981, con vigencia desde 08/06/1981

[1461] Véanse arts. 1175, 1403 y 1426 de la presente Ley

[1462] Dada nueva redacción por art. 3 de Ley 11/1981 de 13 de mayo de 1981, con vigencia desde 08/06/1981

2º) La explotación económica que gestione efectivamente. [1463]

3º) El local donde hubiese venido ejerciendo su profesión.

4º) En caso de muerte del otro cónyuge, la vivienda donde tuviese la residencia habitual [1464] .

1407. [1465] En los casos de los números 3 y 4 del artículo anterior podrá el cónyuge pedir, a su elección, que se le atribuyan los bienes en propiedad o que se constituya sobre ellos a su favor un derecho de uso o habitación. Si el valor de los bienes o el derecho superara al del haber del cónyuge adjudicatario, deberá éste abonar la diferencia en dinero [1466] .

1408. [1467] De la masa común de bienes se darán alimentos a los cónyuges o, en su caso, al sobreviviente y a los hijos mientras se haga la liquidación del caudal inventariado y hasta que se les entregue su haber; pero se les rebajarán de éste en la parte que excedan de los que les hubiese correspondido en razón de frutos y rentas [1468] .

1409. [1469] Siempre que haya de ejecutarse simultáneamente la liquidación de gananciales de dos o más matrimonios contraídos por una misma persona para determinar el capital de cada sociedad se admitirá toda clase de pruebas en defecto de inventarios. En caso de duda se atribuirán los gananciales a las diferentes sociedades propor-

---

[1463] Dada nueva redacción número 2 por disposición final 1 de Ley 7/2003 de 1 de abril de 2003, con vigencia desde 02/06/2003

[1464] Véanse arts. 125.3 TR Ley Concursal, 20.5 RD 1629/1991, de 8 de noviembre, por el que se aprueba el Reglamento del Impuesto sobre Sucesiones y Donaciones y 822, 1320, 1346.7 y 8, 1347.5 y 1407 de la presente Ley

[1465] Dada nueva redacción por art. 3 de Ley 11/1981 de 13 de mayo de 1981, con vigencia desde 08/06/1981

[1466] Véanse arts. 523 a 529, 822 y 839 de la presente Ley

[1467] Dada nueva redacción por art. 3 de Ley 11/1981 de 13 de mayo de 1981, con vigencia desde 08/06/1981

[1468] Véanse arts. 142, 810, 1362.1 y 1399 de la presente Ley

[1469] Dada nueva redacción por art. 3 de Ley 11/1981 de 13 de mayo de 1981, con vigencia desde 08/06/1981

cionalmente, atendiendo al tiempo de su duración y a los bienes e ingresos de los respectivos cónyuges.

1410. [1470] En todo lo no previsto en este capítulo sobre formación de inventario, reglas sobre tasación y ventas de bienes, división del caudal, adjudicaciones a los partícipes y demás que no se halle expresamente determinado, se observará lo establecido para la partición y liquidación de la herencia [1471].

CAPÍTULO V
Del régimen de participación [1472]

1411. [1473] En el régimen de participación cada uno de los cónyuges adquiere derecho a participar en las ganancias obtenidas por su consorte durante el tiempo en que dicho régimen haya estado vigente [1474].

1412. [1475] A cada cónyuge le corresponde la administración, el disfrute y la libre disposición tanto de los bienes que le pertenecían en el momento de contraer matrimonio como de los que pueda adquirir después por cualquier título [1476].

[1470] Dada nueva redacción por art. 3 de Ley 11/1981 de 13 de mayo de 1981, con vigencia desde 08/06/1981

[1471] Véanse arts. 806 a 810 LEC y 1010 a 1034 y 1051 a 1087 de la presente Ley

[1472] Dada nueva redacción por art. 3 de Ley 11/1981 de 13 de mayo de 1981, con vigencia desde 08/06/1981

[1473] Dada nueva redacción por art. 3 de Ley 11/1981 de 13 de mayo de 1981, con vigencia desde 08/06/1981

[1474] Véanse arts. 95 y 1395 de la presente Ley

[1475] Dada nueva redacción por art. 3 de Ley 11/1981 de 13 de mayo de 1981, con vigencia desde 08/06/1981

[1476] Véanse arts. 1344, 1423, 1424 y 1437 de la presente Ley

1413. [1477] En todo lo no previsto en este capítulo se aplicarán, durante la vigencia del régimen de participación, las normas relativas al de separación de bienes [1478].

1414. [1479] Si los casados en régimen de participación adquirieran conjuntamente algún bien o derecho, les pertenece en pro indiviso ordinario [1480].

1415. [1481] El régimen de participación se extingue en los casos prevenidos para la sociedad de gananciales, aplicándose lo dispuesto en los arts. 1394 y 1395 [1482].

1416. [1483] Podrá pedir un cónyuge la terminación del régimen de participación cuando la irregular administración del otro comprometa gravemente sus intereses [1484].

1417. [1485] Producida la extinción se determinarán las ganancias por las diferencias entre los patrimonios inicial y final de cada cónyuge [1486].

[1477] Dada nueva redacción por art. 3 de Ley 11/1981 de 13 de mayo de 1981, con vigencia desde 08/06/1981

[1478] Véanse arts. 1435 a 1444 de la presente Ley

[1479] Dada nueva redacción por art. 3 de Ley 11/1981 de 13 de mayo de 1981, con vigencia desde 08/06/1981

[1480] Véanse arts. 90.2 RH y 392, 1339, 1354 y 1441 de la presente Ley

[1481] Dada nueva redacción por art. 3 de Ley 11/1981 de 13 de mayo de 1981, con vigencia desde 08/06/1981

[1482] Véanse arts. 1392 y 1393 de la presente Ley

[1483] Dada nueva redacción por art. 3 de Ley 11/1981 de 13 de mayo de 1981, con vigencia desde 08/06/1981

[1484] Véanse arts. 1393.2 de la presente Ley

[1485] Dada nueva redacción por art. 3 de Ley 11/1981 de 13 de mayo de 1981, con vigencia desde 08/06/1981

[1486] Véanse arts. 811 LEC y 1418 y 1422 de la presente Ley

1418. [1487] Se estimará constituido el patrimonio inicial de cada cónyuge:

1º) Por los bienes y derechos que le pertenecieran al empezar el régimen.

2º) Por los adquiridos después a título de herencia, donación o legado [1488].

1419. [1489] Se deducirán las obligaciones del cónyuge al empezar el régimen y, en su caso, las sucesorias o las cargas inherentes a la donación o legado, en cuanto no excedan de los bienes heredados o donados [1490].

1420. [1491] Si el pasivo fuese superior al activo no habrá patrimonio inicial [1492].

1421. [1493] Los bienes constitutivos del patrimonio inicial se estimarán según el estado y valor que tuvieran al empezar el régimen o, en su caso, al tiempo en que fueron adquiridos.

El importe de la estimación deberá actualizarse el día en que el régimen haya cesado [1494].

[1487] Dada nueva redacción por art. 3 de Ley 11/1981 de 13 de mayo de 1981, con vigencia desde 08/06/1981

[1488] Véanse arts. 1419 a 1421 de la presente Ley

[1489] Dada nueva redacción por art. 3 de Ley 11/1981 de 13 de mayo de 1981, con vigencia desde 08/06/1981

[1490] Véanse arts. 642, 647 y 858 de la presente Ley

[1491] Dada nueva redacción por art. 3 de Ley 11/1981 de 13 de mayo de 1981, con vigencia desde 08/06/1981

[1492] Véanse arts. 1418 y 1419 de la presente Ley

[1493] Dada nueva redacción por art. 3 de Ley 11/1981 de 13 de mayo de 1981, con vigencia desde 08/06/1981

[1494] Véanse arts. 811 LEC y 1418 y 1425 de la presente Ley

1422. [1495] El patrimonio final de cada cónyuge estará formado por los bienes y derechos de que sea titular en el momento de la terminación del régimen, con deducción de las obligaciones todavía no satisfechas [1496].

1423. [1497] Se incluirá en el patrimonio final el valor de los bienes de que uno de los cónyuges hubiese dispuesto a título gratuito sin el consentimiento de su consorte, salvo si se tratase de liberalidades de uso [1498].

1424. [1499] La misma regla se aplicará respecto de los actos realizados por uno de los cónyuges en fraude de los derechos del otro [1500].

1425. [1501] Los bienes constitutivos del patrimonio final se estimarán según el estado y valor que tuvieren en el momento de la terminación del régimen y los enajenados gratuita o fraudulentamente, conforme al estado que tenían el día de la enajenación y por el valor que hubieran tenido si se hubiesen conservado hasta el día de la terminación [1502].

[1495] Dada nueva redacción por art. 3 de Ley 11/1981 de 13 de mayo de 1981, con vigencia desde 08/06/1981

[1496] Véanse arts.1423 y 1426 de la presente Ley

[1497] Dada nueva redacción por art. 3 de Ley 11/1981 de 13 de mayo de 1981, con vigencia desde 08/06/1981

[1498] Véanse arts. 90.3 RH y 643, 1251, 1291.3, 1035 a 1050, 1322, 1378 y 1391 de la presente Ley

[1499] Dada nueva redacción por art. 3 de Ley 11/1981 de 13 de mayo de 1981, con vigencia desde 08/06/1981

[1500] Véanse arts. 1390, 1391, 1425, 1433 y 1434 de la presente Ley

[1501] Dada nueva redacción por art. 3 de Ley 11/1981 de 13 de mayo de 1981, con vigencia desde 08/06/1981

[1502] Véanse arts. 811 LEC y 1397, 1398, 1421, 1423 y 1424 de la presente Ley

1426. [1503] Los créditos que uno de los cónyuges tenga frente al otro, por cualquier título, incluso por haber atendido o cumplido obligaciones de aquél, se computarán también en el patrimonio final del cónyuge acreedor y se deducirán del patrimonio del cónyuge deudor [1504].

1427. [1505] Cuando la diferencia entre los patrimonios final e inicial de uno y otro cónyuge arroje resultado positivo, el cónyuge cuyo patrimonio haya experimentado menor incremento percibirá la mitad de la diferencia entre su propio incremento y el del otro cónyuge.

1428. [1506] Cuando únicamente uno de los patrimonios arroje resultado positivo, el derecho de la participación consistirá, para el cónyuge no titular de dicho patrimonio, en la mitad de aquel incremento [1507].

1429. [1508] Al constituirse el régimen podrá pactarse una participación distinta de la que establecen los dos artículos anteriores, pero deberá regir por igual y en la misma proporción respecto de ambos patrimonios y en favor de ambos cónyuges [1509].

[1503] Dada nueva redacción por art. 3 de Ley 11/1981 de 13 de mayo de 1981, con vigencia desde 08/06/1981

[1504] Véanse arts. 1405 y 1423 de la presente Ley

[1505] Dada nueva redacción por art. 3 de Ley 11/1981 de 13 de mayo de 1981, con vigencia desde 08/06/1981

[1506] Dada nueva redacción por art. 3 de Ley 11/1981 de 13 de mayo de 1981, con vigencia desde 08/06/1981

[1507] Véanse arts. 1427, 1429 y 1430 de la presente Ley

[1508] Dada nueva redacción por art. 3 de Ley 11/1981 de 13 de mayo de 1981, con vigencia desde 08/06/1981

[1509] Véanse arts. 66 y 1430 de la presente Ley

1430. [1510] No podrá convenirse una participación que no sea por mitad si existen descendientes no comunes [1511].

1431. [1512] El crédito de participación deberá ser satisfecho en dinero. Si mediaren dificultades graves para el pago inmediato, el Juez podrá conceder aplazamiento, siempre que no exceda de tres años y que la deuda y sus intereses legales queden suficientemente garantizados.

1432. [1513] El crédito de participación podrá pagarse mediante la adjudicación de bienes concretos, por acuerdo de los interesados o si lo concediese el Juez a petición fundada del deudor.

1433. [1514] Si no hubiese bienes en el patrimonio deudor para hacer efectivo el derecho de participación en ganancias, el cónyuge acreedor podrá impugnar las enajenaciones que hubieren sido hechas a título gratuito sin su consentimiento y aquellas que hubieren sido realizadas en fraude de sus derechos [1515].

1434. [1516] Las acciones de impugnación a que se refiere el artículo anterior caducarán a los dos años de extinguido el régimen de

---

[1510] Dada nueva redacción por art. 3 de Ley 11/1981 de 13 de mayo de 1981, con vigencia desde 08/06/1981

[1511] Véanse arts. 806 y 1429 de la presente Ley

[1512] Dada nueva redacción por art. 3 de Ley 11/1981 de 13 de mayo de 1981, con vigencia desde 08/06/1981

[1513] Dada nueva redacción por art. 3 de Ley 11/1981 de 13 de mayo de 1981, con vigencia desde 08/06/1981

[1514] Dada nueva redacción por art. 3 de Ley 11/1981 de 13 de mayo de 1981, con vigencia desde 08/06/1981

[1515] Véanse arts. 1111, 1291, 1297, 1378, 1390, 1391, 1423, 1424 y 1434 de la presente Ley

[1516] Dada nueva redacción por art. 3 de Ley 11/1981 de 13 de mayo de 1981, con vigencia desde 08/06/1981

participación y no se darán contra los adquirentes a título oneroso y de buena fe [1517].

CAPÍTULO VI
Del régimen de separación de bienes [1518]

1435. [1519] Existirá entre los cónyuges separación de bienes:

1º) Cuando así lo hubiesen convenido.

2º) Cuando los cónyuges hubieren pactado en capitulaciones matrimoniales que no regirá entre ellos la sociedad de gananciales, sin expresar las reglas por que hayan de regirse sus bienes.

3º) Cuando se extinga, constante matrimonio, la sociedad de gananciales o el régimen de participación, salvo que por voluntad de los interesados fuesen sustituidos por otro régimen distinto [1520].

1436. [1521] La demanda de separación de bienes y la sentencia firme en que se declare se deberán anotar e inscribir, respectivamente, en el Registro de la Propiedad que corresponda, si recayere sobre bienes inmuebles. La sentencia firme se anotará también en el Registro Civil [1522].

1437. [1523] En el régimen de separación pertenecerán a cada cónyuge los bienes que tuviese en el momento inicial del mismo y los que

---

[1517] Véanse arts. 1295.2, 1423, 1424 y 1433 de la presente Ley

[1518] Dada nueva redacción por art. 3 de Ley 11/1981 de 13 de mayo de 1981, con vigencia desde 08/06/1981

[1519] Dada nueva redacción por art. 3 de Ley 11/1981 de 13 de mayo de 1981, con vigencia desde 08/06/1981

[1520] Véanse arts. 1373, 1374, 1392, 1393, 1415 y 1416 de la presente Ley

[1521] Dada nueva redacción por art. 3 de Ley 11/1981 de 13 de mayo de 1981, con vigencia desde 08/06/1981

[1522] Véanse arts. 77 LRC, 264 y 266 RRC, 42 LH, 90.2 RH, 87.6 RRM y 1393.2 y 4 de la presente Ley

[1523] Dada nueva redacción por art. 3 de Ley 11/1981 de 13 de mayo de 1981, con vigencia desde 08/06/1981

después adquiera por cualquier título. Asimismo corresponderá a cada uno la administración, goce y libre disposición de tales bienes [1524].

1438. [1525] Los cónyuges contribuirán al sostenimiento de las cargas del matrimonio. A falta de convenio lo harán proporcionalmente a sus respectivos recursos económicos. El trabajo para la casa será computado como contribución a las cargas y dará derecho a obtener una compensación que el Juez señalará, a falta de acuerdo, a la extinción del régimen de separación [1526].

1439. [1527] Si uno de los cónyuges hubiese administrado o gestionado bienes o intereses del otro, tendrá las mismas obligaciones y responsabilidades que un mandatario, pero no tendrá obligación de rendir cuentas de los frutos percibidos y consumidos, salvo cuando se demuestre que los invirtió en atenciones distintas del levantamiento de las cargas del matrimonio [1528].

1440. [1529] Las obligaciones contraídas por cada cónyuge serán de su exclusiva responsabilidad.

En cuanto a las obligaciones contraídas en el ejercicio de la potestad doméstica ordinaria responderán ambos cónyuges en la forma determinada por los arts. 1319 y 1438 de este Código [1530].

[1524] Véanse arts. 102.2, 106 y 1412 de la presente Ley

[1525] Dada nueva redacción por art. 3 de Ley 11/1981 de 13 de mayo de 1981, con vigencia desde 08/06/1981

[1526] Véanse arts. 811 LEC y 68, 91, 93, 97.4, 103.3, 1318 y 1440 de la presente Ley

[1527] Dada nueva redacción por art. 3 de Ley 11/1981 de 13 de mayo de 1981, con vigencia desde 08/06/1981

[1528] Véanse arts. 1718 a 1729 de la presente Ley

[1529] Dada nueva redacción por art. 3 de Ley 11/1981 de 13 de mayo de 1981, con vigencia desde 08/06/1981

[1530] Véanse arts. 83 y 1373 de la presente Ley

1441. [1531] Cuando no sea posible acreditar a cuál de los cónyuges pertenece algún bien o derecho, corresponderá a ambos por mitad [1532].

1442. [1533] Declarado un cónyuge en concurso, serán de aplicación las disposiciones de la legislación concursal.

1443. [1534] La separación de bienes decretada no se alterará por la reconciliación de los cónyuges en caso de separación personal o por la desaparición de cualquiera de las demás causas que la hubiesen motivado [1535].

1444. [1536] No obstante lo dispuesto en el artículo anterior, los cónyuges pueden acordar en capitulaciones que vuelvan a regir las mismas reglas que antes de la separación de bienes.

Harán constar en las capitulaciones los bienes que cada uno aporte de nuevo y se considerarán éstos privativos, aunque, en todo o en parte, hubieren tenido carácter ganancial antes de la liquidación practicada por causa de la separación [1537].

[1531] Dada nueva redacción por art. 3 de Ley 11/1981 de 13 de mayo de 1981, con vigencia desde 08/06/1981

[1532] Véanse arts. 90.2 RH, 393, 1324 y 1355 de la presente Ley

[1533] Dada nueva redacción por disposición final 1 apartado 98 de Ley 15/2015 de 2 de julio de 2015, con vigencia desde 23/07/2015

[1534] Dada nueva redacción por art. 3 de Ley 11/1981 de 13 de mayo de 1981, con vigencia desde 08/06/1981

[1535] Véanse arts. 81, 83, 84, 88 y 95 de la presente Ley

[1536] Dada nueva redacción por art. 3 de Ley 11/1981 de 13 de mayo de 1981, con vigencia desde 08/06/1981

[1537] Véanse arts.1315, 1317, 1325 y 1346.1 de la presente Ley

TÍTULO IV
Del contrato de compra y venta

CAPÍTULO PRIMERO
De la naturaleza y forma de este contrato

1445. Por el contrato de compra y venta uno de los contratantes se obliga a entregar una cosa determinada y el otro a pagar por ella un precio cierto, en dinero o signo que lo represente [1538].

1446. Si el precio de la venta consistiera parte en dinero y parte en otra cosa se calificará el contrato por la intención manifiesta de los contratantes. No constando ésta, se tendrá por permuta, si el valor de la cosa dada en parte del precio excede al del dinero o su equivalente; y por venta en el caso contrario [1539].

1447. Para que el precio se tenga por cierto bastará que lo sea con referencia a otra cosa cierta, o que se deje su señalamiento al arbitrio de persona determinada [1540].

Si ésta no pudiere o no quisiere señalarlo, quedará ineficaz el contrato [1541].

1448. También se tendrá por cierto el precio en la venta de valores, granos, líquidos y demás cosas fungibles, cuando se señale el que la cosa vendida tuviera en determinado día, bolsa o mercado, o se fije

---

[1538] Véanse arts. 325 y 326 CCom., 177.2 Rgto. Notariado, 3 Ley 28/1998, de 13 de julio de Venta a Plazos de Bienes Muebles y 1094 a 1097, 1273, 1274, 1450, 1461, 1474 y 1477 de la presente Ley

[1539] Véanse arts. 1281, 1282 y 1538 a 1541 de la presente Ley

[1540] Véanse arts. 1273 y 1445 de la presente Ley

[1541] Véase art. 346 CCom

un tanto mayor o menor que el precio del día, bolsa o mercado, con tal que sea cierto [1542] .

1449. El señalamiento del precio no podrá nunca dejarse al arbitrio de uno de los contratantes [1543] .

1450. La venta se perfeccionará entre comprador y vendedor, y será obligatoria para ambos, si hubieren convenido en la cosa objeto del contrato, y en el precio, aunque ni la una ni el otro se hayan entregado [1544] .

1451. La promesa de vender o comprar, habiendo conformidad en la cosa y en el precio, dará derecho a los contratantes para reclamar recíprocamente el cumplimiento del contrato.

Siempre que no pueda cumplirse la promesa de compra y venta, regirá para vendedor y comprador, según los casos, lo dispuesto acerca de las obligaciones y contratos en el presente Libro [1545] .

1452. El daño o provecho de la cosa vendida, después de perfeccionado el contrato, se regulará por lo dispuesto en los arts. 1096 y 1182 [1546] .

Esta regla se aplicará a la venta de cosas fungibles hecha aisladamente y por un solo precio, o sin consideración a su peso, número o medida.

Si las cosas fungibles se vendieren por un precio fijado con relación al peso, número o medida, no se imputará el riesgo al comprador hasta

[1542] Véanse arts. 17 y 59 LGDCU, 1 Ley 60/2003, de 23 de diciembre, de Arbitraje, 346 CCom y 1690 de la presente Ley

[1543] Véanse arts. 17 y 59 LGDCU, 13 Ley 7/1996, de 15 de enero, de Ordenación del Comercio Minorista y 1115, 1256 y 1690 de la presente Ley

[1544] Véanse arts. 6.1 y 93 Ley 28/1998, de 13 de julio de Venta a Plazos de Bienes Muebles y 609, 1095, 1254, 1258, 1278 y 1453 de la presente Ley

[1545] Véanse arts. 24 Ley 19/1991, de 6 de junio, del Impuesto sobre el Patrimonio y 43, 826, 1088, 1091, 1101, 1182, 1254, 1255, 1262 y 1862 de la presente Ley

[1546] Véanse arts. 331 a 335 CCom

que se hayan pesado, contado o medido, a no ser que éste se haya constituido en mora [1547].

1453. La venta hecha a calidad de ensayo o prueba de la cosa vendida, y la venta de las cosas que es costumbre gustar o probar antes de recibirlas, se presumirán hechas siempre bajo condición suspensiva [1548].

1454. Si hubiesen mediado arras o señal en el contrato de compra y venta, podrá rescindirse el contrato allanándose el comprador a perderlas, o el vendedor a devolverlas duplicadas [1549].

1455. Los gastos de otorgamiento de escrituras serán de cuenta del vendedor, y los de la primera copia y los demás posteriores a la venta serán de cuenta del comprador, salvo pacto en contrario [1550].

1456. La enajenación forzosa por causa de utilidad pública se regirá por lo que establezcan las leyes especiales [1551].

CAPÍTULO II
De la capacidad para comprar o vender

1457. Podrán celebrar el contrato de compra y venta todas las personas a quienes este Código autoriza para obligarse, salvo las modificaciones contenidas en los artículos siguientes [1552].

[1547] Véanse arts. 337, 875, 1095, 1100, 1101, 1108, 1182, 1461, 1462, 1468 1589 y 1590 de la presente Ley

[1548] Véanse arts. 10 Ley 7/1996, de 15 de enero, de Ordenación del Comercio Minorista, 328 CCom y 1114 y 1122 de la presente Ley

[1549] Véanse arts. 343 CCom y 1152 a 1155 de la presente Ley

[1550] Véanse arts. 89.3 LGDCU y 1465, 1555.3, 1728 y 1779 de la presente Ley

[1551] Véanse arts. 33 CE, LEF, REF y 348 y 349 de la presente Ley

[1552] Véanse arts. 162, 200, 322, 323, 1254 y 1935 de la presente Ley

1458. [1553] Los cónyuges podrán venderse bienes recíprocamente [1554].

1459. No podrán adquirir por compra, aunque sea en subasta pública o judicial, por sí ni por persona alguna intermedia [1555]:

1º) Los que desempeñen el cargo de tutor o funciones de apoyo, los bienes de la persona o personas a quienes representen [1556]. [1557]

2º) Los mandatarios, los bienes de cuya administración o enajenación estuviesen encargados [1558].

3º) Los albaceas, los bienes confiados a su cargo [1559].

4º) Los empleados públicos, los bienes del Estado, de los Municipios, de los pueblos y de los establecimientos también públicos, de cuya administración estuviesen encargados [1560].

Esta disposición regirá para los Jueces y peritos que de cualquier modo intervinieren en la venta.

5º) Los Magistrados, Jueces, individuos del Ministerio Fiscal, Secretarios de Tribunales y Juzgados y Oficiales de justicia, los bienes y derechos que estuviesen en litigio ante el Tribunal, en cuya jurisdicción o territorio ejercieran sus respectivas funciones, extendiéndose esta prohibición al acto de adquirir por cesión.

Se exceptuará de esta regla el caso en que se trate de acciones hereditarias entre coherederos, o de cesión en pago de créditos, o de garantía de los bienes que posean.

[1553] Dada nueva redacción por art. único de Ley 13/2005 de 1 de julio de 2005, con vigencia desde 03/07/2005

[1554] Véase art. 1323 de la presente Ley

[1555] Véanse arts. 88 LBRL, 139 Rgto. Notariado, 389 a 397 LOPJ y 1323 de la presente Ley

[1556] Véanse arts. 248 a 250, 252 y 253 CP y 221.3, 267, 271.2 y 291 de la presente Ley

[1557] Dada nueva redacción número 1 por art. 2 apartado 58 de Ley 8/2021 de 2 de junio de 2021, con vigencia desde 03/09/2021

[1558] Véanse arts. 267 CCom, 248 a 253, 439 y 440 CP y 1709, 1714, 1719 y 1728 de la presente Ley

[1559] Véanse arts. 803 LEC, 248 a 250, 252, 253, 439 y 440 CP y 898 a 902 de la presente Ley

[1560] Véanse arts. 419 a 438 CP y 111 TRRL

La prohibición contenida en este número 5º comprenderá a los Abogados y Procuradores respecto a los bienes y derechos que fueren objeto de un litigio en que intervengan por su profesión y oficio [1561].

CAPÍTULO III
De los efectos del contrato de compra y venta cuando se ha perdido la cosa vendida

1460. Si al tiempo de celebrarse la venta se hubiese perdido en su totalidad la cosa objeto de la misma, quedará sin efecto el contrato.

Pero si se hubiese perdido sólo en parte, el comprador podrá optar entre desistir del contrato o reclamar la parte existente abonando su precio en proporción al total convenido [1562].

CAPÍTULO IV
De las obligaciones del vendedor

SECCIÓN PRIMERA
Disposición general

1461. El vendedor está obligado a la entrega y saneamiento de la cosa objeto de la venta [1563].

[1561] Véanse arts. 389 a 397 LOPJ
[1562] Véanse arts. 1182, 1183 y 1701 de la presente Ley
[1563] Véanse arts. 345 CCom y 1094, 1097, 1258, 1445 y 1462 a 1499 de la presente Ley

SECCIÓN SEGUNDA
De la entrega de la cosa vendida

1462. Se entenderá entregada la cosa vendida, cuando se ponga en poder y posesión del comprador.

Cuando se haga la venta mediante escritura pública, el otorgamiento de ésta equivaldrá a la entrega de la cosa objeto del contrato, si de la misma escritura no resultare o se dedujere claramente lo contrario [1564].

1463. Fuera de los casos que expresa el artículo precedente, la entrega de los bienes muebles se efectuará por la entrega de las llaves del lugar o sitio donde se hallan almacenados o guardados; y por el solo acuerdo o conformidad de los contratantes, si la cosa vendida no puede trasladarse a poder del comprador en el instante de la venta, o si éste la tenía ya en su poder por algún otro motivo [1565].

1464. Respecto de los bienes incorporales, regirá lo dispuesto en el párrafo segundo del art. 1462. En cualquier otro caso en que éste no tenga aplicación se entenderá por entrega el hecho de poner en poder del comprador los títulos de pertenencia, o el uso que haga de su derecho el mismo comprador, consintiéndolo el vendedor [1566].

1465. Los gastos para la entrega de la cosa vendida serán de cuenta del vendedor, y los de su transporte o traslación de cargo del comprador, salvo el caso de estipulación especial [1567].

[1564] Véanse arts. 670 y 674.1 LEC, 13 RH, 67 a 69, 339 y 340 CCom y 609, 923, 1095 a 1097, 1279, 1280 y 1464 de la presente Ley

[1565] Véanse arts. 67 a 69 CCom y 609, 623 y 1095 a 1097 de la presente Ley

[1566] Véanse arts. 134 a 157 RDLeg. 1/2010, de 2 de julio, por el que se aprueba el texto refundido de la Ley de Sociedades de Capital y 1526 a 1536 de la presente Ley

[1567] Véanse arts. 338 CCom y 1168, 1255 y 1455 de la presente Ley

1466. El vendedor no estará obligado a entregar la cosa vendida, si el comprador no le ha pagado el precio o no se ha señalado en el contrato un plazo para el pago [1568].

1467. Tampoco tendrá obligación el vendedor de entregar la cosa vendida cuando se haya convenido en un aplazamiento o término para el pago, si después de la venta se descubre que el comprador es insolvente, de tal suerte que el vendedor corre inminente riesgo de perder el precio.

Se exceptúa de esta regla el caso en que el comprador afiance pagar en el plazo convenido [1569].

1468. El vendedor deberá entregar la cosa vendida en el estado en que se hallaba al perfeccionarse el contrato.

Todos los frutos pertenecerán al comprador desde el día en que se perfeccionó el contrato [1570].

1469. La obligación de entregar la cosa vendida comprende la de poner en poder del comprador todo lo que exprese el contrato, mediante las reglas siguientes:

Si la venta de bienes inmuebles se hubiese hecho con expresión de su cabida, a razón de un precio por unidad de medida o número, tendrá obligación el vendedor de entregar al comprador, si éste lo exige, todo cuanto se haya expresado en el contrato; pero si esto no fuere posible, podrá el comprador optar entre una rebaja proporcional del precio o la rescisión del contrato, siempre que, en este último caso, no baje de la décima parte de la cabida la disminución de la que se le atribuyera al inmueble [1571].

Lo mismo se hará, aunque resulte igual cabida, si alguna parte de ella no es de la calidad expresada en el contrato.

[1568] Véanse arts. 337 CCom y 1100, 1124 y 1128 de la presente Ley
[1569] Véanse arts. 330, 337, 339 y 341 CCom y 1129.1 de la presente Ley
[1570] Véanse arts. 353, 354, 451.3, 1095 a 1097, 1450 y 1519 de la presente Ley
[1571] Véanse arts. 198 a 210 LH, 51.4 RH, 170 y 171 Rgto. Notariado

La rescisión, en este caso, sólo tendrá lugar a voluntad del comprador, cuando el menos valor de la cosa vendida exceda de la décima parte del precio convenido [1572].

1470. Si, en el caso del artículo precedente, resultare mayor cabida o número en el inmueble que los expresados en el contrato, el comprador tendrá la obligación de pagar el exceso de precio si la mayor cabida o número no pasa de la vigésima parte de los señalados en el mismo contrato; pero, si excedieren de dicha vigésima parte, el comprador podrá optar entre satisfacer el mayor valor del inmueble, o desistir del contrato [1573].

1471. En la venta de un inmueble, hecha por precio alzado y no a razón de un tanto por unidad de medida o número, no tendrá lugar el aumento o disminución del mismo, aunque resulte mayor o menor cabida o número de los expresados en el contrato.

Esto mismo tendrá lugar cuando sean dos o más fincas las vendidas por un solo precio pero, si, además de expresarse los linderos, indispensables en toda enajenación de inmuebles, se designaren en el contrato su cabida o número, el vendedor estará obligado a entregar todo lo que se comprenda dentro de los mismos linderos, aun cuando exceda de la cabida o número expresados en el contrato; y, si no pudiere, sufrirá una disminución en el precio, proporcional a lo que falte de cabida o número, a no ser que el contrato quede anulado por no conformarse el comprador con que se deje de entregar lo que se estipuló [1574].

1472. Las acciones que nacen de los tres artículos anteriores prescribirán a los seis meses, contados desde el día de la entrega [1575].

[1572] Véanse arts. 3, 38, 45, 47 y disposición transitoria 3 RDL 1/2004, de 5 de marzo, por el que se aprueba el texto refundido de la Ley del Catastro Inmobiliario y 347, 1097, 1290, 1291.5 y 1293 de la presente Ley

[1573] Véanse arts. 198 a 210 LH y 1290, 1291.5 y 1293 de la presente Ley

[1574] Véanse arts. 9.1 LH y 1124, 1290, 1291.5 y 1293 de la presente Ley

[1575] Véanse arts. 1095, 1299, 1450, 1479, 1490 y 1961 de la presente Ley

1473. Si una misma cosa se hubiese vendido a diferentes compradores, la propiedad se transferirá a la persona que primero haya tomado posesión de ella con buena fe, si fuere mueble [1576].

Si fuere inmueble, la propiedad pertenecerá al adquirente que antes la haya inscrito en el Registro.

Cuando no haya inscripción, pertenecerá la propiedad a quien de buena fe sea primero en la posesión; y faltando ésta, a quien presente título de fecha más antigua, siempre que haya buena fe [1577].

SECCIÓN TERCERA
Del saneamiento

1474. En virtud del saneamiento a que se refiere el art. 1461, el vendedor responderá al comprador :

1º) De la posesión legal y pacífica de la cosa vendida.

2º) De los vicios o defectos ocultos que tuviere [1578].

PARÁGRAFO 1º)
Del saneamiento en caso de evicción

1475. Tendrá lugar la evicción cuando se prive al comprador, por sentencia firme y en virtud de un derecho anterior a la compra, de todo o parte de la cosa comprada.

El vendedor responderá de la evicción aunque nada se haya expresado en el contrato.

Los contratantes, sin embargo, podrán aumentar, disminuir o suprimir esta obligación legal del vendedor [1579].

[1576] Véanse arts. 433, 445, 464, 606 y 609 de la presente Ley

[1577] Véanse arts. 251 CP y 24, 25, 34, 37 y 38 LH

[1578] Véanse arts. 345 CCom, 9.1 LPH y 638, 880, 1069 a 1072, 1532, 1553 y 1554 de la presente Ley

[1579] Véanse arts. 125 LGDCU y 1069, 1255, 1258, 1461, 1476, 1477, 1480 a 1482 y 1532 de la presente Ley

1476. Será nulo todo pacto que exima al vendedor de responder de la evicción, siempre que hubiere mala fe de su parte [1580] .

1477. Cuando el comprador hubiese renunciado el derecho al saneamiento para el caso de evicción, llegado que sea éste, deberá el vendedor entregar únicamente el precio que tuviere la cosa vendida al tiempo de la evicción, a no ser que el comprador hubiese hecho la renuncia con conocimiento de los riesgos de la evicción y sometiéndose a sus consecuencias [1581] .

1478. Cuando se haya estipulado el saneamiento o cuando nada se haya pactado sobre este punto, si la evicción se ha realizado, tendrá el comprador derecho a exigir del vendedor:

1º) La restitución del precio que tuviere la cosa vendida al tiempo de la evicción, ya sea mayor o menor que el de la venta.

2º) Los frutos o rendimientos, si se le hubiere condenado a entregarlos al que le haya vencido en juicio.

3º) Las costas del pleito que haya motivado la evicción, y, en su caso, las del seguido con el vendedor para el saneamiento.

4º) Los gastos del contrato, si los hubiese pagado el comprador.

5º) Los daños e intereses y los gastos voluntarios o de puro recreo u ornato, si se vendió de mala fe [1582] .

1479. Si el comprador perdiere, por efecto de la evicción, una parte de la cosa vendida de tal importancia con relación al todo que sin dicha parte no la hubiera comprado, podrá exigir la rescisión del contrato; pero con la obligación de devolver la cosa sin más gravámenes que los que tuviese al adquirirla.

Esto mismo se observará cuando se vendiesen dos o más cosas conjuntamente por un precio alzado, o particular para cada una de

---

[1580] Véanse arts. 1102 y 1256 de la presente Ley

[1581] Véanse arts. 6.2, 1445, 1538 y 1539 de la presente Ley

[1582] Véanse arts. 1101, 1106, 1107, 1120, 1123 y 1455 de la presente Ley

ellas, si constase claramente que el comprador no habría comprado la una sin la otra [1583].

1480. El saneamiento no podrá exigirse hasta que haya recaído sentencia firme, por la que se condene al comprador a la pérdida de la cosa adquirida o de parte de la misma [1584].

1481. El vendedor estará obligado al saneamiento que corresponda, siempre que resulte probado que se le notificó la demanda de evicción a instancia del comprador. Faltando la notificación, el vendedor no estará obligado al saneamiento [1585].

1482. El comprador demandado solicitará, dentro del término que la Ley de Enjuiciamiento Civil señala para contestar a la demanda, que ésta se notifique al vendedor o vendedores en el plazo más breve posible.

La notificación se hará como la misma ley establece para emplazar a los demandados.

El término de contestación para el comprador quedará en suspenso ínterin no expiren los que para comparecer y contestar a la demanda se señalen al vendedor o vendedores, que serán los mismos plazos que determina para todos los demandados la expresada Ley de Enjuiciamiento Civil, contados desde la notificación establecida por el párrafo primero de este artículo.

Si los citados de evicción no comparecieren en tiempo y forma, continuará, respecto del comprador, el término para contestar a la demanda [1586].

1483. Si la finca vendida estuviese gravada, sin mencionarlo la escritura, con alguna carga o servidumbre no aparente, de tal naturaleza que deba presumirse no la habría adquirido el comprador si la hubiera

---

[1583] Véanse arts. 1254, 1258, 1289, 1460, 1471, 1475.4 y 1483 de la presente Ley
[1584] Véanse arts. 1475 y 1969 de la presente Ley
[1585] Véanse arts. 1643 de la presente Ley
[1586] Véanse arts. 14 y 404 a 407 LEC

conocido, podrá pedir la rescisión del contrato, a no ser que prefiera la indemnización correspondiente.

Durante un año, a contar desde el otorgamiento de la escritura, podrá el comprador ejercitar la acción rescisoria, o solicitar la indemnización.

Transcurrido el año, sólo podrá reclamar la indemnización dentro de un período igual, a contar desde el día en que haya descubierto la carga o servidumbre [1587].

PARÁGRAFO 2º)

Del saneamiento por los defectos o gravámenes ocultos de la cosa vendida

1484. [1588] [1589]

1. El vendedor estará obligado al saneamiento por los defectos ocultos que tuviere la cosa vendida, si la hacen impropia para el uso a que se la destina, o si disminuyen de tal modo este uso que, de haberlos conocido el comprador, no la habría adquirido o habría dado menos precio por ella; pero no será responsable de los defectos manifiestos o que estuvieren a la vista, ni tampoco de los que no lo estén, si el comprador es un perito que, por razón de su oficio o profesión, debía fácilmente conocerlos.

2. El vendedor de un animal responde frente al comprador por el incumplimiento de sus deberes de asistencia veterinaria y cuidados necesarios para garantizar su salud y bienestar, si el animal sufre una lesión, enfermedad o alteración significativa de la conducta que tiene origen anterior a la venta.

[1587] Véanse arts. 6, 11 a 17, 18, 22, 27 y 65 TR Ley del Suelo, 175 Rgto. Notariado y 532, 1106, 1107, 1289, 1484 y 1553 de la presente Ley

[1588] Dada nueva redacción por art. 1 apartado 27 de Ley 17/2021 de 15 de diciembre de 2021, con vigencia desde 05/01/2022

[1589] Véanse arts. 35, 38, 39, 336, 342 y 345 CCom, 12 Ley 7/1996, de 15 de enero, de Ordenación del Comercio Minorista, 114 LGDCU, disposición adicional 1 Ley 7/1998, de 13 de abril, sobre Condiciones generales de la Contratación, 17.9 Ley 38/1999, de 5 de noviembre, de Ordenación de la Edificación y 1266 y 1483 de la presente Ley

1485. [1590] [1591]

El vendedor responde al comprador del saneamiento por los vicios o defectos ocultos del animal o la cosa vendida, aunque los ignorase.

Esta disposición no regirá cuando se haya estipulado lo contrario, y el vendedor ignorara los vicios o defectos ocultos de lo vendido.

1486. En los casos de los dos artículos anteriores, el comprador podrá optar entre desistir del contrato, abonándosele los gastos que pagó, o rebajar una cantidad proporcional del precio, a juicio de peritos.

Si el vendedor conocía los vicios o defectos ocultos de la cosa vendida y no los manifestó al comprador, tendrá éste la misma opción y además se le indemnizará de los daños y perjuicios, si optare por la rescisión [1592].

1487. Si la cosa vendida se perdiere por efecto de los vicios ocultos, conociéndolos el vendedor, sufrirá éste la pérdida, y deberá restituir el precio y abonar los gastos del contrato, con los daños y perjuicios. Si no los conocía, debe sólo restituir el precio y abonar los gastos del contrato que hubiese pagado el comprador [1593].

1488. Si la cosa vendida tenía algún vicio oculto al tiempo de la venta, y se pierde después por caso fortuito o por culpa del comprador, podrá éste reclamar del vendedor el precio que pagó, con la rebaja del valor que la cosa tenía al tiempo de perderse.

Si el vendedor obró de mala fe, deberá abonar al comprador los daños e intereses [1594].

[1590] Dada nueva redacción por art. 1 apartado 28 de Ley 17/2021 de 15 de diciembre de 2021, con vigencia desde 05/01/2022

[1591] Véanse arts. 12 Ley 7/1996, de 15 de enero, de Ordenación del Comercio Minorista y 1100, 1103, 1255 y 1490 de la presente Ley

[1592] Véanse arts. 336 CCom, 117 LGDCU y 1490 y 1499 de la presente Ley

[1593] Véanse arts. 1106, 1107, 1182, 1452, 1460, 1479, 1490 y 1896 de la presente Ley

[1594] Véanse arts. 1102, 1104, 1106, 1107, 1182, 1460, 1479, 1490 y 1896 de la presente Ley

1489. En las ventas judiciales nunca habrá lugar a la responsabilidad por daños y perjuicios; pero sí a todo lo demás dispuesto en los artículos anteriores [1595].

1490. Las acciones que emanan de lo dispuesto en los cinco artículos precedentes se extinguirán a los seis meses, contados desde la entrega de la cosa vendida [1596].

1491. Vendiéndose dos o más animales juntamente, sea en un precio alzado, sea señalándolo a cada uno de ellos, el vicio redhibitorio de cada uno dará solamente lugar a su redhibición, y no a la de los otros, a no ser que aparezca que el comprador no habría comprado el sano o sanos sin el vicioso.

Se presume esto último cuando se compra un tiro, yunta, pareja o juego, aunque se haya señalado un precio separado a cada uno de los animales que lo componen [1597].

1492. [1598] Lo dispuesto en el artículo anterior respecto de la venta de animales se entiende igualmente aplicable a la de las cosas.

1493. [1599] El saneamiento por los vicios ocultos de los animales destinados a una finalidad productiva no tendrá lugar en las ventas hechas en feria o en pública subasta, o cuando sean destinados a sacrificio o matanza de acuerdo con la legislación aplicable, salvo el caso previsto en el artículo siguiente [1600].

[1595] Véanse arts. 131 LH, 1236 y 2048 a 2055 LEC, 56 a 61 Ley 7/1996, de 15 de enero, de Ordenación del Comercio Minorista y 115.2 LGDCU

[1596] Véanse arts. 123 LGDCU, 12 Ley 7/1996, de 15 de enero, de Ordenación del Comercio Minorista, 336 y 342 CCom y 1472, 1485 a 1489 y 1969 de la presente Ley

[1597] Véanse arts. 1479, 1483 y 1484 de la presente Ley

[1598] Dada nueva redacción por art. 1 apartado 29 de Ley 17/2021 de 15 de diciembre de 2021, con vigencia desde 05/01/2022

[1599] Dada nueva redacción por art. 1 apartado 30 de Ley 17/2021 de 15 de diciembre de 2021, con vigencia desde 05/01/2022

[1600] Véanse arts. 81 a 87 CCom y 54 a 56 Ley 8/2003, de 24 de abril, de sanidad animal

1494. No serán objeto del contrato de venta los ganados y animales que padezcan enfermedades contagiosas. Cualquier contrato que se hiciere respecto de ellos será nulo.

También será nulo el contrato de venta de los ganados y animales, si, expresándose en el mismo contrato el servicio o uso para que se adquieren, resultaren inútiles para prestarlo [1601].

1495. Cuando el vicio oculto de los animales, aunque se haya practicado reconocimiento facultativo, sea de tal naturaleza que no basten los conocimientos periciales para su descubrimiento, se reputará redhibitorio.

Pero si el profesor, por ignorancia o mala fe, dejara de descubrirlo o manifestarlo, será responsable de los daños y perjuicios [1602].

1496. La acción redhibitoria que se funde en los vicios o defectos de los animales, deberá interponerse dentro de cuarenta días, contados desde el de su entrega al comprador, salvo que, por el uso en cada localidad, se hallen establecidos mayores o menores plazos.

Esta acción en las ventas de animales sólo se podrá ejercitar respecto de los vicios y defectos de los mismos que estén determinados por la ley o por los usos locales [1603].

1497. Si el animal muriese a los tres días de comprado, será responsable el vendedor, siempre que la enfermedad que ocasionó la muerte existiera antes del contrato, a juicio de los facultativos [1604].

1498. Resuelta la venta, el animal deberá ser devuelto en el estado en que fue vendido y entregado, siendo responsable el comprador de

---

[1601] Téngase en cuenta la Ley 8/2003, de 24 de abril, de Sanidad Animal y 1271 y 1272 de la presente Ley

[1602] Véanse arts. 1101 a 1107, 1484 y 1486 de la presente Ley

[1603] Véanse arts. 1.3, 1258, 1287, 1472, 1490 y 1499 de la presente Ley

[1604] Véanse arts. 1487 y 1542 de la presente Ley

cualquier deterioro debido a su negligencia, y que no proceda del vicio o defecto redhibitorio [1605].

1499. En las ventas de animales y ganados con vicios redhibitorios, gozará también el comprador de la facultad expresada en el art. 1486 ; pero deberá usar de ella dentro del mismo término que para el ejercicio de la acción redhibitoria queda, respectivamente, señalado [1606].

CAPÍTULO V
De las obligaciones del comprador

1500. El comprador está obligado a pagar el precio de la cosa vendida en el tiempo y lugar fijados por el contrato.

Si no se hubieren fijado, deberá hacerse el pago en el tiempo y lugar en que se haga la entrega de la cosa vendida [1607].

1501. El comprador deberá intereses por el tiempo que medie entre la entrega de la cosa y el pago del precio, en los tres casos siguientes:

1º) Si así se hubiere convenido.

2º) Si la cosa vendida y entregada produce fruto o renta.

3º) Si se hubiere constituido en mora, con arreglo al art. 1100 [1608].

1502. Si el comprador fuere perturbado en la posesión o dominio de la cosa adquirida, o tuviere fundado temor de serlo por una acción reivindicatoria o hipotecaria, podrá suspender el pago del precio hasta

---

[1605] Véanse arts. 1104, 1106, 1107, 1120, 1122, 1295 y 1486 a 1488 de la presente Ley

[1606] Véanse arts. 1490 y 1496 de la presente Ley

[1607] Véanse arts. 339 CCom, 21 LH, 24 Rgto. Notariado, 3 Ley 28/1998, de 13 de julio de Venta a Plazos de Bienes Muebles y 1113, 1125, 1171, 1255, 1258 y 1465 de la presente Ley

[1608] Véanse arts. 341 CCom y 1101, 1108 y 1109 de la presente Ley

que el vendedor haya hecho cesar la perturbación o el peligro, a no ser que afiance la devolución del precio en su caso, o se haya estipulado que, no obstante cualquiera contingencia de aquella clase, el comprador estará obligado a verificar el pago [1609].

1503. Si el vendedor tuviere fundado motivo para temer la pérdida de la cosa inmueble vendida y el precio, podrá promover inmediatamente la resolución de la venta.

Si no existiere este motivo, se observará lo dispuesto en el art. 1124 [1610].

1504. En la venta de bienes inmuebles, aun cuando se hubiera estipulado que por falta de pago del precio en el tiempo convenido tendrá lugar de pleno derecho la resolución del contrato, el comprador podrá pagar, aun después de expirado el término, ínterin no haya sido requerido judicialmente o por acta notarial. Hecho el requerimiento, el Juez no podrá concederle nuevo término [1611].

1505. Respecto de los bienes muebles, la resolución de la venta tendrá lugar de pleno derecho, en interés del vendedor, cuando el comprador, antes de vencer el término fijado para la entrega de la cosa, no se haya presentado a recibirla, o, presentándose, no haya ofrecido al mismo tiempo el precio, salvo que para el pago de éste se hubiese pactado mayor dilación [1612].

[1609] Véanse arts. 329 y 330 CCom y 1466, 1467 y 1483 de la presente Ley

[1610] Véanse arts. 1295.2 y 1298 de la presente Ley

[1611] Véanse arts. 59 RH y 1100, 1124.3, 1125, 1291 y 1295 de la presente Ley

[1612] Véanse arts. 10 Ley 28/1998, de 13 de julio de Venta a Plazos de Bienes Muebles y 1124, 1500 y 1504 de la presente Ley

CAPÍTULO VI
De la resolución de la venta

1506. La venta se resuelve por las mismas causas que todas las obligaciones, y además por las expresadas en los capítulos anteriores, y por el retracto convencional o por el legal [1613].

SECCIÓN PRIMERA
Del retracto convencional

1507. Tendrá lugar el retracto convencional cuando el vendedor se reserve el derecho de recuperar la cosa vendida, con obligación de cumplir lo expresado en el art. 1518 y lo demás que se hubiese pactado [1614].

1508. El derecho de que trata el artículo anterior durará, a falta de pacto expreso, cuatro años contados desde la fecha del contrato.

En caso de estipulación, el plazo no podrá exceder de diez años [1615].

1509. Si el vendedor no cumple lo prescrito en el art. 1518, el comprador adquirirá irrevocablemente el dominio de la cosa vendida.

1510. El vendedor podrá ejercitar su acción contra todo poseedor que traiga su derecho del comprador, aunque en el segundo contrato no se haya hecho mención del retracto convencional; salvo lo dispuesto en la Ley Hipotecaria respecto de terceros [1616].

[1613] Véanse arts. 13.1 LAU y 1124, 1156, 1460, 1484, 1486, 1503 a 1505 y 1507 a 1525 de la presente Ley

[1614] Véanse arts. 2.1, 9.2, 13 y 23 LH, 175.6, 177, 180, 238 y 239 RH y 641 y 1572 de la presente Ley

[1615] Véanse arts. 1930 y 1938 de la presente Ley

[1616] Véanse arts. 37, 38 y 107.7 y 8 LH

1511. El comprador sustituye al vendedor en todos sus derechos y acciones [1617].

1512. Los acreedores del vendedor no podrán hacer uso del retracto convencional contra el comprador, sino después de haber hecho excusión en los bienes del vendedor [1618].

1513. El comprador con pacto de retroventa de una parte de finca indivisa que adquiera la totalidad de la misma en el caso del art. 404 , podrá obligar al vendedor a redimir el todo, si éste quiere hacer uso del retracto.

1514. Cuando varios, conjuntamente y en un solo contrato, vendan una finca indivisa con pacto de retro, ninguno de ellos podrá ejercitar este derecho más que por su parte respectiva.

Lo mismo se observará si el que ha vendido por sí solo una finca ha dejado varios herederos, en cuyo caso cada uno de éstos sólo podrá redimir la parte que hubiese adquirido [1619].

1515. En los casos del artículo anterior, el comprador podrá exigir de todos los vendedores o coherederos que se pongan de acuerdo sobre la redención de la totalidad de la cosa vendida; y, si así no lo hicieren, no se podrá obligar al comprador al retracto parcial [1620].

1516. Cada uno de los copropietarios de una finca indivisa, que hubiese vendido separadamente su parte, podrá ejercitar, con la misma separación, el derecho de retracto por su porción respectiva, y el comprador no podrá obligarle a redimir la totalidad de la finca [1621].

[1617] Véanse arts. 107.8 LH y 1525 y 1572 de la presente Ley
[1618] Véanse arts. 1111, 1831 y 1832 de la presente Ley
[1619] Véanse arts. 1515 y 1522.2 de la presente Ley
[1620] Véanse arts. 392 a 406 de la presente Ley
[1621] Véanse arts. 1138 y 1522 de la presente Ley

1517. Si el comprador dejare varios herederos, la acción de retracto no podrá ejercitarse contra cada uno sino por su parte respectiva, ora se halle indivisa, ora se haya distribuido entre ellos.

Pero, si se ha dividido la herencia, y la cosa vendida se ha adjudicado a uno de los herederos, la acción de retracto podrá intentarse contra él por el todo [1622].

1518. El vendedor no podrá hacer uso del derecho de retracto sin reembolsar al comprador el precio de la venta, y además [1623]:

1º) Los gastos del contrato y cualquier otro pago legítimo hecho para la venta.

2º) Los gastos necesarios y útiles hechos en la cosa vendida [1624].

1519. Cuando al celebrarse la venta hubiese en la finca frutos manifiestos o nacidos, no se hará abono ni prorrateo de los que haya al tiempo del retracto.

Si no los hubo al tiempo de la venta, y los hay al del retracto, se prorratearán entre el retrayente y el comprador, dando a éste la parte correspondiente al tiempo que poseyó la finca en el último año, a contar desde la venta [1625].

1520. El vendedor que recobre la cosa vendida, la recibirá libre de toda carga o hipoteca impuesta por el comprador, pero estará obligado a pasar por los arriendos que éste haya hecho de buena fe, y según costumbre del lugar en que radique [1626].

[1622] Véanse arts. 391 a 406 y 1138 de la presente Ley
[1623] Véanse arts. 25 LAU y 1509 y 1525 de la presente Ley
[1624] Véanse arts. 456, 1455, 1465 y 1507 de la presente Ley
[1625] Véanse arts. 356, 357, 451 y 455 de la presente Ley
[1626] Véanse arts. 11 y 37 LH, 175, 177 y 180 RH, 13.1 LAU, 1571 y 1572 de la presente Ley

SECCIÓN SEGUNDA
Del retracto legal

1521. El retracto legal es el derecho de subrogarse, con las mismas condiciones estipuladas en el contrato, en lugar del que adquiere una cosa por compra o dación en pago [1627].

1522. El copropietario de una cosa común podrá usar del retracto en el caso de enajenarse a un extraño la parte de todos los demás condueños o de alguno de ellos.

Cuando dos o más copropietarios quieran usar del retracto, sólo podrán hacerlo a prorrata de la porción que tengan en la cosa común [1628].

1523. También tendrán el derecho de retracto los propietarios de las tierras colindantes cuando se trate de la venta de una finca rústica cuya cabida no exceda de una hectárea [1629].

El derecho a que se refiere el párrafo anterior no es aplicable a las tierras colindantes que estuvieren separadas por arroyos, acequias, barrancos, caminos y otras servidumbres aparentes en provecho de otras fincas.

Si dos o más colindantes usan del retracto al mismo tiempo será preferido el que de ellos sea dueño de la tierra colindante de menor cabida; y si las dos la tuvieran igual, el que primero lo solicite [1630].

1524. No podrá ejercitarse el derecho de retracto legal sino dentro de nueve días contados desde la inscripción en el Registro, y en su

---

[1627] Véanse arts. 25 y 31 LAU, 8 LAR, 37.3 LH, 27 Ley 19/1995, de 4 de julio, de Modernización de las Explotaciones Agrarias y 1459.5, 1536 y 1636 a 1642 de la presente Ley

[1628] Véanse arts. 46 Ley 17/2001, de 7 de diciembre, de Marcas y 396 y 1067 de la presente Ley

[1629] Véanse arts. 8 LAR y 532 de la presente Ley

[1630] Véanse arts. 227 LRDA, 26.2 TR Ley del Suelo y 27 Ley 19/1995, de 4 de julio, de Modernización de las Explotaciones Agrarias defecto, desde que el retrayente hubiera tenido conocimiento de la venta [1631] .

El retracto de comuneros excluye el de colindantes [1632] .

1525. En el retracto legal tendrá lugar lo dispuesto en los arts. 1511 y 1518 [1633] .

CAPÍTULO VII
De la transmisión de créditos y demás derechos incorporales

1526. La cesión de un crédito, derecho o acción no surtirá efecto contra tercero sino desde que su fecha deba tenerse por cierta en conformidad a los arts. 1218 y 1227 [1634] .

Si se refiere a un inmueble, desde la fecha de su inscripción en el Registro [1635] .

1527. El deudor, que antes de tener conocimiento de la cesión satisfaga al acreedor, quedará libre de la obligación [1636] .

1528. La venta o cesión de un crédito comprende la de todos los derechos accesorios, como la fianza, hipoteca, prenda o privilegio [1637] .

1529. El vendedor de buena fe responderá de la existencia y legitimidad del crédito al tiempo de la venta, a no ser que se haya

---

[1631] Véanse arts. 27 Ley 19/1995, de 4 de julio, de Modernización de las Explotaciones Agrarias, 249.1 LEC y 1638 de la presente Ley

[1632] Véanse arts. 25 y 31 LAU, 8 LAR y 1642 de la presente Ley

[1633] Véanse arts. 25.3 LAU y 1067 y 1535 de la presente Ley

[1634] Véase art. 1280.6 de la presente Ley

[1635] Véanse arts. 24 y 150 a 152 LH, 24 y 31 Ley 16/2011, de 24 de junio, de contratos de crédito al consumo y 346 de la presente Ley

[1636] Véanse arts. 347 CCom, 151 LH, 242 RH, 24 y 31 Ley 16/2011, de 24 de junio, de contratos de crédito al consumo y 1157, 1198 y 1842 de la presente Ley

[1637] Véanse arts. 24 y 31 Ley 16/2011, de 24 de junio, de contratos de crédito al consumo y 1212 de la presente Ley vendido como dudoso; pero no de la solvencia del deudor, a menos de haberse estipulado expresamente, o de que la insolvencia fuese anterior y pública.

Aun en estos casos sólo responderá del precio recibido y de los gastos expresados en el número 1º del art. 1518 .

El vendedor de mala fe responderá siempre del pago de todos los gastos y de los daños y perjuicios [1638] .

1530. Cuando el cedente de buena fe se hubiese hecho responsable de la solvencia del deudor, y los contratantes no hubieran estipulado nada sobre la duración de la responsabilidad, durará ésta sólo un año, contado desde la cesión del crédito, si estaba ya vencido el plazo.

Si el crédito fuere pagadero en término o plazo todavía no vencido, la responsabilidad cesará un año después del vencimiento.

Si el crédito consistiere en una renta perpetua, la responsabilidad se extinguirá a los diez años, contados desde la fecha de la cesión.

1531. El que venda una herencia sin enumerar las cosas de que se compone, sólo estará obligado a responder de su cualidad de heredero [1639] .

1532. El que venda alzadamente o en globo la totalidad de ciertos derechos, rentas o productos, cumplirá con responder de la legitimidad del todo en general; pero no estará obligado al saneamiento de cada una de las partes de que se componga, salvo en el caso de evicción del todo o de la mayor parte [1640] .

[1638] Véanse arts. 65 RDLeg. 1/2010, de 2 de julio, por el que se aprueba el texto refundido de la Ley de Sociedades de Capital, 25.3 LAU, 348 CCom y 1101, 1107, 1129.1, 1206, 1461 y 1478 de la presente Ley

[1639] Véanse arts. 14 y 46 LH y 816, 1067, 1271, 1280, 1474 y 1476 de la presente Ley

[1640] Véase art. 64 1/2010, de 2 de julio, por el que se aprueba el texto refundido de la Ley de Sociedades de Capital

1533. Si el vendedor se hubiese aprovechado de algunos frutos o hubiese percibido alguna cosa de la herencia que vendiere, deberá abonarlos al comprador, si no se hubiese pactado lo contrario.

1534. El comprador deberá, por su parte, satisfacer al vendedor todo lo que éste haya pagado por las deudas y cargas de la herencia y por los créditos que tenga contra la misma, salvo pacto en contrario.

1535. Vendiéndose un crédito litigioso, el deudor tendrá derecho a extinguirlo, reembolsando al cesionario el precio que pagó, las costas que se le hubiesen ocasionado y los intereses del precio desde el día en que éste fue satisfecho.

Se tendrá por litigioso un crédito desde que se conteste a la demanda relativa al mismo.

El deudor podrá usar de su derecho dentro de nueve días, contados desde que el cesionario le reclame el pago.

1536. Se exceptúan de lo dispuesto en el artículo anterior la cesión o ventas hechas:

1º) A un coheredero o condueño del derecho cedido [1641].

2º) A un acreedor en pago de su crédito.

3º) Al poseedor de una finca sujeta al derecho litigioso que se ceda [1642].

[1641] Véanse arts. 17 LEC y 1518 de la presente Ley

[1642] Véanse arts. 241, 394, 398, 539 y 583 LEC y 1165, 1291.4 y 1785 de la presente Ley

CAPÍTULO VIII
Disposición general

1537. Todo lo dispuesto en este título se entiende con sujeción a lo que respecto de bienes inmuebles se determina en la Ley Hipotecaria [1643].

TÍTULO V
De la permuta

1538. La permuta es un contrato por el cual cada uno de los contratantes se obliga a dar una cosa para recibir otra [1644].

1539. Si uno de los contratantes hubiese recibido la cosa que se le prometió en permuta, y acreditase que no era propia del que la dio, no podrá ser obligado a entregar la que él ofreció en cambio, y cumplirá con devolver la que recibió [1645].

1540. El que pierda por evicción la cosa recibida en permuta, podrá optar entre recuperar la que dio en cambio, o reclamar la indemnización de daños y perjuicios; pero sólo podrá usar del derecho a recuperar la cosa que él entregó mientras ésta subsista en poder del otro permutante, y sin perjuicio de los derechos adquiridos entretanto sobre ella con buena fe por un tercero [1646].

[1643] Véanse arts. 37.3, 107.7 y 8 LH, 13 y 242 RH, 325 a 346 CCom y 153 y 154 LPAP

[1644] Véanse arts.346 CCom, 109 a 119 RBEL y 1446 de la presente Ley

[1645] Véanse arts.1100, 1124, 1451, 1466, 1502 y 1771 de la presente Ley

[1646] Véanse arts. 34 y 37 LH y 1475 a 1483 de la presente Ley

1541. En todo lo que no se halle especialmente determinado en este título, la permuta se regirá por las disposiciones concernientes a la venta [1647].

TÍTULO VI
Del contrato de arrendamiento

CAPÍTULO PRIMERO
Disposiciones generales

1542. El arrendamiento puede ser de cosas, o de obras o servicios [1648].

1543. En el arrendamiento de cosas, una de las partes se obliga a dar a la otra el goce o uso de una cosa por tiempo determinado y precio cierto [1649].

1544. En el arrendamiento de obras o servicios, una de las partes se obliga a ejecutar una obra o a prestar a la otra un servicio por precio cierto [1650].

1545. Los bienes fungibles que se consumen con el uso no pueden ser materia de este contrato [1651].

[1647] Véanse arts.11 LH y 1445 a 1537 de la presente Ley
[1648] Véanse arts. 244 CCom y 1543, 1544, 1546, 1665 y 1709 de la presente Ley
[1649] Véanse arts. 1 LAR y 1447 de la presente Ley
[1650] Véanse arts. 13, 17 y 102 Ley 9/2017, de 8 de noviembre, de Contratos del Sector Público y 1583 a 1603 de la presente Ley
[1651] Véanse arts. 52.7 LEC y 337 de la presente Ley

CAPÍTULO II
De los arrendamientos de fincas rústicas y urbanas

SECCIÓN PRIMERA
Disposiciones generales

1546. Se llama arrendador al que se obliga a ceder el uso de la cosa, ejecutar la obra o prestar el servicio; y arrendatario al que adquiere el uso de la cosa o el derecho a la obra o servicio que se obliga a pagar [1652].

1547. Cuando hubiese comenzado la ejecución de un contrato de arrendamiento verbal y faltare la prueba del precio convenido, el arrendatario devolverá al arrendador la cosa arrendada, abonándole, por el tiempo que la haya disfrutado, el precio que se regule [1653].

1548. [1654] Los progenitores o tutores, respecto de los bienes de los menores, y los administradores de bienes que no tengan poder especial, no podrán dar en arrendamiento las cosas por término que exceda de seis años [1655].

1549. Con relación a terceros, no surtirán efecto los arrendamientos de bienes raíces que no se hallen debidamente inscritos en el Registro de la Propiedad [1656].

1550. Cuando en el contrato de arrendamiento de cosas no se prohíba expresamente, podrá el arrendatario subarrendar en todo o

---

[1652] Véanse arts. 122 LPAP y 1575 a 1582 de la presente Ley
[1653] Véanse arts. 37 LAU, 13 a 15 LAR y 1289 y 1543 de la presente Ley
[1654] Dada nueva redacción por art. 2 apartado 59 de Ley 8/2021 de 2 de junio de 2021, con vigencia desde 03/09/2021
[1655] Véanse arts. 2.5 LH, 9.4 LAR, y 163, 272.4 y 1713 de la presente Ley
[1656] Véanse arts. 2.5 y 32 a 38 LH, 13 RH, 14 y 29 LAU, 16 LAR, 1280.2 y 1571 de la presente Ley

en parte la cosa arrendada, sin perjuicio de su responsabilidad al cumplimiento del contrato para con el arrendador [1657].

1551. Sin perjuicio de su obligación para con el subarrendador, queda el subarrendatario obligado a favor del arrendador por todos los actos que se refieran al uso y conservación de la cosa arrendada en la forma pactada entre el arrendador y el arrendatario [1658].

1552. El subarrendatario queda también obligado para con el arrendador por el importe del precio convenido en el subarriendo que se halle debiendo al tiempo del requerimiento, considerando no hechos los pagos adelantados a no haberlos verificado con arreglo a la costumbre [1659].

1553. Son aplicables al contrato de arrendamiento las disposiciones sobre saneamiento contenidas en el título de la compraventa.

En los casos en que proceda la devolución del precio, se hará la disminución proporcional al tiempo que el arrendatario haya disfrutado de la cosa [1660].

SECCIÓN SEGUNDA
De los derechos y obligaciones del arrendador y del arrendatario

1554. El arrendador está obligado:

1º) A entregar al arrendatario la cosa objeto del contrato [1661].

[1657] Véanse arts. 8, 27 y 35 LAU y 23 LAR
[1658] Véanse arts. 8 y 32 LAU y 23 LAR
[1659] Véanse arts. 8 y 32 LAU
[1660] Véanse arts. 1474 a 1499, 1553.1 y 2 de la presente Ley
[1661] Véanse arts. 2 y 9 LAU y 1 LAR

2º) A hacer en ella durante el arrendamiento todas las reparaciones necesarias a fin de conservarla en estado de servir para el uso a que ha sido destinada [1662].

3º) A mantener al arrendatario en el goce pacífico del arrendamiento por todo el tiempo del contrato [1663].

1555. El arrendatario está obligado:

1º) A pagar el precio del arrendamiento en los términos convenidos.

2º) A usar de la cosa arrendada como un diligente padre de familia, destinándola al uso pactado; y, en defecto de pacto, al que se infiera de la naturaleza de la cosa arrendada según la costumbre de la tierra.

3º) A pagar los gastos que ocasione la escritura del contrato.

1556. Si el arrendador o el arrendatario no cumplieren las obligaciones expresadas en los artículos anteriores, podrán pedir la rescisión del contrato y la indemnización de daños y perjuicios, o sólo esto último, dejando el contrato subsistente [1664].

1557. El arrendador no puede variar la forma de la cosa arrendada [1665].

1558. Si durante el arrendamiento es necesario hacer alguna reparación urgente en la cosa arrendada que no pueda diferirse hasta la conclusión del arriendo, tiene el arrendatario obligación de tolerar la obra, aunque le sea muy molesta, y aunque durante ella se vea privado de una parte de la finca [1666].

[1662] Véanse arts. 17 a 19, 21, 23, 25 y 29 a 31 LAU y 1559.2 de la presente Ley

[1663] Véanse arts. 27.3 LAU y 1553 y 1560 de la presente Ley

[1664] Véanse arts. 26 a 28 y 35 LAU, 17 a 20 y 26 LAR y 1124 y 1569 de la presente Ley

[1665] Véanse arts. 21 a 23 y 26 y 30 LAU, 8 y 11.2 LAR y 489 y 1554.3 de la presente Ley

[1666] Véanse arts. 22, 26, 30 LAU y 17 LAR

Si la reparación dura más de cuarenta días, debe disminuirse el precio del arriendo a proporción del tiempo y de la parte de la finca de que el arrendatario se vea privado.

Si la obra es de tal naturaleza que hace inhabitable la parte que el arrendatario y su familia necesitan para su habitación, puede éste rescindir el contrato [1667].

1559. El arrendatario está obligado a poner en conocimiento del propietario, en el más breve plazo posible, toda usurpación o novedad dañosa que otro haya realizado o abiertamente prepare en la cosa arrendada.

También está obligado a poner en conocimiento del dueño, con la misma urgencia, la necesidad de todas las reparaciones comprendidas en el número 2º del art. 1554 .

En ambos casos será responsable el arrendatario de los daños y perjuicios que por su negligencia se ocasionaren al propietario [1668].

1560. El arrendador no está obligado a responder de la perturbación de mero hecho que un tercero causare en el uso de la finca arrendada; pero el arrendatario tendrá acción directa contra el perturbador.

No existe perturbación de hecho cuando el tercero, ya sea la Administración, ya un particular, ha obrado en virtud de un derecho que le corresponde [1669].

1561. El arrendatario debe devolver la finca, al concluir el arriendo, tal como la recibió, salvo lo que hubiese perecido o se hubiera menoscabado por el tiempo o por causa inevitable [1670].

[1667] Véanse arts.21 LAU y 17 a 21 LAR
[1668] Véanse arts. 21.3 y 30 LAU y 446 y 511 de la presente Ley
[1669] Véanse arts. 249 y 250.1 LEC y 446 y 1554.3 de la presente Ley
[1670] Véanse arts. 23 y 24 LAU, 8.1, 20.2 y 27 LAR y 1094 y 1573 de la presente Ley

1562. A falta de expresión del estado de la finca al tiempo de arrendarla, la ley presume que el arrendatario la recibió en buen estado, salvo prueba en contrario [1671].

1563. El arrendatario es responsable del deterioro o pérdida que tuviere la cosa arrendada, a no ser que pruebe haberse ocasionado sin culpa suya [1672].

1564. El arrendatario es responsable del deterioro causado por las personas de su casa [1673].

1565. Si el arrendamiento se ha hecho por tiempo determinado, concluye el día prefijado sin necesidad de requerimiento [1674].

1566. Si al terminar el contrato, permanece el arrendatario disfrutando quince días de la cosa arrendada con aquiescencia del arrendador, se entiende que hay tácita reconducción por el tiempo que establecen los arts. 1577 y 1581, a menos que haya precedido requerimiento [1675].

1567. En el caso de la tácita reconducción, cesan respecto de ella las obligaciones otorgadas por un tercero para la seguridad del contrato principal [1676].

[1671] Véanse arts. 385 LEC y 1251 de la presente Ley

[1672] Véanse arts. 21 y 27 d LAU, 25 f LAR y 1101 y 1182 de la presente Ley

[1673] Véanse arts. 21 y 27 d LAU y 1783, 1784, 1903 y 1910 de la presente Ley

[1674] Véanse arts. 9 y 34 LAU, 12 y 24 b LAR y 1543, 1569, 1577, 1581 y 1656 de la presente Ley

[1675] Véanse arts. 10 y disposición transitoria 1.1 y 2 y 3.5 LAU, 12.3 LAR y 1567 y 1569 de la presente Ley

[1676] Véanse arts. 1207 y 1851 de la presente Ley

1568. Si se pierde la cosa arrendada o alguno de los contratantes falta al cumplimiento de lo estipulado, se observará, respectivamente, lo dispuesto en los arts. 1182 y 1183 y en los 1101 y 1124 [1677].

1569. El arrendador podrá desahuciar judicialmente al arrendatario por alguna de las causas siguientes:

1ª) Haber expirado el término convencional o el que se fija para la duración de los arrendamientos en los arts. 1577 y 1581 [1678].

2ª) Falta de pago en el precio convenido.

3ª) Infracción de cualquiera de las condiciones estipuladas en el contrato.

4ª) Destinar la cosa arrendada a usos o servicios no pactados que la hagan desmerecer; o no sujetarse en su uso a lo que se ordena en el número 2º del art. 1555 [1679].

1570. Fuera de los casos mencionados en el artículo anterior, tendrá el arrendatario derecho a aprovechar los términos establecidos en los arts. 1577 y 1581.

1571. El comprador de una finca arrendada tiene derecho a que termine el arriendo vigente al verificarse la venta, salvo pacto en contrario y lo dispuesto en la Ley Hipotecaria.

Si el comprador usare de este derecho, el arrendatario podrá exigir que se le deje recoger los frutos de la cosecha que corresponda al año agrícola corriente y que el vendedor le indemnice los daños y perjuicios que se le causen [1680].

[1677] Véanse arts.21.1, 27, 28 y 35 LAU, 24 a LAR y 1101 y 1124 de la presente Ley

[1678] Véanse arts. 22.4, 250, 439, 444 y 449 LEC, 27.2 y 35 LAU y 25 LAR

[1679] Véanse arts. 28 LAU, 26 LAR y 19 LPH

[1680] Véanse arts. 2.5 y 34 LH, 13 RH, 14, 25 y disposición adicional 2 LAU, 22 LAR, 22 LEC y 1280 y 1549 de la presente Ley

1572. El comprador con pacto de retraer no puede usar de la facultad de desahuciar al arrendatario hasta que haya concluido el plazo para usar del retracto [1681].

1573. El arrendatario tendrá, respecto de las mejoras útiles y voluntarias, el mismo derecho que se concede al usufructuario [1682].

1574. Si nada se hubiere pactado sobre el lugar y tiempo del pago del arrendamiento, se estará, en cuanto al lugar, a lo dispuesto en el art. 1171 ; y, en cuanto al tiempo, a la costumbre de la tierra [1683].

SECCIÓN TERCERA
Disposiciones especiales para los arrendamientos de predios rústicos

1575. El arrendatario no tendrá derecho a rebaja de la renta por esterilidad de la tierra arrendada o por pérdida de frutos proveniente de casos fortuitos ordinarios; pero sí, en caso de pérdida de más de la mitad de frutos por casos fortuitos extraordinarios e imprevistos, salvo siempre el pacto especial en contrario.

Entiéndese por casos fortuitos extraordinarios: el incendio, guerra, peste, inundación insólita, langosta, terremoto u otro igualmente desacostumbrado, y que los contratantes no hayan podido racionalmente prever [1684].

1576. Tampoco tiene el arrendatario derecho a rebaja de la renta cuando los frutos se han perdido después de estar separados de su raíz o tronco [1685].

[1681] Véanse arts. 13, 14, 25, 29 y 31 LAU, 23 LAR y 1507 a 1509, 1520 y 1571 de la presente Ley

[1682] Véanse arts. 19, 22, 23, 30 y 32.2 LAU, 20, 21 y disposición adicional 1 LAR y 487 y 488 de la presente Ley

[1683] Véanse arts. 17 LAU, 12 a 16 LAR y 155.1 de la presente Ley

[1684] Véanse arts. 13 a 16 LAR y 1104 de la presente Ley

[1685] Véanse arts. 451.2, 452 a 456, 1183, 1486, 1488 y 1489 de la presente Ley

1577. El arrendamiento de un predio rústico, cuando no se fija su duración, se entiende hecho por todo el tiempo necesario para la recolección de los frutos que toda la finca arrendada diere en un año o pueda dar por una vez, aunque pasen dos o más años para obtenerlos.

El de tierras labrantías, divididas en dos o más hojas, se entiende por tantos años cuantas sean éstas [1686].

1578. El arrendatario saliente debe permitir al entrante el uso del local y demás medios necesarios para las labores preparatorias del año siguiente; y, recíprocamente, el entrante tiene obligación de permitir al colono saliente lo necesario para la recolección y aprovechamiento de los frutos, todo con arreglo a la costumbre del pueblo [1687].

1579. El arrendamiento por aparcería de tierras de labor, ganados de cría o establecimientos fabriles e industriales, se regirá por las disposiciones relativas al contrato de sociedad y por las estipulaciones de las partes, y, en su defecto, por la costumbre de la tierra [1688].

SECCIÓN CUARTA
Disposiciones especiales para el arrendamiento de predios urbanos

1580. En defecto de pacto especial, se estará a la costumbre del pueblo para las reparaciones de los predios urbanos que deban ser de cuenta del propietario. En caso de duda se entenderán de cargo de éste [1689].

1581. Si no se hubiese fijado plazo al arrendamiento, se entiende hecho por años cuando se ha fijado un alquiler anual, por meses cuando es mensual, por días cuando es diario.

[1686] Véanse arts. 12 LAR, 28 Ley 19/1995, de 4 de julio, de Modernización de las Explotaciones Agrarias y 480, 1565, 1566 y 1571 de la presente Ley

[1687] Véase art. 27 LAR

[1688] Véanse arts. 28 a 32 LAR

[1689] Véanse arts. 21, 27.3 y 30 LAU y 1554.2 de la presente Ley

En todo caso cesa el arrendamiento, sin necesidad de requerimiento especial, cumplido el término [1690].

1582. Cuando el arrendador de una casa, o de parte de ella, destinada a la habitación de una familia, o de una tienda, o almacén, o establecimiento industrial, arrienda también los muebles, el arrendamiento de éstos se entenderá por el tiempo que dure el de la finca arrendada [1691].

CAPÍTULO III
Del arrendamiento de obras y servicios

SECCIÓN PRIMERA
Del servicio de criados y trabajadores asalariados

1583. Puede contratarse esta clase de servicios sin tiempo fijo, por cierto tiempo, o para una obra determinada. El arrendamiento hecho por toda la vida es nulo [1692].

1584. El criado doméstico destinado al servicio personal de su amo, o de la familia de éste, por tiempo determinado, puede despedirse y ser despedido antes de expirar el término; pero, si el amo despide al criado sin justa causa, debe indemnizarle pagándole el salario devengado y el de quince días más [1693].

El amo será creído, salvo prueba en contrario:

1º) Sobre el tanto del salario del sirviente doméstico.

[1690] Véanse arts. 9 y 34 LAU y 1124, 1565 y 1566 de la presente Ley

[1691] Véanse arts. 2 y 7 LAU

[1692] Véanse arts. 311 a 318 CP y 1255, 1271, 1272 y 1544 de la presente Ley

[1693] Véase art. 2 ET

2º) Sobre el pago de los salarios devengados en el año corriente [1694].

1585. Además de lo prescrito en los artículos anteriores, se observará acerca de los amos y sirvientes lo que determinen las leyes y reglamentos especiales [1695].

1586. Los criados de labranza, menestrales, artesanos y demás trabajadores asalariados por cierto término para cierta obra, no pueden despedirse ni ser despedidos antes del cumplimiento del contrato, sin justa causa [1696].

1587. La despedida de los criados, menestrales, artesanos y demás trabajadores asalariados, a que se refieren los artículos anteriores, da derecho para desposeerles de la herramienta y edificios que ocuparen por razón de su cargo [1697].

SECCIÓN SEGUNDA
De las obras por ajuste o precio alzado

1588. Puede contratarse la ejecución de una obra conviniendo en que el que la ejecute ponga solamente su trabajo o su industria, o que también suministre el material [1698].

[1694] Téngase en cuenta RD 1424/1985, de 1 de agosto, por el que se regula la Relación Laboral de carácter Especial del Servicio del Hogar Familiar

[1695] Véase art. 1584 de la presente Ley

[1696] Véanse arts. 49 a 57 ET

[1697] Véanse arts. 5 a) LAU, 54 y 56 ET, 283 LPL, 231 y 168 Ley 9/2017, de 8 de noviembre, de Contratos del Sector Público y 430, 441, 444 y 460.4 de la presente Ley

[1698] Véanse arts. 60.2 RH, 1 y 2 LOE y 1544, 1589 y 1590 de la presente Ley

1589. Si el que contrató la obra se obligó a poner el material, debe sufrir la pérdida en el caso de destruirse la obra antes de ser entregada, salvo si hubiese habido morosidad en recibirla [1699].

1590. El que se ha obligado a poner sólo su trabajo o industria, no puede reclamar ningún estipendio si se destruye la obra antes de haber sido entregada, a no ser que haya habido morosidad para recibirla, o que la destrucción haya provenido de la mala calidad de los materiales, con tal que haya advertido oportunamente esta circunstancia al dueño [1700].

1591. El contratista de un edificio que se arruinase por vicios de la construcción, responde de los daños y perjuicios si la ruina tuviere lugar dentro de diez años, contados desde que concluyó la construcción; igual responsabilidad, y por el mismo tiempo, tendrá el arquitecto que la dirigiere, si se debe la ruina a vicio del suelo o de la dirección.

Si la causa fuere la falta del contratista a las condiciones del contrato, la acción de indemnización durará quince años [1701].

1592. El que se obliga a hacer una obra por piezas o por medida, puede exigir del dueño que la reciba por partes y que la pague en proporción. Se presume aprobada y recibida la parte satisfecha [1702].

1593. El arquitecto o contratista que se encarga por un ajuste alzado de la construcción de un edificio u otra obra en vista de un plano convenido con el propietario del suelo, no puede pedir aumento de precio aunque se haya aumentado el de los jornales o materiales; pero podrá hacerlo cuando se haya hecho algún cambio en el plano que

[1699] Véanse arts. 197 Ley 9/2017, de 8 de noviembre, de Contratos del Sector Público, 6 LOE y 1185 y 1452.3 de la presente Ley

[1700] Véanse arts. 1096, 1098, 1182, 1452 y 1588 de la presente Ley

[1701] Véanse arts. 233.4, 238, 244 y 315.2 Ley. 9/2017, de 8 de noviembre, de Contratos del Sector Público, 3.1, 8, 17, 65 y disposición adicional 7 LOE y 1137, 1484, 1553, 1596, 1907, 1909 y 1964 de la presente Ley

[1702] Véanse disposición adicional 1 LOE y arts. 1169, 1250 y 1251 de la presente Ley produzca aumento de obra, siempre que hubiese dado su autorización el propietario [1703].

1594. El dueño puede desistir, por su sola voluntad, de la construcción de la obra aunque se haya empezado, indemnizando al contratista de todos sus gastos, trabajo y utilidad que pudiera obtener de ella [1704].

1595. Cuando se ha encargado cierta obra a una persona por razón de sus cualidades personales, el contrato se rescinde por la muerte de esta persona.

En este caso el propietario debe abonar a los herederos del constructor, a proporción del precio convenido, el valor de la parte de obra ejecutada y de los materiales preparados, siempre que de estos materiales reporte algún beneficio.

Lo mismo se entenderá si el que contrató la obra no puede acabarla por alguna causa independiente de su voluntad [1705].

1596. El contratista es responsable del trabajo ejecutado por las personas que ocupare en la obra [1706].

1597. Los que ponen su trabajo y materiales en una obra ajustada alzadamente por el contratista, no tienen acción contra el dueño de ella sino hasta la cantidad que éste adeude a aquél cuando se hace la reclamación [1707].

1598. Cuando se conviniere que la obra se ha de hacer a satisfacción del propietario, se entiende reservada la aprobación, a falta de conformidad, al juicio pericial correspondiente.

[1703] Véanse arts. 96, 241 y 242 Ley 9/2017, de 8 de noviembre, de Contratos del Sector Público y 1256, 1258, 1262, 1445 y 1543 de la presente Ley

[1704] Véanse arts. 245 Ley 9/2017, de 8 de noviembre, de Contratos del Sector Público y 1161, 1256 y 1733 de la presente Ley

[1705] Véanse arts. 709 LEC y 1161, 1184, 1732, 1739 y 1742 de la presente Ley

[1706] Véanse arts. 5 y 17.3 y 6 LOE y 1721 y 1903.4 de la presente Ley

[1707] Véanse arts. 42.8 y 59 a 64 LH, 42 ET y 1922.1 y 1923.3 de la presente Ley

Si la persona que ha de aprobar la obra es un tercero, se estará a lo que éste decida [1708].

1599. Si no hubiere pacto o costumbre en contrario, el precio de la obra deberá pagarse al hacerse la entrega [1709].

1600. El que ha ejecutado una obra en cosa mueble tiene el derecho de retenerla en prenda hasta que se le pague [1710].

SECCIÓN TERCERA
De los transportes por agua y tierra, tanto de personas como de cosas

1601. Los conductores de efectos por tierra o por agua están sujetos, en cuanto a la guarda y conservación de las cosas que se les confían, a las mismas obligaciones que respecto a los posaderos se determinan en los arts. 1783 y 1784.

Lo dispuesto en este artículo se entiende sin perjuicio de lo que respecto a transportes por mar y tierra establece el Código de Comercio [1711].

1602. Responden igualmente los conductores de la pérdida y de las averías de las cosas que reciben, a no ser que prueben que la pérdida o la avería ha provenido de caso fortuito o de fuerza mayor [1712].

[1708] Véanse arts. 6 LOE, 210 Ley 9/2017, de 8 de noviembre, de Contratos del Sector Público y 1447, 1453 y 1690 de la presente Ley

[1709] Véanse arts. 1100, 1101 y 1500 de la presente Ley

[1710] Véanse arts. 453, 1730, 1780, 1858, 1922, 1926 y 1927 de la presente Ley

[1711] Véanse arts. 306, 349 a 379 y 652 a 718 CCom

[1712] Véanse arts. 361 a 367 y 806 a 809 CCom y 1105 y 1183 de la presente Ley

1603. Lo dispuesto en estos artículos se entiende sin perjuicio de lo que prevengan las leyes y los reglamentos especiales [1713].

TÍTULO VII
De los censos

CAPÍTULO PRIMERO
Disposiciones generales

1604. Se constituye el censo cuando se sujetan algunos bienes inmuebles al pago de un canon o rédito anual en retribución de un capital que se recibe en dinero, o del dominio pleno o menos pleno que se transmite de los mismos bienes [1714].

1605. Es enfitéutico el censo cuando una persona cede a otra el dominio útil de una finca, reservándose el directo y el derecho a percibir del enfiteuta una pensión anual en reconocimiento de este mismo dominio [1715].

1606. Es consignativo el censo, cuando el censatario impone sobre un inmueble de su propiedad el gravamen del canon o pensión que se obliga a pagar al censualista por el capital que de éste recibe en dinero [1716].

1607. Es reservativo el censo, cuando una persona cede a otra el pleno dominio de un inmueble, reservándose el derecho a percibir

---

[1713] Véanse arts. 349 a 379 y 652 a 718 CCom y Ley 16/1987, de 30 de julio, de Ordenación de los Transportes Terrestres

[1714] Véanse arts. 2.2, 115, 116 y 148 LH, 216 RH y 334, 1605 a 1607 de la presente Ley

[1715] Véanse arts. 596, 867 y 1628 a 1656 de la presente Ley

[1716] Véanse arts. 1657 a 1660 de la presente Ley

sobre el mismo inmueble una pensión anual que deba pagar el censatario [1717].

1608. Es de la naturaleza del censo que la cesión del capital o de la cosa inmueble sea perpetua o por tiempo indefinido; sin embargo, el censatario podrá redimir el censo a su voluntad aunque se pacte lo contrario; siendo esta disposición aplicable a los censos que hoy existen.

Puede, no obstante, pactarse que la redención del censo no tenga lugar durante la vida del censualista o de una persona determinada, o que no pueda redimirse en cierto número de años, que no excederá de veinte en el consignativo, ni de sesenta en el reservativo y enfitéutico [1718].

1609. Para llevar a efecto la redención, el censatario deberá avisarlo al censualista con un año de antelación, o anticiparle el pago de una pensión anual.

1610. Los censos no pueden redimirse parcialmente sino en virtud de pacto expreso.

Tampoco podrán redimirse contra la voluntad del censualista, sin estar al corriente el pago de las pensiones [1719].

1611. Para la redención de los censos constituidos antes de la promulgación de este Código, si no fuere conocido el capital, se regulará éste por la cantidad que resulte, computada la pensión al 3 por 100.

Si la pensión se paga en frutos, se estimarán éstos, para determinar el capital, por el precio medio que hubiesen tenido en el último quinquenio.

Lo dispuesto en este artículo no será aplicable a los foros, subforos, derechos de superficie y cualesquiera otros gravámenes semejantes en

[1717] Véanse arts. 1661 a 1664 de la presente Ley
[1718] Véanse arts. 148 LH y 1086, 1651, 1658 y 1662 de la presente Ley
[1719] Véanse arts. 1086, 1169, 1173 y 1514 a 1517 de la presente Ley

los cuales el principio de la redención de los dominios será regulado por una ley especial [1720].

1612. Los gastos que se ocasionen para la redención y liberación del censo serán de cuenta del censatario, salvo los que se causen por oposición temeraria, a juicio de los Tribunales [1721].

1613. La pensión o canon de los censos se determinará por las partes al otorgar el contrato [1722].

Podrá consistir en dinero o frutos [1723].

1614. Las pensiones se pagarán en los plazos convenidos; y, a falta de convenio, si consisten en dinero, por años vencidos a contar desde la fecha del contrato, y, si en frutos, al fin de la respectiva recolección [1724].

1615. Si no se hubiere designado en el contrato el lugar en que hayan de pagarse las pensiones, se cumplirá esta obligación en el que radique la finca gravada con el censo, siempre que el censualista o su apoderado tuvieren su domicilio en el término municipal del mismo pueblo. No teniéndolo, y sí el censatario, en el domicilio de éste se hará el pago [1725].

1616. El censualista, al tiempo de entregar el recibo de cualquier pensión, puede obligar al censatario a que le dé un resguardo en que conste haberse hecho el pago.

[1720] Véanse arts. 16 y 69 RH y 53 y 54 TR Ley del Suelo
[1721] Véase art. 394 LEC
[1722] Véase art. 1629 de la presente Ley
[1723] Véanse arts. 1630, 1657 y 1663 de la presente Ley
[1724] Véase art. 1630 de la presente Ley
[1725] Véase art. 1171 de la presente Ley

1617. Pueden transmitirse a título oneroso o lucrativo las fincas gravadas con censos, y lo mismo el derecho a percibir la pensión [1726].

1618. No pueden dividirse entre dos o más personas las fincas gravadas con censo sin el consentimiento expreso del censualista, aunque se adquieran a título de herencia.

Cuando el censualista permita la división, se designará con su consentimiento la parte del censo con que quedará gravada cada porción, constituyéndose tantos censos distintos cuantas sean las porciones en que se divida la finca [1727].

1619. Cuando se intente adjudicar la finca gravada con censo a varios herederos, y el censualista no preste su consentimiento para la división, se pondrá a licitación entre ellos.

A falta de conformidad, o no ofreciéndose por alguno de los interesados el precio de tasación, se venderá la finca con la carga, repartiéndose el precio entre los herederos [1728].

1620. Son prescriptibles tanto el capital como las pensiones de los censos, conforme a lo que se dispone en el Título XVIII de este Libro [1729].

1621. A pesar de lo dispuesto en el art. 1110 , será necesario el pago de dos pensiones consecutivas para suponer satisfechas todas las anteriores.

1622. El censatario está obligado a pagar las contribuciones y demás impuestos que afecten a la finca acensuada.

[1726] Véanse arts. 1636, 1637 y 1644 de la presente Ley
[1727] Véanse arts. 400, 405, 867 y 1086 de la presente Ley
[1728] Véanse arts. 404, 1062 y 1618 de la presente Ley
[1729] Véanse arts. 1930 a 1975 de la presente Ley

Al verificar el pago de la pensión podrá descontar de ella la parte de los impuestos que corresponda al censualista [1730].

1623. Los censos producen acción real sobre la finca gravada. Además de la acción real podrá el censualista ejercitar la personal para el pago de las pensiones atrasadas, y de los daños e intereses cuando hubiere lugar a ello [1731].

1624. El censatario no podrá pedir el perdón o reducción de la pensión por esterilidad accidental de la finca, ni por la pérdida de sus frutos [1732].

1625. Si por fuerza mayor o caso fortuito se pierde o inutiliza totalmente la finca gravada con censo, quedará éste extinguido, cesando el pago de la pensión.

Si se pierde sólo en parte, no se eximirá el censatario de pagar la pensión, a no ser que prefiera abandonar la finca al censualista.

Interviniendo culpa del censatario, quedará sujeto, en ambos casos, al resarcimiento de daños y perjuicios [1733].

1626. En el caso del párrafo primero del artículo anterior, si estuviere asegurada la finca, el valor del seguro quedará afecto al pago del capital del censo y de las pensiones vencidas, a no ser que el censatario prefiera invertirlo en reedificar la finca en cuyo caso revivirá el censo con todos sus efectos, incluso el pago de las pensiones no satisfechas. El censualista podrá exigir del censatario que asegure la inversión del valor del seguro en la reedificación de la finca [1734].

[1730] Véanse arts.504, 505 y 1575 de la presente Ley
[1731] Véanse arts. 116 LH, 216 RH y 1659 de la presente Ley
[1732] Véanse arts. 1575 y 1576 de la presente Ley
[1733] Véanse arts. 457, 1101 y 1575 de la presente Ley
[1734] Véanse arts. 517 y 518 de la presente Ley

1627. Si la finca gravada con censo fuere expropiada por causa de utilidad pública, su precio estará afecto al pago del capital del censo y de las pensiones vencidas, quedando éste extinguido.

La precedente disposición es también aplicable al caso en que la expropiación forzosa sea solamente de parte de la finca, cuando su precio baste para cubrir el capital del censo.

Si no bastare, continuará gravando el censo sobre el resto de la finca, siempre que su precio sea suficiente para cubrir el capital censual y un 25 por 100 más del mismo. En otro caso estará obligado el censatario a sustituir con otra garantía la parte expropiada, o a redimir el censo, a su elección, salvo lo dispuesto para el enfitéutico en el art. 1631 [1735].

CAPÍTULO II
Del censo enfitéutico

SECCIÓN PRIMERA
Disposiciones relativas a la enfiteusis

1628. El censo enfitéutico sólo puede establecerse sobre bienes inmuebles y en escritura pública [1736].

1629. Al constituirse el censo enfitéutico se fijará en el contrato, bajo pena de nulidad, el valor de la finca y la pensión anual que haya de satisfacerse [1737].

1630. Cuando la pensión consista en una cantidad determinada de frutos, se fijarán en el contrato su especie y calidad.

Si consiste en una parte alícuota de los que produzca la finca, a falta de pacto expreso sobre la intervención que haya de tener el dueño

---

[1735] Véanse arts. 71 LEF, 87 REF y 519, 1631 y 1659 de la presente Ley

[1736] Véanse arts. 1279, 1280 y 1605 de la presente Ley

[1737] Véanse arts. 6.3 y 1613 de la presente Ley

directo, deberá el enfiteuta darle aviso previo, o a su representante, del día en que se proponga comenzar la recolección de cada clase de frutos, a fin de que pueda, por sí mismo o por medio de su representante, presenciar todas las operaciones hasta percibir la parte que le corresponda.

Dado el aviso, el enfiteuta podrá levantar la cosecha, aunque no concurra el dueño directo ni su representante o interventor [1738].

1631. En el caso de expropiación forzosa se estará a lo dispuesto en el párrafo primero del art. 1627 , cuando sea expropiada toda la finca.

Si sólo lo fuere en parte, se distribuirá el precio de lo expropiado entre el dueño directo y el útil, recibiendo aquél la parte del capital del censo que proporcionalmente corresponda a la parte expropiada, según el valor que se dio a toda la finca al constituirse el censo o que haya servido de tipo para la redención, y el resto corresponderá al enfiteuta.

En este caso continuará el censo sobre el resto de la finca, con la correspondiente reducción en el capital y las pensiones, a no ser que el enfiteuta opte por la redención total o por el abandono a favor del dueño directo.

Cuando, conforme a lo pactado, deba pagarse laudemio, el dueño directo percibirá lo que por este concepto le corresponda sólo de la parte del precio que pertenezca al enfiteuta [1739].

1632. El enfiteuta hace suyos los productos de la finca y de sus accesiones.

Tiene los mismos derechos que corresponderían al propietario en los tesoros y minas que se descubran en la finca enfitéutica [1740].

[1738] Véanse arts. 1614 de la presente Ley

[1739] Véanse arts. 395 y 1644 a 1646 de la presente Ley

[1740] Véanse arts. 41.3 y 44 Ley 16/1985, de 25 de junio, del Patrimonio Histórico Español, 16.1, 25.1 y 31 Ley 22/1973, de 21 de julio, de Minas y 350 a 358 de la presente Ley

1633. Puede el enfiteuta disponer del predio enfitéutico y de sus accesiones tanto por actos entre vivos como de última voluntad, dejando a salvo los derechos del dueño directo, y con sujeción a lo que establecen los artículos que siguen [1741].

1634. Cuando la pensión consista en una parte alícuota de los frutos de la finca enfitéutica, no podrá imponerse servidumbre ni otra carga que disminuya los productos sin consentimiento expreso del dueño directo [1742].

1635. El enfiteuta podrá donar o permutar libremente la finca, poniéndolo en conocimiento del dueño directo [1743].

1636. Corresponden recíprocamente al dueño directo y al útil el derecho de tanteo y el de retracto, siempre que vendan o den en pago su respectivo dominio sobre la finca enfitéutica.

Esta disposición no es aplicable a las enajenaciones forzosas por causa de utilidad pública [1744].

1637. Para los efectos del artículo anterior, el que trate de enajenar el dominio de una finca enfitéutica deberá avisarlo al otro condueño, declarándole el precio definitivo que se le ofrezca, o en que pretenda enajenar su dominio.

Dentro de los veinte días siguientes al del aviso, podrá el condueño hacer uso del derecho de tanteo, pagando el precio indicado. Si no lo verifica, perderá este derecho y podrá llevarse a efecto la enajenación [1745].

1638. Cuando el dueño directo, o el enfiteuta en su caso, no haya hecho uso del derecho de tanteo a que se refiere el artículo anterior,

---

[1741] Véanse arts. 480, 1635, 1636 y 1644 de la presente Ley

[1742] Véase art. 596 de la presente Ley

[1743] Véase art. 480 de la presente Ley

[1744] Véanse arts. 25 LAU y 8 LAR y 1521 de la presente Ley

[1745] Véanse arts. 1639, 1640, 1646 y 1656.6 de la presente Ley podrá utilizar el de retracto para adquirir la finca por el precio de la enajenación.

En este caso deberá utilizarse el retracto dentro de los nueve días útiles siguientes al del otorgamiento de la escritura de venta. Si ésta se ocultare, se contará dicho término desde la inscripción de la misma en el Registro de la Propiedad.

Se presume la ocultación cuando no se presenta la escritura en el Registro dentro de los nueve días siguientes al de su otorgamiento.

Independientemente de la presunción, la ocultación puede probarse por los demás medios legales [1746].

1639. Si se hubiere realizado la enajenación sin el previo aviso que ordena el art. 1637 , el dueño directo, y en su caso el útil, podrán ejercitar la acción de retracto en todo tiempo hasta que transcurra un año, contado desde que la enajenación se inscriba en el Registro de la Propiedad [1747].

1640. En las ventas judiciales de fincas enfitéuticas, el dueño directo y el útil, en sus casos respectivos, podrán hacer uso del derecho de tanteo dentro del término fijado en los edictos para el remate, pagando el precio que sirva de tipo para la subasta, y del de retracto dentro de los nueve días útiles siguientes al del otorgamiento de la escritura.

En este caso no será necesario el aviso previo que exige el art. 1637 [1748].

1641. Cuando sean varias las fincas enajenadas sujetas a un mismo censo, no podrá utilizarse el derecho de tanteo ni el de retracto respecto de unas con exclusión de las otras.

1642. Cuando el dominio directo o el útil pertenezca pro indiviso a varias personas, cada una de ellas podrá hacer uso del derecho de

---

[1746] Véanse arts.249.1 LEC y 1524 de la presente Ley

[1747] Véanse arts. 249.1 LEC y 1524 de la presente Ley

[1748] Véanse arts. 249.1 LEC y 1521 de la presente Ley

retracto con sujeción a las reglas establecidas para el de comuneros, y con preferencia del dueño directo, si se hubiese enajenado parte del dominio útil; o el enfiteuta, si la enajenación hubiese sido del dominio directo [1749].

1643. Si el enfiteuta fuere perturbado en su derecho por un tercero que dispute el dominio directo o la validez de la enfiteusis, no podrá reclamar la correspondiente indemnización del dueño directo, si no le cita de evicción conforme a lo prevenido en el art. 1481 .

1644. En las enajenaciones a título oneroso de fincas enfitéuticas sólo se pagará laudemio al dueño directo cuando se haya estipulado expresamente en el contrato de enfiteusis.

Si al pactarlo no se hubiera señalado cantidad fija, ésta consistirá en el 2 por 100 del precio de la enajenación.

En las enfiteusis anteriores a la promulgación de este Código, que estén sujetas al pago de laudemio, aunque no se haya pactado, seguirá esta prestación en la forma acostumbrada, pero no excederá del 2 por 100 del precio de la enajenación cuando no se haya contratado expresamente otra mayor [1750].

1645. La obligación de pagar el laudemio corresponde al adquirente, salvo pacto en contrario.

1646. Cuando el enfiteuta hubiese obtenido del dueño directo licencia para la enajenación o le hubiese dado el aviso previo que previene el art. 1637 , no podrá el dueño directo reclamar, en su caso, el pago del laudemio sino dentro del año siguiente al día en que se inscriba la escritura en el Registro de la Propiedad. Fuera de dichos casos, esta acción estará sujeta a la prescripción ordinaria [1751].

[1749] Véanse arts. 1522 a 1524 de la presente Ley
[1750] Véase art. 1631 de la presente Ley
[1751] Véanse arts. 1930, 1938, 1964 y 1966.3 de la presente Ley

1647. Cada veintinueve años podrá el dueño directo exigir el reconocimiento de su derecho por el que se encuentre en posesión de la finca enfitéutica.

Los gastos del reconocimiento serán de cuenta del enfiteuta, sin que pueda exigírsele ninguna otra prestación por este concepto.

1648. Caerá en comiso la finca, y el dueño directo podrá reclamar su devolución:

1º) Por falta de pago de la pensión durante tres años consecutivos.

2º) Si el enfiteuta no cumple la condición estipulada en el contrato o deteriora gravemente la finca.

1649. En el caso primero del artículo anterior, para que el dueño directo pueda pedir el comiso, deberá requerir de pago al enfiteuta judicialmente o por medio de Notario; y, si no paga dentro de los treinta días siguientes al requerimiento, quedará expedito el derecho de aquél [1752].

1650. Podrá el enfiteuta librarse del comiso en todo caso, redimiendo el censo y pagando las pensiones vencidas dentro de los treinta días siguientes al requerimiento de pago o al emplazamiento de la demanda [1753].

Del mismo derecho podrán hacer uso los acreedores del enfiteuta hasta los treinta días siguientes al en que el dueño directo haya recobrado el pleno dominio [1754].

1651. La redención del censo enfitéutico consistirá en la entrega en metálico, y de una vez, al dueño directo del capital que se hubiese fijado como valor de la finca al tiempo de constituirse el censo, sin que pueda exigirse ninguna otra prestación, a menos que haya sido estipulada [1755].

[1752] Véanse arts. 1124 y 1504 de la presente Ley

[1753] Véanse arts. 1610 y 1611 de la presente Ley

[1754] Véanse arts. 21 RH y 1111, 1608 a 1612 y 1651 de la presente Ley

[1755] Véanse arts. 1608 a 1612, 1658 y 1662 de la presente Ley

1652. En el caso de comiso, o en el de rescisión por cualquier causa del contrato de enfiteusis, el dueño directo deberá abonar las mejoras que hayan aumentado el valor de la finca, siempre que este aumento subsista al tiempo de devolverla.

Si ésta tuviese deterioros por culpa o negligencia del enfiteuta, serán compensables con las mejoras, y en lo que no basten quedará el enfiteuta obligado personalmente a su pago, y lo mismo al de las pensiones vencidas y no prescritas [1756].

1653. A falta de herederos testamentarios descendientes, ascendientes, cónyuge supérstite y parientes dentro del sexto grado del último enfiteuta, volverá la finca al dueño directo en el estado en que se halle, si no dispuso de ella el enfiteuta en otra forma [1757].

1654. Queda suprimido para lo sucesivo el contrato de subenfiteusis.

SECCIÓN SEGUNDA
De los foros y otros contratos análogos al de enfiteusis

1655. Los foros y cualesquiera otros gravámenes de naturaleza análoga que se establezcan desde la promulgación de este Código, cuando sean por tiempo indefinido, se regirán por las disposiciones establecidas para el censo enfitéutico en la sección que precede.

Si fueren temporales o por tiempo limitado, se estimarán como arrendamientos y se regirán por las disposiciones relativas a este contrato [1758].

1656. El contrato en cuya virtud el dueño del suelo cede su uso para plantar viñas por el tiempo que vivieren las primeras cepas, pagándole el cesionario una renta o pensión anual en frutos o en dinero, se regirá por las reglas siguientes:

[1756] Véanse arts. 214 RH y 453, 454, 487, 488 y 1573 de la presente Ley
[1757] Véanse arts. 8 LH, 69 a 74 RH y 954 de la presente Ley
[1758] Véanse arts. 8.1 LH y 69 a 74 RH

1ª) Se tendrá por extinguido a los cincuenta años de la concesión, cuando en ésta no se hubiese fijado expresamente otro plazo [1759].

2ª) También quedará extinguido por muerte de las primeras cepas, o por quedar infructíferas las dos terceras partes de las plantadas.

3ª) El cesionario o colono puede hacer renuevos y mugrones durante el tiempo del contrato.

4ª) No pierde su carácter este contrato por la facultad de hacer otras plantaciones en el terreno concedido, siempre que sea su principal objeto la plantación de viñas.

5ª) El cesionario puede transmitir libremente su derecho a título oneroso o gratuito, pero sin que pueda dividirse el uso de la finca, a no consentirlo expresamente su dueño [1760].

6ª) En las enajenaciones a título oneroso, el cedente y el cesionario tendrán recíprocamente los derechos de tanteo y de retracto, conforme a lo prevenido para la enfiteusis, y con la obligación de darse el aviso previo que se ordena en el art. 1637.

7ª) El colono o cesionario puede dimitir o devolver la finca al cedente cuando le convenga, abonando los deterioros causados por su culpa.

8ª) El cesionario no tendrá derecho a las mejoras que existan en la finca al tiempo de la extinción del contrato, siempre que sean necesarias o hechas en cumplimiento de lo pactado.

En cuanto a las útiles y voluntarias, tampoco tendrá derecho a su abono, a no haberlas ejecutado con consentimiento por escrito del dueño del terreno, obligándose a abonarlas. En este caso se abonarán dichas mejoras por el valor que tengan al devolver la finca.

9ª) El cedente podrá hacer uso de la acción de desahucio por cumplimiento del término del contrato.

10ª) Cuando después de terminado el plazo de los cincuenta años o el fijado expresamente por los interesados, continuare el cesionario en el uso y aprovechamiento de la finca por consentimiento tácito del cedente, no podrá aquél ser desahuciado sin el aviso previo que

---

[1759] Véanse arts. 1 a 6 LAR
[1760] Véanse arts. 480, 525, 1617 y 1633 de la presente Ley

éste deberá darle con un año de antelación para la conclusión del contrato [1761].

CAPÍTULO III
Del censo consignativo

1657. Cuando se pacte el pago en frutos de la pensión del censo consignativo, deberá fijarse la especie, cantidad y calidad de los mismos, sin que pueda consistir en una parte alícuota de los que produzca la finca acensuada [1762].

1658. La redención del censo consignativo consistirá en la devolución al censualista, de una vez y en metálico, del capital que hubiese entregado para constituir el censo [1763].

1659. Cuando se proceda por acción real contra la finca acensuada para el pago de pensiones, si lo que reste del valor de la misma no fuera suficiente para cubrir el capital del censo y un 25 por 100 más del mismo, podrá el censualista obligar al censatario a que, a su elección, redima el censo o complete la garantía, o abandone el resto de la finca a favor de aquél.

1660. También podrá el censualista hacer uso del derecho establecido en el artículo anterior en los demás casos en que el valor de la finca sea insuficiente para cubrir el capital del censo y un 25 por 100 más, si concurre alguna de las circunstancias siguientes:
1ª) Que haya disminuido el valor de la finca por culpa o negligencia del censatario.
En tal caso éste será además responsable de los daños y perjuicios.
2ª) Que haya dejado de pagar la pensión por dos años consecutivos.

[1761] Véanse arts. 30.3 y 308.1 RH y Ley 24/2003, de 10 de julio, de la Viña y del Vino

[1762] Véanse arts. 1606, 1630 y 1663 de la presente Ley

[1763] Véanse arts. 1608 a 1612, 1622, 1651 y 1662 de la presente Ley

3ª) Que el censatario haya sido declarado en quiebra, concurso o insolvencia [1764].

CAPÍTULO IV
Del censo reservativo

1661. No puede constituirse válidamente el censo reservativo sin que preceda la valoración de la finca por estimación conforme de las partes o por justiprecio de peritos [1765].

1662. La redención de este censo se verificará entregando el censatario al censualista, de una vez y en metálico, el capital que se hubiese fijado conforme al artículo anterior [1766].

1663. La disposición del art. 1657 es aplicable al censo reservativo.

1664. En los casos previstos en los arts. 1659 y 1660, el deudor del censo reservativo sólo podrá ser obligado a redimir el censo, o a que abandone la finca a favor del censualista [1767].

[1764] Véanse arts. 1623 y 1648 a 1651 de la presente Ley
[1765] Véase art. 1607 de la presente Ley
[1766] Véanse arts. 1608 a 1611, 1651 y 1658 de la presente Ley
[1767] Véanse arts. 31 CP, 116 a 238 CCom y 395 de la presente Ley

TÍTULO VIII
De la sociedad

CAPÍTULO PRIMERO
Disposiciones generales

1665. La sociedad es un contrato por el cual dos o más personas se obligan a poner en común dinero, bienes o industria, con ánimo de partir entre sí las ganancias [1768].

1666. La sociedad debe tener un objeto lícito y establecerse en interés común de los socios.

Cuando se declare la disolución de una sociedad ilícita, las ganancias se destinarán a los establecimientos de beneficencia del domicilio de la sociedad, y, en su defecto, a los de la provincia [1769].

1667. La sociedad civil se podrá constituir en cualquier forma, salvo que se aportaren a ella bienes inmuebles o derechos reales, en cuyo caso será necesaria la escritura pública [1770].

1668. Es nulo el contrato de sociedad, siempre que se aporten bienes inmuebles, si no se hace un inventario de ellos, firmado por las partes, que deberá unirse a la escritura [1771].

1669. No tendrán personalidad jurídica las sociedades cuyos pactos se mantengan secretos entre los socios, y en que cada uno de éstos contrate en su propio nombre con los terceros.

[1768] Véanse arts. 116 CCom, 22 ITP y AJD y 35 y 36 de la presente Ley

[1769] Véanse arts. 22.4 CE y 39, 745, 1255, 1258, 1271, 1275 y 1305 de la presente Ley

[1770] Véanse arts. 51 y 119 CCom, 20 y 439 1/2010, de 2 de julio, por el que se aprueba el texto refundido de la Ley de Sociedades de Capital, 7 y 8 Ley 2/2007, de 15 de marzo, de sociedades profesionales y 1278 a 1280 de la presente Ley

[1771] Véanse arts. 633, 1279 y 1280 de la presente Ley

Esta clase de sociedades se regirá por las disposiciones relativas a la comunidad de bienes [1772].

1670. Las sociedades civiles, por el objeto a que se consagren, pueden revestir todas las formas reconocidas por el Código de Comercio. En tal caso, les serán aplicables sus disposiciones en cuanto no se opongan a las del presente Código [1773].

1671. La sociedad es universal o particular [1774].

1672. La sociedad universal puede ser de todos los bienes presentes, o de todas las ganancias [1775].

1673. La sociedad de todos los bienes presentes es aquella por la cual las partes ponen en común todos los que actualmente les pertenecen, con ánimo de partirlos entre sí, como igualmente todas las ganancias que adquieran con ellos.

1674. En la sociedad universal de todos los bienes presentes, pasan a ser propiedad común de los socios los bienes que pertenecían a cada uno, así como todas las ganancias que adquieran con ellos.
Puede también pactarse en ella la comunicación recíproca de cualesquiera otras ganancias; pero no pueden comprenderse los bienes que los socios adquieran posteriormente por herencia, legado o donación, aunque sí sus frutos [1776].

1675. La sociedad universal de ganancias comprende todo lo que adquieran los socios por su industria o trabajo mientras dure la sociedad.

[1772] Véanse arts. 22.5 CE, 116 CCom y 392 a 406 de la presente Ley

[1773] Véanse arts. 116 a 238 CCom, 3 RDLeg. 1/2010, de 2 de julio, por el que se aprueba el texto refundido de la Ley de Sociedades de Capital y 1700 de la presente Ley

[1774] Véanse arts. 1672 y 1678 de la presente Ley

[1775] Véanse arts. 1673 y 1675 de la presente Ley

[1776] Véase art. 1271.2 de la presente Ley

Los bienes muebles o inmuebles que cada socio posee al tiempo de la celebración del contrato, continúan siendo de dominio particular, pasando sólo a la sociedad el usufructo [1777].

1676. El contrato de sociedad universal celebrado sin determinar su especie, sólo constituye la sociedad universal de ganancias [1778].

1677. No pueden contraer sociedad universal entre sí las personas a quienes está prohibido otorgarse recíprocamente alguna donación o ventaja [1779].

1678. La sociedad particular tiene únicamente por objeto cosas determinadas, su uso, o sus frutos, o una empresa señalada, o el ejercicio de una profesión o arte.

CAPÍTULO II
De las obligaciones de los socios

SECCIÓN PRIMERA
De las obligaciones de los socios entre sí

1679. La sociedad comienza desde el momento mismo de la celebración del contrato, si no se ha pactado otra cosa [1780].

1680. La sociedad dura por el tiempo convenido; a falta de convenio, por el tiempo que dure el negocio que haya servido exclusivamen-

[1777] Véanse arts. 467 a 470 de la presente Ley
[1778] Véanse arts. 1316 y 1672 de la presente Ley
[1779] Véanse arts. 221, 752 y 1323 de la presente Ley
[1780] Véanse arts. 20, 24, 25 y 30.1 RDLeg. 1/2010, de 2 de julio, por el que se aprueba el texto refundido de la Ley de Sociedades de Capital, 116 CCom y 1258 y 1669 de la presente Ley

te de objeto a la sociedad, si aquél por su naturaleza tiene una duración limitada; y en cualquier otro caso, por toda la vida de los asociados, salvo la facultad que se les reserva en el art. 1700 y lo dispuesto en el art. 1704 [1781].

1681. Cada uno es deudor a la sociedad de lo que ha prometido aportar a ella.

Queda también sujeto a la evicción en cuanto a las cosas ciertas y determinadas que haya aportado a la sociedad, en los mismos casos y de igual modo que lo está el vendedor respecto del comprador [1782].

1682. El socio que se ha obligado a aportar una suma en dinero y no la ha aportado, es de derecho deudor de los intereses desde el día en que debió aportarla, sin perjuicio de indemnizar además los daños que hubiese causado [1783].

Lo mismo tiene lugar respecto a las sumas que hubiese tomado de la caja social, principiando a contarse los intereses desde el día en que las tomó para su beneficio particular [1784].

1683. El socio industrial debe a la sociedad las ganancias que durante ella haya obtenido en el ramo de industria que sirve de objeto a la misma [1785].

1684. Cuando un socio autorizado para administrar cobra una cantidad exigible, que le era debida en su propio nombre, de una

---

[1781] Véanse arts. 221 y 222 CCom, 360 y 361 RDLeg. 1/2010, de 2 de julio, por el que se aprueba el texto refundido de la Ley de Sociedades de Capital, 70 Ley 27/1999, de 16 de julio, de Cooperativas y 1700, 1704, 1705 y 1707 de la presente Ley

[1782] Véanse arts. 64, 67 a 71 RDLeg. 1/2010, de 2 de julio, por el que se aprueba el texto refundido de la Ley de Sociedades de Capital, 218.4 CCom, 45 a 55 Ley 27/1999, de 16 de julio, de Cooperativas y 1094 a 1097 y 1475 de la presente Ley

[1783] Véanse arts. 170 a 172 y 218 CCom y 56, 81 a 84 RDLeg. 1/2010, de 2 de julio, por el que se aprueba el texto refundido de la Ley de Sociedades de Capital

[1784] Véanse arts. 218 CCom, 254 a 259 CP y 1100 de la presente Ley

[1785] Véanse arts. 58 y 230 RDLeg. 1/2010, de 2 de julio, por el que se aprueba el texto refundido de la Ley de Sociedades de Capital, 37 y 138 CCom y 1665 de la presente Ley persona que debía a la sociedad otra cantidad también exigible debe imputarse lo cobrado en los dos créditos a proporción de su importe, aunque hubiese dado el recibo por cuenta de sólo su haber; pero, si lo hubiere dado por cuenta del haber social, se imputará todo en éste.

Lo dispuesto en este artículo se entiende sin perjuicio de que el deudor pueda usar de la facultad que se le concede en el art. 1172 , en el solo caso de que el crédito personal del socio le sea más oneroso [1786] .

1685. El socio que ha recibido por entero su parte en un crédito social sin que hayan cobrado la suya los demás socios, queda obligado, si el deudor cae después en insolvencia, a traer a la masa social lo que recibió, aunque hubiera dado el recibo por sola su parte [1787] .

1686. Todo socio debe responder a la sociedad de los daños y perjuicios que ésta haya sufrido por culpa del mismo y no puede compensarlos con los beneficios que por su industria le haya proporcionado [1788] .

1687. El riesgo de las cosas ciertas y determinadas, no fungibles, que se aportan a la sociedad para que sólo sean comunes su uso y sus frutos, es del socio propietario.

Si las cosas aportadas son fungibles, o no pueden guardarse sin que se deterioren, o si se aportaron para ser vendidas, el riesgo es de la sociedad. También lo será, a falta de pacto especial, el de las cosas aportadas con estimación hecha en el inventario, y en este caso la reclamación se limitará al precio en que fueron tasadas [1789] .

[1786] Véanse arts. 134, 135 y 144 CCom, disposición adicional 3 Ley 27/1999, de 16 de julio, de Cooperativas y 1172 y 1174 de la presente Ley

[1787] Véase art. 1143 de la presente Ley

[1788] Véanse arts. 144 CCom, 73 a 76, 230 y 236 RDLeg. 1/2010, de 2 de julio, por el que se aprueba el texto refundido de la Ley de Sociedades de Capital y 1106, 1107, 1195 y 1202 de la presente Ley

[1789] Véanse arts. 36, 38 y 39 LSA, 170 a 172 CCom y 337, 609, 1095, 1452, 1589, 1590 y 1701 de la presente Ley

1688. La sociedad responde a todo socio de las cantidades que haya desembolsado por ella y del interés correspondiente; también le responde de las obligaciones que con buena fe haya contraído para los negocios sociales y de los riesgos inseparables de su dirección [1790].

1689. Las pérdidas y ganancias se repartirán en conformidad a lo pactado. Si sólo se hubiera pactado la parte de cada uno en las ganancias, será igual su parte en las pérdidas.

A falta de pacto, la parte de cada socio en las ganancias y pérdidas debe ser proporcionada a lo que haya aportado. El socio que lo fuere sólo de industria tendrá una parte igual a la del que menos haya aportado. Si además de su industria hubiere aportado capital, recibirá también la parte proporcional que por él le corresponda [1791].

1690. Si los socios se han convenido en confiar a un tercero la designación de la parte de cada uno en las ganancias y pérdidas, solamente podrá ser impugnada la designación hecha por él cuando evidentemente haya faltado a la equidad. En ningún caso podrá reclamar el socio que haya principiado a ejecutar la decisión del tercero, o que no la haya impugnado en el término de tres meses, contados desde que le fue conocida.

La designación de pérdidas y ganancias no puede ser encomendada a uno de los socios [1792].

1691. Es nulo el pacto que excluye a uno o más socios de toda parte en las ganancias o en las pérdidas.

Sólo el socio de industria puede ser eximido de toda responsabilidad en las pérdidas [1793].

1692. El socio nombrado administrador en el contrato social, puede ejercer todos los actos administrativos, sin embargo de la oposi-

---

[1790] Véanse arts. 142 CCom y 1728.2 de la presente Ley

[1791] Véanse arts. 273, 275 y 341 RDLeg. 1/2010, de 2 de julio, por el que se aprueba el texto refundido de la Ley de Sociedades de Capital, 138, 140 y 141 CCom y 1691 y 1708 de la presente Ley

[1792] Véanse arts. 2 y 9 LArb y 1256 y 1447 de la presente Ley

[1793] Véanse arts. 140 y 141 CCom y 6, 1255, 1665 y 1689 de la presente Ley ción de sus compañeros, a no ser que proceda de mala fe; y su poder es irrevocable sin causa legítima.

El poder otorgado después del contrato, sin que en éste se hubiera acordado conferirlo, puede revocarse en cualquier tiempo [1794].

1693. Cuando dos o más socios han sido encargados de la administración social sin determinarse sus funciones, o sin haberse expresado que no podrán obrar los unos sin el consentimiento de los otros, cada uno puede ejercer todos los actos de administración separadamente; pero cualquiera de ellos puede oponerse a las operaciones del otro antes de que éstas hayan producido efecto legal [1795].

1694. En el caso de haberse estipulado que los socios administradores no hayan de funcionar los unos sin el consentimiento de los otros, se necesita el concurso de todos para la validez de los actos, sin que pueda alegarse la ausencia o imposibilidad de alguno de ellos, salvo si hubiere peligro inminente de un daño grave o irreparable para la sociedad [1796].

1695. Cuando no se haya estipulado el modo de administrar, se observarán las reglas siguientes:

1ª) Todos los socios se considerarán apoderados, y lo que cualquiera de ellos hiciere por sí solo, obligará a la sociedad pero cada uno podrá oponerse a las operaciones de los demás antes que hayan producido efecto legal.

2ª) Cada socio puede servirse de las cosas que componen el fondo social según costumbre de la tierra, con tal que no lo haga contra el interés de la sociedad, o de tal modo que impida el uso a que tienen derecho sus compañeros.

[1794] Véanse arts. 129 a 132 y 148 CCom, 211, 217, 220, 221, 223, 225, 230, 233, 234, 235 y 251 RDLeg.1/2010, de 2 de julio, por el que se aprueba el texto refundido de la Ley de Sociedades de Capital y 1732 a 1734 de la presente Ley

[1795] Véanse arts. 211, 213, 214, 221, 225, 233, 234, 243 a 251 RDLeg.1/2010, de 2 de julio, por el que se aprueba el texto refundido de la Ley de Sociedades de Capital y 129 a 131 CCom

[1796] Véanse arts. 211, 213, 214, 221, 225, 233, 234, 243 a 251 RDLeg.1/2010, de 2 de julio, por el que se aprueba el texto refundido de la Ley de Sociedades de Capital y 129 a 131 CCom

3ª) Todo socio puede obligar a los demás a costear con él los gastos necesarios para la conservación de las cosas comunes.

4ª) Ninguno de los socios puede, sin el consentimiento de los otros, hacer novedad en los bienes inmuebles sociales, aunque alegue que es útil a la sociedad [1797].

1696. Cada socio puede por sí solo asociarse un tercero en su parte; pero el asociado no ingresará en la sociedad sin el consentimiento unánime de los socios, aunque aquél sea administrador [1798].

SECCIÓN SEGUNDA
De las obligaciones de los socios para con un tercero

1697. Para que la sociedad quede obligada con un tercero por los actos de uno de los socios, se requiere:

1º) Que el socio haya obrado en su carácter de tal, por cuenta de la sociedad.

2º) Que tenga poder para obligar a la sociedad en virtud de un mandato expreso o tácito.

3º) Que haya obrado dentro de los límites que le señala su poder o mandato [1799].

1698. Los socios no quedan obligados solidariamente respecto de las deudas de la sociedad; y ninguno puede obligar a los otros por un acto personal, si no le han conferido poder para ello.

La sociedad no queda obligada respecto a tercero por actos que un socio haya realizado en su propio nombre o sin poder de la sociedad para ejecutarlo, pero queda obligada para con el socio en cuanto dichos actos hayan redundado en provecho de ella.

[1797] Véanse arts. 129 y 130 CCom y 394 a 397 de la presente Ley

[1798] Véanse arts. 143 y 239 a 243 CCom

[1799] Véanse arts. 209, 234 RDLeg.1/2010, de 2 de julio, por el que se aprueba el texto refundido de la Ley de Sociedades de Capital y 1714 y 1715 de la presente Ley

Lo dispuesto en este artículo se entiende sin perjuicio de lo establecido en la regla 1ª art. 1695 [1800].

1699. Los acreedores de la sociedad son preferentes a los acreedores de cada socio sobre los bienes sociales. Sin perjuicio de este derecho, los acreedores particulares de cada socio pueden pedir el embargo y remate de la parte de éste en el fondo social [1801].

CAPÍTULO III
De los modos de extinguirse la sociedad

1700. La sociedad se extingue:

1º) Cuando expira el término por que fue constituida [1802].

2º) Cuando se pierde la cosa, o se termina el negocio que le sirve de objeto.

3º) Por muerte o concurso de cualquiera de los socios y en el caso previsto en el artículo 1699 [1803]. [1804]

4º) Por la voluntad de cualquiera de los socios, con sujeción a lo dispuesto en los arts. 1705 y 1707.

[1800] Véanse arts. 127, 148 y 237 CCom, 1 RDLeg. 1/2010, de 2 de julio, por el que se aprueba el texto refundido de la Ley de Sociedades de Capital y 1137 a 1148, 1163, 1717 y 1911 de la presente Ley

[1801] Véanse arts. 391 a 395 RDLeg. 1/2010, de 2 de julio, por el que se aprueba el texto refundido de la Ley de Sociedades de Capital, 235 CCom y 1111, 1373 y 1922 a 1924 de la presente Ley

[1802] Véanse arts. 218 a 237 CCom, 360 a 400 RDLeg. 1/2010, de 2 de julio, por el que se aprueba el texto refundido de la Ley de Sociedades de Capital y 238 a 242 RRM

[1803] Véanse arts. 218, 221 CCom, 179 y 360 RDLeg. 1/2010, de 2 de julio, por el que se aprueba el texto refundido de la Ley de Sociedades de Capital, 70 Ley 27/1999, de 16 de julio, de Cooperativas y 200 y 286 de la presente Ley

[1804] Dada nueva redacción número 3 por art. 2 apartado 60 de Ley 8/2021 de 2 de junio de 2021, con vigencia desde 03/09/2021

5º) Cuando respecto de alguno de los socios se hubieren dispuesto medidas de apoyo que impliquen facultades de representación plena en la esfera patrimonial. [1805]

Se exceptúan de lo dispuesto en los números 3.º, 4.º y 5.º de este artículo las sociedades a que se refiere el artículo 1670, en los casos en que deban subsistir con arreglo al Código de Comercio [1806]. [1807]

1701. Cuando la cosa específica, que un socio había prometido aportar a la sociedad, perece antes de efectuada la entrega, su pérdida produce la disolución de la sociedad.

También se disuelve la sociedad en todo caso por la pérdida de la cosa, cuando, reservándose su propiedad el socio que la aporta, sólo ha transferido a la sociedad el uso o goce de la misma.

Pero no se disuelve la sociedad por la pérdida de la cosa cuando ésta ocurre después que la sociedad ha adquirido la propiedad de ella [1808].

1702. La sociedad constituida por tiempo determinado puede prorrogarse por consentimiento de todos los socios.

El consentimiento puede ser expreso o tácito, y se justificará por los medios ordinarios [1809].

1703. Si la sociedad se prorroga después de expirado el término, se entiende que se constituye una nueva sociedad. Si se prorroga antes de expirado el término, continúa la sociedad primitiva [1810].

[1805] Añadido número 5 por art. 2 apartado 60 de Ley 8/2021 de 2 de junio de 2021, con vigencia desde 03/09/2021

[1806] Véanse arts. 210, 298, 1680 y 1701 a 1707 de la presente Ley

[1807] Dada nueva redacción párrafo 2 por art. 2 apartado 60 de Ley 8/2021 de 2 de junio de 2021, con vigencia desde 03/09/2021

[1808] Véanse arts. 1460, 1681, 1682 y 1687 de la presente Ley

[1809] Véanse arts. 360 RDLeg. 1/2010, de 2 de julio, por el que se aprueba el texto refundido de la Ley de Sociedades de Capital, 223 y 224 CCom y 1680 de la presente Ley

[1810] Véanse arts. 223 CCom, 360.2 RDLeg. 1/2010, de 2 de julio, por el que se aprueba el texto refundido de la Ley de Sociedades de Capital y 1700 de la presente Ley

1704. Es válido el pacto de que, en el caso de morir uno de los socios, continúe la sociedad entre los que sobrevivan. En este caso el heredero del que haya fallecido sólo tendrá derecho a que se haga la partición, fijándola en el día de la muerte de su causante; y no participará de los derechos y obligaciones ulteriores, sino en cuanto sean una consecuencia necesaria de lo hecho antes de aquel día.

Si el pacto fuere que la sociedad ha de continuar con el heredero, será guardado, sin perjuicio de lo que se determina en el número 4º del art. 1700 [1811].

1705. La disolución de la sociedad por la voluntad o renuncia de uno de los socios únicamente tiene lugar cuando no se ha señalado término para su duración, o no resulta éste de la naturaleza del negocio.

Para que la renuncia surta efecto, debe ser hecha de buena fe en tiempo oportuno; además debe ponerse en conocimiento de los otros socios [1812].

1706. Es de mala fe la renuncia cuando el que la hace se propone apropiarse para sí solo el provecho que debía ser común. En este caso el renunciante no se libra para con sus socios, y éstos tienen facultad para excluirle de la sociedad.

Se reputa hecha en tiempo inoportuno la renuncia, cuando, no hallándose las cosas íntegras, la sociedad está interesada en que se dilate su disolución. En este caso continuará la sociedad hasta la terminación de los negocios pendientes [1813].

1707. No puede un socio reclamar la disolución de la sociedad que, ya sea por disposición del contrato, ya por la naturaleza del negocio, ha sido constituida por tiempo determinado, a no intervenir justo motivo, como el de faltar uno de los compañeros a sus obligaciones, el

---

[1811] Véanse arts. 142, 143 y 222 CCom y 1257, 1680, 1700 y 1708 de la presente Ley

[1812] Véanse arts. 224 CCom, 13.1 Ley 2/2007, de 15 de marzo, de sociedades profesionales y 1680 de la presente Ley

[1813] Véanse arts. 224 y 225 CCom

de inhabilitarse para los negocios sociales, u otro semejante, a juicio de los Tribunales [1814].

1708. La partición entre socios se rige por las reglas de las herencias, así en su forma como en las obligaciones que de ella resultan. Al socio de industria no puede aplicarse ninguna parte de los bienes aportados, sino sólo sus frutos y los beneficios, conforme a lo dispuesto en el art. 1689 , a no haberse pactado expresamente lo contrario [1815].

TÍTULO IX
Del mandato

CAPÍTULO PRIMERO
De la naturaleza, forma y especies del mandato

1709. Por el contrato de mandato se obliga una persona a prestar algún servicio o hacer alguna cosa, por cuenta o encargo de otra [1816].

1710. El mandato puede ser expreso o tácito.
El expreso puede darse por instrumento público o privado y aun de palabra.
La aceptación puede ser también expresa o tácita, deducida esta última de los actos del mandatario [1817].

1711. A falta de pacto en contrario, el mandato se supone gratuito.

[1814] Véanse arts. 225 y 226 CCom, 108, 346 a 358 RDLeg. 1/2010, de 2 de julio, por el que se aprueba el texto refundido de la Ley de Sociedades de Capital y 1680 y 1700 de la presente Ley

[1815] Véanse arts. 406, 1051 a 1087 y 1691 de la presente Ley

[1816] Véanse arts. 27 LEC, 244 y 302 CCom y 1544, 1583 a 1587 y 1881 a 1894 de la presente Ley

[1817] Véanse arts. 26 LEC, 20.4 LH y 1280.5 y 1892 de la presente Ley

Esto no obstante, si el mandatario tiene por ocupación el desempeño de servicios de la especie a que se refiera el mandato, se presume la obligación de retribuirlo [1818].

1712. El mandato es general o especial.
El primero comprende todos los negocios del mandante.
El segundo uno o más negocios determinados.

1713. El mandato, concebido en términos generales, no comprende más que los actos de administración.
Para transigir, enajenar, hipotecar o ejecutar cualquier otro acto de riguroso dominio, se necesita mandato expreso.
La facultad de transigir no autoriza para comprometer en árbitros o amigables componedores [1819].

1714. El mandatario no puede traspasar los límites del mandato [1820].

1715. No se consideran traspasados los límites del mandato si fuese cumplido de una manera más ventajosa para el mandante que la señalada por éste [1821].

1716. [1822] El menor emancipado puede ser mandatario, pero el mandante sólo tendrá acción contra él en conformidad a lo dispuesto respecto a las obligaciones de los menores [1823].

[1818] Véanse arts. 277 CCom, 385 LEC, 1 y 10 a 17 Ley 12/1992, de 27 de mayo, sobre Contrato de Agencia y 1544 y 1726 de la presente Ley

[1819] Véanse arts. 139 LH, 798 y 803 LEC y 1259, 1548, 1697.3, 1710 y 1892 de la presente Ley

[1820] Véanse arts. 234 RDLeg. 1/2010, de 2 de julio, por el que se aprueba el texto refundido de la Ley de Sociedades de Capital, 254 a 256 y 284 a 286 CCom y 1304, 1725 y 1727 de la presente Ley

[1821] Véanse arts. 254 a 256 y 286 CCom

[1822] Dada nueva redacción por art. 2 de Ley 14/1975 de 2 de mayo de 1975, con vigencia desde 25/05/1975

[1823] Véanse arts. 314, 323, 1263, 1304 y 1717 de la presente Ley

1717. Cuando el mandatario obra en su propio nombre, el mandante no tiene acción contra las personas con quienes el mandatario ha contratado, ni éstas tampoco contra el mandante.

En este caso el mandatario es el obligado directamente en favor de la persona con quien ha contratado, como si el asunto fuera personal suyo. Exceptúase el caso en que se trate de cosas propias del mandante.

Lo dispuesto en este artículo se entiende sin perjuicio de las acciones entre mandante y mandatario [1824].

CAPÍTULO II
De las obligaciones del mandatario

1718. El mandatario queda obligado por la aceptación a cumplir el mandato, y responde de los daños y perjuicios que, de no ejecutarlo, se ocasionen al mandante.

Debe también acabar el negocio que ya estuviese comenzado al morir el mandante, si hubiere peligro en la tardanza [1825].

1719. En la ejecución del mandato ha de arreglarse el mandatario a las instrucciones del mandante.

A falta de ellas, hará todo lo que, según la naturaleza del negocio, haría un buen padre de familia [1826].

1720. Todo mandatario está obligado a dar cuenta de sus operaciones y a abonar al mandante cuanto haya recibido en virtud del mandato, aun cuando lo recibido no se debiera al segundo [1827].

[1824] Véanse arts. 164 y 166 Rgto. Notariado, 113 LGDCU, 246 y 286 CCom, 234 RDLeg. 1/2010, de 2 de julio, por el que se aprueba el texto refundido de la Ley de Sociedades de Capital y 1259 y 1725 de la presente Ley

[1825] Véanse arts. 248 y 249 CCom, 26 LEC y 1101, 1106, 1737 y 1738 de la presente Ley

[1826] Véanse arts. 254 a 256 CCom, 9 Ley 12/1992, de 27 de mayo, sobre Contrato de Agencia y 1104, 1459.2 y 1528 de la presente Ley

[1827] Véanse arts. 260 y 263 CCom, 252 y 253 y 623 CP, 799 y 800 LEC, 9 Ley 12/1992, de 27 de mayo, sobre Contrato de Agencia y 1728 y 1729 de la presente Ley

1721. El mandatario puede nombrar sustituto si el mandante no se lo ha prohibido; pero responde de la gestión del sustituto:

1º) Cuando no se le dio facultad para nombrarlo [1828].

2º) Cuando se le dio esta facultad, pero sin designar la persona, y el nombrado era notoriamente incapaz o insolvente.

Lo hecho por el sustituto nombrado contra la prohibición del mandante será nulo [1829].

1722. En los casos comprendidos en los dos números del artículo anterior puede además el mandante dirigir su acción contra el sustituto [1830].

1723. La responsabilidad de dos o más mandatarios, aunque hayan sido instituidos simultáneamente, no es solidaria, si no se ha expresado así [1831].

1724. El mandatario debe intereses de las cantidades que aplicó a usos propios desde el día en que lo hizo, y de las que quede debiendo después de fenecido el mandato, desde que se haya constituido en mora [1832].

1725. El mandatario que obre en concepto de tal no es responsable personalmente a la parte con quien contrata sino cuando se obliga a ello expresamente o traspasa los límites del mandato sin darle conocimiento suficiente de sus poderes [1833].

[1828] Véanse arts. 61, 262 y 296 CCom

[1829] Véase art. 5 Ley 12/1992, de 27 de mayo, sobre Contrato de Agencia

[1830] Véanse arts. 1890 de la presente Ley

[1831] Véanse arts. 1137, 1731 y 1890 de la presente Ley

[1832] Véanse arts. 263 y 264 CCom, 282 a 284, 1100, 1108, 1682 y 1720 de la presente Ley

[1833] Véanse arts. 247 CCom y 1714 y 1717 de la presente Ley

1726. El mandatario es responsable, no solamente del dolo, sino también de la culpa, que deberá estimarse con más o menos rigor por los Tribunales según que el mandato haya sido o no retribuido [1834].

CAPÍTULO III
De las obligaciones del mandante

1727. El mandante debe cumplir todas las obligaciones que el mandatario haya contraído dentro de los límites del mandato [1835].

En lo que el mandatario se haya excedido, no queda obligado el mandante sino cuando lo ratifica expresa o tácitamente [1836].

1728. El mandante debe anticipar al mandatario si éste lo pide, las cantidades necesarias para la ejecución del mandato.

Si el mandatario las hubiera anticipado, debe reembolsarlas el mandante, aunque el negocio no haya salido bien, con tal que esté exento de culpa el mandatario.

El reembolso comprenderá los intereses de la cantidad anticipada, a contar desde el día en que se hizo la anticipación [1837].

1729. Debe también el mandante indemnizar al mandatario de todos los daños y perjuicios que le haya causado el cumplimiento del mandato, sin culpa ni imprudencia del mismo mandatario [1838].

[1834] Véanse arts. 297 CCom, 236 RDLeg. 1/2010, de 2 de julio, por el que se aprueba el texto refundido de la Ley de Sociedades de Capital y 1101 a 1104, 1744 a 1766, 1777 y 1889 a 1891 de la presente Ley

[1835] Véanse arts. 56.3 ITP y AJD, 10 Ley 12/1992, de 27 de mayo, sobre Contrato de Agencia y 1259, 1725 y 1892 de la presente Ley

[1836] Véanse arts. 523, 254, 1250.2, 1714 y 1829 de la presente Ley

[1837] Véanse arts. 29 y 34 LEC, 18 Ley 12/1992, de 27 de mayo, sobre Contrato de Agencia y 250 y 251 de la presente Ley

[1838] Véanse arts. 278 CCom y 1893 de la presente Ley

1730. El mandatario podrá retener en prenda las cosas que son objeto del mandato hasta que el mandante realice la indemnización y reembolso de que tratan los dos artículos anteriores [1839].

1731. Si dos o más personas han nombrado un mandatario para un negocio común, le quedan obligadas solidariamente para todos los efectos del mandato [1840].

CAPÍTULO IV
De los modos de acabarse el mandato

1732. [1841] El mandato se acaba [1842]:

1º) Por su revocación [1843].

2º) Por renuncia del mandatario [1844].

3º) Por muerte o por concurso del mandante o del mandatario [1845].

4º) Por el establecimiento en relación al mandatario de medidas de apoyo que incidan en el acto en que deba intervenir en esa condición.

5º) Por la constitución en favor del mandante de la curatela representativa como medida de apoyo para el ejercicio de su capacidad jurídica, a salvo lo dispuesto en este Código respecto de los mandatos preventivos.

[1839] Véanse arts. 276 CCom y 453, 1600, 1780 y 1922 de la presente Ley
[1840] Véase art. 1137 de la presente Ley
[1841] Dada nueva redacción por art. 2 apartado 61 de Ley 8/2021 de 2 de junio de 2021, con vigencia desde 03/09/2021
[1842] Véanse arts. 102.2, 106, 183 y 188 de la presente Ley
[1843] Véanse arts. 275 CCom y 1733 a 1735 de la presente Ley
[1844] Véanse arts. 248 CCom y 1736 y 1737 de la presente Ley
[1845] Véanse arts. 280 CCom y 1738 y 1739 de la presente Ley

1733. El mandante puede revocar el mandato a su voluntad, y compeler al mandatario a la devolución del documento en que conste el mandato [1846].

1734. Cuando el mandato se haya dado para contratar con determinadas personas, su revocación no puede perjudicar a éstas si no se les ha hecho saber [1847].

1735. El nombramiento de nuevo mandatario para el mismo negocio produce la revocación del mandato anterior desde el día en que se hizo saber al que lo había recibido, salvo lo dispuesto en el artículo que precede [1848].

1736. El mandatario puede renunciar al mandato poniéndolo en conocimiento del mandante. Si éste sufriere perjuicios por la renuncia, deberá indemnizarle de ellos el mandatario, a menos que funde su renuncia en la imposibilidad de continuar desempeñando el mandato sin grave detrimento suyo [1849].

1737. El mandatario, aunque renuncie al mandato con justa causa, debe continuar su gestión hasta que el mandante haya podido tomar las disposiciones necesarias para ocurrir a esta falta [1850].

1738. Lo hecho por el mandatario, ignorando la muerte del mandante u otra cualquiera de las causas que hacen cesar el mandato, es válido y surtirá todos sus efectos respecto a los terceros que hayan contratado con él de buena fe [1851].

[1846] Véanse arts. 279 CCom, 164.2 Rgto. Notariado y 1692 de la presente Ley

[1847] Véanse arts. 22 y 291 CCom

[1848] Véanse arts. 30 LEC y 739 de la presente Ley

[1849] Véanse arts. 30.1 LEC y 248 CCom

[1850] Véanse arts. 30.1 LEC, 248 CCom y 1888 de la presente Ley

[1851] Véanse arts. 30.1 LEC, 27 Ley 12/1992, de 27 de mayo, sobre Contrato de Agencia, 280 CCom y 1734 de la presente Ley

1739. En el caso de morir el mandatario, deberán sus herederos ponerlo en conocimiento del mandante y proveer entretanto a lo que las circunstancias exijan en interés de éste [1852].

TÍTULO X
Del préstamo

Disposición general

1740. Por el contrato de préstamo, una de las partes entrega a la otra, o alguna cosa no fungible para que use de ella por cierto tiempo y se la devuelva, en cuyo caso se llama comodato, o dinero u otra cosa fungible, con condición de devolver otro tanto de la misma especie y calidad, en cuyo caso conserva simplemente el nombre de préstamo.

El comodato es esencialmente gratuito.

El simple préstamo puede ser gratuito o con pacto de pagar interés [1853].

CAPÍTULO PRIMERO
Del comodato

SECCIÓN PRIMERA
De la naturaleza del comodato

1741. El comodante conserva la propiedad de la cosa prestada. El comodatario adquiere el uso de ella, pero no los frutos; si interviene

---

[1852] Véanse arts. 280 CCom y 658, 1089, 1090, 1257, 1718 y 1719 de la presente Ley

[1853] Véanse arts. 311 a 324 CCom, 1 Ley 16/2011, de 24 de junio, de contratos de crédito al consumo y 337, 1711, 1741 a 1753 y 1768 de la presente Ley algún emolumento que haya de pagar el que adquiere el uso, la convención deja de ser comodato [1854].

1742. Las obligaciones y derechos que nacen del comodato pasan a los herederos de ambos contrayentes, a no ser que el préstamo se haya hecho en contemplación a la persona del comodatario, en cuyo caso los herederos de éste no tienen derecho a continuar en el uso de la cosa prestada [1855].

SECCIÓN SEGUNDA
De las obligaciones del comodatario

1743. El comodatario está obligado a satisfacer los gastos ordinarios que sean de necesidad para el uso y conservación de la cosa prestada [1856].

1744. Si el comodatario destina la cosa a un uso distinto de aquel para que se prestó, o la conserva en su poder por más tiempo del convenido, será responsable de su pérdida, aunque ésta sobrevenga por caso fortuito [1857].

1745. Si la cosa prestada se entregó con tasación y se pierde, aunque sea por caso fortuito, responderá el comodatario del precio, a no haber pacto en que expresamente se le exima de responsabilidad [1858].

[1854] Véanse arts. 1543, 1545, 1582 y 1768 de la presente Ley
[1855] Véanse arts. 657, 661, 1257 y 1595 de la presente Ley
[1856] Véanse arts. 500 y 1094 de la presente Ley
[1857] Véanse arts. 252 y 623 CP y 457, 1096.3, 1101 y 1182 de la presente Ley
[1858] Véanse arts. 1105 y 1182 de la presente Ley

1746. El comodatario no responde de los deterioros que sobrevengan a la cosa prestada por el solo efecto del uso y sin culpa suya [1859].

1747. El comodatario no puede retener la cosa prestada a pretexto de lo que el comodante le deba, aunque sea por razón de expensas [1860].

1748. Todos los comodatarios a quienes se presta conjuntamente una cosa responden solidariamente de ella, al tenor de lo dispuesto en esta sección [1861].

SECCIÓN TERCERA
De las obligaciones del comodante

1749. El comodante no puede reclamar la cosa prestada sino después de concluido el uso para que la prestó. Sin embargo, si antes de estos plazos tuviere el comodante urgente necesidad de ella, podrá reclamar la restitución [1862].

1750. Si no se pactó la duración del comodato ni el uso a que había de destinarse la cosa prestada, y éste no resulta determinado por la costumbre de la tierra, puede el comodante reclamarla a su voluntad.

En caso de duda, incumbe la prueba al comodatario [1863].

1751. El comodante debe abonar los gastos extraordinarios causados durante el contrato para la conservación de la cosa prestada,

---

[1859] Véanse arts. 1104 y 1561 a 1564 de la presente Ley
[1860] Véanse arts. 453, 1730, 1740 y 1743 de la presente Ley
[1861] Véanse arts. 1137 a 1148 y 1723 de la presente Ley
[1862] Véanse arts. 1543, 1544.3 y 1740 de la presente Ley
[1863] Véanse arts. 250.1 LEC y 444, 1543 y 1554 de la presente Ley

siempre que el comodatario lo ponga en su conocimiento antes de hacerlos, salvo cuando fueren tan urgentes que no pueda esperarse el resultado del aviso sin peligro [1864].

1752. El comodante que, conociendo los vicios de la cosa prestada, no los hubiere hecho saber al comodatario, responderá a éste de los daños que por aquella causa hubiese sufrido [1865].

CAPÍTULO II
Del simple préstamo

1753. El que recibe en préstamo dinero u otra cosa fungible, adquiere su propiedad, y está obligado a devolver al acreedor otro tanto de la misma especie y calidad [1866].

1754. La obligación del que toma dinero a préstamo se regirá por lo dispuesto en el art. 1170 de este Código.

Si lo prestado es otra cosa fungible, o una cantidad de metal no amonedado, el deudor debe una cantidad igual a la recibida y de la misma especie y calidad, aunque sufra alteración en su precio [1867].

1755. No se deberán intereses sino cuando expresamente se hubiesen pactado [1868].

[1864] Véanse arts. 21 LAU, 17 a 21 LAR y 453, 454, 500 a 504, 1544, 1558, 1559 y 1744 de la presente Ley

[1865] Véase art. 1474 de la presente Ley

[1866] Véanse arts. 313 CCom, 1 a 3 Ley 16/2011, de 24 de junio, de contratos de crédito al consumo y 335, 337, 1125 a 1130, 1166, 1170 y 1740 de la presente Ley

[1867] Véanse arts. 312 CCom y Ley 28/1998, de 13 de julio de Venta a Plazos de Bienes Muebles

[1868] Véanse arts. 314 y 315 CCom, 16 a 18, 25 y 32 Ley 16/2011, de 24 de junio, de contratos de crédito al consumo, 1 Ley de 23 de julio de 1908, de represión de la usura, 278 CP y 1108 y 1109 de la presente Ley

1756. El prestatario que ha pagado intereses sin estar estipulados, no puede reclamarlos ni imputarlos al capital [1869] .

1757. Los establecimientos de préstamos sobre prendas quedan además sujetos a los reglamentos que les conciernen [1870] .

TÍTULO XI
Del depósito

CAPÍTULO PRIMERO
Del depósito en general y de sus diversas especies

1758. Se constituye el depósito desde que uno recibe la cosa ajena con la obligación de guardarla y de restituirla [1871] .

1759. El depósito puede constituirse judicial o extrajudicialmente [1872] .

[1869] Véanse arts. 318 CCom y 110, 1740 y 1895 de la presente Ley

[1870] Véanse arts. 303 a 310 CCom, 15 Ley de 23 de julio de 1908, de represión de la usura y 1109 de la presente Ley

[1871] Véanse arts. 303 y 310 CCom, 59 LHM y 1766, 1771 y 1775 de la presente Ley

[1872] Téngase en cuenta RD 467/2006, de 21 de abril, por el que se regulan los depósitos y consignaciones judiciales en metálico, de efectos o valores y 1762 y 1785 a 1789 de la presente Ley

CAPÍTULO II
Del depósito propiamente dicho

SECCIÓN PRIMERA
De la naturaleza y esencia del contrato de depósito

1760. El depósito es un contrato gratuito, salvo pacto en contrario [1873].

1761. Sólo pueden ser objeto del depósito las cosas muebles [1874].

1762. El depósito extrajudicial es necesario o voluntario [1875].

SECCIÓN SEGUNDA
Del depósito voluntario

1763. Depósito voluntario es aquel en que se hace la entrega por la voluntad del depositante. También puede realizarse el depósito por dos o más personas, que se crean con derecho a la cosa depositada, en un tercero, que hará la entrega en su caso a la que corresponda [1876].

1764. [1877] El depósito hecho por un menor o por persona con discapacidad sin contar con la medida de apoyo prevista vinculará al depositario a todas las obligaciones que nacen del contrato de depósito [1878].

[1873] Véanse arts. 304 CCom y 1711 y 1740 de la presente Ley
[1874] Véanse arts. 335, 336, 346, 347 y 1786 de la presente Ley
[1875] Véanse arts. 1763 a 1784 de la presente Ley
[1876] Véanse arts. 216 a 220 Rgto. Notariado
[1877] Dada nueva redacción por art. 2 apartado 62 de Ley 8/2021 de 2 de junio de 2021, con vigencia desde 03/09/2021
[1878] Véase art. 1263 de la presente Ley

1765. [1879] Si el depósito ha sido hecho en un menor, el depositante solo tendrá acción para reivindicar la cosa depositada mientras exista en poder del depositario, o a que este le abone la cantidad en que se hubiese enriquecido con la cosa o con el precio. Esta regla también resultará de aplicación cuando el depósito haya sido hecho en una persona con discapacidad que haya prescindido de las medidas de apoyo previstas cuando fueran precisas y el depositante fuera conocedor de la existencia de medidas de apoyo en el momento de la contratación o se hubiera aprovechado de otro modo de la situación de discapacidad obteniendo de ello una ventaja injusta [1880].

SECCIÓN TERCERA
De las obligaciones del depositario

1766. El depositario está obligado a guardar la cosa y restituirla, cuando le sea pedida, al depositante, o a sus causahabientes, o a la persona que hubiese sido designada en el contrato. Su responsabilidad en cuanto a la guarda y la pérdida de la cosa, se regirá por lo dispuesto en el Título I de este Libro [1881].

1767. El depositario no puede servirse de la cosa depositada sin permiso expreso del depositante.

En caso contrario, responderá de los daños y perjuicios [1882].

1768. Cuando el depositario tiene permiso para servirse o usar de la cosa depositada, el contrato pierde el concepto de depósito y se convierte en préstamo o comodato.

[1879] Dada nueva redacción por art. 2 apartado 63 de Ley 8/2021 de 2 de junio de 2021, con vigencia desde 03/09/2021

[1880] Véanse arts. 1163, 1300, 1304, 1540 y 1716 de la presente Ley

[1881] Véanse arts. 306 CCom, 252, 253 y 623 CP, 5.3 Ley 40/2002, de 14 de noviembre, reguladora del contrato de Aparcamiento de Vehículos y 1088 a 1252 y 1769 a 1778 de la presente Ley

[1882] Véase art. 1101 de la presente Ley

El permiso no se presume, debiendo probarse su existencia [1883] .

1769. Cuando la cosa depositada se entrega cerrada y sellada, debe restituirla el depositario en la misma forma, y responderá de los daños y perjuicios si hubiese sido forzado el sello o cerradura por su culpa.

Se presume la culpa en el depositario, salvo la prueba en contrario.

En cuanto al valor de lo depositado, cuando la fuerza sea imputable al depositario, se estará a la declaración del depositante, a no resultar prueba en contrario [1884] .

1770. La cosa depositada será devuelta con todos sus productos y accesiones.

Consistiendo el depósito en dinero, se aplicará al depositario lo dispuesto respecto al mandatario en el art. 1724 [1885] .

1771. El depositario no puede exigir que el depositante pruebe ser propietario de la cosa depositada.

Sin embargo, si llega a descubrir que la cosa ha sido hurtada y quién es su verdadero dueño, debe hacer saber a éste el depósito.

Si el dueño, a pesar de esto, no reclama en el término de un mes, quedará libre de toda responsabilidad el depositario, devolviendo la cosa depositada a aquél de quien la recibió [1886] .

1772. Cuando sean dos o más los depositantes, si no fueren solidarios y la cosa admitiere división, no podrá pedir cada uno de ellos más que su parte.

Cuando haya solidaridad, o la cosa no admita división, regirá lo dispuesto en los arts. 1141 y 1142 de este Código [1887] .

[1883] Véase art. 309 CCom

[1884] Véanse arts. 306 a 310 CCom y 713, 1182, 1196, 1200, 1754, 1758 y 1780 de la presente Ley

[1885] Véanse arts. 1094 a 1097 y 1777 de la presente Ley

[1886] Véase art. 1539 de la presente Ley

[1887] Véase art. 1151 de la presente Ley

1773. [1888] Cuando el depositante, después de hacer el depósito, contara con medidas de apoyo, la devolución del depósito se ajustará a lo que resulte de aquellas [1889].

1774. Cuando al hacerse el depósito se designó lugar para la devolución, el depositario debe llevar a él la cosa depositada; pero los gastos que ocasione la traslación serán de cargo del depositante.

No habiéndose designado lugar para la devolución, deberá ésta hacerse en el que se halle la cosa depositada, aunque no sea el mismo en que se hizo el depósito, con tal que no haya intervenido malicia de parte del depositario [1890].

1775. El depósito debe ser restituido al depositante cuando lo reclame, aunque en el contrato se haya fijado un plazo o tiempo determinado para la devolución.

Esta disposición no tendrá lugar cuando judicialmente haya sido embargado el depósito en poder del depositario, o se haya notificado a éste la oposición de un tercero a la restitución o traslación de la cosa depositada [1891].

1776. El depositario que tenga justos motivos para no conservar el depósito, podrá, aun antes del término designado, restituirlo al depositante; y, si éste lo resiste, podrá obtener del Juez su consignación [1892].

1777. El depositario que por fuerza mayor hubiese perdido la cosa depositada y recibido otra en su lugar, estará obligado a entregar ésta al depositante [1893].

[1888] Dada nueva redacción por art. 2 apartado 64 de Ley 8/2021 de 2 de junio de 2021, con vigencia desde 03/09/2021
[1889] Véanse arts. 200, 1163 y 1764 de la presente Ley
[1890] Véanse arts. 1171 y 1463 de la presente Ley
[1891] Véanse arts. 435 CP y 1749 y 1750 de la presente Ley
[1892] Véanse arts. 1176 a 1181 de la presente Ley
[1893] Véanse arts. 1186, 1766 y 1770 de la presente Ley

1778. El heredero del depositario que de buena fe haya vendido la cosa que ignoraba ser depositada, sólo está obligado a restituir el precio que hubiese recibido o a ceder sus acciones contra el comprador en el caso de que el precio no se le haya pagado [1894].

SECCIÓN CUARTA
De las obligaciones del depositante

1779. El depositante está obligado a reembolsar al depositario los gastos que haya hecho para la conservación de la cosa depositada y a indemnizarle de todos los perjuicios que se le hayan seguido del depósito.

1780. El depositario puede retener en prenda la cosa depositada hasta el completo pago de lo que se le deba por razón del depósito [1895].

SECCIÓN QUINTA
Del depósito necesario

1781. Es necesario el depósito:

1º) Cuando se hace en cumplimiento de una obligación legal.

2º) Cuando tiene lugar con ocasión de alguna calamidad como incendio, ruina, saqueo, naufragio u otras semejantes [1896].

1782. El depósito comprendido en el número 1º del artículo anterior se regirá por las disposiciones de la ley que lo establezca, y, en su defecto, por las del depósito voluntario.

[1894] Véanse arts. 442 y 1897 de la presente Ley

[1895] Véanse arts. 5.3 Ley 40/2002, de 14 de noviembre, reguladora del contrato de Aparcamiento de Vehículos y 446, 453, 1094, 1095, 1600, 1730 y 1922 de la presente Ley

[1896] Véanse arts. 15 LH, 87 y 520 RH, 50 LHM y 257, 445, 494, 1089, 1090, 1355 y 1870 de la presente Ley

El comprendido en el número 2º se regirá por las reglas del depósito voluntario [1897].

1783. Se reputa también depósito necesario el de los efectos introducidos por los viajeros en las fondas y mesones. Los fondistas o mesoneros responden de ellos como tales depositarios, con tal que se hubiese dado conocimiento a los mismos, o a sus dependientes, de los efectos introducidos en su casa, y que los viajeros por su parte observen las prevenciones que dichos posaderos o sus sustitutos les hubiesen hecho sobre cuidado y vigilancia de los efectos [1898].

1784. La responsabilidad a que se refiere el artículo anterior comprende los daños hechos en los efectos de los viajeros, tanto por los criados o dependientes de los fondistas o mesoneros, como por los extraños; pero no los que provengan de robo a mano armada, o sean ocasionados por otro suceso de fuerza mayor [1899].

CAPÍTULO III
Del secuestro

1785. El depósito judicial o secuestro tiene lugar cuando se decreta el embargo o el aseguramiento de bienes litigiosos [1900].

1786. El secuestro puede tener por objeto así los bienes muebles como los inmuebles [1901].

[1897] Véanse arts. 1763 a 1780 de la presente Ley

[1898] Véanse arts. 120.3 CP, 78 O de 19 de julio de 1968 por la que se dictan normas sobre Clasificación de los Establecimientos Hoteleros y 1601 y 1784 de la presente Ley

[1899] Véanse arts. 120.3 y 242 CP y 1105 y 1601 de la presente Ley

[1900] Véanse arts. 626 y 627 LEC, 597 LECR, 435 CP, 42.4 LH, 91 LHM y 1165, 1291.4 y 1535 de la presente Ley

[1901] Véanse arts. 627 LEC, 42.4 LH y 1761 de la presente Ley

1787. El depositario de los bienes u objetos secuestrados no puede quedar libre de su encargo hasta que se termine la controversia que lo motivó, a no ser que el Juez lo ordenare por consentir en ello todos los interesados o por otra causa legítima [1902].

1788. El depositario de bienes secuestrados está obligado a cumplir respecto de ellos todas las obligaciones de un buen padre de familia [1903].

1789. En lo que no se hallare dispuesto en este Código, el secuestro judicial se regirá por las disposiciones de la Ley de Enjuiciamiento Civil. [1904]

TÍTULO XII
De los contratos aleatorios o de suerte

CAPÍTULO PRIMERO
Disposición general

1790. Por el contrato aleatorio, una de las partes, o ambas recíprocamente, se obligan a dar o hacer alguna cosa en equivalencia de lo que la otra parte ha de dar o hacer para el caso de un acontecimiento incierto, o que ha de ocurrir en tiempo indeterminado [1905].

[1902] Téngase en cuenta RD 467/2006, de 21 de abril, por el que se regulan los Depósitos y Consignaciones Judiciales en metálico, de Efectos o Valores
[1903] Véanse arts. 435 CP y 1094, 1766 y 1789 de la presente Ley
[1904] Véanse arts. 626 a 628 y 721 LEC
[1905] Véanse arts. 1113, 1125 y 1274 de la presente Ley

CAPÍTULO II
Del contrato de alimentos [1906]

1791. [1907] Por el contrato de alimentos una de las partes se obliga a proporcionar vivienda, manutención y asistencia de todo tipo a una persona durante su vida, a cambio de la transmisión de un capital en cualquier clase de bienes y derechos [1908].

1792. [1909] De producirse la muerte del obligado a prestar los alimentos o de concurrir cualquier circunstancia grave que impida la pacífica convivencia de las partes, cualquiera de ellas podrá pedir que la prestación de alimentos convenida se pague mediante la pensión actualizable a satisfacer por plazos anticipados que para esos eventos hubiere sido prevista en el contrato o, de no haber sido prevista, mediante la que se fije judicialmente [1910].

1793. [1911] La extensión y calidad de la prestación de alimentos serán las que resulten del contrato y, a falta de pacto en contrario, no dependerá de las vicisitudes del caudal y necesidades del obligado ni de las del caudal de quien los recibe [1912].

[1906] Añadido por art. 12 apartado 2 de Ley 41/2003 de 18 de noviembre de 2003, con vigencia desde 20/11/2003

[1907] Añadido por art. 12 apartado 2 de Ley 41/2003 de 18 de noviembre de 2003, con vigencia desde 20/11/2003

[1908] Véanse arts. 12.2 Ley 41/2003, de 18 de noviembre, de Protección Patrimonial de las Personas con Discapacidad y de modificación del Código Civil, de la Ley de Enjuiciamiento Civil y de la Normativa Tributaria con esta finalidad y 142, 153 y 1802 de la presente Ley

[1909] Añadido por art. 12 apartado 2 de Ley 41/2003 de 18 de noviembre de 2003, con vigencia desde 20/11/2003

[1910] Véase art.149 de la presente Ley

[1911] Añadido por art. 12 apartado 2 de Ley 41/2003 de 18 de noviembre de 2003, con vigencia desde 20/11/2003

[1912] Véanse arts. 146 y 147 de la presente Ley

1794. [1913] La obligación de dar alimentos no cesará por las causas a que se refiere el art. 152 , salvo la prevista en su apartado primero.

1795. [1914] El incumplimiento de la obligación de alimentos dará derecho al alimentista sin perjuicio de lo dispuesto en el art. 1792 , para optar entre exigir el cumplimiento, incluyendo el abono de los devengados con anterioridad a la demanda, o la resolución del contrato, con aplicación, en ambos casos, de las reglas generales de las obligaciones recíprocas.

En caso de que el alimentista opte por la resolución, el deudor de los alimentos deberá restituir inmediatamente los bienes que recibió por el contrato, y, en cambio, el juez podrá, en atención a las circunstancias, acordar que la restitución que, con respeto de lo que dispone el artículo siguiente, corresponda al alimentista quede total o parcialmente aplazada, en su beneficio, por el tiempo y con las garantías que se determinen [1915] .

1796. [1916] De las consecuencias de la resolución del contrato, habrá de resultar para el alimentista, cuando menos, un superávit suficiente para constituir, de nuevo, una pensión análoga por el tiempo que le quede de vida.

1797. [1917] Cuando los bienes o derechos que se transmitan a cambio de los alimentos sean registrables, podrá garantizarse frente a terceros el derecho del alimentista con el pacto inscrito en el que se dé

[1913] Añadido por art. 12 apartado 2 de Ley 41/2003 de 18 de noviembre de 2003, con vigencia desde 20/11/2003

[1914] Añadido por art. 12 apartado 2 de Ley 41/2003 de 18 de noviembre de 2003, con vigencia desde 20/11/2003

[1915] Véanse arts. 12.2 Ley 41/2003, de 18 de noviembre, de Protección Patrimonial de las Personas con Discapacidad y de modificación del Código Civil, de la Ley de Enjuiciamiento Civil y de la Normativa Tributaria con esta finalidad y 1124 de la presente Ley

[1916] Añadido por art. 12 apartado 2 de Ley 41/2003 de 18 de noviembre de 2003, con vigencia desde 20/11/2003

[1917] Añadido por art. 12 apartado 2 de Ley 41/2003 de 18 de noviembre de 2003, con vigencia desde 20/11/2003 a la falta de pago el carácter de condición resolutoria explícita, además de mediante el derecho de hipoteca regulado en el art. 157 de la Ley Hipotecaria [1918].

CAPÍTULO III
Del juego y de la apuesta

1798. La ley no concede acción para reclamar lo que se gana en un juego de suerte, envite o azar; pero el que pierde no puede repetir lo que haya pagado voluntariamente, a no ser que hubiese mediado dolo, o que fuera menor, o estuviera inhabilitado para administrar sus bienes [1919].

1799. Lo dispuesto en el artículo anterior respecto del juego es aplicable a las apuestas.

Se consideran prohibidas las apuestas que tienen analogía con los juegos prohibidos.

1800. No se consideran prohibidos los juegos que contribuyen al ejercicio del cuerpo, como son los que tienen por objeto adiestrarse en el manejo de las armas, las carreras a pie o a caballo, las de carros, el juego de pelota y otros de análoga naturaleza.

1801. El que pierde en un juego o apuesta de los no prohibidos queda obligado civilmente.

La Autoridad judicial puede, sin embargo, no estimar la demanda cuando la cantidad que se cruzó en el juego o en la apuesta sea

---

[1918] Véanse arts. 37.2 LH y 51.6 RH

[1919] Téngase en cuenta Ley 34/1987, de 26 de diciembre, de Potestad Sancionadora de la Administración Pública en materia de Juegos de Suerte, Envite o Azar, RD 2110/1998, de 2 de octubre, por el que se aprueba el Reglamento de Máquinas Recreativas y de Azar y 210, 1265, 1269, 1270, 1304 a 1306, 1371, 1372, 1411, 1901, 1790 y 1895 de la presente Ley excesiva, o reducir la obligación en lo que excediere de los usos de un buen padre de familia [1920].

CAPÍTULO IV
De la renta vitalicia

1802. El contrato aleatorio de renta vitalicia obliga al deudor a pagar una pensión o rédito anual durante la vida de una o más personas determinadas por un capital en bienes muebles o inmuebles, cuyo dominio se le transfiere desde luego con la carga de la pensión [1921].

1803. Puede constituirse la renta sobre la vida del que da el capital, sobre la de un tercero o sobre la de varias personas.

También puede constituirse a favor de aquella o aquellas personas sobre cuya vida se otorga o a favor de otra u otras personas distintas [1922].

1804. Es nula la renta constituida sobre la vida de una persona muerta a la fecha del otorgamiento, o que en el mismo tiempo se halle padeciendo una enfermedad que llegue a causar su muerte dentro de los veinte días siguientes a aquella fecha [1923].

1805. La falta de pago de las pensiones vencidas no autoriza al perceptor de la renta vitalicia a exigir el reembolso del capital ni a volver a entrar en la posesión del predio enajenado; sólo tendrá derecho a reclamar judicialmente el pago de las rentas atrasadas y el aseguramiento de las futuras [1924].

[1920] Véanse arts. 1371 y 1372 de la presente Ley

[1921] Véanse arts. 88 a 90 y 157 LH, 154 RH, 83 LCS y 99, 1257 y 1604 a 1606 de la presente Ley

[1922] Véanse arts. 83 LCS y 781 y 785 de la presente Ley

[1923] Véanse arts. 4 LCS y 1116 y 1272 de la presente Ley

[1924] Véanse arts. 1124 y 1648 de la presente Ley

1806. La renta correspondiente al año en que muere el que la disfruta, se pagará en proporción a los días que hubiese vivido; si debía satisfacerse por plazos anticipados, se pagará el importe total del plazo que durante su vida hubiese empezado a correr.

1807. El que constituye a título gratuito una renta sobre sus bienes, puede disponer, al tiempo del otorgamiento, que no estará sujeta dicha renta a embargo por obligaciones del pensionista [1925] .

1808. No puede reclamarse la renta sin justificar la existencia de la persona sobre cuya vida esté constituida.

TÍTULO XIII
De la transacciones y compromisos

CAPÍTULO PRIMERO
De las transacciones

1809. La transacción es un contrato por el cual las partes, dando, prometiendo o reteniendo cada una alguna cosa, evitan la provocación de un pleito o ponen término al que había comenzado [1926] .

1810. [1927] Para transigir sobre los bienes y derechos de los hijos bajo la patria potestad se aplicarán las mismas reglas que para enajenarlos [1928] .

[1925] Véase art. 820.3 de la presente Ley

[1926] Véanse arts. 19 LEC y 1713.3 de la presente Ley

[1927] Dada nueva redacción por art. 4 de Ley 11/1981 de 13 de mayo de 1981, con vigencia desde 08/06/1981

[1928] Véanse arts. 61 Ley 15/2015, de Jurisdicción Voluntaria y 166 de la presente Ley

1811. [1929] El tutor y el curador con facultades de representación necesitarán autorización judicial para transigir sobre cuestiones relativas a los intereses de la persona cuya representación ostentan, salvo que se trate de asuntos de escasa relevancia económica [1930].

1812. Las corporaciones que tengan personalidad jurídica sólo podrán transigir en la forma y con los requisitos que necesiten para enajenar sus bienes [1931].

1813. Se puede transigir sobre la acción civil proveniente de un delito; pero no por eso se extinguirá la acción pública para la imposición de la pena legal [1932].

1814. No se puede transigir sobre el estado civil de las personas, ni sobre las cuestiones matrimoniales, ni sobre alimentos futuros [1933].

1815. La transacción no comprende sino los objetos expresados determinadamente en ella, o que, por una inducción necesaria de sus palabras, deban reputarse comprendidos en la misma.

La renuncia general de derechos se entiende sólo de los que tienen relación con la disputa sobre que ha recaído la transacción [1934].

[1929] Dada nueva redacción por art. 2 apartado 65 de Ley 8/2021 de 2 de junio de 2021, con vigencia desde 03/09/2021

[1930] Véanse arts. 61 Ley 15/2015, de Jurisdicción Voluntaria y 271.3 de la presente Ley

[1931] Véanse arts. 110 a 114 LPAP, 77.1 LJCA, 19.3 Ley 50/2002, de 26 de diciembre, de Fundaciones, 6 y 7 LGP y 38 de la presente Ley

[1932] Véanse arts. 1 y 2 LArb, 106 y 107 LECR, 130 CP y 1271 y 1305 de la presente Ley

[1933] Véanse arts. 1 y 2 LArb, 19.1 y 751 LEC y 90, 103, 108, 151, 816 y 1271 de la presente Ley

[1934] Véanse arts. 144 LH y 6.2 y 1283 de la presente Ley

1816. La transacción tiene para las partes la autoridad de la cosa juzgada; pero no procederá la vía de apremio sino tratándose del cumplimiento de la transacción judicial [1935].

1817. La transacción en que intervenga error, dolo, violencia o falsedad de documentos, está sujeta a lo dispuesto en el art. 1265 de este Código.

Sin embargo, no podrá una de las partes oponer el error de hecho a la otra siempre que ésta se haya apartado por la transacción de un pleito comenzado [1936].

1818. El descubrimiento de nuevos documentos no es causa para anular o rescindir la transacción, si no ha habido mala fe [1937].

1819. Si estando decidido un pleito por sentencia firme, se celebrare transacción sobre él por ignorar la existencia de la sentencia firme alguna de las partes interesadas, podrá ésta pedir que se rescinda la transacción.

La ignorancia de una sentencia que pueda revocarse, no es causa para atacar la transacción [1938].

[1935] Véanse arts. 43 y 44 LArb, 144 LH, 240 RH, 19, 222, 415 y 428 LEC y 1203 a 1213 y 1252 de la presente Ley

[1936] Véase art. 1300 de la presente Ley

[1937] Véanse arts. 501 LEC y 1290 y 1300 de la presente Ley

[1938] Véanse arts. 207 LEC, 245.3 LOPJ, 1, 2 y 9 LArb y 1277, 1290, 1291.5, 1300 y 1809 de la presente Ley

CAPÍTULO II
De los compromisos (Derogado) [1939]

1820 y 1821. [1940] (Derogados)

TÍTULO XIV
De la fianza

CAPÍTULO PRIMERO
De la naturaleza y extensión de la fianza

1822. Por la fianza se obliga uno a pagar o cumplir por un tercero, en el caso de no hacerlo éste.

Si el fiador se obligare solidariamente con el deudor principal, se observará lo dispuesto en la sección cuarta del Capítulo III del Título I de este Libro [1941].

1823. La fianza puede ser convencional, legal o judicial, gratuita o a título oneroso.

Puede también constituirse no sólo a favor del deudor principal, sino al del otro fiador, consintiéndolo, ignorándolo y aun contradiciéndolo éste [1942].

1824. La fianza no puede existir sin una obligación válida.

Puede, no obstante, recaer sobre una obligación cuya nulidad pueda ser reclamada a virtud de una excepción puramente personal del obligado, como la de la menor edad.

[1939] Derogado por disposición derogatoria única apartado 3 de Ley 36/1988 de 5 de diciembre de 1988, con vigencia desde 27/12/1988

[1940] Derogado por disposición derogatoria única apartado 3 de Ley 36/1988 de 5 de diciembre de 1988, con vigencia desde 27/12/1988

[1941] Véanse arts. 35 a 37 LCCH, 439 a 442 CCom, 106 a 114 Ley 9/2017, de 8 de noviembre, de Contratos del Sector Público y 1137 a 1148 y 1831 de la presente Ley

[1942] Véanse arts. 441 CCom, 533, 536, 592, 613 y 614 LECR y 1158, 1836, 1838 y 1854 a 1856 de la presente Ley

Exceptúase de la disposición del párrafo anterior el caso de préstamo hecho al hijo de familia [1943].

1825. Puede también prestarse fianza en garantía de deudas futuras, cuyo importe no sea aún conocido; pero no se podrá reclamar contra el fiador hasta que la deuda sea líquida [1944].

1826. El fiador puede obligarse a menos, pero no a más que el deudor principal, tanto en la cantidad como en lo oneroso de las condiciones.

Si se hubiera obligado a más, se reducirá su obligación a los límites de la del deudor [1945].

1827. La fianza no se presume: debe ser expresa y no puede extenderse a más de lo contenido en ella.

Si fuere simple o indefinida, comprenderá, no sólo la obligación principal, sino todos sus accesorios, incluso los gastos del juicio, entendiéndose, respecto de éstos, que no responderá sino de los que se hayan devengado después que haya sido requerido el fiador para el pago [1946].

1828. El obligado a dar fiador debe presentar persona que tenga capacidad para obligarse y bienes suficientes para responder de la obligación que garantiza. El fiador se entenderá sometido a la jurisdicción del Juez del lugar donde esta obligación deba cumplirse [1947].

1829. Si el fiador viniere al estado de insolvencia, puede el acreedor pedir otro que reúna las cualidades exigidas en el artículo anterior.

[1943] Véanse arts. 37 LCCH y 200, 1148, 1155, 1208 y 1302 de la presente Ley

[1944] Véanse arts. 572.2 LEC y 1169 y 1271 de la presente Ley

[1945] Véanse arts. 35.1 LCCH, 527.2 LEC y 1137 a 1148, 1302, 1824, 1829 a 1837 y 1843 de la presente Ley

[1946] Véanse arts. 440 CCom y 36 y 37 LCCH

[1947] Véanse arts. 50 y 52 LEC y 162, 166, 210, 294, 1263, 1264 y 1854 de la presente Ley

Exceptúase el caso de haber exigido y pactado el acreedor que se le diera por fiador una persona determinada.

CAPÍTULO II
De los efectos de la fianza

SECCIÓN PRIMERA
De los efectos de la fianza entre el fiador y el acreedor

1830. El fiador no puede ser compelido a pagar al acreedor sin hacerse antes excusión de todos los bienes del deudor [1948].

1831. La excusión no tiene lugar:

1º) Cuando el fiador haya renunciado expresamente a ella [1949].

2º) Cuando se haya obligado solidariamente con el deudor.

3º) En el caso de quiebra o concurso del deudor.

4º) Cuando éste no pueda ser demandado judicialmente dentro del Reino [1950].

1832. Para que el fiador pueda aprovecharse del beneficio de la excusión, debe oponerlo al acreedor luego que éste le requiera para el pago, y señalarle bienes del deudor realizables dentro del territorio español, que sean suficientes para cubrir el importe de la deuda [1951].

1833. Cumplidas por el fiador todas las condiciones del artículo anterior, el acreedor negligente en la excusión de los bienes señalados

---

[1948] Véanse arts. 263 TR Ley Concursal, 112.1 Ley 9/2017, de 8 de noviembre, de Contratos del Sector Público y 1111, 1822 y 1856 de la presente Ley

[1949] Véanse arts. 1137 a 1148 y 1911 a 1920 de la presente Ley

[1950] Véanse arts. 28.1.1º, 3º a 6º, 2 y 3, 30.1, 31.1, 32, 33.1, 252 a 254 y 573 TR Ley Concursal y 6.2, 1829 y 1856 de la presente Ley

[1951] Véanse arts. 145 Ley 15/2015, de Jurisdicción Voluntaria y 405 LEC es responsable, hasta donde ellos alcancen, de la insolvencia del deudor que por aquel descuido resulte.

1834. El acreedor podrá citar al fiador cuando demande al deudor principal, pero quedará siempre a salvo el beneficio de excusión, aunque se dé sentencia contra los dos.

1835. La transacción hecha por el fiador con el acreedor no surte efecto para con el deudor principal.

La hecha por éste tampoco surte efecto para con el fiador, contra su voluntad [1952].

1836. El fiador de un fiador goza del beneficio de excusión, tanto respecto del fiador como del deudor principal [1953].

1837. Siendo varios los fiadores de un mismo deudor y por una misma deuda, la obligación a responder de ella se divide entre todos. El acreedor no puede reclamar a cada fiador sino la parte que le corresponda satisfacer, a menos que se haya estipulado expresamente la solidaridad.

El beneficio de división contra los cofiadores cesa en los mismos casos y por las mismas causas que el de excusión contra el deudor principal [1954].

SECCIÓN SEGUNDA
De los efectos de la fianza entre el deudor y el fiador

1838. El fiador que paga por el deudor, debe ser indemnizado por éste.

La indemnización comprende:

1º) La cantidad total de la deuda.

[1952] Véanse arts. 1193, 1207, 1257, 1816 y 1839.2 de la presente Ley

[1953] Véanse arts. 1846 y 1856 de la presente Ley

[1954] Véanse arts. 1137 y 1138 de la presente Ley

2º) Los intereses legales de ella desde que se haya hecho saber el pago al deudor, aunque no los produjese para el acreedor.

3º) Los gastos ocasionados al fiador después de poner éste en conocimiento del deudor que ha sido requerido para el pago.

4º) Los daños y perjuicios, cuando procedan.

La disposición de este artículo tiene lugar aunque la fianza se haya dado ignorándolo el deudor [1955].

1839. El fiador se subroga por el pago en todos los derechos que el acreedor tenía contra el deudor.

Si ha transigido con el acreedor, no puede pedir al deudor más de lo que realmente haya pagado [1956].

1840. Si el fiador paga sin ponerlo en noticia del deudor, podrá éste hacer valer contra él todas las excepciones que hubiera podido oponer al acreedor al tiempo de hacerse el pago [1957].

1841. Si la deuda era a plazo y el fiador la pagó antes de su vencimiento, no podrá exigir reembolso del deudor hasta que el plazo venza [1958].

1842. Si el fiador ha pagado sin ponerlo en noticia del deudor, y éste, ignorando el pago, lo repite por su parte, no queda al primero recurso alguno contra el segundo, pero sí contra el acreedor [1959].

1843. El fiador, aun antes de haber pagado, puede proceder contra el deudor principal:

1º) Cuando se ve demandado judicialmente para el pago.

[1955] Véanse arts. 37.2 LCCH y 1101 a 1108, 1158, 1159, 1193, 1840 y 1842 de la presente Ley

[1956] Véanse arts. 37 LCCH, 263 y 264 TR Ley Concursal y 1158, 1159 y 1209 a 1213 de la presente Ley

[1957] Véanse arts. 1148, 1158, 1159, 1842 y 1853 de la presente Ley

[1958] Véanse arts. 1125, 1126 y 1129 de la presente Ley

[1959] Véanse arts. 1157, 1527, 1840 y 1895 a 1901 de la presente Ley

2º) En caso de quiebra, concurso o insolvencia.

3º) Cuando el deudor se ha obligado a relevarle de la fianza en un plazo determinado, y este plazo ha vencido.

4º) Cuando la deuda ha llegado a hacerse exigible, por haber cumplido el plazo en que debe satisfacerse.

5º) Al cabo de diez años, cuando la obligación principal no tiene término fijo para su vencimiento, a menos que sea de tal naturaleza que no pueda extinguirse sino en un plazo mayor de los diez años.

En todos estos casos la acción del fiador tiende a obtener relevación de la fianza o una garantía que lo ponga a cubierto de los procedimientos del acreedor y del peligro de insolvencia en el deudor [1960].

SECCIÓN TERCERA
De los efectos de la fianza entre los cofiadores

1844. Cuando son dos o más los fiadores de un mismo deudor y por una misma deuda, el que de ellos la haya pagado podrá reclamar de cada uno de los otros la parte que proporcionalmente le corresponda satisfacer.

Si alguno de ellos resultare insolvente, la parte de éste recaerá sobre todos en la misma proporción.

Para que pueda tener lugar la disposición de este artículo, es preciso que se haya hecho el pago en virtud de demanda judicial, o hallándose el deudor principal en estado de concurso o quiebra [1961].

1845. En el caso del artículo anterior podrán los cofiadores oponer al que pagó las mismas excepciones que habrían correspondido al deudor principal contra el acreedor y que no fueren puramente personales del mismo deudor [1962].

[1960] Véanse arts. 28.1.1º, 3º a 6º, 2 y 3, 30.1, 31.1, 32, 33.1, 252 a 254 y 573 TR Ley Concursal y 1822 y 1831 de la presente Ley

[1961] Véanse arts. 1145 y 1837 de la presente Ley

[1962] Véanse arts. 1111, 1148, 1824, 1840 y 1853 de la presente Ley

1846. El subfiador, en caso de insolvencia del fiador por quien se obligó, queda responsable a los cofiadores en los mismos términos que lo estaba el fiador [1963] .

CAPÍTULO III
De la extinción de la fianza

1847. La obligación del fiador se extingue al mismo tiempo que la del deudor, y por las mismas causas que las demás obligaciones [1964] .

1848. La confusión que se verifica en la persona del deudor y en la del fiador cuando uno de ellos hereda al otro, no extingue la obligación del subfiador [1965] .

1849. Si el acreedor acepta voluntariamente un inmueble, u otros cualesquiera efectos en pago de la deuda, aunque después los pierda por evicción, queda libre el fiador [1966] .

1850. La liberación hecha por el acreedor a uno de los fiadores sin el consentimiento de los otros, aprovecha a todos hasta donde alcance la parte del fiador a quien se ha otorgado [1967] .

1851. La prórroga concedida al deudor por el acreedor sin el consentimiento del fiador extingue la fianza [1968] .

[1963] Véanse arts. 1823.2 y 1826 de la presente Ley
[1964] Véanse arts. 442 CCom y 1156, 1181, 1193 y 1213 de la presente Ley
[1965] Véanse arts. 1192 a 1194 de la presente Ley
[1966] Véanse arts. 1156, 1166, 1175, 1475, 1521 y 1842 de la presente Ley
[1967] Véanse arts. 1143, 1146, 1837 y 1844 de la presente Ley
[1968] Véanse arts. 399 TR Ley 22/2003 Concursal y 1203, 1204 y 1835 de la presente Ley

1852. Los fiadores, aunque sean solidarios, quedan libres de su obligación siempre que por algún hecho del acreedor no puedan quedar subrogados en los derechos, hipotecas y privilegios del mismo [1969].

1853. El fiador puede oponer al acreedor todas las excepciones que competan al deudor principal y sean inherentes a la deuda; mas no las que sean puramente personales del deudor [1970].

CAPÍTULO IV
De la fianza legal y judicial

1854. El fiador que haya de darse por disposición de la ley o de providencia judicial, debe tener las cualidades prescritas en el art. 1828 [1971].

1855. Si el obligado a dar fianza en los casos del artículo anterior no la hallase, se le admitirá en su lugar una prenda o hipoteca que se estime bastante para cubrir su obligación [1972].

1856. El fiador judicial no puede pedir la excusión de bienes del deudor principal.

El subfiador, en el mismo caso, no puede pedir ni la del deudor ni la del fiador [1973].

[1969] Véase art. 1839 de la presente Ley

[1970] Véanse arts. 1148, 1197, 1824, 1845 y 1937 de la presente Ley

[1971] Véanse arts. 6 y 7 LGP, 106 y 107 Ley 9/2017, de 8 de noviembre, de Contratos del Sector Público, 439 a 442 CCom, 737, 740 y 746 LEC, 533, 536, 589 a 592, 613 y 614 LECR y 167, 260, 261, 491 a 494, 507 y 522 de la presente Ley

[1972] Véase art. 1857 de la presente Ley

[1973] Véanse arts. 1830, 1831 y 1836 de la presente Ley

TÍTULO XV
De los contratos de prenda, hipoteca y anticresis

CAPÍTULO PRIMERO
Disposiciones comunes a la prenda y a la hipoteca

1857. Son requisitos esenciales de los contratos de prenda e hipoteca:

1º) Que se constituya para asegurar el cumplimiento de una obligación principal.

2º) Que la cosa pignorada o hipotecada pertenezca en propiedad al que la empeña o hipoteca.

3º) Que las personas que constituyan la prenda o hipoteca tengan la libre disposición de sus bienes o, en caso de no tenerla, se hallen legalmente autorizadas al efecto.

Las terceras personas extrañas a la obligación principal pueden asegurar ésta pignorando o hipotecando sus propios bienes [1974].

1858. Es también de esencia de estos contratos que, vencida la obligación principal, puedan ser enajenadas las cosas en que consiste la prenda o hipoteca para pagar al acreedor [1975].

1859. El acreedor no puede apropiarse las cosas dadas en prenda o hipoteca, ni disponer de ellas [1976].

1860. La prenda y la hipoteca son indivisibles, aunque la deuda se divida entre los causahabientes del deudor o del acreedor.

No podrá, por tanto, el heredero del deudor que haya pagado parte de la deuda pedir que se extinga proporcionalmente la prenda o la hipoteca mientras la deuda no haya sido satisfecha por completo.

[1974] Véanse arts. 138 LH, 61 Ley 15/2015, de Jurisdicción Voluntaria y 154, 166, 200, 222, 271.2, 272, 286, 323, 324, 1158, 1159 y 1824 de la presente Ley

[1975] Véanse arts. 579 y 681 LEC, 323 CCom, 129 a 137 LH, 222 a 224 RH y 1872 de la presente Ley

[1976] Véanse arts. 4 LHM y 1869, 1870 y 1872 de la presente Ley

Tampoco podrá el heredero del acreedor que recibió su parte de la deuda devolver la prenda ni cancelar la hipoteca en perjuicio de los demás herederos que no hayan sido satisfechos.

Se exceptúa de estas disposiciones el caso en que, siendo varias las cosas dadas en hipoteca o en prenda, cada una de ellas garantice solamente una porción determinada del crédito.

El deudor, en este caso, tendrá derecho a que se extingan la prenda o la hipoteca a medida que satisfaga la parte de deuda de que cada cosa responda especialmente [1977].

1861. Los contratos de prenda e hipoteca pueden asegurar toda clase de obligaciones, ya sean puras, ya estén sujetas a condición suspensiva o resolutoria [1978].

1862. La promesa de constituir prenda o hipoteca sólo produce acción personal entre los contratantes, sin perjuicio de la responsabilidad criminal en que incurriere el que defraudase a otro ofreciendo en prenda o hipoteca como libres las cosas que sabía estaban gravadas, o fingiéndose dueño de las que no le pertenecen [1979].

[1977] Véanse arts. 122 a 125 LH, 221 RH y 405 de la presente Ley

[1978] Véanse arts. 105, 140, 142 y 143 LH, 232 y 238 a 240 RH, disposición adicional 3 LHM y 1113 y 1271 de la presente Ley

[1979] Véanse arts. 248 a 251 CP, 56 LHM y 1451, 1473 y 1483 de la presente Ley

CAPÍTULO II
De la prenda [1980]

SECCIÓN PRIMERA
De la prenda (Derogada) [1981]

1863. Además de los requisitos exigidos en el art. 1857 , se necesita, para constituir el contrato de prenda, que se ponga en posesión de ésta al acreedor, o a un tercero de común acuerdo [1982] .

1864. [1983] [1984]
Pueden darse en prenda todas las cosas muebles que están en el comercio, con tal que sean susceptibles de posesión.

En ningún caso podrán ser objeto de prenda los animales de compañía.

1865. No surtirá efecto la prenda contra tercero si no consta por instrumento público la certeza de la fecha [1985] .

1866. El contrato de prenda da derecho al acreedor para retener la cosa en su poder o en el de la tercera persona a quien hubiese sido entregada, hasta que se le pague el crédito.

[1980] El presente capítulo fue dividido en dos Secciones -la 1ª bajo el epígrafe «De la prenda» (arts. 1863 a 1873), y la 2ª, titulada «De la prenda sin desplazamiento» (arts. 1863 bis a 1873 bis)- por art. 1 Ley de 5 de diciembre de 1941. La mencionada división fue tácitamente derogada por disp. final derogatoria Ley de 16 de diciembre de 1954, sobre Hipoteca Mobiliaria y Prenda sin desplazamiento de posesión

[1981] Derogada por disposición final derogatoria única de Ley de 16 de diciembre de 1954, con vigencia desde 07/01/1955

[1982] Véanse arts. 52 a 66 LHM y 10 Ley 24/1988, de 28 de julio, del Mercado de Valores

[1983] Dada nueva redacción por art. 1 apartado 31 de Ley 17/2021 de 15 de diciembre de 2021, con vigencia desde 05/01/2022

[1984] Véanse arts. 52 a 55 LHM, 121 y 132 TR Ley de Sociedades de Capital y 437, 1271 y 1272 de la presente Ley

[1985] Véanse arts. 10 Ley 24/1988, de 28 de julio, del Mercado de Valores, 3 y 56 LHM y 1227 y 1278 a 1280 de la presente Ley

Si mientras el acreedor retiene la prenda, el deudor contrajese con él otra deuda exigible antes de haberse pagado la primera, podrá aquél prorrogar la retención hasta que se le satisfagan ambos créditos, aunque no se hubiese estipulado la sujeción de la prenda a la seguridad de la segunda deuda [1986].

1867. El acreedor debe cuidar de la cosa dada en prenda con la diligencia de un buen padre de familia; tiene derecho al abono de los gastos hechos para su conservación, y responde de su pérdida o deterioro conforme a las disposiciones de este Código [1987].

1868. Si la prenda produce intereses, compensará el acreedor los que perciba con los que se le deben; y si no se le deben, o en cuanto excedan de los legítimamente debidos, los imputará al capital [1988].

1869. Mientras no llegue el caso de ser expropiado de la cosa dada en prenda, el deudor sigue siendo dueño de ella.

Esto no obstante, el acreedor podrá ejercitar las acciones que competan al dueño de la cosa pignorada para reclamarla o defenderla contra tercero [1989].

1870. El acreedor no podrá usar la cosa dada en prenda sin autorización del dueño, y si lo hiciere o abusare de ella en otro concepto, puede el segundo pedir que se la constituya en depósito [1990].

1871. No puede el deudor pedir la restitución de la prenda contra la voluntad del acreedor mientras no pague la deuda y sus intereses, con las expensas en su caso [1991].

[1986] Véanse arts. 918 CCom, 59 y 60 LHM y 1926 de la presente Ley
[1987] Véanse arts. 61 y 62 LHM, 918 CCom y 1926 de la presente Ley
[1988] Véase art. 1173 de la presente Ley
[1989] Véanse arts. 59 LHM, 324 CCom y 446 y 1623 de la presente Ley
[1990] Véanse arts. 59 y 62 a 64 LHM y 1859 de la presente Ley
[1991] Véanse arts. 58 LHM, 686 y 692 LEC y 502 y 1866 de la presente Ley

1872. El acreedor a quien oportunamente no hubiese sido satisfecho su crédito, podrá proceder por ante Notario a la enajenación de la prenda. Esta enajenación habrá de hacerse precisamente en subasta pública y con citación del deudor y del dueño de la prenda en su caso. Si en la primera subasta no hubiese sido enajenada la prenda, podrá celebrarse una segunda con iguales formalidades; y, si tampoco diere resultado, podrá el acreedor hacerse dueño de la prenda. En este caso estará obligado a dar carta de pago de la totalidad de su crédito.

Si la prenda consistiere en valores cotizables, se venderán en la forma prevenida por el Código de Comercio [1992].

1873. Respecto a los Montes de Piedad y demás establecimientos públicos, que por instituto o profesión prestan sobre prendas, se observarán las leyes y reglamentos especiales que les conciernan y subsidiariamente las disposiciones de este título [1993].

SECCIÓN SEGUNDA
De la prenda sin desplazamiento (Derogada) [1994]

1863 bis a 1873 bis. [1995] (Derogados)

CAPÍTULO III
De la hipoteca

1874. Sólo podrán ser objeto del contrato de hipoteca:
1º) Los bienes inmuebles.

[1992] Véanse arts. 94 y 95 LHM, 685, 689 y 694 LEC y 197 y 322 a 324 CCom
[1993] Véanse arts. 15 LUsu y 1757 de la presente Ley
[1994] Derogada por disposición final derogatoria única de Ley de 16 de diciembre de 1954, con vigencia desde 07/01/1955
[1995] Derogado por disposición final derogatoria única de Ley de 16 de diciembre de 1954, con vigencia desde 07/01/1955

2º) Los derechos reales enajenables con arreglo a las leyes, impuestos sobre bienes de aquella clase [1996] .

1875. Además de los requisitos exigidos en el art. 1857 , es indispensable, para que la hipoteca quede válidamente constituida, que el documento en que se constituya sea inscrito en el Registro de la Propiedad.

Las personas a cuyo favor establece hipoteca la ley, no tienen otro derecho que el de exigir el otorgamiento e inscripción del documento en que haya de formalizarse la hipoteca, salvo lo que dispone la Ley Hipotecaria en favor del Estado, las provincias y los pueblos, por el importe de la última anualidad de los tributos, así como de los aseguradores por el premio del seguro [1997] .

1876. La hipoteca sujeta directa e inmediatamente los bienes sobre que se impone, cualquiera que sea su poseedor, al cumplimiento de la obligación para cuya seguridad fue constituida [1998] .

1877. La hipoteca se extiende a las accesiones naturales, a las mejoras, a los frutos pendientes y rentas no percibidas al vencer la obligación, y al importe de las indemnizaciones concedidas o debidas al propietario por los aseguradores de los bienes hipotecados, o en virtud de expropiación por causa de utilidad pública, con las declaraciones, ampliaciones y limitaciones establecidas por la ley, así en el caso de permanecer la finca en poder del que la hipotecó, como en el de pasar a manos de un tercero [1999] .

[1996] Véanse arts. 1, 2, 12, 19, 34, 38, 42 y 45 LHM y 106 a 108 LH

[1997] Véanse arts. 145, 158 y 193 a 197 LH, 3 LHM, 270 y 271 RH y 1858 y 1862 de la presente Ley

[1998] Véanse arts. 16 LHM y 104, 105 y 140 LH

[1999] Véanse arts. 109 a 113 LH, 215 RH, 5 y 23 LHM, 40 a 42 LCS y 355 a 357 y 366 a 374 de la presente Ley

1878. El crédito hipotecario puede ser enajenado o cedido a un tercero en todo o en parte, con las formalidades exigidas por la ley [2000].

1879. El acreedor podrá reclamar del tercer poseedor de los bienes hipotecados el pago de la parte de crédito asegurada con los que el último posee, en los términos y con las formalidades que la ley establece [2001].

1880. La forma, extensión y efectos de la hipoteca, así como lo relativo a su constitución, modificación y extinción y a lo demás que no haya sido comprendido en este capítulo, queda sometido a las prescripciones de la Ley Hipotecaria, que continúa vigente [2002].

CAPÍTULO IV
De la anticresis

1881. Por la anticresis el acreedor adquiere el derecho de percibir los frutos de un inmueble de su deudor, con la obligación de aplicarlos al pago de los intereses, si se debieren, y después al del capital de su crédito [2003].

1882. El acreedor, salvo pacto en contrario, está obligado a pagar las contribuciones y cargas que pesen sobre la finca.

Lo está asimismo a hacer los gastos necesarios para su conservación y reparación.

[2000] Véanse arts. 149 a 152 LH, 175, 176 y 242 a 244 RH, 8 LHM y 1526 a 1536 de la presente Ley

[2001] Véanse arts. 81 LHM, 126, 127, 132 y 134 LH y 221 y 231 RH

[2002] Véase disposición adicional 3 LHM

[2003] Véanse arts. 216 RH y 1173 de la presente Ley

Se deducirán de los frutos las cantidades que emplee en uno y otro objeto [2004].

1883. El deudor no puede readquirir el goce del inmueble sin haber pagado antes enteramente lo que debe a su acreedor.

Pero éste, para librarse de las obligaciones que le impone el artículo anterior, puede siempre obligar al deudor a que entre de nuevo en el goce de la finca, salvo pacto en contrario [2005].

1884. El acreedor no adquiere la propiedad del inmueble por falta de pago de la deuda dentro del plazo convenido [2006].

Todo pacto en contrario será nulo. Pero el acreedor en este caso podrá pedir, en la forma que previene la Ley de Enjuiciamiento Civil, el pago de la deuda o la venta del inmueble [2007].

1885. Los contratantes pueden estipular que se compensen los intereses de la deuda con los frutos de la finca dada en anticresis [2008].

1886. Son aplicables a este contrato el último párrafo del art. 1857, el párrafo segundo del art. 1866, y los arts. 1860 y 1861.

[2004] Véanse arts. 356, 500, 503 y 504 de la presente Ley
[2005] Véanse arts. 453, 1857, 1886 y 1871 de la presente Ley
[2006] Véanse arts. 1858, 1859, 1869 y 1872 de la presente Ley
[2007] Véanse arts. 571 y 701 LEC
[2008] Véase art. 1868 de la presente Ley

TÍTULO XVI
De las obligaciones que se contraen sin convenio

CAPÍTULO PRIMERO
De los cuasi contratos

1887. Son cuasi contratos los hechos lícitos y puramente voluntarios, de los que resulta obligado su autor para con un tercero y a veces una obligación recíproca entre los interesados [2009] .

SECCIÓN PRIMERA
De la gestión de negocios ajenos

1888. El que se encarga voluntariamente de la agencia o administración de los negocios de otro, sin mandato de éste, está obligado a continuar su gestión hasta el término del asunto y sus incidencias, o a requerir al interesado para que le sustituya en la gestión, si se hallase en estado de poder hacerlo por sí [2010] .

1889. El gestor oficioso debe desempeñar su encargo con toda la diligencia de un buen padre de familia, e indemnizar los perjuicios que por su culpa o negligencia se irroguen al dueño de los bienes o negocios que gestione.

Los Tribunales, sin embargo, podrán moderar la importancia de la indemnización según las circunstancias del caso [2011] .

1890. Si el gestor delegare en otra persona todos o algunos de los deberes de su cargo, responderá de los actos del delegado, sin perjuicio de la obligación directa de éste para con el propietario del negocio.

[2009] Véanse arts. 1089 y 1090 de la presente Ley
[2010] Véanse arts. 1259, 1718, 1736 y 1737 de la presente Ley
[2011] Véanse arts. 1101 a 1104, 1719 y 1726 de la presente Ley

La responsabilidad de los gestores, cuando fueren dos o más, será solidaria [2012].

1891. El gestor de negocios responderá del caso fortuito cuando acometa operaciones arriesgadas que el dueño no tuviese costumbre de hacer, o cuando hubiese pospuesto el interés de éste al suyo propio [2013].

1892. La ratificación de la gestión por parte del dueño del negocio produce los efectos del mandato expreso [2014].

1893. Aunque no hubiese ratificado expresamente la gestión ajena, el dueño de bienes o negocios que aproveche las ventajas de la misma será responsable de las obligaciones contraídas en su interés, e indemnizará al gestor los gastos necesarios y útiles que hubiese hecho y los perjuicios que hubiese sufrido en el desempeño de su cargo.

La misma obligación le incumbirá cuando la gestión hubiera tenido por objeto evitar algún perjuicio inminente y manifiesto, aunque de ella no resultase provecho alguno [2015].

1894. Cuando, sin conocimiento del obligado a prestar alimentos, los diese un extraño, éste tendrá derecho a reclamarlos de aquél, a no constar que los dio por oficio de piedad y sin ánimo de reclamarlos.

Los gastos funerarios proporcionados a la calidad de la persona y a los usos de la localidad deberán ser satisfechos, aunque el difunto no hubiese dejado bienes, por aquéllos que en vida habrían tenido la obligación de alimentarle [2016].

[2012] Véanse arts. 1137 y 1721 a 1723 de la presente Ley

[2013] Véanse arts. 1105, 1718 y 1726 de la presente Ley

[2014] Véanse arts. 1208, 1259, 1310 a 1314, 1710, 1712, 1727 y 1730 de la presente Ley

[2015] Véanse arts. 1304, 1715 y 1727 a 1729 de la presente Ley

[2016] Véanse arts. 14 b RD 1629/1991, de 8 de noviembre, por el que se aprueba el Reglamento del Impuesto sobre Sucesiones y Donaciones y 142 a 153, 1158, 1159 y 1209 a 1213 de la presente Ley

SECCIÓN SEGUNDA
Del cobro de lo indebido

1895. Cuando se recibe alguna cosa que no había derecho a cobrar, y que por error ha sido indebidamente entregada, surge la obligación de restituirla [2017].

1896. El que acepta un pago indebido, si hubiera procedido de mala fe, deberá abonar el interés legal cuando se trate de capitales, o los frutos percibidos o debidos percibir cuando la cosa recibida los produjere.

Además responderá de los menoscabos que la cosa haya sufrido por cualquier causa, y de los perjuicios que se irrogaren al que la entregó, hasta que la recobre. No se prestará el caso fortuito cuando hubiese podido afectar del mismo modo a las cosas hallándose en poder del que las entregó [2018].

1897. El que de buena fe hubiera aceptado un pago indebido de cosa cierta y determinada, sólo responderá de las desmejoras o pérdidas de ésta y de sus accesiones, en cuanto por ellas se hubiese enriquecido. Si la hubiese enajenado, restituirá el precio o cederá la acción para hacerlo efectivo [2019].

1898. En cuanto al abono de mejoras y gastos hechos por el que indebidamente recibió la cosa, se estará a lo dispuesto en el Título V del Libro Segundo [2020].

[2017] Véanse arts. 32 LGT, 77 LGP y 1085, 1126, 1158, 1163, 1165, 1756, 1798 y 1842 de la presente Ley

[2018] Véanse arts. 25 Ley 16/2011, de 24 de junio, de contratos de crédito al consumo y 451, 455, 457, 1096, 1101, 1105, 1182 y 1766 de la presente Ley

[2019] Véanse arts. 25 Ley 16/2011, de 24 de junio, de contratos de crédito al consumo y 434, 451, 455, 457 y 1778 de la presente Ley

[2020] Véase art. 430 a 465 de la presente Ley

1899. Queda exento de la obligación de restituir el que, creyendo de buena fe que se hacía el pago por cuenta de un crédito legítimo y subsistente, hubiese inutilizado el título, o dejado prescribir la acción, o abandonado las prendas, o cancelado las garantías de su derecho. El que pagó indebidamente sólo podrá dirigirse contra el verdadero deudor o los fiadores respecto de los cuales la acción estuviese viva [2021] .

1900. La prueba del pago incumbe al que pretende haberlo hecho. También corre a su cargo la del error con que lo realizó, a menos que el demandado negare haber recibido la cosa que se le reclame. En este caso justificada por el demandante la entrega, queda relevado de toda otra prueba. Esto no limita el derecho del demandado para acreditar que le era debido lo que se supone que recibió [2022] .

1901. Se presume que hubo error en el pago cuando se entregó cosa que nunca se debió o que ya estaba pagada; pero aquél a quien se pida la devolución puede probar que la entrega se hizo a título de liberalidad o por otra causa justa [2023] .

CAPÍTULO II
De las obligaciones que nacen de culpa o negligencia

1902. El que por acción u omisión causa daño a otro, interviniendo culpa o negligencia está obligado a reparar el daño causado [2024] .

[2021] Véanse arts. 1158, 1159 y 1209 a 1212 de la presente Ley
[2022] Véanse arts. 1164, 1189, 1191 y 1214 de la presente Ley
[2023] Véanse arts. 385 LEC y 1276, 1277, 1756, 1798 y 1895 de la presente Ley
[2024] Véanse arts. 38.1 LOTC, 100 LECR, 109 a 122 CP y 7.1, 220, 1089, 1093, 1101 a 1104, 1108, 1366 y 1968 de la presente Ley

1903. La obligación que impone el artículo anterior es exigible, no sólo por los actos u omisiones propios, sino por los de aquellas personas de quienes se debe responder [2025].

Los padres son responsables de los daños causados por los hijos que se encuentren bajo su guarda [2026]. [2027]

Los tutores lo son de los perjuicios causados por los menores que están bajo su autoridad y habitan en su compañía [2028]. [2029]

Los curadores con facultades de representación plena lo son de los perjuicios causados por la persona a quien presten apoyo, siempre que convivan con ella. [2030]

Lo son igualmente los dueños o directores de un establecimiento o empresa respecto de los perjuicios causados por sus dependientes en el servicio de los ramos en que los tuvieran empleados, o con ocasión de sus funciones [2031].

Párrafo 5 (Derogado) [2032]

Las personas o entidades que sean titulares de un Centro docente de enseñanza no superior responderán por los daños y perjuicios que causen sus alumnos menores de edad durante los períodos de tiempo en que los mismos se hallen bajo el control o vigilancia del profesorado del Centro, desarrollando actividades escolares o extraescolares y complementarias [2033]. [2034]

[2025] Véanse arts. 20 LPAC, 28 LRJSP y 1564, 1596, 1721 y 1784 de la presente Ley

[2026] Véanse arts. 118 y 119 CP y 154, 162 y 1366 de la presente Ley

[2027] Dada nueva redacción párrafo 2 por art. 5 de Ley 11/1981 de 13 de mayo de 1981, con vigencia desde 08/06/1981

[2028] Véanse arts. 118 y 119 CP y 215, 220, 222, 267, 270, 274 y 303 de la presente Ley

[2029] Dada nueva redacción párrafo 3 por art. 2 apartado 66 de Ley 8/2021 de 2 de junio de 2021, con vigencia desde 03/09/2021

[2030] Añadido párrafo 4 por art. 2 apartado 66 de Ley 8/2021 de 2 de junio de 2021 con la consiguiente renumeración de párrafos, con vigencia desde 03/09/2021

[2031] Véanse arts. 120 CP y 1596, 1601 y 1784 de la presente Ley

[2032] Suprimido párrafo 5 por art. 2 de Ley 1/1991 de 7 de enero de 1991, con vigencia desde 28/01/1991

[2033] Véase art. 120 CP

[2034] Dada nueva redacción párrafo 6 por art. 2 de Ley 1/1991 de 7 de enero de 1991, con vigencia desde 28/01/1991

La responsabilidad de que trata este artículo cesará cuando las personas en él mencionadas prueben que emplearon toda la diligencia de un buen padre de familia para prevenir el daño [2035].

1904. [2036] El que paga el daño causado por sus dependientes puede repetir de éstos lo que hubiese satisfecho.

Cuando se trate de Centros docentes de enseñanza no superior, sus titulares podrán exigir de los profesores las cantidades satisfechas, si hubiesen incurrido en dolo o culpa grave en el ejercicio de sus funciones que fuesen causa del daño [2037].

1905. El poseedor de un animal, o el que se sirve de él, es responsable de los perjuicios que causare, aunque se le escape o extravíe. Sólo cesará esta responsabilidad en el caso de que el daño proviniera de fuerza mayor o de culpa del que lo hubiese sufrido [2038].

1906. El propietario de una heredad de caza responderá del daño causado por ésta en las fincas vecinas, cuando no haya hecho lo necesario para impedir su multiplicación o cuando haya dificultado la acción de los dueños de dichas fincas para perseguirla [2039].

1907. El propietario de un edificio es responsable de los daños que resulten de la ruina de todo o parte de él, si ésta sobreviniere por falta de las reparaciones necesarias [2040].

[2035] Véanse arts. 118 y 119 CP, 106.2 y 121 CE y 1101 y 1104 de la presente Ley

[2036] Dada nueva redacción por art. 3 de Ley 1/1991 de 7 de enero de 1991, con vigencia desde 28/01/1991

[2037] Véanse arts. 1146, 1158, 1159, 1838, 1839 y 1903.4 y 5 de la presente Ley

[2038] Véanse arts. 631 CP y 465, 590, 612, 1908 y 1909 de la presente Ley

[2039] Véanse arts. 33 Ley 1/1970, de 4 de abril, de Caza, 35 D 506/1971, de 25 de marzo, por el que se aprueba el Reglamento para la ejecución de la Ley de Caza de 4 de abril de 1970 y disposición adicional 9 RDL 339/1990, de 2 de marzo, por el que se aprueba el texto articulado de la Ley sobre Tráfico, Circulación de vehículos a motor y Seguridad Vial

[2040] Véanse arts. 59.1 TR Ley del Suelo, 3.1 y 16 Ley 38/1999, de 5 de noviembre, de Ordenación de la Edificación, 10.1 LPH y 389, 391 y 1909 de la presente Ley

1908. Igualmente responderán los propietarios de los daños causados:

1º) Por la explosión de máquinas que no hubiesen sido cuidadas con la debida diligencia, y la inflamación de sustancias explosivas que no estuviesen colocadas en lugar seguro y adecuado.

2º) Por los humos excesivos, que sean nocivos a las personas o a las propiedades.

3º) Por la caída de árboles colocados en sitios de tránsito, cuando no sea ocasionada por fuerza mayor.

4º) Por las emanaciones de cloacas o depósitos de materias infectantes, construidos sin las precauciones adecuadas al lugar en que estuviesen [2041].

1909. Si el daño de que tratan los dos artículos anteriores resultare por defecto de construcción, el tercero que lo sufra sólo podrá repetir contra el arquitecto, o, en su caso, contra el constructor, dentro del tiempo legal [2042].

1910. El cabeza de familia que habita una casa o parte de ella, es responsable de los daños causados por las cosas que se arrojaren o cayeren de la misma [2043].

[2041] Véanse arts. 7.2 LPH, 326 a 328 CP y 390, 391 y 590 de la presente Ley

[2042] Véanse arts. 19 Ley 38/1999, de 5 de noviembre, de Ordenación de la Edificación y 1591, 1968 y 1969 de la presente Ley

[2043] Véanse 257 a 261 CP y 1564, 1783 y 1784 de la presente Ley

TÍTULO XVII
De la concurrencia y prelación de créditos

CAPÍTULO PRIMERO
Disposiciones generales

1911. Del cumplimiento de las obligaciones responde el deudor con todos sus bienes, presentes y futuros [2044].

1912 a 1920. [2045] (Derogados)

CAPÍTULO II
De la clasificación de créditos

1921. Los créditos se clasificarán, para su graduación y pago, por el orden y en los términos que en este capítulo se establecen.

En caso de concurso, la clasificación y graduación de los créditos se regirá por lo establecido en la Ley Concursal [2046]. [2047]

1922. [2048] Con relación a determinados bienes muebles del deudor, gozan de preferencia:

[2044] Véanse arts. 140 LH, 605 a 609 LEC y 1001, 1034, 1082, 1111, 1365 a 1374 y 1807 de la presente Ley

[2045] Derogado por disposición derogatoria única apartado 3 número 2 de Ley 22/2003 de 9 de julio de 2003, con vigencia desde 01/09/2004

[2046] Véanse arts. 244, 269, 429 TR Ley Concursal y 908 a 919 CCom

[2047] Añadido párrafo 2 por disposición final 1 de Ley 22/2003 de 9 de julio de 2003, con vigencia desde 01/01/2004

[2048] Dada nueva redacción por disposición final 1 apartado 1 de Real Decreto-Ley 24/2021 de 2 de noviembre de 2021, con vigencia desde 08/07/2022

1º) Los créditos por construcción, reparación, conservación o precio de venta de bienes muebles que estén en poder del deudor, hasta donde alcance el valor de los mismos [2049].

2º) Los garantizados con prenda que se halle en poder del acreedor, sobre la cosa empeñada y hasta donde alcance su valor [2050].

3º) Los garantizados con fianza de efectos o valores, constituida en establecimiento público o mercantil, sobre la fianza y por el valor de los efectos de la misma.

4º) Los créditos por transporte, sobre los efectos transportados, por el precio del mismo, gastos y derechos de conducción y conservación, hasta la entrega y durante treinta días después de ésta [2051].

5º) Los de hospedaje, sobre los muebles del deudor existentes en la posada.

6º) Los créditos por semillas y gastos de cultivo y recolección anticipados al deudor, sobre los frutos de la cosecha para que sirvieron.

7º) Los créditos por alquileres y rentas de un año, sobre los bienes muebles del arrendatario existentes en la finca arrendada y sobre los frutos de la misma.

8º) Los créditos a favor de los tenedores de bonos garantizados, respecto de los préstamos y créditos, y otros activos que los garanticen, integrados en el conjunto de cobertura, conforme al Real Decreto-ley 24/2021, de 2 de noviembre, de transposición de directivas de la Unión Europea en las materias de bonos garantizados, distribución transfronteriza de organismos de inversión colectiva, datos abiertos y reutilización de la información del sector público, ejercicio de derechos de autor y derechos afines aplicables a determinadas transmisiones en línea y a las retransmisiones de programas de radio y televisión, exenciones temporales a determinadas importaciones y suministros, de personas consumidoras y para la promoción de vehículos de transporte por carretera limpios y energéticamente eficientes, hasta donde alcance su valor [2052].

Si los bienes muebles sobre que recae la preferencia hubieren sido sustraídos, el acreedor podrá reclamarlos de quien los tuviese, dentro

---

[2049] Véanse arts. 340 CCom y 1600 de la presente Ley

[2050] Véanse arts. 10 y 66 LHM

[2051] Véase art. 704 CCom

[2052] Véase el art. 6 RDL 24/2021, de 2 de noviembre

del término de treinta días, contados desde que ocurrió la sustracción [2053].

1923. [2054] Con relación a determinados bienes inmuebles y derechos reales del deudor, gozan de preferencia:

1º) Los créditos a favor del Estado, sobre los bienes de los contribuyentes, por el importe de la última anualidad, vencida y no pagada, de los impuestos que graviten sobre ellos [2055].

2º) Los créditos de los aseguradores, sobre los bienes asegurados, por los premios del seguro de dos años; y, si fuere el seguro mutuo, por los dos últimos dividendos que se hubiesen repartido [2056].

3º) Los créditos hipotecarios y los refaccionarios, anotados e inscritos en el Registro de la Propiedad, sobre los bienes hipotecados o que hubiesen sido objeto de la refacción [2057].

4º) Los créditos preventivamente anotados en el Registro de la Propiedad, en virtud de mandamiento judicial, por embargos, secuestros o ejecución de sentencias, sobre los bienes anotados, y sólo en cuanto a créditos posteriores [2058].

5º) Los refaccionarios no anotados ni inscritos, sobre los inmuebles a que la refacción se refiera y sólo respecto a otros créditos distintos de los expresados en los cuatro números anteriores [2059].

6º) Los créditos a favor de los tenedores de bonos garantizados, respecto de los préstamos y créditos hipotecarios, y otros activos que los garanticen, integrados en el conjunto de cobertura, conforme al Real Decreto-ley 24/2021, de 2 de noviembre, de transposición de directivas de la Unión Europea en las materias de bonos garantizados, distribución transfronteriza de organismos de inversión colectiva, da-

---

[2053] Véanse arts. 41 y 56 LHM, 270 a 273 TR Ley Concursal y 276, 356 y 375 CCom

[2054] Dada nueva redacción por disposición final 1 apartado 2 de Real Decreto-Ley 24/2021 de 2 de noviembre de 2021, con vigencia desde 08/07/2022

[2055] Véanse arts. 77 LGT, 10 LGP y 168.6, 194 y 197 LH

[2056] Véanse arts. 195 a 197 LH

[2057] Véanse arts. 42.8, 59 a 64 y 104 LH

[2058] Véase art. 44 LH

[2059] Véanse arts. 271 RH, 9.1 LPH, 105 LBRL y 269, 270, 271 y 273 TR Ley Concursal tos abiertos y reutilización de la información del sector público, ejercicio de derechos de autor y derechos afines aplicables a determinadas transmisiones en línea y a las retransmisiones de programas de radio y televisión, exenciones temporales a determinadas importaciones y suministros, de personas consumidoras y para la promoción de vehículos de transporte por carretera limpios y energéticamente eficientes, hasta donde alcance su valor [2060].

1924. Con relación a los demás bienes muebles e inmuebles del deudor, gozan de preferencia:

1º) Los créditos a favor de la provincia o del Municipio, por los impuestos de la última anualidad vencida y no pagada, no comprendidos en el art. 1923 número 1º.

2º) Los devengados:

Número 2 letra a (Derogada) [2061]

B) Por los funerales del deudor, según el uso del lugar, y también los de su cónyuge y los de sus hijos constituidos bajo su patria potestad, si no tuviesen bienes propios. [2062]

C) Por gastos de la última enfermedad de las mismas personas, causados en el último año, contado hasta el día del fallecimiento.

D) Por los salarios y sueldos de los trabajadores por cuenta ajena y del servicio doméstico correspondientes al último año [2063] . [2064]

E) Por las cuotas correspondientes a los regímenes obligatorios de subsidios, seguros sociales y mutualismo laboral por el mismo periodo de tiempo que señala el apartado anterior siempre que no

---

[2060] Véase el art. 6 RDL 24/2021, de 2 de noviembre

[2061] Derogada número 2 letra a por disposición derogatoria única de Ley 22/2003 de 9 de julio de 2003, con vigencia desde 01/01/2004

[2062] Dada nueva redacción número 2 letra b por art. 1 de Ley 11/1990 de 15 de octubre de 1990, con vigencia desde 07/11/1990

[2063] Véase art. 32 ET

[2064] Dada nueva redacción número 2 letra d por art. 1 de Ley de 17 de julio de 1958, con vigencia desde 07/08/1958 tengan reconocida mayor preferencia con arreglo al artículo precedente [2065] . [2066]

F) Por anticipaciones hechas al deudor, para sí y su familia constituida bajo su autoridad, en comestibles, vestido o calzado, en el mismo período de tiempo. [2067]

Número 2 letra g (Derogada) [2068]

3°) Los créditos que sin privilegio especial consten:

A) En escritura pública [2069] .

B) Por sentencia firme, si hubiesen sido objeto de litigio.

Estos créditos tendrán preferencia entre sí por el orden de antigüedad de las fechas de las escrituras y de las sentencias [2070] .

1925. No gozarán de preferencia los créditos de cualquiera otra clase, o por cualquiera otro título, no comprendidos en los artículos anteriores [2071] .

CAPÍTULO III
De la prelación de créditos

1926. Los créditos que gozan de preferencia con relación a determinados bienes muebles, excluyen a todos los demás hasta donde alcance el valor del mueble a que la preferencia se refiere.

Si concurren dos o más respecto a determinados muebles, se observarán, en cuanto a la prelación para su pago, las reglas siguientes:

[2065] Véanse arts. 18 y 25 TRLGSS

[2066] Añadida número 2 letra e por art. 1 de Ley de 17 de julio de 1958, con vigencia desde 07/08/1958

[2067] Renumerada número 2 letra e por art. 1 de Ley de 17 de julio de 1958 como letra F), con vigencia desde 07/08/1958

[2068] Derogada número 2 letra g por disposición derogatoria única de Ley 22/2003 de 9 de julio de 2003, con vigencia desde 01/01/2004

[2069] Véanse arts. 913 y 914 de la presente Ley

[2070] Véanse arts. 9.5 LPH, 147 LH, 56 LHM, 242, 244, 269, 280 y 429 TR Ley Concursal y 730 CCom

[2071] Véanse arts. 269.3 TR Ley Concursal y 1929.3 de la presente Ley

1ª) El crédito pignoraticio excluye a los demás hasta donde alcance el valor de la cosa dada en prenda.

2ª) En el caso de fianza, si estuviere ésta legítimamente constituida a favor de más de un acreedor, la prelación entre ellos se determinará por el orden de fechas de la prestación de la garantía.

3ª) Los créditos por anticipo de semillas, gastos de cultivo y recolección, serán preferidos a los de alquileres y rentas sobre los frutos de la cosecha para que aquéllos sirvieron.

4ª) En los demás casos el precio de los muebles se distribuirá a prorrata entre los créditos que gocen de especial preferencia con relación a los mismos [2072].

1927. Los créditos que gozan de preferencia con relación a determinados bienes inmuebles o derechos reales, excluyen a todos los demás por su importe hasta donde alcance el valor del inmueble o derecho real a que la preferencia se refiera.

Si concurrieren dos o más créditos respecto a determinados inmuebles o derechos reales, se observarán, en cuanto a su respectiva prelación, las reglas siguientes:

1ª) Serán preferidos, por su orden, los expresados en los números 1º y 2º del art. 1923 a los comprendidos en los demás números del mismo.

2ª) Los hipotecarios y refaccionarios, anotados o inscritos, que se expresan en el número 3º del citado art. 1923 y los comprendidos en el número 4º del mismo, gozarán de prelación entre sí por el orden de antigüedad de las respectivas inscripciones o anotaciones en el Registro de la Propiedad.

3ª) Los refaccionarios no anotados ni inscritos en el Registro a que se refiere el número 5º del art. 1923 , gozarán de prelación entre sí por el orden inverso de su antigüedad [2073].

1928. El remanente del caudal del deudor, después de pagados los créditos que gocen de preferencia con relación a determinados bienes,

---

[2072] Véanse arts. 10 y 66 LHM, 209, 210.3 y 4, 212.1, 269 y 430 a 432 TR Ley Concursal y 356, 1028, 1858 y 1872 de la presente Ley

[2073] Véanse arts. 10 y 66 LHM, 209, 210.3 y 4, 212.1, y 430 a 432 TR Ley Concursal, 194 LH, 271 RH, 8 LEF y 41 y 56 LHM muebles o inmuebles, se acumulará a los bienes libres que aquél tuviere para el pago de los demás créditos.

Los que, gozando de preferencia con relación a determinados bienes, muebles o inmuebles, no hubiesen sido totalmente satisfechos con el importe de éstos, lo serán, en cuanto al déficit, por el orden y en el lugar que les corresponda según su respectiva naturaleza [2074].

1929. Los créditos que no gocen de preferencia con relación a determinados bienes, y los que la gozaren, por la cantidad no realizada, o cuando hubiese prescrito el derecho a la preferencia, se satisfarán conforme a las reglas siguientes:

1ª) Por el orden establecido en el art. 1924 .

2ª) Los preferentes por fechas, por el orden de éstas, y los que la tuviesen común, a prorrata.

3ª) Los créditos comunes a que se refiere el art. 1925 , sin consideración a sus fechas [2075].

TÍTULO XVIII
De la prescripción

CAPÍTULO PRIMERO
Disposiciones generales

1930. Por la prescripción se adquieren, de la manera y con las condiciones determinadas en la ley, el dominio y demás derechos reales.

También se extinguen del propio modo por la prescripción los derechos y las acciones, de cualquier clase que sean [2076].

[2074] Véase arts. 433 y 434 TR Ley Concursal

[2075] Véanse arts. 433 y 434 TR Ley Concursal, y 20 c) RDL 7/1996, de 7 de junio, sobre Medidas Urgentes de carácter Fiscal y de Fomento y Liberalización de la Actividad Económica

[2076] Véanse arts. 468, 513, 537, 546, 609, 1620 y 1965 de la presente Ley

1931. Pueden adquirir bienes o derechos por medio de la prescripción las personas capaces para adquirirlos por los demás modos legítimos [2077].

1932. Los derechos y acciones se extinguen por la prescripción en perjuicio de toda clase de personas, inclusas las jurídicas, en los términos prevenidos por la ley.

Queda siempre a salvo, a las personas impedidas de administrar sus bienes, el derecho para reclamar contra sus representantes legítimos, cuya negligencia hubiese sido causa de la prescripción [2078].

1933. La prescripción ganada por un copropietario o comunero aprovecha a los demás [2079].

1934. La prescripción produce sus efectos jurídicos a favor y en contra de la herencia antes de haber sido aceptada y durante el tiempo concedido para hacer inventario y para deliberar [2080].

1935. Las personas con capacidad para enajenar pueden renunciar la prescripción ganada; pero no el derecho de prescribir para lo sucesivo.

Entiéndese tácitamente renunciada la prescripción cuando la renuncia resulta de actos que hacen suponer el abandono del derecho adquirido [2081].

1936. Son susceptibles de prescripción todas las cosas que están en el comercio de los hombres [2082].

[2077] Véanse arts. 29 y 569 TR Ley Concursal y 443, 625 y 1457 de la presente Ley

[2078] Véanse arts. 168, 279 a 285, 1241.1 y 1294 de la presente Ley

[2079] Véanse arts. 450, 548, 1148 y 1974 de la presente Ley

[2080] Véanse arts. 440, 1004, 1005 y 1010 a 1034 de la presente Ley

[2081] Véanse arts. 6.2, 286 a 298 y 1457 de la presente Ley

[2082] Véanse arts. 333, 338 a 345, 1271 a 1273, 1956 y 1965 de la presente Ley

1937. Los acreedores, y cualquiera otra persona interesada en hacer valer la prescripción, podrán utilizarla a pesar de la renuncia expresa o tácita del deudor o propietario [2083].

1938. Las disposiciones del presente título se entienden sin perjuicio de lo que en este Código o en leyes especiales se establezca respecto a determinados casos de prescripción [2084].

1939. La prescripción comenzada antes de la publicación de este código se regirá por las leyes anteriores al mismo; pero si desde que fuere puesto en observancia transcurriese todo el tiempo en él exigido para la prescripción, surtirá ésta su efecto, aunque por dichas leyes anteriores se requiriese mayor lapso de tiempo [2085].

CAPÍTULO II
De la prescripción del dominio y demás derechos reales

1940. Para la prescripción ordinaria del dominio y demás derechos reales se necesita poseer las cosas con buena fe y justo título por el tiempo determinado en la ley [2086].

1941. La posesión ha de ser en concepto de dueño, pública, pacífica y no interrumpida [2087].

[2083] Véanse arts. 333, 338 a 345, 1271 a 1273, 1956 y 1965 de la presente Ley

[2084] Véanse arts. 88, 89, 96, 157 y 158 LCCH, 23 LCS, 18 LOE y 952 a 954 CCom

[2085] Véanse disposición transitoria 1 y 4 de la presente Ley

[2086] Véanse arts. 35 LH, 573 CCom y 433, 434, 1950 y 1952 a 1954 de la presente Ley

[2087] Véanse arts. 35 LH y 430, 432, 436, 441, 444, 447 a 449, 460, 462 y 466 de la presente Ley

1942. No aprovechan para la posesión los actos de carácter posesorio, ejecutados en virtud de licencia o por mera tolerancia del dueño [2088].

1943. La posesión se interrumpe, para los efectos de la prescripción, natural o civilmente [2089].

1944. Se interrumpe naturalmente la posesión cuando por cualquier causa se cesa en ella por más de un año [2090].

1945. La interrupción civil se produce por la citación judicial hecha al poseedor, aunque sea por mandato de Juez incompetente [2091].

1946. Se considerará no hecha y dejará de producir interrupción la citación judicial:

1º) Si fuere nula por falta de solemnidades legales [2092].

2º) Si el actor desistiere de la demanda o dejare caducar la instancia [2093].

3º) Si el poseedor fuere absuelto de la demanda.

1947. También se produce interrupción civil por el acto de conciliación, siempre que dentro de dos meses de celebrado se presente ante el Juez la demanda sobre posesión o dominio de la cosa cuestionada [2094].

[2088] Véanse arts. 444 a 447 y 463 de la presente Ley

[2089] Véanse arts. 450 a 452, 459, 460 y 466 de la presente Ley

[2090] Véanse arts. 439.1 LEC y 460.4, 466 y 1968.1 de la presente Ley

[2091] Véanse arts. 36.2 LH, 944 CCom, 149 a 168 LEC y 1947 y 1973 de la presente Ley

[2092] Véanse arts. 166 y 399 LEC

[2093] Véanse arts. 400, 401, 403, 415, 442, 450, 452, 457, 470 y 479 LEC

[2094] Véanse arts. 415, 460 y 479 LEC y 1973 de la presente Ley

1948. Cualquier reconocimiento expreso o tácito que el poseedor hiciere del derecho del dueño, interrumpe asimismo la posesión [2095].

1949. [2096]
Contra un título inscrito en el Registro de la Propiedad no tendrá lugar la prescripción ordinaria del dominio o derechos reales en perjuicio de tercero, sino en virtud de otro título igualmente inscrito, debiendo empezar a correr el tiempo desde la inscripción del segundo. [2097]

1950. La buena fe del poseedor consiste en la creencia de que la persona de quien recibió la cosa era dueño de ella, y podía transmitir su dominio [2098].

1951. Las condiciones de la buena fe exigidas para la posesión en los arts. 433, 434, 435 y 436 de este Código son igualmente necesarias para la determinación de aquel requisito en la prescripción del dominio y demás derechos reales.

1952. Entiéndese por justo título el que legalmente baste para transferir el dominio o derecho real de cuya prescripción se trate [2099].

1953. El título para la prescripción ha de ser verdadero y válido [2100].

[2095] Véase art.1973 de la presente Ley

[2096] Téngase en cuenta que, conforme a Sent. de 21 de enero de 2014 de la Sala Primera del Tribunal Supremo, este artículo debe considerarse derogado por el artículo 36, apartados I y II, de la Ley Hipotecaria de 1946 que regula los distintos supuestos de usucapión contra tabulas

[2097] Véanse arts. 32, 35 y 36 LH y 462 de la presente Ley

[2098] Véanse arts. 433 a 436 de la presente Ley

[2099] Véanse arts. 35 LH y 609 y 1940 de la presente Ley

[2100] Véanse arts. 33 y 35 LH y 6.3, 1219, 1275, 1276 y 1300 de la presente Ley

1954. El justo título debe probarse; no se presume nunca [2101].

1955. El dominio de los bienes muebles se prescribe por la posesión no interrumpida de tres años con buena fe [2102].

También se prescribe el dominio de las cosas muebles por la posesión no interrumpida de seis años, sin necesidad de ninguna otra condición.

En cuanto al derecho del dueño para reivindicar la cosa mueble perdida o de que hubiese sido privado ilegalmente, así como respecto a las adquiridas en venta pública, en Bolsa, feria o mercado, o de comerciante legalmente establecido y dedicado habitualmente al tráfico de objetos análogos, se estará a lo dispuesto en el art. 464 de este Código [2103].

1956. Las cosas muebles hurtadas o robadas no podrán ser prescritas por los que las hurtaron o robaron, ni por los cómplices o encubridores, a no haber prescrito el delito o falta, o su pena, y la acción para exigir la responsabilidad civil, nacida del delito o falta [2104].

1957. El dominio y demás derechos reales sobre bienes inmuebles se prescriben por la posesión durante diez años entre presentes y veinte entre ausentes, con buena fe y justo título [2105].

1958. Para los efectos de la prescripción se considera ausente al que reside en el extranjero o en ultramar.

Si parte del tiempo estuvo presente y parte ausente, cada dos años de ausencia se reputarán como uno para completar los diez de presente.

[2101] Véanse arts. 35 LH, 385 LEC y 448, 1249 y 1253 de la presente Ley

[2102] Véanse arts. 85, 86, 324 y 575 CCom y 464.1 de la presente Ley

[2103] Véanse arts. 615 y 1962 de la presente Ley

[2104] Véanse arts. 111 y 130 a 135 CP, 112, 115 y 116 LECR, 441, 442, 444, 446, 460, 464 y 1962 de la presente Ley

[2105] Véanse arts. 35 y 36 LH y 1949 de la presente Ley

La ausencia que no fuere de un año entero y continuo, no se tomará en cuenta para el cómputo.

1959. Se prescriben también el dominio y demás derechos reales sobre los bienes inmuebles por su posesión no interrumpida durante treinta años, sin necesidad de título ni de buena fe, y sin distinción entre presentes y ausentes, salvo la excepción determinada en el art. 539 [2106].

1960. En la computación del tiempo necesario para la prescripción se observarán las reglas siguientes:
1ª) El poseedor actual puede completar el tiempo necesario para la prescripción, uniendo al suyo el de su causante [2107].
2ª) Se presume que el poseedor actual, que lo hubiera sido en época anterior, ha continuado siéndolo durante el tiempo intermedio, salvo prueba en contrario.
3ª) El día en que comienza a contarse el tiempo se tiene por entero; pero el último debe cumplirse en su totalidad [2108].

CAPÍTULO III
De la prescripción de las acciones

1961. Las acciones prescriben por el mero lapso del tiempo fijado por la ley [2109].

1962. Las acciones reales sobre bienes muebles prescriben a los seis años de perdida la posesión, salvo que el poseedor haya ganado por menos término el dominio, conforme al art. 1955 , y excepto los

---

[2106] Véanse arts. 36 LH y 444 y 447 de la presente Ley
[2107] Véanse arts. 440 y 442 de la presente Ley
[2108] Véanse arts. 450, 459, 466 y 1068 de la presente Ley
[2109] Véanse arts. 88 y 157 LCCH, 342, 375 y 943 CCom y 1930.2 y 1965 de la presente Ley

casos de extravío y venta pública, y los de hurto o robo, en que se estará a lo dispuesto en el párrafo tercero del mismo artículo citado [2110].

1963. Las acciones reales sobre bienes inmuebles prescriben a los treinta años.

Entiéndese esta disposición sin perjuicio de lo establecido para la adquisición del dominio o derechos reales por prescripción [2111].

1964. [2112] 1. La acción hipotecaria prescribe a los veinte años.

2. Las acciones personales que no tengan plazo especial prescriben a los cinco años desde que pueda exigirse el cumplimiento de la obligación. En las obligaciones continuadas de hacer o no hacer, el plazo comenzará cada vez que se incumplan.

1965. No prescribe entre coherederos, condueños o propietarios de fincas colindantes la acción para pedir la partición de la herencia, la división de la cosa común o el deslinde de las propiedades contiguas [2113].

1966. Por el transcurso de cinco años prescriben las acciones para exigir el cumplimiento de las obligaciones siguientes:

1ª) La de pagar pensiones alimenticias.

2ª) La de satisfacer el precio de los arriendos, sean éstos de fincas rústicas o de fincas urbanas.

3ª) La de cualesquiera otros pagos que deban hacerse por años o en plazos más breves [2114].

1967. Por el transcurso de tres años prescriben las acciones para el cumplimiento de las obligaciones siguientes:

[2110] Véanse arts. 460, 464, 615, 1943 a 1949 y 1956 de la presente Ley

[2111] Véanse arts.1940 y 1957 a 1960 de la presente Ley

[2112] Dada nueva redacción por disposición final 1 de Ley 42/2015 de 5 de octubre de 2015, con vigencia desde 07/10/2015

[2113] Véanse arts. 2061 LEC 1881 y 384, 400, 1016, 1051 y 1052 de la presente Ley

[2114] Véanse disposición adicional 10 LAU y arts. 142, 279, 1620 y 1755 de la presente Ley

1ª) La de pagar a los jueces, abogados, registradores, notarios, escribanos, peritos, agentes y curiales sus honorarios y derechos, y los gastos y desembolsos que hubiesen realizado en el desempeño de sus cargos u oficios en los asuntos a que las obligaciones se refieran [2115] .

2ª) La de satisfacer a los farmacéuticos las medicinas que suministraron; a los profesores y maestros sus honorarios y estipendios por la enseñanza que dieron, o por el ejercicio de su profesión, arte u oficio.

3ª) La de pagar a los menestrales, criados y jornaleros el importe de sus servicios, y el de los suministros o desembolsos que hubiesen hecho concernientes a los mismos [2116] .

4ª) La de abonar a los posaderos la comida y habitación, y a los mercaderes el precio de los géneros vendidos a otros que no lo sean, o que siéndolo se dediquen a distinto tráfico.

El tiempo para la prescripción de las acciones a que se refieren los tres párrafos anteriores se contará desde que dejaron de prestarse los respectivos servicios [2117] .

1968. Prescriben por el transcurso de un año:

1º) La acción para recobrar o retener la posesión [2118] .

2º) La acción para exigir la responsabilidad civil por injuria o calumnia, y por las obligaciones derivadas de la culpa o negligencia de que se trata en el art. 1902 , desde que lo supo el agraviado [2119] .

1969. El tiempo para la prescripción de toda clase de acciones, cuando no haya disposición especial que otra cosa determine, se contará desde el día en que pudieron ejercitarse [2120] .

[2115] Véanse arts. 88 LCCH

[2116] Véanse arts. 57 y 59 ET

[2117] Véanse arts. 36.2 LAJG

[2118] Véanse arts. 250.1 LEC y 460.4 de la presente Ley

[2119] Véanse arts. 250.1 LEC, 17 y 18 LOE, 131 CP y 652, 1483, 1646 y 1813 de la presente Ley

[2120] Véanse arts. 88 y 157 LCCH, 9 ET, 43 TRLGSS y 1113, 1125, 1128 y 1968 de la presente Ley

1970. El tiempo para la prescripción de las acciones, que tienen por objeto reclamar el cumplimiento de obligaciones de capital con interés o renta, corre desde el último pago de la renta o del interés.

Lo mismo se entiende respecto al capital del censo consignativo.

En los censos enfitéutico y reservativo se cuenta asimismo el tiempo de la prescripción desde el último pago de la pensión o renta [2121].

1971. El tiempo de la prescripción de las acciones para exigir el cumplimiento de obligaciones declaradas por sentencia, comienza desde que la sentencia quedó firme [2122].

1972. El término de la prescripción de las acciones para exigir rendición de cuentas corre desde el día en que cesaron en sus cargos los que debían rendirlas.

El correspondiente a la acción por el resultado de las cuentas, desde la fecha en que fue éste reconocido por conformidad de las partes interesadas [2123].

1973. La prescripción de las acciones se interrumpe por su ejercicio ante los Tribunales, por reclamación extrajudicial del acreedor y por cualquier acto de reconocimiento de la deuda por el deudor [2124].

1974. La interrupción de la prescripción de acciones en las obligaciones solidarias aprovecha o perjudica por igual a todos los acreedores y deudores [2125].

Esta disposición rige igualmente respecto a los herederos del deudor en toda clase de obligaciones.

En las obligaciones mancomunadas, cuando el acreedor no reclame de uno de los deudores más que la parte que le corresponda, no

[2121] Véanse arts. 1604 a 1608, 1612, 1620, 1623, 1802 y 1966 de la presente Ley
[2122] Véanse arts. 245.3 LOPJ y 207 y 518 LEC
[2123] Véanse arts. 168, 279, 1032 y 1720 de la presente Ley
[2124] Véanse arts. 944 CCom, 89 a 158 LCCH, 339 LEC y 1943 a 1948 de la presente Ley
[2125] Véanse arts. 1143, 1146, 1148 y 1933 de la presente Ley

se interrumpe por ello la prescripción respecto a los otros codeudores [2126].

1975. La interrupción de la prescripción contra el deudor principal por reclamación judicial de la deuda, surte efecto también contra su fiador; pero no perjudicará a éste la que se produzca por reclamaciones extrajudiciales del acreedor o reconocimientos privados del deudor [2127].

DISPOSICIÓN FINAL

1976. Quedan derogados todos los cuerpos legales, usos y costumbres que constituyen el Derecho civil común en todas las materias que son objeto de este Código, y quedarán sin fuerza y vigor, así en su concepto de leyes directamente obligatorias, como en el de derecho supletorio. Esta disposición no es aplicable a las leyes que en este Código se declaran subsistentes.

DISPOSICIONES TRANSITORIAS

Las variaciones introducidas por este Código, que perjudiquen derechos adquiridos según la legislación civil anterior, no tendrán efecto retroactivo.

Para aplicar la legislación que corresponda, en los casos que no están expresamente determinados en el Código, se observarán las reglas siguientes:

Disposición Transitoria Primera. Se regirán por la legislación anterior al Código los derechos nacidos, según ella, de hechos realizados bajo su régimen, aunque el Código los regule de otro modo o no los reconozca. Pero si el derecho apareciere declarado por primera vez en

---

[2126] Véanse arts. 43.3 RD 1415/2004, de 11 de junio, por el que se aprueba el Reglamento General de Recaudación de la Seguridad Social y 1139 y 1150 de la presente Ley

[2127] Véanse arts. 1814, 1834 y 1835 de la presente Ley

el Código, tendrá efecto desde luego, aunque el hecho que lo origine se verificara bajo la legislación anterior, siempre que no perjudique a otro derecho adquirido, de igual origen.

Disposición Transitoria Segunda. Los actos y contratos celebrados bajo el régimen de la legislación anterior, y que sean válidos con arreglo a ella, surtirán todos sus efectos según la misma, con las limitaciones establecidas en estas reglas. En su consecuencia, serán válidos los testamentos aunque sean mancomunados, los poderes para testar y las memorias testamentarias que se hubiesen otorgado o escrito antes de regir el Código, y producirán su efecto las cláusulas «ad cautelam», los fideicomisos para aplicar los bienes según instrucciones reservadas del testador, y cualesquiera otros actos permitidos por la legislación precedente; pero la revocación o modificación de estos actos o de cualquiera de las cláusulas contenidas en ellos no podrá verificarse, después de regir el Código, sino testando con arreglo al mismo.

Disposición Transitoria Tercera. Las disposiciones del Código que sancionan con penalidad civil o privación de derechos, actos u omisiones que carecían de sanción en las leyes anteriores, no son aplicables al que, cuando éstas se hallaban vigentes, hubiese incurrido en la omisión o ejecutado el acto prohibido por el Código.

Cuando la falta esté también penada por la legislación anterior, se aplicará la disposición más benigna.

Disposición Transitoria Cuarta. Las acciones y los derechos nacidos y no ejercitados antes de regir el Código subsistirán con la extensión y en los términos que les reconociera la legislación precedente; pero sujetándose, en cuanto a su ejercicio, duración y procedimientos para hacerlos valer, a lo dispuesto en el Código. Si el ejercicio del derecho o de la acción se hallara pendiente de procedimientos oficiales empezados bajo la legislación anterior, y éstos fuesen diferentes de los establecidos por el Código, podrán optar los interesados por unos o por otros.

Disposición Transitoria Quinta. Quedan emancipados y fuera de la patria potestad los hijos que hubiesen cumplido veintitrés años al empezar a regir el Código; pero si continuaren viviendo en la casa y a expensas de sus padres, podrán éstos conservar el usufructo, la administración y los demás derechos que estén disfrutando sobre los bienes de su peculio, hasta el tiempo en que los hijos deberían salir de la patria potestad según la legislación anterior.

Disposición Transitoria Sexta. El padre que voluntariamente hubiese emancipado a un hijo, reservándose algún derecho sobre sus bienes adventicios, podrá continuar disfrutándolo hasta el tiempo en que el hijo debería salir de la patria potestad con arreglo a la legislación anterior.

Disposición Transitoria Séptima. Los padres, las madres y los abuelos que se hallen ejerciendo la curatela de sus descendientes, no podrán retirar las fianzas que tengan constituidas, ni ser obligados a constituirlas si no las hubieran prestado, ni a completarlas si resultaren insuficientes las prestadas.

Disposición Transitoria Octava. Los tutores y curadores nombrados bajo el régimen de la legislación anterior y con sujeción a ella, conservarán su cargo, pero sometiéndose, en cuanto a su ejercicio, a las disposiciones del Código.

Esta regla es también aplicable a los poseedores y a los administradores interinos de bienes ajenos, en los casos en que la ley los establece.

Disposición Transitoria Novena. Las tutelas y curatelas, cuya constitución definitiva esté pendiente de la resolución de los Tribunales al empezar a regir el Código, se constituirán con arreglo a la legislación anterior, sin perjuicio de lo dispuesto en la regla que precede.

Disposición Transitoria Décima. Los Jueces y los Fiscales municipales no procederán de oficio al nombramiento de los consejos de familia sino respecto a los menores cuya tutela no estuviere aún definitivamente constituida al empezar a regir el Código. Cuando el tutor o curador hubiere comenzado ya a ejercer su cargo, no se procederá al nombramiento del consejo hasta que lo solicite alguna de las personas que deban formar parte de él, o el mismo tutor o curador existente, y entretanto quedará en suspenso el nombramiento del protutor.

Disposición Transitoria Undécima. Los expedientes de adopción, los de emancipación voluntaria y los de dispensa de ley pendientes ante el Gobierno o los Tribunales, seguirán su curso con arreglo a la legislación anterior, a menos que los padres o solicitantes de la gracia desistan de seguir este procedimiento y prefieran el establecido en el Código.

Disposición Transitoria Duodécima. Los derechos a la herencia del que hubiese fallecido, con testamento o sin él, antes de hallarse en vigor el Código, se regirán por la legislación anterior. La herencia de los fallecidos después, sea o no con testamento, se adjudicará y repartirá con arreglo al Código; pero cumpliendo, en cuanto éste lo permita, las disposiciones testamentarias. Se respetarán, por lo tanto, las legítimas, las mejoras y los legados; pero reduciendo su cuantía, si de otro modo no se pudiera dar a cada partícipe en la herencia lo que le corresponda según el Código.

Disposición Transitoria Decimotercera. Los casos no comprendidos directamente en las disposiciones anteriores, se resolverán aplicando los principios que les sirven de fundamento.

DISPOSICIONES ADICIONALES

Disposición Adicional Primera. El Presidente del Tribunal Supremo y los de las Audiencias Territoriales elevarán al Ministerio de Gracia y Justicia al fin de cada año, una Memoria, en la que, refiriéndose a los negocios de que hayan conocido durante el mismo las Salas de lo civil, señalen las deficiencias y dudas que hayan encontrado al aplicar este Código. En ella harán constar detalladamente las cuestiones y puntos de derecho controvertidos y los artículos u omisiones del Código que han dado ocasión a las dudas del Tribunal.

Disposición Adicional Segunda. El Ministro de Gracia y Justicia pasará estas Memorias y un ejemplar de la Estadística civil del mismo año a la Comisión general de Codificación.

Disposición Adicional Tercera. En vista de estos datos, de los progresos realizados en otros países que sean utilizables en el nuestro y de la jurisprudencia del Tribunal Supremo, la Comisión de Codificación formulará y elevará al Gobierno cada diez años las reformas que convenga introducir.

Disposición Adicional Cuarta. [2128] La referencia a la discapacidad que se realiza en los artículos 96, 756 número 7.º, 782, 808, 822 y 1041, se entenderá hecha al concepto definido en la Ley 41/2003, de 18 de noviembre, de protección patrimonial de las personas con discapacidad y de modificación del Código Civil, de la Ley de Enjuiciamiento Civil y de la Normativa Tributaria con esta finalidad, y a las personas que están en situación de dependencia de grado II o III de acuerdo con la Ley 39/2006, de 14 de diciembre, de Promoción de la Autonomía Personal y Atención a las personas en situación de dependencia.

A los efectos de los demás preceptos de este Código, salvo que otra cosa resulte de la dicción del artículo de que se trate, toda referencia a la discapacidad habrá de ser entendida a aquella que haga precisa la provisión de medidas de apoyo para el ejercicio de la capacidad jurídica.

[2128] Dada nueva redacción por art. 2 apartado 67 de Ley 8/2021 de 2 de junio de 2021, con vigencia desde 03/09/2021

ÍNDICE ANALÍTICO

Anticresis

Compensación de interés con frutos: 1885

Concepto: 1881

Conservación y reparaciones: 1882, 1883

Contribuciones y cargas: 1882, 1883

Disposiciones aplicables: 1886

Efectos: 1884

Frutos: 1882, 1885

Incumplimiento: 1884

Obligación del arrendador: 1882

Pacto de compensación de intereses: 1885

Prohibición pacto comisorio: 1884

Realización del valor: 1884

Anulabilidad

Actos contrarios a la Ley: 6

Causa ilícita: 1305, 1306

Cláusula penal en obligaciones: 1155

Compraventa de ganado enfermo: 1494

Condiciones imposibles: 1110

Confirmación: 1309, 1310, 1311, 1312, 1313

Constitución de censo enfitéutico: 1629

Contratos: 1259, 1300, 1301, 1302, 1303, 1304, 1305, 1306, 1307, 1308, 1309, 1310, 1311, 1312, 1313, 1314

Contratos con causa falsa: 1276

Contratos con causa ilícita: 1275

Contratos sin causa: 1275

Convalidación: 1208

De la institución en favor de un incapaz: 755

De la partición de la herencia: 1081

De la renuncia por dolo: 1102

De lo hecho por sustituto del mandatario: 1721

De testamento por inobservancia de formalidades: 687, 705

Desheredación: 851

Disposición testamentaria a favor persona incierta: 750

Dolo: 1269, 1270

Donación por falta aceptación: 630

Donaciones a confesor, sus parientes y otras personas: 752, 753, 754

Donaciones a persona inhábil: 628

Donaciones entre cónyuges: 1334, 1355

Efectos: 1303

Efectos de la procedente de incapacidad: 1304

Enajenación bienes donados e hipotecas por no cumplir condiciones el donatario: 647

Estipulaciones sobre régimen bienes matrimonio: 1328

Extinción: 1314

Gravamen sobre legítima: 813

Institución de heredero: 814

Interpretación de los contratos: 1289

Legado de cosa ajena: 862

Legado de cosas fuera del comercio: 865

Legitimación: 1302

Novación: 1208

Objeto ilícito: 1305

Obligaciones con cláusula penal: 1155

Obligaciones potestativas: 1115

Obligaciones, condiciones que la anulan: 1116

Partición de herencia: 1081

Pérdida de la cosa: 1307

Renta vitalicia: 1804

Rescisión de los contratos: 1290, 1291, 1292, 1293, 1294, 1295, 1296, 1297, 1298, 1299

Testamento cerrado: 715

Testamentos: 673, 687, 704, 705

Transacción: 1818